SURPREENDIDO
pela VOZ *de*
DEUS

Copyright © 2024 por Jack Deere

Título do original: *Surprised by the Voice of God*, Zondervan Publishing House.

Primeira edição em inglês: 1993

Todos os direitos desta publicação reservados à Maquinaria Sankto Editora e Distribuidora LTDA. Este livro segue o Novo Acordo Ortográfico de 1990.

É vedada a reprodução total ou parcial desta obra sem a prévia autorização, salvo como referência de pesquisa ou citação acompanhada da respectiva indicação. A violação dos direitos autorais é crime estabelecido na Lei n.9.610/98 e punido pelo artigo 194 do Código Penal.

Este texto é de responsabilidade do autor e não reflete necessariamente a opinião da Maquinaria Sankto Editora e Distribuidora LTDA.

Diretor-executivo
Guther Faggion

Editora-executiva
Renata Sturm

Diretor Comercial
Nilson Roberto da Silva

Financeiro
Alberto Balbino

Editor
Pedro Aranha

Tradução
Ana Paula Argentino

Preparação
Filipe Delage

Revisão
Laura Folgueira

Marketing e Comunicação
Matheus da Costa, Rafaela Blanco

Direção de Arte
Rafael Bersi

Diagramação
Matheus da Costa

DADOS INTERNACIONAIS DE CATALOGAÇÃO NA PUBLICAÇÃO (CIP)
ANGÉLICA ILACQUA – CRB-8/7057

DEERE, Jack
  Surpreendido pela voz de Deus : como Deus fala por meio de profecias, sonhos e visões no dia de hoje / Jack Deere ; tradução de Ana Paula Argentino. São Paulo : Maquinaria Sankto Editora e Distribuidora LTDA, 2024.
  448p.
  Bibliografia
  ISBN 978-85-94484-33-8
  Título original: *Surprised by the voice of God*

  1. Sonhos - Aspectos religiosos – Cristianismo 2. Profecias 3. Espiritualidade I. Título II. Argentino, Ana Paula

24-2104   CDD 234.13

Índice Para Catálogo Sistemático:
1. Sonhos - Aspectos religiosos - Cristianismo

---

sanktō

Rua Pedro de Toledo, 129 – Sala 104
Vila Clementino – São Paulo – SP, CEP: 04039-030
http://www.sankto.com.br

JACK DEERE

*AUTOR DE SURPREENDIDO
PELO PODER DO ESPÍRITO*

SURPREENDIDO
pela VOZ de
DEUS

*Como Deus fala por meio de profecias,
sonhos e visões nos dias de hoje*

sanktō

SUMÁRIO

AGRADECIMENTOS	9
QUANDO TUDO COMEÇOU	**11**
SURPREENDIDO *pela* VOZ *de* DEUS	13
O PROBLEMA *da* BÍBLIA FICTÍCIA	23
A VOZ *de* DEUS *na* BÍBLIA *e na* HISTÓRIA	**35**
JESUS *e a* VOZ *de* DEUS	37
A IGREJA *do* NOVO TESTAMENTO *e a* VOZ *de* DEUS	55
PROFETAS PRESBITERIANOS?	73
Uma CONSPIRAÇÃO CONTRA *o* SOBRENATURAL	91
A LINGUAGEM *do* ESPÍRITO SANTO	**109**
DEUS FALA *pela* BÍBLIA	111
DEUS FALA *por* MEIO *da* EXPERIÊNCIA	131
DEUS FALA *por* MEIOS SOBRENATURAIS	149
DEUS FALA *por* MEIOS NATURAIS	163
APRENDENDO *a* LINGUAGEM *do* ESPÍRITO SANTO	**183**
FACILITANDO *o* MINISTÉRIO PROFÉTICO	205
"DEUS *me* MANDA DIZER..."	221

ARMADILHAS PROFÉTICAS	237
SONHOS e VISÕES	253
POR QUE DEUS NÃO FALA ASSIM COMIGO?	271
O SENHOR RECONHECE *de* LONGE *os* ARROGANTES	**273**
CONFISSÕES *de um* DEÍSTA BÍBLICO	291
A INCREDULIDADE ATRAVÉS *da* TEOLOGIA	313
A INCREDULIDADE ATRAVÉS *do* RITUALISMO MÁGICO *e do* MEDO	335
QUEM OUVE *sua* VOZ?	**353**
QUEM OUVE *a* VOZ *de* DEUS	355
RECONHECENDO *a* VOZ	371
A PALAVRA *e o* ESPÍRITO	**393**
O PODER *da* PALAVRA *e do* ESPÍRITO	395
NOTAS	413
BIBLIOGRAFIA	437
ÍNDICE REMISSIVO	441

Para Paul Cain,
    Que suportou a rejeição como um verdadeiro profeta, amando os inimigos, fazendo o bem àqueles que odeiam, abençoando àqueles que amaldiçoam, orando por quem maltrata o próximo. Um amigo que é mais chegado do que um irmão, um mentor que é igual ao seu mestre, um pai que se alegra com seus filhos. Agradeço a Deus toda vez que me lembro de você (Fp 1:3).

AGRADECIMENTOS

Mais uma vez, devo agradecer à equipe da Zondervan pela habilidade em ajudar a finalizar este livro. Também sou profundamente grato pela paciência e gentileza que tiveram comigo durantes os inúmeros atrasos necessários devido a uma mudança e a um novo pastorado ao qual me submeti. Quero agradecer principalmente ao dr. Stan Gundry, Jack Kuhatschek e Rachel Boers pela ajuda.

Também quero agradecer meus amigos queridos, que leram o manuscrito em várias etapas e deram sugestões preciosas, professor Wayne Grudem, Reed Grafke, Dudley Hall, dr. Sam Storms, Ken Gire e John e Claire Hughes. Agradeço minha assistente e amiga fiel, Lara Gangloff, que não só digitou o manuscrito, mas também ajudou de tantas maneiras que nem sei listar.

À minha esposa Leesa, que não só leu todo o manuscrito, dando dicas valiosas e fazendo correções, mas também viveu muitas das experiências narradas neste livro. Suas orações, ideias e habilidade de ouvir a voz de Deus enriqueceram tanto este livro quanto minha vida. E agradeço aos meus filhos, Craig e Scott, e minha filha, Alese, por suas orações e amor.

QUANDO TUDO COMEÇOU

SURPREENDIDO *pela* VOZ *de* DEUS

Ele sentou-se na minha frente, a imagem perfeita de todo rapaz norte-americano. Robert era jovem, bonitão, inteligente, espiritual e vestia um terno e uma gravata impecáveis. Era um líder, escolhido pela classe do seminário, rumo a uma carreira pastoral promissora. Ele também estava escravizado a um mal terrível e cruel que escondia de todos, pois, se compartilhasse seu lado sombrio com alguém, estaria arruinado imediatamente.

Durante vários anos Robert viveu como um religioso hipócrita. A ironia era que ele não queria ser hipócrita e, na verdade, não queria pecar. Apesar de não ter confessado seu pecado para nenhum líder, ele havia tentado todos os "preceitos religiosos" que seus professores ensinaram ao longo dos anos, mas nunca funcionavam com ele. Ele estava em apuros. Sentia-se completamente condenado e sem esperança.

Era incrível como havia escondido tudo tão bem – o pecado, a culpa, a condenação e a falta de esperança. Os anos de prática ensinaram como frequentar a igreja e as reuniões de oração – até mesmo dirigir os cultos e escrever estudos teológicos – sem revelar o estado de sua alma. Ele estava convicto de que ninguém jamais saberia. Ninguém poderia saber.

Mas Robert estava errado. Alguém sabia e, ainda assim, amava-o. Ele amava Robert mesmo depois de ele ter perdido a habilidade de sentir esse amor de modo significativo. A *única* esperança de Robert estava nesse amor e na revelação súbita de seu lado sombrio e oculto, uma demonstração da misericórdia do Senhor Jesus Cristo que estava prestes a alcançá-lo. O mal torna-se impotente na presença da misericórdia do Salvador. Inconscientemente e quase de um jeito cômico, Robert estava prestes a ser fisgado pela misericórdia infinita do Filho de Deus. Assim como a mulher samaritana à beira do poço, ele estava prestes a ser surpreendido pela voz de Deus. E eu também.

No começo da tarde, eu estava sentado em minha cadeira no escritório do seminário e refletindo o que havia de errado com a educação teológica contemporânea. Alguém bateu na porta e interrompeu meus pensamentos. Robert mostrou seu rosto por entre a porta e perguntou se podia "ter um minutinho do meu tempo" – que geralmente significava: "Estou aqui para gastar o resto da sua tarde se me der um pouco de apoio".

Eu era o professor de hebraico e Robert tinha vindo até meu escritório para pedir perdão por uma tarefa atrasada. Ele começou a dar uma desculpa longa e desnecessária por seu atraso — desnecessária porque, no meu ponto de vista, os seminaristas já tinham muita pressão sobre eles, mesmo sem os professores exigirem que tudo fosse entregue dentro do prazo. Eu já aceitara a tarefa atrasada. Querendo parecer gentil, ouvi com paciência a explicação supérflua.

Foi quando aconteceu algo que eu jamais tinha vivido antes. Ou, se já tinha, certamente não me lembrava. Enquanto ouvia Robert, ele desapareceu e em seu lugar eu *vi* a palavra "PORNOGRAFIA" em letras gigantes. "O que está acontecendo comigo?", pensei. "É impossível este aluno estar envolvido com pornografia. Devo estar imaginando coisas." Mas por que seria coisa da minha cabeça algo que achava ser impossível?

Percebi que eu estava vivenciando o que alguns cristãos chamam de "palavra de conhecimento". Não era uma intuição: essa informação sobre Robert estava sendo dada a mim pelo Espírito de Deus. Ele era o último aluno que eu suspeitaria ser viciado em pornografia. Mas então tive certeza, quero dizer... quase, que ele estava sob esse jugo.

Durante meses, orei para Deus falar comigo assim, pedindo-lhe para compartilhar comigo esse conhecimento sobrenatural sobre as pessoas para que eu pudesse ministrá-las com mais eficácia. Por meses, desejei viver o ministério sobrenatural de Jesus. Finalmente, agora estava acontecendo. Deus estava me revelando sobrenaturalmente o pecado de um dos meus alunos.

Tudo o que eu precisava fazer era confrontar Robert para que ele pudesse confessar seu pecado e ser perdoado. Parecia simples, mas e se não fosse tão simples assim? E se Robert negasse ter qualquer atração por pornografia? Pior, eu conseguia me ver estragando tudo, e Robert sairia do meu escritório furioso e diria aos outros alunos: "Não entrem na sala do professor Deere, o cara é um pervertido e só pensa em pornografia". Pior ainda, e se os comentários de tal confronto desastroso chegassem até a sala do reitor? E se ele me chamasse em sua sala e perguntasse: "Você acusou um dos nossos alunos de ser viciado em pornografia?". Eu seria forçado a admitir. Podia ouvir o reitor dizendo:

— Em que você baseou sua acusação?

— Ah, uma visão.

— O quê?

— É, bem... Hum, tipo uma visão, sabe?

— Você teve uma visão?!

Naquela época em meu convívio social, as visões não estavam na moda. Na verdade, ter uma visão podia ser motivo para uma demissão ou, pelo menos, uma visita ao consultório do psiquiatra do corpo docente. À medida que minha ficha caía, meu entusiasmo pelo meu mais novo ministério de "palavra de conhecimento" começou a ir pelo ralo.

Será que valia a pena correr o risco? Valia a pena ser humilhado? Decidi ficar calado. Mas eu orei durante meses para Deus falar comigo assim. Um pensamento legalista e cruel surgiu em minha mente. Se é Deus que está falando comigo e eu não disser nada a Robert, talvez Deus nunca mais volte a falar assim comigo. Parecia que, de qualquer jeito, eu ia ofender alguém. A quem ofenderia, ao homem ou a Deus? Não é uma escolha tão difícil, a menos que fosse você que estivesse nessa situação constrangedora. Decidi obedecer a Deus – pelo menos até certo ponto. Fiz minha tentativa de confrontar Robert ao interromper suas desculpas pela tarefa atrasada e perguntar:

— Desculpe, mas você tem tido problemas com alguma coisa ultimamente?

— Não, nenhum. Por que a pergunta? — veio a resposta cheia de confiança.

— Ah, por nada. O que você estava dizendo mesmo?

Esse era o risco máximo que eu ia correr naquele dia por Deus e por meu novo ministério de "palavra de conhecimento". Assim que decidi não dizer mais nada para Robert, a visão voltou. Dessa vez, a palavra "pornografia" começou a piscar. Parece loucura, não é mesmo? Eu mesmo comecei a achar isso. Por outro lado, talvez Deus estivesse me alertando que ele levava a sério o confronto. Só havia um jeito de saber.

Interrompi Robert novamente:

— Tem certeza de não sentir nenhuma culpa da qual não consegue se livrar?

— Não — respondeu ele. Agora ele parecia ofendido. — Por que está me dizendo isso? Por que está me perguntando?

Pedi desculpas explicando que não tinha certeza do porquê da pergunta. Decidi me calar e só ouvir. Mas a palavra voltou! Imaginei se seria como as mãos sujas de sangue de Macbeth, a mancha que não desaparecia até que finalmente confessasse sua culpa. Meu último pensamento foi: espero que valha a pena arriscar. Olhei fixamente para Robert e rasguei o verbo:

— Você está envolvido com pornografia?

Quando olhei em seus olhos, soube de duas coisas. Primeiro, ele estava envolvido com pornografia. Segundo, negaria tudo. Eu disse:

— Espere. Antes de dizer qualquer coisa, deixe-me contar algo. Desde que você chegou em meu escritório, creio que Deus está me dizendo que você está envolvido com pornografia. Em caso afirmativo, jamais direi seu nome a alguém, nem expulsarei você do seminário ou da igreja por causa disso. E por último, acho que o Senhor está me revelando isso porque ele quer libertar você. E ele quer começar hoje.

Robert ficou chocado. Ele desviou o olhar e abaixou a cabeça.

— Eu estava — confessou.

— Quando foi a última vez que teve contato com conteúdo pornô?

— Semana passada.

— Há quanto tempo isso vem acontecendo?

— Desde os meus treze ou catorze anos.

Ele contou que, depois de se converter ao cristianismo no fim da adolescência, não havia conseguido livrar-se daquele vício. Jamais foi capaz de dizer isso a ninguém, pois tinha medo da rejeição. Acreditava ser o único cristão entre seus amigos com aquele pecado. É claro que estava errado, mas nunca soube disso. Conversei com ele sobre a misericórdia e o perdão de Cristo. Contei sobre o poder do sangue de Jesus para destruir esses vícios. Através do Espírito Santo, a esperança começou a invadir o coração de Robert pela primeira vez depois de muito, muito tempo.[1] Aproximei-me dele e coloquei a mão em seu ombro para orar. Quando pedi que o Senhor Jesus aumentasse sua presença ali conosco, Robert ficou visivelmente desconfortável. Tirei a mão de seu ombro e perguntei:

— Há mais pecados aqui além da pornografia, não é mesmo?

— Estou tão envergonhado — respondeu ele beirando às lágrimas.

Demorou para ele começar a falar. Finalmente, num sussurro quase inaudível, Robert começou a confessar coisas impublicáveis. A pornografia era apenas a ponta do iceberg. Robert estava sob o domínio de um poder maligno bem mais forte do que ele. Há anos ele tentava lutar contra esse poder maligno com sua própria disciplina e força de vontade, e estava constantemente perdendo terreno. Sem entrar em muitos detalhes, deixe-me dizer que, quando Robert saiu do meu escritório depois da confissão e oração, ele era um novo homem. Eu o vi naquela noite em frente à biblioteca do seminário. Ele correu em minha direção e me abraçou.

— Sou um novo homem! Sou um novo homem! Alguma coisa saiu de mim, sinto-me bem mais leve. Acredito que nunca mais voltarei para aquela escravidão.

Com o passar dos anos, perdi o contato com Robert. Mas, durante meus anos no seminário, mantive contato com ele, e até onde eu sei, ele viveu uma vida pura, livre de seu antigo jugo. A não ser em minha conversão, aquela foi a primeira vez que lembro de ouvir a voz de Deus de um jeito explicitamente sobrenatural. Esse tipo de coisa tornou-se algo rotineiro para mim? Não. Mas é surpreendentemente comum. Além disso, eu aguardo até essa voz falar comigo, principalmente quanto estou tentando ministrar a alguém em nome de Jesus. Descobri que se espero essa voz, se realmente preciso dela e se estou empenhado em aprender em como reconhecê-la, ele falará assim comigo sempre e, às vezes, de modo impressionante. Na verdade, passei a contar com a voz de Deus de tal forma que não posso mais imaginar tentar viver a vida cristã sem ela.

Quando esperamos e precisamos de sua voz, até mesmo o ministério mais simples pode se tornar uma oportunidade para receber uma comunicação sobrenatural de Deus. Anos atrás, quando eu estava servindo a equipe da Vineyard Christian Fellowship em Anaheim, Califórnia, alguns líderes cristãos de células trouxeram-me uma mulher jovem e solteira que estava tendo pesadelos. Nos últimos três meses, Rhonda havia sofrido com pesadelos todas as noites. Por vários motivos, ela e seus líderes achavam que os pesadelos eram de origem demoníaca. Pediram que eu orasse por ela.

Quando comecei a orar, o nome "Don" vinha sempre à minha mente. Parei de orar e perguntei:

— O nome Don significa algo para você? — Seu rosto empalideceu e parecia estar coberto pela vergonha. — Ele representa algo para você, não é mesmo? E isso é ruim. Você pode falar sobre o assunto?

— Acho que não.

Gentilmente, disse-lhe que, ao meu ver, segundo a revelação do Senhor, os pesadelos tinham ligação com Don. Deus parecia mostrar que, seja o que fosse que estivesse escondendo, tinha de ser trazido à luz para os pesadelos desaparecerem. Ela tinha de ser corajosa ao relatar sobre Don antes que pudéssemos orar por ela de forma eficaz. Eu a incentivei a contar aos seus líderes assim que se sentisse à vontade. Se quisesse minha presença, eu ficaria feliz em poder ajudar. Despedimo-nos e Rhonda foi embora envergonhada e decepcionada. Mas seus pesadelos não cessaram. Mais perto do fim de semana, seus líderes me ligaram e disseram que ela estava pronta para conversar e perguntaram se poderiam trazê-la até mim.

Eis a história que ela compartilhou conosco. Três meses antes uma de suas amigas a levou para conhecer um homem chamado Don. Os três se encontraram na casa dele e começaram a beber. No fim, elas ficaram bêbadas e cometeram imoralidade sexual com ele. Rhonda descreveu a vergonha e a humilhação que sentiu no dia seguinte ao ficar sóbria. Os pesadelos começaram na noite seguinte. Mais tarde ela descobriu que Don tinha um envolvimento profundo com ocultismo. Além da impureza sexual, ele tinha conseguido transferir um espírito maligno para aquela moça. Quando ela confessou tudo e se arrependeu, pudemos orar por ela e os pesadelos desapareceram imediatamente.

Se essas histórias lhe impressionam como sendo algo estranho e até assustador, eu compreendo. Anos atrás eu teria a mesma reação. Para mim, a vida cristã "normal" era crer nas doutrinas certas, ajudar na igreja, tentar ser uma pessoa boa por meio da rotina de leitura bíblica e oração e testemunhar quando surgisse a oportunidade. Eu não acreditava em nenhuma revelação verdadeira de Deus além da Bíblia. Nem achava que precisava dela. Estava ocupado tentando viver a vida cristã através da disciplina em vez do fervor. Eu não conseguia entender por que geralmente a oração e o estudo bíblico assumiam o caráter de uma obrigação religiosa mais do que uma conversação com uma pessoa por quem eu estava envolvido fervorosamente.

Olhando para aquele tempo, agora percebo que, na verdade, grande parte da Bíblia parecia irreal para mim. Eu considerava muitas das experiências bíblicas relatadas num passado distante e inimitável. A Bíblia havia se tornado para mim basicamente um livro de doutrinas e verdades abstratas sobre Deus. Eu amava as doutrinas bíblicas e sua beleza literária, mas tinha pouquíssimas experiências como as personagens bíblicas.

Diferente de mim, as personagens da Bíblia ouviam Deus falar de várias formas. Ele falava em voz audível, através de sonhos, visões, circunstâncias, novelo de lã, impressões pessoais, profetas, anjos e pelas Escrituras. Esses elementos eram tão comuns na época do Novo Testamento que o apóstolo Paulo teve de dar instruções detalhadas aos coríntios a respeito do uso da profecia, das línguas, das palavras de sabedoria, das palavras de conhecimento e do discernimento de espíritos (1Co 12–14). O autor da carta aos Hebreus até ressaltou a importância da hospitalidade, lembrando seus leitores que, ao praticar a hospitalidade, "sem o saber alguns acolheram anjos" (Hb 13:2). Ele acreditava que naquele tempo as visitas angelicais ainda eram possíveis!

Eu não precisava ser um teólogo genial para ler a Bíblia e entender que Deus costumava falar de várias formas com seu povo. Mas, depois que Deus escreveu a Bíblia, aparentemente ele ficou mudo, ou pelo menos era assim que eu entendia, pois a única maneira que eu podia ouvi-lo falar comigo era pelas Escrituras. Na prática, eu agia como se o Espírito Santo fosse um tipo de força impessoal que conduzia a igreja com uma liderança vaga, imprecisa e indefinida. Muitos cristãos parecem estar na mesma crise atualmente.

Antigamente, quando eu tinha essas percepções, se Robert viesse até meu escritório, teria saído sem ajuda. O mesmo com Rhonda. Eu ficaria feliz em orar por seus pesadelos, mas nada teria acontecido porque não seria capaz de ouvir a voz de Deus dizer o nome "Don". Em ambos os casos, uma única palavra de Deus foi a solução para revelar seus pecados ocultos e libertá-los. Nem Robert nem Rhonda tinham coragem de contar para ninguém os seus pecados. O coração deles tinha sido dominado pela vergonha e pelo medo da rejeição. Tinham perdido a confiança no poder do sangue de Jesus. Mas, quando perceberam que Deus estava revelando de maneira sobrenatural seus pecados para libertá-los, o Espírito Santo encheu o coração deles de esperança e eles tiveram coragem para expor seus pecados. Servimos a um Deus especialista em trazer "à luz o que está oculto nas trevas" (1Co 4:5). Quando Jesus voltar, ele fará o mesmo numa magnitude aterrorizante. Mas hoje ele vem até nós individualmente com seu ministério revelador... *se tivermos ouvidos para ouvir.*

O Deus da Bíblia revela muito mais que os pecados dos outros. Ele fala a respeito de muitos assuntos. Às vezes não conseguimos ouvi-lo porque ele fala mais do que queremos ouvir. Em outras situações não conseguimos ouvi-lo por sermos ignorantes sobre as várias formas pelas quais ele fala. E, de vez em quando, não conseguimos ouvi-lo porque sua voz está abafada pelas outras vozes que se parecem com a voz do Senhor, deixando-nos confusos.

Além da voz de Deus, existem no mínimo três outras vozes que falam conosco: a voz das nossas emoções; a voz das trevas, ou seja, do diabo e seus demônios; e a voz que vem da pressão que sentimos da família, amigos, etc. Às vezes confundimos essas três vozes com a voz de Deus. Isso suscita uma pergunta importante: como saber quando a voz é de Deus e não de outra fonte?

    Este livro aborda a voz de Deus e como ouvi-la. Apesar de muitas vezes não ser fácil ouvir sua voz, ouvi-la não é tão complicado quanto pensamos. Este não é um livro acadêmico. Não o escrevi para doutores em teologia. Tentei escrever um livro prático para cristãos comuns que querem ouvir a voz de Deus se destacar em meio ao clamor da vida diária. A voz mansa e suave que falou com Elias na caverna é bem mais poderosa do que a maioria de nós percebe. Ela nos impede de sermos escravizados pela tradição ou sermos levados pelas circunstâncias. A voz pode nos dar mais do que nossa própria habilidade de entender a Bíblia. Muitos cristãos têm vagado por um deserto espiritual, sem fervor ou poder. Quem ouve e obedece a voz de Deus sairá desse deserto ou o verá se transformar num jardim. E quem sabe qual beleza brotará desse jardim? Ou quais frutos?

O PROBLEMA *da* BÍBLIA FICTÍCIA

Quando tinha dezessete anos, eu me converti. Realmente nasci de novo. Da noite para o dia, um pirralho rebelde, impulsivo e imoral começou a seguir Jesus de todo o coração. Imediatamente, aprendi a ter o bom hábito que também se tornou uma rotina pelo resto da minha vida – comecei a ler a Bíblia sempre. Não consigo me lembrar como começou, mas também adquiri um outro hábito bem ruim. Era este: quando eu lia as histórias das personagens bíblicas, não esperava que as experiências delas fossem como as minhas. Eles eram indivíduos distintos vivendo numa época fora do comum. A experiência delas com Deus era única, a minha não era. A minha era normal, seja lá o que isso representasse. Então eu lia e memorizava a Bíblia, jamais esperando que muito do que eu lia fosse reproduzido em minha vida. Não sei quem me ensinou a ler a Bíblia assim, nem quando.

Porém, meu amigo John Wimber consegue se lembrar com precisão quando lhe fora ensinado a ler a Bíblia dessa maneira. Ele tinha 29 anos de idade. Ele e sua esposa, Carol, tinham acabado de aceitar Jesus em um estudo bíblico doméstico. Até então, John tinha planejado viver toda sua vida quase sem ter contato com a igreja, a Bíblia ou gente religiosa. O cristianismo era toda uma experiência nova para ele, mas, nas semanas que se seguiram, ele passou a amar a Bíblia e começou a devorar o Novo Testamento.

O homem que apresentou Cristo para os Wimbers disse que eles deveriam frequentar a igreja. No domingo seguinte, Carol preparou seus quatro filhos para a primeira experiência familiar em um culto. Ainda que nunca tivessem feito isso antes, instintivamente sabiam o que fazer – acordaram cedo, tiveram uma discussão e foram todos irritados para a igreja. Sem perceber, eles já tinham caído no padrão típico da manhã de domingo das famílias norte-americanas que vão à igreja.

Chegando atrasados, sentaram-se nos bancos dos fundos. A congregação cantou poucos hinos com melodias antiquadas. A música estava tão desafinada que os ouvidos de John doeram. (Wimber era e é um músico talentoso. Ele tinha sido o arranjador e produtor das músicas da dupla *Righteous Brothers*.)* O pastor deu sequência ao pregar um sermão bem meia-boca de quarenta minutos. Assim que saíram, John acendeu um cigarro, mas Carol o fez apagar.

— Você está vendo outra pessoa aqui fumando? Você não deve fumar na igreja — repreendeu ela.

Naquela época, John fumava feito uma chaminé e achou estranho que ninguém mais estivesse fumando; na verdade, toda a experiência parecia surreal para ele. Mas ele decidiu voltar, porque lhe fora dito que os cristãos deviam ir à igreja — independentemente do quanto fosse chato.

Então os Wimbers se tornaram "igrejeiros". John também se tornou um leitor assíduo da Bíblia. Diferente da igreja, as Escrituras deixavam-no animado. Elas o enchiam de anseio e esperança. Elas o colocaram em contato com um Deus que podia fazer tudo, até mesmo ressuscitar os mortos. Ele começou a perceber uma diferença enorme entre a igreja que frequentava aos domingos e a Bíblia que lia todos os dias. A Bíblia parecia normal. A igreja parecia bizarra. Essa impressão ficou mais forte quando, após um culto dominical, um dos presbíteros olhou para o outro lado do gramado e, percebendo que John era um recém-convertido, caminhou até ele e disse:

— Irmão, você já foi lavado no sangue?

---

* *Righteous Brothers* é o nome do dueto musical formado por Bill Medley e Bobby Hatfield. Eles gravaram de 1963 até 1975 e continuaram tocando ao vivo até a morte de Hatfield em 2003. O maior sucesso da dupla foi a música "You've Lost That Lovin' Feelin", que figura entre as 100 maiores canções da história da música.

Com uma expressão perplexa em seu rosto, John respondeu:

— Eca! Quando vocês fazem esse tipo de coisa aqui?

Finalmente, após semanas de leitura de uma Bíblia que relatava milagres e de frequentar cultos religiosos monótonos, John procurou um dos dirigentes e perguntou:

— Quando vamos começar a fazer as coisas?

— Que coisas? — perguntou o líder.

— Ah, você sabe, as coisas descritas aqui na Bíblia — disse John, enquanto abria o Novo Testamento e apontava para os Evangelhos. — As coisas que Jesus fez: ressuscitar os mortos, curar os cegos e os paralíticos, sabe, esse tipo de coisa.

— Bem, não fazemos mais isso — respondeu o homem.

— Não fazem?

— Não.

— Então, o que vocês fazem?

— O que fizemos nessa manhã.

— Foi por *isso* que eu larguei as drogas?

John estava incrédulo que a experiência do povo de Deus nos dias de hoje era tão diferente das personagens bíblicas. Entretanto, os líderes da igreja conseguiram fazê-lo superar sua decepção. O segredo era não ter muitas expectativas.

E foi assim, nas primeiras semanas da experiência de conversão de John, que lhe foi ensinado a ler a Bíblia e conscientemente não esperar que tais fenômenos se repetissem em sua vida. Muitos cristãos atualmente leem as Escrituras da mesma forma. Embora creiamos que todas as experiências na Palavra de Deus sejam verdadeiras, para nós elas se tornaram fictícias, fazendo-nos "espiritualizar" ou "moderar" as aplicações de boa parte do que lemos.

SERÁ QUE ÊUTICO PODERIA SER RESSUSCITADO HOJE?

Quando era aluno do seminário, tive de escrever um estudo sobre Atos 20:7-12. Essa é a passagem onde o jovem chamado Êutico adormeceu durante uma pregação de Paulo e caiu da janela do terceiro andar e morreu. Paulo desceu até a rua, ressuscitou o jovem dos mortos e voltou a pregar. Estudei essa passagem por semanas, procurando pelo seu significado teológico. Pesquisei sentidos ocultos nos detalhes da história. Tentei descobrir o propósito literário e teológico de Lucas ao incluir a história no livro de Atos e sua intenção em colocá-la naquele ponto em específico na narrativa. Na verdade, jamais considerei que pudesse existir uma aplicação prática e literal dessa história para a igreja atual. Em minha mente havia uma separação irreconciliável entre as experiências das personagens bíblicas e nossas próprias experiências. Além disso, qual relevância a ressurreição de Êutico poderia ter atualmente? Só descobri anos depois.

Em novembro de 1991, estava palestrando numa conferência interdenominacional em Atlanta. Havia cerca de 1.200 pessoas presentes onde eu estava naquela noite para pregar. O tema da minha mensagem era que Deus ainda cura e opera milagres na igreja atual. Eu tinha acabado de começar a pregar quando Clement Humbard, um senhor mais velho do que eu e que estava sentado no sétimo banco à minha direita, desmaiou e caiu no chão. Alguém disse:

— Acho que ele está morto!

Você gostaria de ter sido o responsável por esse culto?

Eu tinha acabado de começar a falar sobre curas e milagres e o sujeito morreu! Logo fiquei tão assustado que pensei que também pudesse morrer. O que você faria se alguém morresse no começo do seu sermão sobre cura? O que estava acontecendo aqui? Será que o Senhor queria nos dar um exemplo vívido de seu poder de cura? Seria o diabo vindo para nos zombar e desafiar a noção de que Deus podia curar em nossos dias? Era o juízo de Deus, como no caso de Ananias e Safira (At 5)? Seja o que fosse, estava prestes a fazer um pregador no recinto sucumbir a uma crise de ansiedade. Depois que o choque inicial passou, pedi para que todos os presentes orassem para que Deus ressuscitasse aquele homem. Alguém correu para chamar os paramédicos. Quando toquei nele, não pude sentir seu pulso e sua pele já estava ficando azulada. Levamos seu corpo para o fundo da igreja e o colocamos num sofá no saguão. Muitos estenderam as mãos sobre ele e começaram a orar. Quando os paramédicos chegaram lá, ele não só tinha começado a respirar, mas conseguiu ficar em pé por si mesmo. Várias pessoas, incluindo uma enfermeira, tinham certeza de que aquele homem tinha morrido e ressuscitado.

Eu não sei se Clement Humbard de fato morreu naquela noite. Não sei se nossas orações o ajudaram a voltar à vida. Só sei que, ao retornar ao púlpito, a história de Êutico tinha uma importância maior para mim do que há vinte anos. Até aquela noite, Atos 20:7-12 tinha feito parte da Bíblia fictícia em minha experiência. Agora eu havia entendido que Deus planejou que a ressurreição de Êutico fosse relevante para a igreja moderna.

HERÓIS COMO NÓS

O problema com a Bíblia fictícia não é novo. Também existia para a igreja do século I. Tiago escreveu:

> Entre vocês há alguém que está doente? Que ele mande chamar os presbíteros da igreja, para que estes orem sobre ele e o unjam com óleo, em nome do Senhor. E a oração feita com fé curará o doente; o Senhor o levantará. E se houver cometido pecados, ele será perdoado. Portanto, confessem os seus pecados uns aos outros e orem uns pelos outros para serem curados. A oração de um justo é poderosa e eficaz (5:14-15).

Aparentemente, Tiago sentira o ceticismo de alguns de seus leitores. Talvez estivessem pensando em algo do tipo: "É fácil para você dizer isso, Tiago. Afinal de contas, você é o irmão biológico do Senhor. Você e os outros apóstolos viram o Senhor fazer esse tipo de coisas, e sabemos que as tem feito, mas como espera que nós oremos pelos outros e vejamos os mesmos tipos de milagres? Somos gente comum. Mas você é uma pessoa singular. Esse tipo de fenômeno só acontece com gente singular. Com certeza você não acha que Deus nos usaria para operar milagres, não é mesmo?". Aqui está como Tiago respondeu a essas dúvidas: ele prometeu aos seus leitores que Deus os usaria para curar os enfermos (5:14-16),[1] e então ele deu um exemplo bíblico de um milagre da época do Antigo Testamento. Ele escreveu: "Elias era humano como nós. Ele orou fervorosamente para que não chovesse, e não choveu sobre a terra durante três anos e meio. Orou outra vez, e o céu enviou chuva, e a terra produziu os seus frutos" (Tg 5:17-18).

Incialmente o argumento de Tiago não parece muito convincente porque ele escolhe um dos profetas mais sobrenaturais do Antigo Testamento. Podemos quase ouvir os críticos dizerem: "Mas Elias era diferente, vivendo numa época diferente". O ponto de vista de Tiago é outro. Ele diz que "Elias era *humano como nós*". Tiago expressou que Elias tinha o mesmo tipo de instabilidade e inconsistências da nossa vida hoje em dia. Após clamar que viesse fogo do céu, e depois orar para que chovesse para acabar com uma seca de três anos e meio, Elias ficou com medo e fugiu de Jezabel (1Rs 18:3). Ele se sentiu tão deprimido e orou a Deus para que lhe fosse tirada a vida. Mais tarde, quando Deus veio restaurá-lo, o diálogo entre Elias e o Senhor demonstrou que ele estava cheio de autopiedade e egocentrismo (1Rs 19:10). É por isso que Elias é um exemplo poderoso. Suas orações eram usadas para operar milagres, embora ele fosse *humano como nós*.

Tiago estava encorajando seus leitores a lerem a Bíblia *verdadeira* e crerem nela. Não desconsidere a experiência de um indivíduo como Elias pensando que ele era diferente e que vivia numa época diferente. De acordo com Tiago, o mesmo pode acontecer conosco nos dias de hoje.

O autor de Hebreus tinha um modo semelhante de aplicar a Bíblia. Ele escreveu: "Não se esqueçam da hospitalidade (...)" (Hb 13:2a). Agora, vejam a motivação que ele deu aos seus leitores ao serem hospitaleiros: "(...) foi praticando-a que, sem o saber, alguns acolheram anjos" (v. 2b). Foi exatamente o que aconteceu com Abraão em Gênesis capítulo 18. As visitas angelicais não cessaram no tempo de Abraão. O que aconteceu também acontece hoje – apenas leia sua Bíblia. Esse é o viés no qual os autores do Novo Testamento usaram o Antigo Testamento. Não eram nem um povo singular, nem uma época fora do comum. *Todos que conhecem a Deus são seres humanos únicos vivendo em uma época distinta.*

COMO NÃO DEVEMOS LER A BÍBLIA

Muitos de nós fomos condicionados a ler a Bíblia com base em *nossas experiências* em vez de nas experiências do povo de Deus na Bíblia. Não ouvimos a voz de Deus hoje de formas excepcionais, presumimos que ele não fala mais desse jeito. Se não vemos milagres hoje, achamos que ele não os opera mais. Mas a Bíblia está cheia de sonhos, visões, milagres e muitas outras experiências sobrenaturais. Os igrejeiros liberais simplesmente negam que essas coisas sequer aconteceram. Dizem que essas histórias são mitos e que jamais devem ser lidas ao pé da letra, apenas ilustram grandes verdades teológicas.

Muitos igrejeiros conservadores ficariam horrorizados com qualquer um que lesse a Bíblia dessa forma. Esses cristãos não têm nada a ver com a descrença racional dos liberais. Eles têm certeza de que cada milagre na Bíblia aconteceu como está registrado. Porém, quando se trata de aplicar a Bíblia às experiências modernas, muitos conservadores são cheios do mesmo tipo de descrença dos liberais. Para muitos cristãos ortodoxos, a Bíblia é um livro de verdades abstratas sobre Deus, em vez de um guia para a esfera sobrenatural do poder divino.

Dois efeitos devastadores ocorrem ao ler a Bíblia de modo banal: primeiro, sentimos pouquíssimo poder sobrenatural de Deus. Por quê? Porque não temos nem a fé para orar por milagres, nem a confiança de que Deus pode falar conosco de qualquer forma sobrenatural. Por que temos pouca fé? Porque nosso método de leitura bíblica nos doutrinou a não esperarmos por tais fenômenos. Isso nos deixa com uma versão moralista do cristianismo, a qual crê que a disciplina é o segredo da vida espiritual. Nossa disciplina. Junte essa disciplina com um pouquinho da ajuda de Deus e isso nos torna pessoas melhores enquanto caminhamos rumo ao céu. Por exemplo, devemos estudar o livro de Provérbios e tentar discernir os princípios de educar nossos filhos, mas nunca aprendemos como orar com a fé que liberta um filho *gay* da homossexualidade ou uma filha adolescente das drogas. Além de nos levar para o céu, não esperamos muito de Deus. E geralmente recebemos o que esperamos.

O segundo resultado de banalizar a Bíblia é descrito por Dallas Willard:

> Outro problema que surge quando não entendemos a experiência das personagens bíblicas no que diz respeito à nossa própria vida é que paramos completamente de ler a Palavra. Ou lemos em "doses homeopáticas", engolindo como se fossem comprimidos porque alguém disse que seria bom para nós, embora não concordemos.
>
> O segredo das igrejas "bíblicas" é que apenas uma pequena porcentagem de seus membros estuda a Palavra com o mesmo nível de interesse, inteligência ou alegria que leem as notícias em seus celulares ou laptops. Na minha opinião, com base numa experiência considerável, isso acontece principalmente porque elas não são ensinadas a compreender a experiência das personagens bíblicas no que diz respeito *à nossa própria experiência*.[2]

Eu não poderia concordar mais com o professor Willard. Fui pastor de uma igreja "bíblica" por vários anos. Naquela época, eu não acreditava que Deus falasse de qualquer outra maneira confiável além da Bíblia, nem acreditava que ele estava operando milagres e curas. Minha receita número um para os membros era: "Leiam a Bíblia todos os dias". As confissões mais frequentes que ouvia dos meus membros naqueles anos eram: "Eu não leio minha Bíblia".

É difícil ler todos os dias um livro que narra que Deus intervém de modo sobrenatural na vida dos seus filhos, e ainda assim não ver nenhuma relevância prática desses fenômenos sobrenaturais em nossa experiência atual. Uma vez que o elemento sobrenatural é retirado da Bíblia, ela se torna simplesmente um guia moralista. E Deus se torna um Deus distante, que ajuda seu povo, mas nem tanto.

A Bíblia é mais do que um tratado teológico. Ela é um guia para encontros dinâmicos com um Deus que opera prodígios. A Bíblia foi dada para que possamos ouvir a voz do Senhor e responder a essa voz com uma vida cheia de fé. Entretanto, ainda é muito comum para os crentes lerem a Bíblia sem ao menos ouvir essa voz.

ESTAMOS SEGUINDO OS FARISEUS?

Os fariseus liam, estudavam e memorizavam a Bíblia mais do que a maioria dos igrejeiros hoje em dia, mas, diferentemente de Moisés e dos outros heróis do Antigo Testamento, não conseguiam ouvir a voz de Deus. Jesus disse que os fariseus jamais ouviram a voz do Pai (Jo 5:37). Os fariseus afirmavam aguardar a vinda do Messias, mas nunca esperaram que os exemplos de fenômenos sobrenaturais do Antigo Testamento se repetissem naquela época. Eles tinham uma crença teórica no sobrenatural – acreditavam em anjos e na ressurreição do corpo –, mas não esperavam nada de sobrenatural em suas próprias vidas. Eles não ouviram a voz de Deus além das Escrituras, e nunca ouviram sua voz nas Escrituras.

Deixe-me dar uma advertência aqui: por favor, não cometa o erro de pensar que, como os fariseus não eram cristãos, você e eu não podemos repetir os pecados deles nos dias de hoje. Qualquer cristão pode pecar. Os fariseus são uma advertência enorme do Novo Testamento do que pode acontecer com um religioso quando este se torna orgulhoso. Não há maneira mais eficaz de abafar a voz de Deus do que através do som do orgulho. E nenhum crente está ileso do pecado do orgulho religioso.

Há uma série de exemplos do Novo Testamento que mostram que Deus ainda fala hoje de maneiras diferentes da Bíblia – exemplos da vida de Jesus, dos apóstolos e de outros cristãos. Seria fácil desconsiderar esses exemplos dizendo que se tratavam de indivíduos únicos que viviam em épocas diferentes. Mas essa seria uma forma bem antibíblica de ler a Bíblia. Uma maneira mais bíblica é pensar em Jesus como nosso exemplo máximo de como viver e ministrar.

Pense sobre os apóstolos como quando Tiago disse para pensarem em Elias: "como homens como nós, que oravam fervorosamente". Considere a possibilidade de visitas angelicais conforme registrado em Hebreus 13:2. Lembre-se do que Paulo disse sobre os milagres e castigos que ocorreram com os israelitas no deserto: "Essas coisas aconteceram a eles como exemplos e foram escritas como advertência para nós, sobre quem tem chegado o fim dos tempos" (1Co 10:11). Os milagres da Bíblia ainda são exemplos e advertências para os cristãos contemporâneos.

Durante a maior parte da minha vida, eu li a Bíblia mais como um fariseu do que como um cristão do Novo Testamento. Cometi o erro de crer pouco em Deus. Pelo resto da minha vida, se eu tiver que cometer um erro, será o de crer muito em Deus. Mas como se pode crer muito em um Deus onipresente, onisciente e onipotente, principalmente quando ele mesmo diz: "Tudo é possível àquele que crê" (Mc 9:23)?

A VOZ *de* DEUS *na* BÍBLIA *e na* HISTÓRIA

JESUS *e a* VOZ *de* DEUS

Nas palavras de uma triste canção country, Myra Wattinger "estava quebrada financeiramente e sem seu grande amor". Sozinha e sem um centavo sequer, ela vagava pelas cidades do sul do Texas em 1940, onde finalmente conseguiu um emprego de cuidadora para um senhor idoso. O pagamento era mínimo, mas pelo menos ela tinha a segurança de ter um lugar para dormir e algo para comer.

Myra teve a história que hoje os psiquiatras chamariam de "rejeição". Ela e seu marido tinham se divorciado há pouco tempo. Embora fosse um homem próspero, ele se recusava a dar-lhe qualquer quantia em dinheiro. Seus pais tinham morrido quando ela era adolescente, então ela não tinha a quem recorrer.

Quando Myra se sentava na casa, observando seu patrão idoso dormindo, ela achava que sua vida tinha ido até o fundo do poço. Infelizmente, estava errada. O diabo tinha planejado um novo tormento para ela, algo que até a levaria ao ponto de se matar. Um dia, enquanto o patrão dormia, ela se viu sozinha na casa com um dos filhos dele. O filho, um alcoólatra, já tinha avançado o sinal com Myra. Embora Myra houvesse deixado bem claro que ela achava- seus atos e ele próprio repulsivos, naquele dia ele estava determinado em não ser rejeitado. Ele a estuprou.

Nada na pequena vida difícil de Myra chegou perto da humilhação daquela tarde de abuso. "Como Deus pode me odiar tanto?", pensou ela. "Por que ele permitiu que isso acontecesse?" O que ela tinha feito para deixar o Senhor tão irado?

Toda vez que tentava falar com Deus sobre a humilhação, ela não ouvia nenhuma resposta da parte dele. Podia ter sido o transtorno de suas emoções ou o fato de que ela nunca tivera um diálogo com Deus que a impediam de ouvir seus consolos e promessas. Mas Myra sequer ponderou essas duas opções. Pelo contrário, concluiu que Deus a tinha abandonado.

Às vezes, quando as coisas não podem piorar, na verdade elas pioram. O índice de uma gravidez vindo de um estupro é baixíssimo, menos de três gravidezes a cada cem estupros. Mas o corpo de Myra desafiava as estatísticas. Parecia para ela que Deus tinha saído de sua vida para acrescentar um último tormento à sua miséria – ficar grávida pelo estupro. Deus estava forçando-a a carregar um filho de um bêbado violento.

Mesmo que Myra tivesse condições de criar um filho, ela não tinha planos de criar *aquele* filho. Ela tinha sido forçada a suportar a humilhação do estupro, mas ela não permitiria que o abusador, ou mesmo Deus, forçassem-na a aguentar a vergonha da gravidez. Isso simplesmente não era justo. Ela não devia ter de sofrer mais nenhuma consequência daquela tarde terrível. Decidiu abortar o bebê.

Mas o médico não ia colaborar. Logo, Myra descobriu que no sul do Texas dos anos 40 não seria fácil fazer um aborto com um médico. Ela ainda pensava que o melhor destino seria abortar o bebê com ou sem a ajuda médica – sem a ajuda de ninguém, se fosse o caso.

Esses eram os pensamentos que disputavam a mente de Myra numa tarde de primavera de 1943, enquanto ela voltava do consultório médico para casa. Sentada na varanda da casa onde tinha sido estuprada, uma nova opção veio à mente – suicídio. No exato momento quando o pensamento suicida parecia ser a promessa mais rápida para o fim de sua dor, surgiu um clamor em seu espírito para orar. Ela olhou para o céu e clamou:

— Senhor, estou carregando este bebê e não sei o que fazer.

Depois de clamar, ela jamais tivera a certeza de se a voz que ouvira era audível ou não. Contudo, ela era tão clara quanto qualquer outra voz que ela já ouvira antes. Deus lhe disse:

— Não aborte este bebê. Ele trará alegria ao mundo.

Essas duas frases curtas e divinas dissiparam todos os pensamentos de suicídio e aborto. As palavras que vêm do céu têm um poder incomparável a qualquer voz do inferno. Quando Myra ouviu essas palavras, os pensamentos destrutivos não só desapareceram, mas a alegria do céu invadiu sua alma e expulsou a depressão e a aflição. Ela estava certa de que Deus lhe daria uma menina, a qual chamaria de Joy [Alegria], pois, de acordo com o Senhor, essa menina traria alegria ao mundo.

Em 9 de outubro de 1943, Myra trouxe seu bebê ao mundo na ala de caridade do hospital St. Joseph, em Houston, no Texas. Imediatamente tudo começou a dar errado. Myra quase morreu no parto. O bebê era um menino, e não uma menina, como ela tinha esperado. Os próximos anos não foram fáceis para Myra e seu filhinho. Eles eram separados constantemente, com o menino sendo levado a morar em lares adotivos.

Durante os anos seguintes, o menino não demonstrava nenhuma promessa de cumprir seu chamado celestial de trazer alegria ao mundo. Ele se converteu no início da adolescência, mas não demonstrava ser alguém promissor na obra cristã. Na verdade, ele era extremamente tímido e não conseguia falar uma palavra sequer em público.

No verão após o jovem graduar-se no Ensino Médio, ele foi para um retiro e, na última noite do evento – uma sexta-feira –, *ouviu* Deus chamando-o para pregar. Era tão claro quanto uma voz audível, embora ninguém pudesse confirmar. Todos sabiam que esse jovem não tinha nenhum talento para qualquer tipo de ministério que incluísse o público.

Na segunda-feira, ele voltou a trabalhar na indústria química. A maioria dos homens que trabalhavam na indústria não eram cristãos. Suas falas eram cheias de palavrões, piadas sujas e comentários sexuais depreciativos a respeito de suas esposas e amantes. Antes, esse tipo de conversa não incomodava o jovem, mas o que tinha acontecido com ele na sexta-feira anterior fez com que toda a obscenidade ficasse insuportável. À medida que ele ouvia os homens no trabalho e, depois, no horário de almoço, quando duzentos trabalhadores reuniam-se em torno de dois trailers, o jovem foi tomado de compaixão pelos homens e ficou cheio de ódio pelo pecado que os separava de Cristo. De repente, sem perceber o que fazia, ele pulou em cima de um dos caminhões e gritou para os colegas:

— Ouçam! — Eles pararam de mastigar seus lanches e o encararam em silêncio. — Aqui eu sou apenas um moleque tentando aprender como ser um homem. Todos vocês estão me ensinando como ter uma boca suja, uma mente depravada, uma vida imunda e a ser indecente! *"Meus parça"*, eu não falaria com um cão do jeito que a maioria de vocês fala a respeito de suas esposas. Mas Deus ama todos vocês. E ele enviou Jesus para morrer por vocês.

Essa foi a introdução do primeiro sermão desse jovem. Encanadores, isoladores, artesãos e auxiliares ficaram chocados ao ouvir essas palavras. À medida que o jovem continuava a pregar, a convicção do Espírito Santo se alastrou no meio deles. Quando ele parou de falar, ninguém disse uma palavra. Eles simplesmente baixaram a cabeça e voltaram ao trabalho – sem perceberem que um avivamento tinha acabado de começar na indústria. Nas semanas seguintes, o jovem teve o privilégio de levar muitos operários a Cristo. Tornou-se evidente para todos que ele foi chamado para ser um evangelista. Cerca de trinta anos depois, esse jovem foi responsável por levar milhões de pessoas a crerem em Jesus como o Senhor e Salvador delas.

Seu nome era James Robison.

Na primavera de 1943, sua mãe, Myra, ficou realmente surpresa com a voz de Deus dizendo: "Não aborte este bebê. Ele trará alegria ao mundo". Quem poderia imaginar que um bebê concebido através de um estupro traria alegria ao mundo? Quem poderia imaginar que um jovem muito tímido, que não tinha habilidade de falar em público, seria responsável por apresentar Jesus Cristo a milhões de pessoas? O que Deus disse a Jeremias também poderia ter sido dito a James Robison: "Antes de formá-lo no ventre eu o escolhi; antes de você nascer, eu o separei e o designei profeta às nações" (Jr 1:5).

James, e outros que conheciam o Senhor, recusaram esse chamado, assim como Jeremias: "Ah, Soberano Senhor! Eu não sei falar, pois ainda sou muito jovem" (Jr 1:6). Contudo, James não estava sendo chamado por causa de suas habilidades, mas apesar delas e para os propósitos soberanos de Deus. Seu Pai celestial salvou sua vida com duas pequenas frases ditas do céu para uma mãe determinada a matá-lo. E no tempo determinado, o Deus que faz até sua ira contra os homens redundar em seu louvor (Sl 76:10) daria a James a aptidão de cumprir seu chamado divino.[1]

Hoje parece estranho para nós que Deus fale de forma tão clara e pessoal sobre o destino de uma criança em sua gestação, principalmente concebida como o bebê de Myra. No universo da Bíblia isso não era tão incomum. Muitas vezes Deus falou durante ou antes do nascimento de crianças, sobretudo daquelas destinadas a desempenhar um papel importante no seu reino.[2] Esse foi certamente o caso do mais famoso de todos os nascimentos da Bíblia. Assim como o nascimento do filho de Myra, esse nascimento também ocorreu em circunstâncias "duvidosas". Sem a voz celestial, ninguém jamais teria adivinhado o papel que o Filho estava destinado a desempenhar no reino de seu Pai.

O NASCIMENTO DE JESUS E A VOZ DE DEUS

Quando chegou a hora de o Filho de Deus habitar na terra, quem poderia ter previsto que um sacerdote idoso no final de seu ministério e a sua esposa estéril teriam um papel significativo na maior visitação da terra? É por isso que Deus teve que enviar o anjo Gabriel a Zacarias e Isabel. Mesmo com o majestoso Gabriel diante dele, Zacarias não podia acreditar na mensagem de que um filho notável lhe seria dado em sua velhice. Simplesmente não era possível uma idosa ter um filho.

Zacarias cometeu o erro de pedir um sinal a Gabriel. O anjo disse-lhe que ele ficaria mudo até o nascimento de seu filho, João Batista, o precursor do Messias (Lc 1:5-25). Embora Zacarias fosse um homem piedoso, ele se tornou um símbolo involuntário da resposta dos líderes religiosos ao Messias: eles também ficariam perplexos e cheios de incredulidade, mesmo na presença de evidências sobrenaturais esmagadoras.

Se não era possível uma idosa ter um filho, que tal uma adolescente virgem gerar um bebê sem a presença de um homem? Essa foi a próxima mensagem de Gabriel. Mas a impossibilidade biológica do anúncio de Gabriel não foi a parte mais difícil de acreditar. Sua mensagem à jovem virgem Maria continha o que parecia ser o absurdo espiritual mais bizarro já proferido: um útero de uma mulher estava prestes a tornar-se o primeiro lar terreno do Salvador do mundo. Toda a grandeza de Deus estava prestes a ser comprimida no ventre de uma adolescente. Quem poderia imaginar que Deus se rebaixaria tanto? No entanto, Maria creu nas palavras do anjo Gabriel quando ele disse: "Pois nada é impossível para Deus" (Lc 1:37). Essas palavras iriam se tornar o lema do ministério de Jesus e, posteriormente, o lema da Igreja do Novo Testamento.

Além disso, o nascimento de Jesus também ensina algo muito importante sobre a voz de Deus.

JESUS É ENCONTRADO APENAS PELA REVELAÇÃO DIVINA

Embora nada seja impossível para Deus, ninguém poderia imaginar como o Senhor pretendia enviar seu Filho à terra. Ninguém encontrou o caminho para o menino Jesus sem a revelação direta do Espírito Santo. Zacarias sabia o que ia acontecer porque o anjo Gabriel lhe contara. Maria sabia que seu ventre se tornaria o primeiro lar do Senhor na terra por causa da mensagem de Gabriel. Isabel teve que ser cheia do Espírito Santo para reconhecer que Maria carregava em seu ventre o Senhor Jesus. José teve que ser avisado em um sonho, senão ele teria se divorciado de Maria. Os pastores encontraram o caminho até o menino por meio de uma visão angelical, e os reis foram guiados até ele por uma estrela. Simeão e Ana foram movidos pelo Espírito Santo para reconhecê-lo e falar profeticamente sobre sua missão. A ausência mais marcante no nascimento de Jesus foi a da intelectualidade religiosa da época. Os estudiosos da Bíblia daquele tempo nunca foram até a manjedoura.[3]

Deus estava estabelecendo o padrão desde cedo para que todos vissem: *ninguém jamais encontraria o caminho para Jesus sem a revelação direta e sobrenatural*. A sabedoria religiosa, a inteligência humana, o poder político e a influência social eram todos guias insuficientes.

Esse padrão divino mostra que mesmo o conhecimento bíblico é um guia insuficiente para Jesus. Afinal, o Antigo Testamento tinha profetizado os principais eventos que cercaram o nascimento do Messias. Mateus ressaltou que Isaías havia profetizado que o Messias nasceria de uma virgem. Os líderes religiosos sabiam que Miqueias havia profetizado que o Messias nasceria em Belém. O Antigo Testamento deixava claro que o Messias seria perseguido. Mateus lembrou aos seus leitores que o Antigo Testamento, devidamente analisado, profetizou que o Messias seria chamado para fora do Egito, tal como Israel tinha sido chamado para fora do Egito no tempo de Moisés.[4]

Mas o Antigo Testamento nunca disse qual virgem, onde ou em que momento da história tudo aconteceria. Ninguém poderia compreender a aplicação das profecias sem a direção sobrenatural. Embora os escribas soubessem que o Messias nasceria em Belém, esse conhecimento acabou sendo inútil para eles porque não foi iluminado pelo Espírito Santo. O ministério revelador do Espírito Santo em torno do nascimento de Jesus demonstrou que somos totalmente dependentes da voz de Deus para encontrar e reconhecer o Messias. Todos os que foram ao presépio de Jesus tiveram que ser guiados por algo ou alguém maior do que seu próprio conhecimento bíblico. O nascimento de Jesus ensina-nos a necessidade da direção sobrenatural, independentemente do nosso intelecto ou conhecimento bíblico.

A HUMILDADE DE DEUS

Outra das principais lições que foram ensinadas através do nascimento de Jesus é o quanto Deus é humilde. O Deus que habita "num lugar alto e santo" (Is 57:15) fez seu primeiro lar terreno no ventre de uma jovem. Sua segunda casa foi um estábulo – não as belas e quentes manjedouras que vemos na época de Natal, mas um estábulo palestino do século I, rudimentar e cheio de esterco. A Luz do Mundo entrou em Belém na escuridão da noite. A Palavra de Deus tornou-se um bebê que ainda não tinha aprendido a falar. Aquele destinado a vestir um exército celestial com linho branco e limpo estava envolto em tiras grossas de pano. O Pão da Vida foi colocado no cocho de um animal. Ninguém *esperava* algo assim de Deus, então a maioria não conseguia *aceitar*. Ninguém poderia imaginar que o Criador do universo se rebaixaria tanto e pudesse ser tão humilde.

A humildade de Deus é tanto uma bênção quanto um grande problema para nós. Uma bênção porque sua humildade o leva a ter comunhão com gente tão baixa como nós. Um problema porque sua humildade o faz vir até nós de modo que fica fácil para nós rejeitá-lo.[5] Ninguém teria imaginado que Deus viria ao mundo num estábulo, ou que ele permitiria que seu Filho nascesse com o estigma de ser um filho bastardo.[6] Ninguém teria imaginado que a primeira visita do Filho de Deus ao templo seria na forma de um bebê indefeso. Naquele dia apenas dois adoradores aglomeraram-se diante do bebê que um dia iria redimi-los (Lc 2:21-38).

A relevância de como Jesus nasceu sempre passa despercebida pela igreja. Os dois primeiros capítulos de Mateus e Lucas não são apenas histórias agradáveis para sentirmo-nos acolhidos e emocionados uma vez ao ano no Natal. O nascimento de Jesus mostra algo do próprio caráter de Deus e como ele se relaciona com sua criação decadente. Seu mais alto propósito para a terra nasceu num estábulo – seus propósitos mais altos ainda nascem em estábulos. Quem poderia imaginar que o bebê de Myra, gerado através de um estupro, cresceria e amaria a Deus e levaria milhões de pessoas a Jesus? Sem a voz de Deus, Myra teria abortado seu filho, e aquele que controla nosso destino teria escolhido outro bebê para cumprir seus propósitos. Mas Myra ouviu e creu, assim como Maria. A humildade de Deus surpreendeu Myra igual à Maria.

A humildade de Deus também deve nos surpreender. Deus é tão humilde que ele não se importa com a vergonha do estábulo ou com o estigma da ilegitimidade. Você já percebeu a preferência de Deus pelo humilde e contrito de espírito (Is 57:15; 66:2)? Já percebeu como ele se opõe aos orgulhosos (Sl 138:6; 1Pe 5:5)? O humilde compartilha a vergonha do estábulo, mas o arrogante nem passa perto. O nascimento de Jesus ensina que o humilde será o primeiro a ouvir a voz de Deus. Seja levado por circunstâncias desesperadoras ou tendo adquirido através do cultivo cuidadoso, a humildade é essencial para ouvir a voz de Deus.

À medida que avançamos do nascimento do Messias para o Jesus adulto, vemos os mesmos temas surgindo: a necessidade de uma revelação sobrenatural e a exigência da humildade para receber tal revelação.

O MINISTÉRIO DE JESUS E A VOZ DE DEUS

Ele estava sentado na frente da igreja, encarando-me. Fazia cinco minutos que eu tinha começado a pregar quando o vi. Toda vez que eu olhava para ele, era pego pelo seu olhar severo. Tudo naquele homem mais velho, da expressão facial à linguagem corporal, demonstrava desprezo e desdém por mim. Toda vez que eu olhava para a segunda fileira à minha esquerda, conseguia vê-lo dizendo: "Seu sabichão insolente. Você não sabe o que está falando". Tinha certeza de que ele era um descrente que fora forçado a vir ao culto naquela noite para agradar sua esposa. Talvez ele até fosse um membro do círculo de ocultismo que tinha vindo especificamente para atrapalhar o culto.

Era a terceira noite de uma conferência que tinha ido muito bem até aquele ponto. Geralmente, coisas desse tipo na audiência não me perturbam. Porém, naquela noite o ódio que senti vindo até mim desse homem estava me atingindo. Depois de trinta minutos de cara fechada, fiquei um pouco desesperado. Na verdade, até pensei em interromper o culto e falar com ele em público, diante de todos. Passei da irritação à distração. Terminei a última parte do sermão sem olhar para ele e encarando as pessoas à minha direita.

Assim que terminei a pregação, estava parado ao lado, conversando com algumas pessoas. De canto de olho, percebi que ele se aproximava de mim. Eu estava eufórico. *O Senhor o entregou em minhas mãos*, pensei. Virei-me para encará-lo. Agora eu teria a chance de devolver uma hora inteira de hostilidade que ele tinha direcionado a mim. Involuntariamente, cerrei meus punhos.

Quando estava a quase um metro de distância de mim, o homem tinha o mesmo olhar severo no rosto. Ambas as mãos se moveram ao mesmo tempo. Ele apertou minha mão direita, pegando-me de surpresa. Mas, em vez de me jogar no chão, ele, na verdade, me deu um aperto de mão com as duas mãos. Ele disse:

— Quero lhe dizer que você tem sido uma bênção para mim. Eu fiz a oração que você sugeriu na noite passada, e foi a primeira vez em meses que tive uma noite tranquila de sono. Você é como um anjo enviado por Deus.

Eu fiquei estarrecido.

— Bem, eu percebi que você realmente estava prestando atenção no sermão desta noite — respondi. — Fale-me mais sobre você.

Ele me contou que sua esposa tinha orado por ele durante anos pela sua conversão. Mais ou menos um ano atrás, o Senhor respondeu as orações dela, e ele tinha nascido de novo. Depois que ele se tornou cristão, tudo começou a dar errado. Ele e sua esposa passaram por problemas financeiros e de saúde severos e outras calamidades. Nos últimos meses, ele sofrera de uma insônia grave. Satanás tinha vindo imediatamente para desafiar a experiência de conversão desse homem, e meu novo amigo tinha levado uma grande surra.

O que eu tinha interpretado como sendo raiva em seu rosto e olhos de fato não era, mas sim um sinal de sofrimento. Eu tinha confundido o tormento e a angústia com hostilidade. Eu tinha olhado para seu rosto, no qual só havia afeição por mim, e eu vi hostilidade nele. E o que é pior, tinha deixado que minha interpretação equivocada me distraísse de pregar a Palavra de Deus. Quer saber o que foi mais engraçado naquela noite? A passagem do meu sermão foi esta:

> O Espírito do Senhor repousará sobre ele, o Espírito que dá sabedoria e entendimento, o Espírito que traz conselho e poder, o Espírito que dá conhecimento e temor do Senhor. E ele se inspirará no temor do Senhor. Não julgará pela aparência, nem decidirá com base no que ouviu (Is 11:2-3).

Ao mesmo tempo que eu estava encorajando a todos no recinto a dependerem do Espírito Santo em vez de em seus próprios olhos para ter discernimento e explicar como as aparências enganam, eu estava julgando aquele homem!

Depois daquela noite, você nunca iria me convencer que Deus não tem senso de humor ou que eu não sou capaz de me afundar nas profundezas da cegueira espiritual.

Creio que, se durante meu sermão eu tivesse perguntado a Deus a fonte da raiva ou sofrimento daquele homem, Deus teria gentilmente me mostrado que eu não era a causa de tudo aquilo. Mas eu nunca parei para perguntar. Deixei-me ser guiado pelo que meus olhos viam e pensei que sabia o que estava motivando aquele homem. Quando consideramos o padrão do ministério de Jesus, perceberemos que esse é um erro que ele jamais cometeu.

NÃO SEJA GUIADO PELO QUE OS OLHOS VEEM

Como descrito acima, as aparências nem sempre são o que parecem, e nossos sentidos naturais geralmente podem nos enganar. É por isso que é importante julgar ou avaliar pelo Espírito em vez de somente confiar em nossa intuição.

A história do encontro de Jesus com a mulher samaritana no poço de Jacó é um exemplo maravilhoso de seu dom de julgar pelo Espírito em vez de confiar nas aparências (Jo 4:1ss). Quando os outros olhavam para a mulher samaritana, viam uma mulher com um passado imoral. Quando Jesus olhou para ela, viu uma mulher com uma sede espiritual profunda. Ele lhe ofereceu a água da vida para saciar aquela sede, mas, como ela não tinha ideia de quem ele era, não entendeu a oferta.

Embora sua sede fosse real, o passado da mulher era uma barreira que a impedia de ter a água da vida que estava ao seu alcance. Primeiro, o passado precisava ser tratado antes que ela pudesse receber a água.

— Vá, chame o seu marido e volte — disse Jesus.

— Não tenho marido — respondeu ela.

— Você falou corretamente, dizendo que não tem marido. O fato é que você já teve cinco; e o homem com quem agora vive não é seu marido. O que você acabou de dizer é verdade.

— Senhor, vejo que é profeta...

Sabemos o resto da história. Ela foi tão transformada pelo seu encontro com Jesus que através de seu testemunho muitos samaritanos vieram ver Jesus e creram nele.

Esse é um exemplo típico do ministério de Jesus. Ele não julgava pelo que seus olhos viam ou seus ouvidos ouviam. Pelo contrário, pelo Espírito, ele viu a sede espiritual da mulher, que ela tivera cinco maridos e que estava vivendo na imoralidade com o sexto homem. Pelo Espírito, Jesus viu os passos necessários para trazer aquela mulher para o reino de Deus.

AS LIMITAÇÕES DA HUMANIDADE DE JESUS

Alguns indivíduos acham que tais incidentes da vida de Jesus não são exemplos válidos de como deve ser nosso ministério atualmente. Dizem que Jesus era Deus e que ele devia agir por meio de sua onisciência. Claro, é verdade. Jesus era e é Deus — totalmente Deus e totalmente homem. Ele é onisciente. E também é onipresente e onipotente. Porém, as Escrituras ensinam que Jesus restringiu o uso desses atributos divinos quando ele tomou a forma humana (Fp 2:6-11).[7]

Era isso que significava ser humano para Jesus. Ele podia ficar bravo (Mt 4:2), ter sede (Jo 19:28) e ficar cansado (Jo 4:6). Seu corpo humano podia estar apenas em um lugar de cada vez. Em sua natureza humana, assim como as outras crianças, "Jesus ia crescendo em sabedoria" (Lc 2:52). Já adulto em seu ministério, aprendeu as coisas pelos meios naturais (Jo 4:3). Ele não sabia "nem o dia nem a hora" de sua segunda vinda (Mt 24:36). Em vez de depender de seu próprio poder para curar, ele esperou até "o poder do Senhor [estar] com ele para curar os doentes" (Lc 5:17). E houve momentos em que ele permitiu que a incredulidade do povo limitasse seu ministério de cura (Mc 6:1-6; Mt 13:58). Pois, embora Jesus fosse totalmente Deus, ele assumiu as limitações da humanidade de tal forma que não curou, profetizou ou ministrou com o seu próprio poder divino.[8] Mas ele ministrou com poder. De onde vinha esse poder?

A FONTE DO PODER DE JESUS

As Escrituras são extraordinariamente claras sobre a fonte do poder de Jesus. Sua habilidade sobrenatural veio do Espírito Santo, que infundiu graça, sabedoria e poderes milagrosos em sua humanidade. A total dependência do Messias do Espírito Santo foi profetizada por Isaías (11:1-5; 42:1-4; 61:1-3). Em sua concepção, foi o Espírito Santo que deu ao Filho de Deus seu corpo humano (Lc 1:35). Em seu batismo, o Espírito Santo veio sobre ele e permaneceu nele (Mt 3:16; Jo 1:32). Em sua tentação no deserto, ele foi guiado e capacitado pelo Espírito Santo para lutar contra Satanás. Lucas escreveu que Jesus "foi levado pelo Espírito ao deserto" e que ele também estava "cheio do Espírito Santo" no começo de seu conflito com Satanás (Lc 4:1).

No início do ministério público de Cristo, tanto Lucas como o próprio Jesus deixaram bem claro que a fonte de poder no ministério de Jesus não era sua divindade, mas sim sua dependência do Espírito Santo.

> Jesus voltou para a Galileia no poder do Espírito, e por toda aquela região se espalhou a sua fama. Ensinava nas sinagogas, e todos o elogiavam. Ele foi a Nazaré, onde havia sido criado, e no dia de sábado entrou na sinagoga, como era seu costume. E levantou-se para ler. Foi-lhe entregue o livro do profeta Isaías. Abriu-o e encontrou o lugar onde está escrito: "O Espírito do Senhor está sobre mim, porque ele me ungiu para pregar boas-novas aos pobres. Ele me enviou para proclamar liberdade aos presos e recuperação da vista aos cegos, para libertar os oprimidos e proclamar o ano da graça do Senhor". Então ele fechou o livro, devolveu-o ao assistente e assentou-se. Na sinagoga todos tinham os olhos fitos nele; e ele começou a dizer: "Hoje se cumpriu a Escritura que vocês acabaram de ouvir" (Lc 4:14-21).

Esse mesmo testemunho aparece novamente no meio do seu ministério. Jesus disse que expulsava demônios pelo "Espírito de Deus" (Mt 12:28). Mateus disse em certa ocasião, quando uma grande multidão tinha seguido o Senhor, que "ele curou a todos os doentes" (Mt 12:15). A princípio, você pode pensar que Mateus atribuiu esse poder de cura à divindade de Jesus,[9] mas, nos versículos seguintes, Mateus disse que isso cumpriu a profecia de Isaías: "Porei sobre ele o meu Espírito" (Mt 12:18, citando Is 42:1). Depois que Jesus ressuscitou e ascendeu aos céus, Pedro resumiu seu ministério da seguinte maneira: "Como Deus ungiu Jesus de Nazaré com o Espírito Santo e poder, e como ele andou por toda parte fazendo o bem e curando todos os oprimidos pelo diabo, porque Deus estava com ele" (At 10:38).

Assim, os profetas do Antigo Testamento, o próprio Jesus e os seus apóstolos atribuem o poder divino do seu ministério não à exclusividade de sua divindade, mas sim ao ministério do Espírito Santo através dele. Agora vamos examinar mais de perto o papel do Espírito Santo e da revelação divina do Pai no ministério de Jesus.

O PADRÃO DIVINO PARA O MINISTÉRIO: OUVIR PARA SERVIR

Era comum Jesus ouvir o Pai antes de dizer ou fazer qualquer coisa. Jesus disse que seu ministério foi guiado por este grande princípio: ele fazia o que via seu Pai fazer (Jo 5:19). Esse modo de vida não se originou com Jesus. Ele sempre foi o ideal de Deus para seus servos. Mais de 1.400 anos antes, Deus levara Moisés a uma montanha onde lhe mostrou uma visão celestial de como seria o tabernáculo. Então ele o alertou para fazer o tabernáculo terrestre de acordo com o modelo que ele viu (Êx 25:9,40; At 7:44; Hb 8:5). Essa sempre foi a melhor maneira de viver e ministrar – ver primeiro no céu e copiar na terra. É a essência de toda oração sincera – "seja feita a tua vontade, assim na terra como no céu" (Mt 6:10). Ninguém pode fazer a vontade de Deus na terra a menos que primeiro Deus revele sua vontade celeste. Ele revela, nós copiamos. Ele inicia, nós damos continuidade.

Jesus não deu origem a esse padrão, mas o cumpriu em uma dimensão bem maior do que qualquer um poderia ter imaginado. Moisés construiu um tabernáculo terrestre de acordo com o padrão celestial, mas Jesus construiu um templo espiritual, a Igreja, que nunca será vencida pelos poderes das trevas. Ele fez isso seguindo um princípio simples por toda a vida e ministério: ele fazia o que via seu Pai fazer.

João enfatizou várias vezes esse tema em seu Evangelho. Em sua humanidade, Jesus afirma que não pode fazer nada por si mesmo, então ele *julga* como ouve seu Pai julgar (Jo 5:30). Seu *ensino* não vem dele mesmo, mas de seu Pai (Jo 7:16). Ele *fala* apenas as palavras de seu Pai (Jo 8:28; 12:49-50; 14:10, 24). Ou seja, ele *faz* exatamente o que o Pai ordena (Jo 14:31). Em todos os aspectos, ele se apresenta como um servo sob ordens, em comunhão ininterrupta com seu Pai. E ele faz todas essas coisas – julga, ensina, fala, obedece – não através da sua divindade, mas pelo Espírito que repousa livremente nele (Jo 3:34).

Até o próprio Espírito Santo segue esse mesmo padrão. Jesus disse que o Espírito Santo "não falará de si mesmo; falará apenas o que ouvir, e lhes anunciará o que está por vir" (Jo 16:13). Ouvir Deus para servi-lo é o padrão do Novo Testamento, até mesmo para o Espírito de Deus.

Não deveria ser também o padrão para nossa vida?

Precisamos ouvir menos o Senhor?

JESUS, O ESPÍRITO SANTO E NÓS

Entre todos os servos de Deus, Jesus é realmente único. Ele é único porque é Deus. É o único ser humano que obedeceu totalmente a Deus e viveu uma vida sem pecado. Ele não só anunciou o reino de Deus como outros profetas fizeram, mas trouxe o reino em sua pessoa. Ele é único em sua autoridade no reino: "Foi-me dada toda a autoridade no céu e na terra" (Mt 28:18). Ele é único em seu sacrifício expiatório na cruz e em sua função de sumo sacerdote.

Porém, ele não é a única fonte de poder para seu ministério terreno. Seu poder de viver uma vida moral e de ministrar milagrosamente é sem dúvidas atribuído ao poder do Espírito Santo.

Na verdade, Jesus fez melhor uso do poder do Espírito Santo do que qualquer um antes ou depois dele. Ele dependia tanto do Espírito que viveu uma vida sem pecado. Ninguém jamais repetirá essa façanha. Mas isso significa que Jesus não deveria ser nosso modelo moral? Claro que não. Se a sua perfeição moral não o impede de ser nosso modelo de pureza, por que o uso do poder do Espírito Santo para ouvir Deus e fazer milagres deveria impedi-lo de se tornar nosso modelo para o sobrenatural?

Jesus *ouviu* Deus e então, como alguém capacitado pelo Espírito Santo, *falou* e *agiu*. Ele transmitiu esse mesmo método de ministério aos seus apóstolos, prometendo-lhes que enviaria o Espírito Santo para capacitá-los. O Espírito Santo falaria com eles, ensinaria todas as coisas, traria todas as palavras de Jesus à memória, testificaria de Jesus, guiaria à verdade e revelaria o futuro para eles (Jo 14:26; 15:26; 16:13). O resultado final foi que os apóstolos ouviram Deus de maneiras sobrenaturais e operaram milagres assim como seu Mestre havia feito. Jesus foi o modelo para o ministério deles.

Mas ele não foi apenas o modelo para os apóstolos. Ele foi o modelo para todos os cristãos. Estêvão e Filipe estavam "cheios do Espírito" (At 6:3,5; 7:55) como Jesus, então eles também ouviram Deus de maneiras sobrenaturais e operaram milagres (At 6:8,10; 7:56; 8:6-7,13,26,29,39).

O que temos em comum com Jesus, os apóstolos, Estêvão, Filipe, Ágabo e os outros profetas do Novo Testamento, e todos os outros crentes renovados das igrejas do Novo Testamento como a de Corinto, Roma, Éfeso, Tessalônica e tantas outras? De acordo com os apóstolos, o que temos em comum é o mesmo poder que lhes deram a habilidade sobrenatural de ouvir Deus e operar milagres. A oração de Paulo é que todos os cristãos reconheçam a herança que lhes pertence por meio da presença do Espírito Santo e conhecer " a incomparável grandeza do seu poder para conosco, os que cremos, conforme a atuação da sua poderosa força. Esse poder ele exerceu em Cristo, ressuscitando-o dos mortos e fazendo-o assentar-se à sua direita, nas regiões celestiais" (Ef 1:19-20).

Já que compartilhamos o mesmo Espírito que fortaleceu Jesus e seus seguidores no século I, por que não permitir que eles sejam nossos modelos do que é possível ser feito na vida cristã? Afinal de contas, em mais de uma ocasião, Jesus ensinou que "tudo é possível àquele que crê" (Mc 9:23; Mt 21:21-22; Mc 11:23). Até mesmo os mortos podem ser ressuscitados se crermos (Jo 11:40). Não consigo me lembrar de um lugar na Bíblia onde Jesus retomou esse ensino, nem consigo pensar onde os apóstolos "foram mais flexíveis" em seus escritos.

Dr. Gerald Hawthorne, professor de grego e exegese do Novo Testamento na Wheaton College, estudou cada referência do Novo Testamento a respeito do Espírito Santo na vida e no ministério de Jesus. Vale a pena considerar toda a sua conclusão:

> Assim como era real para Jesus, também é para seus seguidores: "Assim como o Pai me enviou, eu os envio" (Jo 20:21b). Assim como Jesus foi cheio e capacitado pelo Espírito, quem pertence a ele também é cheio e capacitado pelo Espírito (At 2:4), ou pelo menos, o é potencialmente (Ef 5:18). Assim como foi real que esse preenchimento de Jesus capacitou-o a ser e fazer o extraordinário, o mesmo acontece com quem crê nele. Os Atos dos Apóstolos (ou "do Espírito Santo"), trocando em miúdos, tinham a intenção de mostrar algo da natureza das coisas que Deus pode fazer por meio dos seres humanos que se rendem voluntariamente à influência do Espírito. Pelo Espírito, aqueles homens da Igreja Primitiva foram capacitados a pregar com ousadia, de modo convincente e com autoridade (At 2:14-41), enfrentar as crises e superar os obstáculos com coragem e determinação e com o poder que eles jamais sonharam ter (4:29-31), enfrentar a perseguição e o sofrimento com ânimo, e até aceitar a morte com uma oração de perdão (5:40-41;7:55-60), curar os doentes e ressuscitar os mortos (9:36-41;28:8), mediar as diferenças e trazer a

paz (15:1-35), saber aonde ir e não ir, o que fazer e o que não fazer (16:6-10;21:10-11), etc.

Não há razão alguma para acreditar que o que era real para os cristãos da Igreja Primitiva seja menos real para os cristãos deste século. Certamente as crises contemporâneas não são menores, as dores do mundo não são mais brandas, os desafios à força, à sabedoria, à paciência e ao amor do indivíduo não exigem menos recursos além dos recursos humanos do que exigiam no século I, e os seguidores de Jesus hoje não são mais suficientes para cumprir tudo comparado aos seus seguidores passados. Além disso, o plano de Deus de capacitar as pessoas para ultrapassar suas limitações humanas e alcançar o impossível ainda está em pé e é eficaz – esse plano que envolve encher o ser humano com seu Espírito e seu poder sobrenatural.[10]

Dessa forma, o professor Hawthorne conclui que Jesus deve ser nosso modelo em todas as áreas da nossa vida. Você consegue pensar num modelo melhor? Existe alguém que seria um exemplo melhor de como devemos ouvir a voz de Deus?

Se rejeitarmos Jesus, os apóstolos, as igrejas do Novo Testamento como nossos modelos em como ouvir Deus atualmente, então fomos deixados sem nenhum exemplo bíblico para ouvi-lo. Então, em quem deveríamos confiar para mostrar como ouvir sua voz?

A IGREJA *do* NOVO TESTAMENTO *e a* VOZ *de* DEUS

Um missionário que teve a história de ser perseguido – uma vez ele fora espancado até quase a morte – tinha vindo até uma nova cidade para começar sua obra. Era seu décimo sétimo ano no campo missionário. Ele era tão eficaz em testemunhar sobre Jesus nessa nova cidade que os inimigos do evangelho se organizaram contra ele e começaram a abusar dele. Ele sabia onde tudo isso iria terminar: logo tentariam matá-lo.

Ele se lembrou da vez que quase fora morto por uma multidão enlouquecida. Lembrou-se das outras vezes em que fora espancado e torturado por causa do evangelho. Então ele se lembrou das vezes que fugira de vários lugares bem antes que uma multidão cheia de força demoníaca fosse capaz de feri-lo.

Sua obra tinha começado bem, sem sombra de dúvidas. Um dos maiores líderes de uma religião inimiga tinha sido levado a Cristo. Mas talvez essa fosse uma das vezes em que a sabedoria dizia para ele fugir, assim ele poderia viver e pregar no futuro. Ele ficou pensando por um momento nas cicatrizes que quase lhe foram mortais e como elas tinham sido dolorosas e por quanto tempo duraram e demoraram para sarar. Nunca mais quis passar por aquilo de novo. Talvez ele partisse logo.

Naquela noite, quando pegou no sono, Jesus apareceu para ele numa visão e lhe disse para não ter medo. Alguns talvez tentassem atacá-lo, mas ninguém seria capaz de machucá-lo – não desta vez. Jesus deixou bem claro que havia muitos moradores nesta nova cidade que iam atender ao chamado do evangelho.

O missionário acordou na manhã seguinte, renovado e encorajado pela visão. Tudo aconteceu exatamente como o Senhor tinha lhe dito. A perseguição aumentou, mas ele não foi ferido. Durante os próximos dezoito meses, muitos foram salvos através do seu ministério. Se não fosse por aquela visão, talvez o missionário tivesse desistido. Ou, se tivesse ficado, poderia ter sofrido um estresse desnecessário, preocupando-se com sua própria segurança. Esse missionário tinha aprendido há muito tempo que ele não era inteligente ou piedoso o suficiente para entender coisas desse tipo por si mesmo. Ele sabia como era fácil ser enganado pelas aparências e circunstâncias. Portanto, tinha passado a confiar na voz do Senhor, não apenas na Bíblia, mas em sonhos e visões, em seu espírito humano, e em outras formas de comunicação. Ele tinha sido surpreendido pela voz de Deus em suas variadas formas e tinha sido salvo por ela tantas vezes mais do que podia lembrar.

De vez em quando, se um dos meus alunos ou algum membro da igreja me contava uma história assim, o ceticismo surgia automaticamente em meu coração. Minha primeira pergunta geralmente era: "Esse relato pode ser comprovado?". Na maioria das vezes, essas histórias não podiam. Então eu simplesmente as desprezava, pois não tinham relevância para a vida cristã. Todavia, a história que acabei de narrar pode ser comprovada. Talvez você já tenha adivinhado a identidade desse missionário veterano. Esse episódio específico de sua carreira está registrado em Atos 18:1-18. O missionário era o apóstolo Paulo. E a cidade em questão era Corinto. Eu sempre uso exemplos como esse para encorajar as pessoas a crerem em ouvir Deus através de sonhos, visões, impressões e outros modos, pois é normal no cristianismo do Novo Testamento.

Alguns, porém, opõem-se que isso seja um cristianismo normal. Eles sustentam que, embora tais experiências de revelação possam acontecer uma vez ou outra, elas são raras e não devem ser consideradas como formas importantes de ouvir Deus. Eu costumava pensar assim – até começar a ler o livro de Atos com a mente aberta. O livro de Atos é imensamente importante para nosso entendimento do que era ser um cristão na Igreja Primitiva. Ele é constituído de histórias que ilustram como os cristãos viveram logo após Jesus ter sido morto na cruz e ressuscitado. O livro de Atos não lida com teorias sobre como a vida cristã devia ser vivida. Ele nos dá descrições realistas de como os cristãos do século I realmente viveram.

Vamos examinar o livro de Atos para determinar o quanto as revelações sobrenaturais eram comuns naquela época.

A PREPARAÇÃO DAS PRIMEIRAS TESTEMUNHAS

No começo do livro de Atos, o Senhor ressurreto e seus onze apóstolos estavam no monte das Oliveiras. Jesus tinha acabado de lhes dizer para aguardarem em Jerusalém o batismo com o Espírito Santo. A primeira pergunta que fizeram aponta o quanto eles não entenderam a missão apostólica: "Senhor, é neste tempo que vais restaurar o reino a Israel?" (At 1:6). Essa pergunta resultou na seguinte resposta: "Não compete a vocês saber os tempos ou as datas que o Pai estabeleceu pela sua própria autoridade" (At 1:7). A última vez que os apóstolos fizeram uma pergunta assim provocou um longo discurso de Jesus sobre sua segunda vinda no fim dos tempos (Mt 24:4ss). Durante o discurso ele tinha dito explicitamente: "Quanto ao dia e à hora ninguém sabe, nem os anjos dos céus, nem o Filho, senão somente o Pai" (Mt 24:36). Ele já tinha dito que essa questão estava era fora dos limites, mas mesmo assim os discípulos perguntaram novamente.

Após lhes prometer o poder o Espírito Santo, ele foi levado aos céus diante da multidão. Em vez de voltarem para Jerusalém, como os tinha instruído, os apóstolos ficaram no monte das Oliveiras, olhando para o alto. Dois anjos foram enviados para lhes dizer: "Galileus, por que vocês estão olhando para o céu? Este mesmo Jesus, que dentre vocês foi elevado ao céu, voltará da mesma forma como o viram subir" (At 1:11).

Pense nas implicações dessa cena. O livro de Atos inicia-se com uma comunicação sobrenatural, o Senhor ressurreto e dois anjos falando para os apóstolos. Bem no começo da história da Igreja, nós fomos ensinados que ela seria construída pela revelação sobrenatural, não por planos humanos feitos pela inteligência. Nem mesmo os apóstolos foram capazes de traçar um plano adequado para a Igreja. Embora tivessem recebido três anos e meio de treinamento especial pelo melhor Mestre, no início do livro de Atos parecem não ter compreendido quase nada do plano de seu professor para redimirem a terra. Eles são conduzidos de volta a Jerusalém pelo Senhor, para esperar pelo entendimento e poder que lhes seriam dados.

O PODER DAS PRIMEIRAS TESTEMUNHAS

O capítulo 2 do livro de Atos narra a história do poder das primeiras testemunhas. O capítulo começa com uma explosão de revelação: "De repente veio do céu um som, como de um vento muito forte, e encheu toda a casa na qual estavam assentados" (At 2:2). O vento é um símbolo comum do poder do Espírito Santo para gerar vida.[1] O Espírito tinha vindo "de repente" e "do céu" para soprar vida no corpo recém-nascido da Igreja, assim como Deus uma vez soprou vida num corpo de barro do primeiro ser humano. O Espírito não veio em resposta a longos anos de planejamento e dedicação da parte do povo de Deus. Não, o poder de uma vida indestrutível encheu toda a casa naquele dia porque o próprio Deus tinha enviado o Espírito. As línguas de fogo representavam a fala inspirada e profética que iriam declarar "as maravilhas de Deus" (At 2:11). Todos os fenômenos sobrenaturais na casa indicaram que a proclamação da Igreja seria inspirada divinamente pelo céu.

O som do vento e a visão das línguas de fogo atraíram uma multidão ao local onde os 120 crentes tinham sido cheios do Espírito Santo naquele exato momento. Alguns na multidão ficaram "maravilhados" pelos fenômenos sobrenaturais e "perplexos" – eles não entenderam o que estava acontecendo (At 2:12). Outros ignoraram completamente a natureza sobrenatural do acontecimento e zombaram dos 120 crentes, pensando que estavam bêbados (At 2:13).

Pedro viu a confusão e o ceticismo. Ele "levantou-se com os Onze e, em alta voz, dirigiu-se à multidão" (At 2:14). O discurso que Pedro fez à multidão foi uma proclamação profética vinda do Espírito Santo.² O cumprimento da antiga profecia de Joel 2:28-32 tinha acabado de começar. Pedro começou seu discurso citando esta profecia:

> Nos últimos dias, diz Deus, derramarei do meu Espírito sobre todos os povos. Os seus filhos e as suas filhas profetizarão, os jovens terão visões, os velhos terão sonhos. Sobre os meus servos e as minhas servas derramarei do meu Espírito naqueles dias, e eles profetizarão. Mostrarei maravilhas em cima no céu e sinais em baixo, na terra, sangue, fogo e nuvens de fumaça. O sol se tornará em trevas e a lua em sangue, antes que venha o grande e glorioso dia do Senhor. E todo aquele que invocar o nome do Senhor será salvo! (At 2:17-21).

Ou seja, a vinda do Espírito Santo inaugurou a *era da revelação*. Em vez de ter alguns profetas em cada geração, agora "seus filhos e as suas filhas profetizarão". Os sonhos e as visões agora eram normais para o povo de Deus. Não havia mais restrições de idade, de gênero ou financeiras no ministério de revelação do Espírito Santo. Ele deveria inspirar tanto os filhos quanto as filhas, tanto os servos quanto as servas, a profetizar e a compreender os fenômenos de revelação. O Espírito vinha com tanto poder através de diversos fenômenos de revelação porque estava dando origem a um povo profético. Assim como o Espírito Santo "encobriu" uma jovem judia para que o Líder de todos os profetas fosse concebido em seu ventre, assim o Espírito Santo agora "encobriu" os 120 crentes para que a Igreja profética pudesse nascer – profética porque seu líder é o Rei dos profetas.

O nascimento profético da Igreja simboliza o fato de que o plano de Deus para redimir a terra não poderia ter sido concebido ou executado pelos planos humanos. Atos capítulos 1 e 2 apresentaram uma Igreja nascida da revelação. Esses capítulos ensinam que, sem a revelação sobrenatural, a Igreja jamais cumprirá sua missão redentora na terra.

O PADRÃO EXPANDE-SE

Alguns cristãos vivem toda a vida sem nunca experimentar conscientemente uma comunicação direta com o Pai, o Filho, o Espírito Santo ou os anjos celestiais. Eles estão tão acostumados a ler a Bíblia por experiência própria que é fácil perderem uma das características mais surpreendentes do livro de Atos. Quando o leem, a *falta de experiência* com a voz de Deus filtra seletivamente a ênfase de Lucas na comunicação sobrenatural entre Deus e seus servos. Eles ignoram ou se recusam a considerar as implicações repetitivas impressionantes da revelação sobrenatural em Atos.

Com exceção do capítulo 17, cada capítulo de Atos contém um exemplo ou uma referência à comunicação da revelação sobrenatural de Deus aos seus servos. Considere os seguintes exemplos:

Capítulo 1: Após sua ressurreição, Jesus apareceu aos onze (v. 3-9). Depois que Jesus subiu aos céus, os anjos desceram e deram aos onze instruções (v. 10-11). Por fim, por sorteio, Matias foi escolhido para ocupar o lugar de Judas. Pelo jeito, Deus estava guiando sobrenaturalmente a decisão da sorte, assim como fez nos tempos do Antigo Testamento (v. 26).

Capítulo 2: Um vento violento e línguas de fogo varreram a sala onde os 120 crentes estavam orando e todos falaram em línguas (v. 2-4). Então Pedro pregou um sermão inspirado, citando a promessa do ministério profético de Joel 2:28-32 (v. 14ss).

Capítulo 3: A cura do coxo na porta do templo chamada Formosa revelou a glória de Cristo (v. 13).

Capítulo 4: A defesa do evangelho e do ministério dos apóstolos feita por Pedro foi um exemplo da pregação inspirada pelo Espírito Santo e também um cumprimento da profecia do próprio Jesus em Lucas 12:11-12 e 21:12-15 (v. 8ss).

Capítulo 5: Pedro profetizou a morte de Ananias e Safira (v. 3ss). Um anjo libertou os apóstolos da prisão (v. 19-20).

Capítulo 6: Estêvão realizou sinais e maravilhas e falou de modo tão eficaz pelo Espírito Santo que ninguém conseguiu refutá-lo (v. 8,10).

Capítulo 7: Nos momentos finais de Estêvão, o Senhor Jesus revelou-se para ele para que pudesse realmente ver o Filho de Deus em pé à direita do Pai (v. 55).

Capítulo 8: Primeiro, um anjo do céu deu instruções a Filipe para o ministério (v. 26), e então o Espírito Santo falou diretamente com ele, dando-lhe mais instruções (v. 29). Finalmente, o próprio Espírito levou Filipe para Azoto (v. 39).

Capítulo 9: Jesus apareceu a Saulo e deu-lhe o início de sua missão na estrada de Damasco (v. 3-6). Jesus falou com Ananias e enviou-o para ministrar a Saulo (v. 10-16).

Capítulo 10: Um anjo apareceu em visão a Cornélio e disse-lhe que mandasse chamar Pedro (v. 4-6). Nesse meio-tempo, Deus fez com que Pedro entrasse em êxtase, deu-lhe uma visão e declarou que todos os alimentos eram puros (v. 10-16). O Espírito Santo falou com Pedro e disse-lhe para ir com os três homens que Cornélio tinha enviado (v.19). Enquanto Pedro pregava para Cornélio, o Espírito Santo desceu sobre Cornélio e sobre todos os gentios em sua casa, de modo que todos falaram em línguas (v. 46).

Capítulo 11: O profeta Ágabo previu corretamente uma fome (v. 28).

Capítulo 12: Um anjo visitou Pedro em sua cela e o livrou da morte (v. 7-11).

Capítulo 13: O Espírito Santo falou à igreja em Antioquia, dizendo-lhes que separassem Barnabé e Paulo para um ministério específico (v. 2). Em sua primeira viagem missionária, Paulo previu com exatidão um julgamento contra o feiticeiro Elimas, de modo que este ficou cego (v. 9-12).

Capítulo 14: Enquanto Paulo pregava em Listra, estava sentado na plateia um homem que era coxo de nascença. Paulo olhou para ele enquanto falava e sobrenaturalmente viu que o homem tinha fé para ser curado. Paulo disse ao homem para se levantar e este foi curado instantaneamente (v. 9-10).

Capítulo 15: O Espírito Santo comunicou aos apóstolos e aos presbíteros no concílio de Jerusalém que era bom não sobrecarregar os gentios com a lei (v. 28).

Capítulo 16: Em sua segunda viagem missionária, o Espírito Santo impediu Paulo e seus companheiros de pregar o evangelho na Ásia (v. 6). O Espírito Santo também impediu Paulo e seus companheiros de entrar na Bitínia (v. 7). Mais tarde, em sua viagem, Paulo teve uma visão de um homem na Macedônia suplicando para que viessem e ajudassem (v. 9-10). Isso deu a direção na qual o Senhor estava guiando o grupo missionário de Paulo. Em Filipos o Senhor abriu o coração de Lídia para crer no evangelho que Paulo estava pregando (v. 14).

Capítulo 18: O Senhor falou com Paulo certa noite numa visão e disse-lhe que ninguém iria feri-lo e que o Senhor tinha muita gente naquela cidade de Corinto para ser salva (v. 9-11).

Capítulo 19: Doze crentes em Éfeso, nos quais Paulo impôs as mãos, falaram em línguas e profetizaram (v. 6).

Capítulo 20: Paulo falou a respeito da direção sobrenatural do Espírito Santo quando disse que tinha sido compelido pelo Espírito a ir para Jerusalém (v. 22). Ele também disse que o Espírito Santo tinha o avisado sobre o sofrimento que esperava por ele (v. 23). Paulo deu uma palavra profética aos anciãos de Éfeso que tinham se reunido para encontrá-lo em Mileto e que eles jamais veriam sua face novamente (v. 25).

Capítulo 21: Um número de cristãos recomendou a Paulo, pelo Espírito, a não ir para Jerusalém porque sabiam do perigo que o aguardava (v. 4). Esse capítulo também registra que Filipe tinha quatro filhas que profetizavam (v. 9). Ágabo profetizou para Paulo que os judeus de Jerusalém amarrariam o apóstolo e o entregariam aos gentios (v. 10-11).

Capítulo 22: Paulo recontou seu testemunho de conversão e como o Senhor apareceu para ele na estrada de Damasco (v. 6-16). Ele também contou sobre sua primeira visita a Jerusalém após sua conversão quando, no templo, ele tinha caído em êxtase no qual o Senhor dizia para ele sair de Jerusalém e revelou que ele estava sendo enviado aos gentios (v. 17-21).

Capítulo 23: O Senhor apareceu para Paulo enquanto ele estava preso em Jerusalém e o encorajou a dizer que não só testemunharia sobre Jesus em Jerusalém, mas também em Roma (v. 11).

Capítulo 24: Em Cesareia, fez um discurso diante de Félix, o governador, inspirado pelo Espírito Santo em cumprimento de Lucas 12:11-12 e 21:12-15 (v. 10-21).

Capítulo 25: Paulo fez outro discurso em Cesareia para Festo, o governador sucessor de Félix, que deve ser visto sob a mesma ótica do discurso do capítulo 24, um discurso inspirado pelo Espírito Santo em cumprimento de Lucas 12:11-12 e 21:12-15 (v. 8-12).

Capítulo 26: Quando o rei Agripa veio visitar Paulo, ele recontou a história de sua conversão e como o Senhor lhe aparecera na estrada de Damasco (v. 9-16).

Capítulo 27: Paulo previu com exatidão a destruição do navio que ia levá-lo a Roma (v. 10). Um anjo do Senhor apareceu para ele durante a noite, dizendo que ele não se afogaria no naufrágio e que Deus pouparia a vida de todos que estavam a bordo com ele (v. 21-26).

Capítulo 28: No final do capítulo, Deus falou sobrenaturalmente através de milagres. O primeiro milagre aconteceu quando uma víbora mordeu a mão de Paulo, mas ele não sofreu mal algum (v. 3-6). Isso conduziu à uma série de milagres nas quais Paulo foi usado para curar todos os doentes na ilha de Malta (v. 7-9).

A REVELAÇÃO NA IGREJA PRIMITIVA

O livro de Atos retrata uma igreja que vivia por revelação. Mas o que os autores bíblicos queriam dizer quando falam de revelação? E por que a atividade da revelação de Deus era tão vital para a Igreja Primitiva?

No Novo Testamento, "revelação" refere-se a um segredo que Deus fez ser conhecido. Quando Deus "revela" algo, ele está mostrando algo que não poderíamos saber, ou não sabíamos, por meios naturais. Por exemplo, no contexto de defender seu apostolado, Paulo disse:

> Catorze anos depois, subi novamente a Jerusalém, dessa vez com Barnabé, levando também Tito comigo. Fui para lá por causa de uma revelação e expus diante deles o evangelho que prego entre os gentios (Gl 2:1-2).

Ao usar o termo "revelação", Paulo está dizendo que não foi porque achava que não era uma boa ideia ou porque se sentiu pressionado pelos outros. Ele foi porque Deus o direcionou. Ele não diz como surgiu a revelação. Aparentemente não era importante que os leitores soubessem. O importante é que entendessem que era o próprio Senhor que o tinha direcionado. Se o Senhor não tivesse dado a revelação, Paulo não saberia se deveria estar em Jerusalém.

Paulo estava muito confiante de que Deus revelaria coisas aos cristãos comuns. Ele escreveu aos Filipenses: "Todos nós que alcançamos a maturidade devemos ver as coisas dessa forma, e se em algum aspecto vocês pensam de modo diferente, isso também Deus lhes esclarecerá" (Fp 3:15).

Na verdade, Paulo estava dizendo aos Filipenses que sabia que alguns tinham uma postura sobre maturidade diferente da dele. No entanto, isso não pareceu incomodá-lo. Ele estava confiante de que Deus poderia remover o véu dos olhos deles e revelar-lhes a mesma verdade que o Senhor o tinha revelado. Paulo poderia ter usado argumentos lógicos ou uma ordem apostólica para forçar sua opinião sobre os filipenses; em vez disso, ele parece ter acreditado que seria desnecessário o uso de sua autoridade apostólica. Ele confiou no ministério de revelação de Deus para transformar a atitude dos filipenses. Tanto as cartas de Paulo como o livro de Atos demonstram que os cristãos nunca superam a necessidade do ministério de revelação divino.[3]

AGENTES DE REVELAÇÃO

A fonte máxima de revelação na Igreja Primitiva é Deus Pai. Ele é quem derramou o Espírito Santo (At 2:17ss) e quem "ungiu a Jesus de Nazaré com o Espírito Santo e poder" (At 10:38). Porém, geralmente quando Deus escolhe revelar algo a um de seus servos no livro de Atos, os agentes de revelação são o Espírito Santo, Jesus ou os anjos.

O ESPÍRITO SANTO REVELA

O Espírito pode falar diretamente aos indivíduos, dizendo-lhes aonde ir e o que fazer (Atos 8:29;10:19-20), ou pode falar para toda a igreja, dizendo como iniciar um novo projeto missionário (At 13:2). O Espírito Santo pode impedir ou proibir uma equipe missionária quando ela começa involuntariamente a se afastar da vontade geográfica de Deus (At 16:6-7). Em outras ocasiões, o Espírito Santo pode obrigar uma pessoa a ir para um certo destino (At 20:22). E o Espírito pode alertar antecipadamente um servo fiel a respeito do sofrimento que acompanhará o cumprimento da obra deste (At 20:23).

O Espírito Santo também pode inspirar um sermão ou testemunho de Jesus. Quando Pedro foi levado perante os líderes religiosos para prestar contas da cura do coxo, ele foi "cheio do Espírito Santo" (At 4:8). A plenitude do Espírito Santo é o poder de Deus falando através de um indivíduo.[4] Porém, em outras ocasiões, é dito que os próprios crentes falam "pelo Espírito" (Atos 11:28; 21:4). A direção do Espírito Santo pode até se tornar tão impressionante que ele arrebata sobrenaturalmente um crente, como no caso de Filipe (At 8:39). A liderança da Igreja Primitiva era tão sensível ao Espírito Santo que podiam descrevê-la dizendo: "Pareceu bem ao Espírito Santo e a nós (...)" (At 15:28).

JESUS REVELA

Jesus aparece a Estêvão quando ele está sendo apedrejado até a morte (At 7:55) e a Paulo na estrada para Damasco. A experiência de Paulo foi tão fundamental para a história da Igreja Primitiva que é relatada em três momentos distintos no livro de Atos (9:3-6;22:6-16;26:9-16). O Senhor também apareceu a Ananias e deu-lhe instruções específicas para ministrar a Paulo (At 9:10ss). Não sabemos quantas vezes Jesus apareceu para Paulo durante seu ministério, mas o livro de Atos registra três aparições de Jesus a Paulo que ocorreram após sua conversão. Nesses casos, Jesus apareceu a Paulo para dar-lhe instruções, conforto e encorajamento (At 18:9-11; 22:17-21;23:11). Comecei este capítulo descrevendo a primeira dessas aparições, registrada em Atos 18:9-11. As outras duas também servem de exemplo.

Paulo descreveu a primeira aparição do Senhor após sua conversão:

> Quando voltei a Jerusalém, estando eu a orar no templo, caí em êxtase e vi o Senhor que me dizia: "Depressa! Saia de Jerusalém imediatamente, pois não aceitarão seu testemunho a meu respeito". Eu respondi: "Senhor, estes homens sabem que eu ia de uma sinagoga a outra, a fim de prender e açoitar os que creem em ti. E quando foi derramado o sangue de tua testemunha Estêvão, eu estava lá, dando minha aprovação e cuidando das roupas dos que o matavam". Então, o Senhor me disse: "Vá, eu o enviarei para longe, aos gentios" (At 22:17-21).

Nesse caso, o Senhor falou com Paulo por três razões. Primeiro, para lhe dar proteção através de um aviso, "pois não aceitarão seu testemunho a meu respeito". Segundo, para dar-lhe direção: "Saia de Jerusalém imediatamente (...). Eu o enviarei para longe, aos gentios". E, terceiro, para fornecer a Paulo uma definição a longo prazo do seu ministério: "(...) eu o enviarei para longe, aos gentios". A princípio, esse não parecia ser o melhor plano para Paulo. Fazia mais sentido ficar em Jerusalém. Afinal, ele era conhecido, ninguém duvidaria de sua sinceridade e tinha credenciais impecáveis. Ele tinha certeza de que seria uma testemunha confiável para outros líderes judeus. Mas ele estava errado. Na verdade, se ele tivesse ficado, estaria redondamente enganado. Esse episódio na vida de Paulo é uma ilustração perfeita de Isaías 55:8-9:

> "Pois os meus pensamentos não são os pensamentos de vocês, nem os seus caminhos são os meus caminhos", declara o Senhor. "Assim como os céus são mais altos do que a terra, também os meus caminhos são mais altos do que os seus caminhos e os meus pensamentos mais altos do que os seus pensamentos.

Deus tinha uma perspectiva radicalmente diferente sobre a situação de Paulo em Jerusalém. Ele também tinha uma maneira muito diferente de Paulo ministrar do que este tinha planejado. Se Deus não tivesse falado com ele, Paulo nunca teria conhecido os pensamentos e caminhos específicos de Deus para ele nessa altura do seu ministério.

A terceira ocasião registrada da aparição de Jesus a Paulo depois de sua conversão na estrada de Damasco aconteceu em Jerusalém. Depois de uma violenta disputa no Sinédrio, o comandante romano colocou Paulo sob uma medida protetiva. Na noite seguinte o Senhor, pondo-se ao lado dele, disse: "Coragem! Assim como você testemunhou a meu respeito em Jerusalém, deverá testemunhar também em Roma" (At 23.11). Isso provou ser uma palavra de encorajamento extremamente oportuna do Senhor, pois: "Na manhã seguinte os judeus tramaram uma conspiração e juraram solenemente que não comeriam nem beberiam enquanto não matassem Paulo" (v. 12). Paulo não precisava se preocupar com o sucesso de seu plano porque o Senhor tinha aparecido pessoalmente a ele, garantindo que levaria o testemunho de Cristo até Roma.

Há outra maneira pela qual Jesus revela-se como o principal agente de revelação no início da história da Igreja. Lídia nasceu de novo quando "o Senhor abriu seu coração para atender à mensagem de Paulo" (At 16:14). Nem o livro de Atos, nem as Escrituras em geral jamais deram crédito à salvação de um ser humano ao seu próprio estudo disciplinado ou a sua busca por Deus. É sempre Deus quem toma a iniciativa e abre o coração do indivíduo para crer.

OS ANJOS REVELAM

Os anjos eram famosos por planejarem as fugas da prisão (At 5:19-20;12:7-11). Eles também apareceram a vários servos do Senhor com instruções específicas, como no caso de Filipe (At 8:26) e Cornélio (At 10:4-6). Na viagem de Paulo a Roma, um anjo veio até ele durante a noite e disse: "'Paulo, não tenha medo. É preciso que você compareça perante César; Deus, por sua graça, deu-lhe a vida de todos os que estão navegando com você'" (27:24).

O LIVRO DE ATOS REPRESENTA UM CRISTIANISMO NORMAL?

A revelação bíblica é clara: Jesus ouviu a voz de seu Pai dentro e fora das Escrituras. Os apóstolos e os cristãos do século I fizeram o mesmo. O livro de Atos mostra como era conhecer pessoalmente Deus na Igreja. Lembre-se, em cada capítulo, com exceção do capítulo 17, os cristãos têm uma comunicação sobrenatural direta.

Através da repetição, que é uma das técnicas de ensino comuns dos autores do Novo Testamento para enfatizar os temas mais importantes,[5] Lucas estava ensinando aos seus leitores que nem eles nem a Igreja Primitiva poderiam viver sem que o Senhor falasse com eles de todas as maneiras criativas de um Deus onipotente e onisciente.

Por que isso deveria nos surpreender? Não foi exatamente isso que Jesus disse que aconteceria quando enviou o Espírito Santo? Ele prometeu aos seus discípulos que o Espírito Santo os *ensinaria* todas as coisas, os lembraria de suas palavras, *testificaria* sobre ele, *guiaria* em toda a verdade e *mostraria* as coisas que viriam.[6] Ensinar, lembrar, testificar, orientar e mostrar são as atividades normais do Espírito Santo, segundo Jesus. Então, quando o Espírito Santo veio, ele ensinou para Pedro que o vento, o fogo e as línguas no cenáculo foram o que Joel havia profetizado muito tempo antes.[7] Quando Pedro ficou confuso sobre os acontecimentos na casa de Cornélio, o Espírito Santo lembrou-lhe as palavras que Jesus tinha dito anteriormente, e assim o guiou para a verdade.[8] Quando Pedro compareceu perante o Sinédrio, o Espírito Santo o encheu e ele testificou sobre Jesus.[9] Quando Pedro se apresentou diante dos enganadores Ananias e Safira, o Espírito Santo mostrou-lhe que eles tinham mentido para Deus e morreriam.[10] Ensinar, lembrar, testificar, orientar e mostrar – exatamente o que Jesus disse que o Espírito Santo faria.

E essas atividades não se limitaram aos apóstolos. As mesmas coisas aconteceram nas vidas de Estêvão, Filipe, Ágabo, Ananias e de outros indivíduos não mencionados no livro de Atos.[11]

Alguns tentam rejeitar o testemunho registrado em Atos chamando-o de um livro de transição. Mas transição para quê? Para um cristianismo melhor? Onde está esse melhor? Ou é uma transição para um tipo de experiência onde Deus fala apenas na Bíblia? Essa forma de cristianismo não é uma progressão, mas uma regressão para a religião dos fariseus que preferiam o Livro à Palavra viva de Deus (Jo 5:36-47). A transição que Jesus previu foi para uma era de revelação por parte de um Espírito onisciente que surpreenderia o povo de Deus ensinando, lembrando, testificando, orientando e mostrando. E foi exatamente assim que o Espírito Santo fez na igreja do século I.[12]

Mas a experiência de alguns cristãos leva-os a concluir que o cristianismo de Atos não é uma experiência cristã normal. Bem, por um momento, vamos admitir que o livro de Atos representa um cristianismo anormal. Do mesmo modo, poderíamos também dizer que a devoção fervorosa do apóstolo Paulo a Jesus Cristo era anormal. Quantas pessoas você já conheceu que poderiam dizer honestamente como o apóstolo Paulo: "Faço tudo isso por causa do evangelho" (1Co 9:23)? Ou "porque para mim o viver é Cristo" (Fp 1:21)? Descobri que esse tipo de fervor é anormal na igreja atual. Mas não seria melhor escolhermos o anormal nesse caso?

Se o livro de Atos representa um cristianismo anormal se comparado com o estado atual da Igreja, não seria melhor escolhermos a experiência anormal de Atos? Não é um princípio bíblico jamais nos contentarmos com nossa experiência com Deus, mas sempre querer mais da sua presença, mais da sua voz, mais do seu poder? Devemos nos contentar com nossos bens materiais (Hb 13:5), mas nunca devemos estar satisfeitos com nossa atual experiência com Deus – gratos, mas não contentes. Estar contente significa tornar-se como os laodicenses, mornos, complacentes. E os crentes mornos correm o risco de perderem a presença consciente de Deus (Ap 3:14-22). Não seria mais seguro supor que a experiência cristã normal é a descrita no livro de Atos, e não na igreja ocidental? Então, se por uma razão ou outra não atingirmos a meta, pelo menos não podemos ser acusados de não tentar, de nos contentarmos com menos do que Deus está disposto a dar.

Antes de encerrarmos este capítulo, há um perigo que precisamos levar em consideração. Se dissermos que o livro de Atos representa um estado anormal do cristianismo, podemos ser inconscientemente culpados de julgar as Escrituras.[13] Quando dizemos que é anormal, estamos comparando a experiência da Igreja neotestamentária no livro de Atos com outra coisa que consideramos normal. Será essa "outra coisa" uma outra história bíblica da Igreja do Novo Testamento? Não, o livro de Atos é o único relato inspirado e infalível que temos da história da Igreja. Nenhuma das histórias da Igreja escritas desde Atos tem a mesma autoridade ou verdade divina. Porque o seu Autor final é Deus, o livro de Atos é um testemunho perfeito do tipo de vida que a Igreja Primitiva viveu. É também um testemunho destinado a ensinar sobre a vida com Deus.

A repetida ênfase de Lucas nas maneiras criativas pelas quais a voz de Deus rompeu todo tipo de barreira em cada circunstância para falar, alertar, guiar, libertar, inspirar, confortar, prever e julgar, deveria nos tornar cautelosos ao chamarmos essas experiências de anormais. Pode ser que, se não estivermos tendo essas experiências, é a nossa experiência com Deus que é anormal, e não a experiência do cristão neotestamentário.

Não me entenda mal. Não estou dizendo que devemos vivenciar uma série ininterrupta de visitas angelicais e vozes audíveis. Até os apóstolos foram obrigados a viver com a ambiguidade e suportar o silêncio de Deus. Às vezes, Deus deixou um apóstolo ter uma morte "precoce", como no caso de Tiago, enquanto em outra ocasião, ele enviou um anjo para livrar Pedro da execução.[14] Sempre haverá momentos em que "naqueles dias raramente o Senhor falava, e as visões não eram frequentes" (1Sm 3:1). Quem pode negar a soberania da maré alta e baixa entre o oceano do céu e as ondas da terra? Mas não devemos ansiar pela maré alta e não nos contentarmos com a maré baixa?

Se tudo é possível para aquele que crê e o livro de Atos nos mostrar algumas dessas possibilidades, não devíamos fazer o cristianismo do livro de Atos nosso objetivo de vida? E mais ainda, por que devemos supor que o livro de Atos representa o ápice da experiência cristã? E se o Senhor da história realmente reservou o melhor vinho para os últimos dias? Você não gostaria de experimentar esse vinho?

Eu nunca tinha visto um milagre, nunca tinha ouvido a voz audível de Deus fora da Bíblia, até que o cristianismo de Atos tornou-se um modelo real para mim. Desde essa reviravolta, já vivenciei muitas das coisas relatadas nos tempos apostólicos. Conheço testemunhas confiáveis que vivenciaram mais do que eu. Eu creio de verdade que o livro de Atos representa um cristianismo normal. E o resto é resto!

O mesmo poderia acontecer com você se desse a chance a Deus de falar com você como falou com os irmãos em Atos. Li em algum lugar que basta ter a fé do tamanho de um grão de mostarda.

PROFETAS PRESBITERIANOS?

Alguns anos atrás, eu fazia parte da equipe pastoral da Vineyard Christian Fellowship de Anaheim, Califórnia. Numa noite de domingo, em vez de irmos para o culto dos adultos, peguei um dos ministros do ministério profético e levei comigo para passar aquela noite com nossas crianças de dez a doze anos no culto infantil. Havia cerca de 150 a 200 crianças num grande recinto nos fundos da igreja. Quando todas elas se sentaram, disse que podiam fazer qualquer pergunta que quisessem. Podia ser a respeito da Bíblia, ou da igreja, ou como era ser um pastor, ou qualquer coisa que quisessem perguntar. Eu nem pensei em orar ou pedir a Deus por uma orientação especial para aquela noite. Afinal de contas, eram apenas crianças. Evidentemente, o que elas mais precisavam era de conhecimento bíblico e tinha certeza que eu estava qualificado para a tarefa. Honestamente, sentia-me super qualificado, incrivelmente ultraqualificado. Seria tão difícil responder algumas perguntas de crianças entre dez e doze anos de idade da nossa igreja?

A primeira criança levantou a mão.

— Pastor — disse o menino. — Por que coisas ruins acontecem com gente que ama a Deus e tenta segui-lo?

"Boa pergunta", pensei. "Por que coisas ruins acontecem com gente boa?" Os teólogos têm se digladiado com o problema do sofrimento há 2 mil anos, e ninguém solucionou esse mistério. Nem o livro de Jó explica a razão final do porquê Deus permitiu todo o sofrimento dele. Balbuciei algum tipo de resposta, sobre como Deus não quer ter robôs, mas sim amigos com liberdade e dignidade. Isso não deixou as crianças muito impressionadas. Elas pareciam estar um pouco entediadas.

Outra criança levantou a mão.

— Pastor, por que Deus criou o diabo?

"Pastor, por que Deus criou o diabo?" Novamente, gaguejei algum tipo de resposta sobre como Deus não quer ter robôs, mas sim amigos com liberdade e dignidade. Pareciam menos impressionadas e mais entediadas do que antes. E foi assim durante 45 minutos. Eu tinha começado a cogitar que algum demônio do inferno tinha contrabandeado para as crianças uma lista de todos os tópicos teológicos não solucionados ao longo dos vinte séculos passados e dito: "Aqui, crianças, perguntem tudo isso para o pastor". Decidi sair da dinâmica de responder as perguntas teológicas. Procurei pelo pastor com o dom de profecia que tinha trazido comigo e perguntei:

— O Senhor mostrou-lhe alguma coisa sobre essas crianças? Com certeza ele não está me mostrando nada.

— Sim, ele mostrou — disse ele. — Ele me mostrou algo sobre essa menininha bem aqui; — Apontando para uma menina jovem e fofa de doze anos, sentada na primeira fileira. — Sobre aquele menininho lá atrás — disse apontando para um menino de doze anos sentado no meio da sala. — E sobre aquela senhora nos fundos — disse, apontado para uma das professoras da escola dominical.

Ele olhou para a menininha.

— Como você se chama?

— J-J-Julie.

Julie não tinha certeza de se queria receber uma profecia na frente dos seus duzentos amiguinhos.

— Julie, enquanto Jack estava respondendo, eu tive uma visão sua. Era uma terça-feira à noite. Cinco noites passadas. Você foi para o seu quarto e fechou a porta. Você estava chorando. Olhou para o céu e disse: "Deus, você me ama de verdade? Eu tenho que saber – você me ama de verdade?". Deus não lhe disse nada naquela noite de terça-feira, Julie. Ele me enviou aqui esta noite para dizer que ele ama você. Ele ama você de verdade. Ele também manda dizer que o problema que você está passando não é culpa sua. Ele não me disse se vai resolver o problema, mas ele quer que você saiba que não é culpa sua.

Em seguida, ele continuou revelando a respeito do menino e da senhora. Depois que tudo acabou, chamei aquelas três pessoas à frente para conversarmos em particular. Queria me certificar de duas coisas – primeiro, que não havia mal-entendidos entre elas e o profeta, e segundo, que tudo o que tinha sido dito era verdade. Se parte das revelações dadas era falsa, então queríamos confessá-las e esclarecer quaisquer equívocos.

— Julie, na noite de terça-feira passada, você estava chorando muito em seu quarto, e perguntando ao Senhor se ele amava você de verdade? — perguntei.

— Eu estava.

— Os seus pais estão brigados?

— Estão.

— Eles estão falando de divórcio?

— Estão.

— Você acha que tudo isso é culpa sua?

Ela me olhou e, sorrindo, disse:

— Agora não.

Fui embora da igreja naquela noite pensando: "Quem neste mundo poderia ser contra esse ministério?". Por que alguém não ia querer que a voz do Senhor falasse assim em sua igreja? Sei bem como é carregar a culpa por algo que nossos pais fizeram. Meu pai "divorciou-se" da minha mãe ao cometer suicídio quando eu tinha doze anos de idade. Sei o quanto é difícil para uma mente de doze anos entender algo do tipo. Sei como é se sentir culpado por não tratar meu pai melhor, principalmente em suas últimas semanas. Sei como é crescer pensando que, se eu tivesse sido um filho melhor, talvez meu pai não tivesse nos deixado. Estava pensando em meu pai e na minha própria noção de culpa quando saí daquela igreja naquela noite.

Então pensei na menininha de doze anos em Anaheim, Califórnia, que não se sentaria na cadeira do consultório de algum psiquiatra quando ela tivesse seus trinta anos de idade, tentando se livrar da culpa que carregava pelos últimos vinte anos. Mesmo que seus pais se divorciassem, ela nunca iria se culpar por isso. A palavra profética do Senhor veio para ela e a libertou daquela culpa. A profecia do Senhor a convenceu de que Deus a ama de verdade. E a palavra profética do Senhor convenceu cerca de duzentas crianças naquela noite de que o Deus que é pregado na igreja sabe de verdade tudo a respeito da vida delas e as ama apesar de tudo.

O DEBATE

Por que alguém seria contra esse tipo de ministério? Alguns nunca tiveram o tipo de experiência positiva do ministério profético que descrevi sobre Julie. Todas as suas experiências com "profetas" foram negativas. Só a palavra "profeta" evoca imagens de líderes religiosos e charlatães na mente de muitos hoje em dia.

Outros se opõem a ideia moderna de uma revelação sobrenatural porque acham que isso pode acrescentar novos livros ao cânon bíblico. Não querem dar a ninguém esse tipo de autoridade, nem eu quero. Para eles, um profeta é alguém como Isaías, ou Jeremias, ou o apóstolo Paulo, que escreveram as Escrituras infalíveis. Eles não veem ninguém atualmente com a autoridade de um profeta do Antigo Testamento ou de um apóstolo do Novo Testamento. Logo concluem que profecia e profetas, junto das revelações sobrenaturais, cessaram com os últimos apóstolos do Novo Testamento. Eles creem que a única forma confiável de comunicação com Deus é a Bíblia.

Bem, eu tinha uma Bíblia em mãos naquele domingo à noite quando entrei no recinto onde Julie estava sentada, mas minha Bíblia não me disse que ela estava sofrendo, nem que sua alma estava sendo esmagada pela culpa que não era dela. Nem sua expressão facial ou sua linguagem corporal revelaram um pingo da dor que ela sentia naquela noite. Não havia nenhum sinal nela que demonstrasse que ela achava que Deus talvez não a amasse. Eu não orei nem pedi ajuda naquela noite porque confiava em meu "conhecimento fantástico" da Bíblia. Observei durante anos que quando um indivíduo pensa que possui um conhecimento fantástico da Bíblia, ele não tende a pedir a Deus muitas orientações. Ele não precisa, pois tem todas as orientações que necessita em seu conhecimento fantástico da Bíblia.

Naquela noite Deus não estava interessado em usar meu conhecimento fantástico. Na verdade, ele estava determinado não só a esconder das crianças o meu conhecimento bíblico, mas também lhes dar uma falsa impressão da minha inteligência. Depois que as crianças receberam cerca de 45 minutos da minha ministração, virei-me para o profeta, pronto para deixá-lo passar por um momento de vexame. O "profeta" que entrou na sala comigo também não sabia das dores e necessidades das crianças. Mas a diferença entre nós era que o profeta não tinha muita confiança em seu conhecimento bíblico, então pediu a Deus que lhe mostrasse como ministrar às crianças. Sem me consultar, Deus tinha decidido usar o profeta – mas não a inteligência ou conhecimento bíblico do profeta. Eu tinha a Bíblia; meu amigo profeta tinha uma visão.

Deus podia ter usado a Bíblia para dizer a Julie que a amava. Ele podia ter usado a Bíblia para remover sua falsa culpa. Mas não usou. Ele usou uma visão. Passou por cima dos nossos planos, da nossa inteligência, do nosso conhecimento bíblico e, soberanamente, através de uma visão, encheu a sala com sua presença e o coração de uma menina de doze anos com seu amor.

Ainda creio que minha Bíblia é mais confiável do que as visões de qualquer outra pessoa. Prefiro a certeza de um texto das Escrituras em vez da característica vaga de uma visão – se tiver de escolher. Infelizmente, quando servimos um Deus soberano, nem sempre temos que escolher. Às vezes, temos que fazer poucos ajustes ao seu modo de fazer as coisas. Aparentemente, ele se deleita em falar em formas variadas e espera que ouçamos tais formas nas quais ele escolhe se comunicar. Quanto mais pudermos ouvir suas variadas formas, mais *ouviremos*.

MAS ELE NÃO É UM PROFETA

Para algumas pessoas, o fato mais desconcertante sobre a experiência com Julie é que a visão veio através de um jovem "profeta" que às vezes comete erros. Para ser justo com ele, devo mencionar que ele está certo na maioria das vezes. Algumas pessoas zombam de uma afirmação como essa. Eles perguntam: "Você confiaria em uma Bíblia que só estava certa na maior parte do tempo?", Isso dependeria do que a Bíblia afirmava. Se a Bíblia reivindicasse autoridade absoluta e inerrância, mas só estivesse certa na maioria das vezes, a resposta seria: "Não, eu não confiaria nesse tipo de Bíblia".

Por outro lado, confio em professores, pastores, evangelistas e amigos que cometem erros graves. Ninguém em quem confio está certo o tempo todo. Nenhum deles afirma isso. Nem quaisquer profetas maduros que conheço. Os profetas mais abençoados que conheço aconselham todos a testarem suas palavras e não tomarem nenhuma decisão apenas com base na autoridade das palavras proféticas que lhes foram dadas. Todas as palavras proféticas fora da Bíblia estão sujeitas à autoridade bíblica.

Algumas pessoas pensam que uma profecia não cumprida ou falsa faz de uma pessoa um falso profeta. Porém a Bíblia não chama alguém de falso profeta por simplesmente não ter uma profecia não cumprida. Nas Escrituras, os falsos profetas são aqueles que contradizem os ensinamentos e previsões dos verdadeiros profetas e tentam afastar as pessoas de Deus e de sua Palavra.

Com certeza meu amigo não se encaixava nessa categoria. Além disso, o fruto de sua visão sobre Julie foi um bom fruto. Essa visão removeu a falsa culpa e produziu amor a Deus. Isso encheu todos nós de admiração pela onisciência e pelo amor de Deus. Jesus diz em Mateus 7:15 e versos seguintes que a maneira de discernir entre os profetas falsos e verdadeiros é examinar o fruto do ministério do profeta. Frutos ruins vêm de um falso profeta. Frutos bons vêm de um verdadeiro profeta.[1]

Talvez meu amigo não seja um falso profeta, alguns podem admitir, mas, mesmo assim, você ainda não pode chamá-lo de profeta. Por quê? Porque ele não é 100% preciso e, de acordo com Deuteronômio 18:15-22, todos os profetas do Antigo Testamento eram 100% precisos. Não acredito que essa seja a interpretação correta desse texto, nem acredito que o Novo Testamento ensine que todos os profetas do Novo Testamento seriam 100% precisos em suas profecias não canônicas; ou seja, nas suas profecias que Deus não incluiu na Bíblia.[2] Mas, por enquanto, vou concordar com a ideia de que não podemos chamar de profeta alguém que não seja 100% preciso. Então, vamos chamá-lo de quê?

Colocando de lado o debate da terminologia e teoria, considere este fato: temos pessoas com dons de profecia na igreja atual. Alguns dos mais talentosos podem prever frequentemente o futuro, contar os segredos do seu coração, receber impressões e sonhos exatos, ter visões precisas e alguns até são usados para fazer milagres. Eu realmente não me importo como chamamos essas pessoas, desde que sejamos sábios o suficiente para ver o valor de seus ministérios e nos beneficiarmos com eles.

Desde o início da Igreja do Novo Testamento, Deus tem dado ministros com dons proféticos a cada geração de crentes, tal como sempre deu evangelistas, pastores e professores.[3]

PROFETAS DA REFORMA

Contudo, há um período e uma tradição em que não era esperado encontrar profetas. Refiro-me à tradição Protestante durante a época da Reforma. Uma das principais preocupações dos reformadores era preservar a autoridade única da Bíblia. Um de seus grandes clamores foi *Sola Scriptura*, "somente as Escrituras". Eles argumentaram contra os seus oponentes católicos porque os viam igualando sua tradição à autoridade das Escrituras. Os reformadores perseguiram os anabatistas porque os viram reivindicando revelações divinamente inspiradas que consideravam iguais às Escrituras em autoridade. Como os reformadores rejeitaram as reivindicações dos milagres e da inspiração profética tanto na tradição católica como na tradição anabatista, não era de se esperar encontrar quaisquer profetas ou pessoas com dons proféticos na tradição reformada durante esse período de conflito. Na verdade, não é o caso. Vamos dar uma olhada em um período do tempo relativamente breve e em uma seção relativamente curta da história e da fé reformada. Preparem-se para a surpresa.

George Wishart

George Wishart (1513-1546) foi um dos primeiros reformadores escoceses e mentor de John Knox. Ele foi um poderoso evangelista e professor da Bíblia. Knox considerava Wishart um profeta. Que tipo de profeta?

> Ele não apenas era instruído tanto no conhecimento piedoso como em toda ciência humana, mas também era tão iluminado pelo espírito de profecia, que via não apenas as coisas pertencentes a si mesmo, mas também coisas que algumas cidades e todo o reino sentiram mais tarde, as quais profetizou não em oculto, mas na presença de muitos (...).[4]

As doutrinas protestantes, o poder profético e a popularidade de Wishart junto ao povo renderam-lhe o ódio implacável de David Beaton, cardeal e arcebispo de St. Andrews, Escócia. O cardeal Beaton odiava os reformadores não tanto porque ameaçavam a doutrina da Igreja Católica, mas porque via como uma ameaça às alianças políticas internacionais que ele valorizava.[5]

As palestras públicas de Wishart sobre o livro de Romanos foram tão frequentadas em Dundee que Beaton usou sua influência para fazer com que o magistrado local proibisse Wishart de pregar novamente naquela cidade.[6] O magistrado, Robert Mill, proferiu a acusação em público no final de uma das palestras de Wishart. O pregador olhou para o céu e permaneceu em silêncio por um instante. Ninguém se mexeu. Então finalmente disse:

> Deus é minha testemunha, nunca desejei fazer-lhe o mal, mas lhe dar conforto (...). Mas tenho certeza de que rejeitar a palavra de Deus e afastar seus mensageiros não é a maneira de salvá-lo do mal, mas de empurrá-lo até ele. Quando eu partir (...) se você ficar bem por um longo tempo, não sou guiado pelo Espírito da verdade; mas se problemas inesperados

lhe ocorrerem, lembre-se de que esta é a causa e volte-se para Deus em arrependimento, pois ele é misericordioso.[7]

Wishart então deixou a cidade e foi pregar em outro lugar.

Quatro dias depois que Wishart deixou Dundee, uma praga severa infestou o local. Um mês depois, a notícia da praga chegou até Wishart, que estava no oeste da Escócia. Ele retornou imediatamente a Dundee para confortar os sofredores. Quando chegou, ficou no portão leste e pregou um sermão sobre Salmos 107:20: "Ele enviou a sua palavra e os curou, e os livrou da morte". Correndo risco de vida, Wishart ficou com as pessoas infectadas, cuidando delas até que a praga diminuísse.

Wishart escapou de dois atentados públicos contra sua vida por meio de uma revelação sobrenatural. Ele também profetizou, em 1545, que a cidade de Haddington seria julgada com uma praga severa seguida de escravidão aos estrangeiros. Isso se cumpriu em 1548–1549, quando a cidade foi destruída pelos ingleses. A praga foi tão grave que atrapalhou até o sepultamento dos mortos. Anteriormente, tendo escapado de um dos atentados do cardeal Beaton contra sua vida, Wishart previu que no fim o cardeal seria bem-sucedido em sua busca para matar o reformador. Quando esse momento chegou, Deus revelou a Wishart seu martírio iminente. Essa revelação salvou a vida de John Knox. Quando Wishart estava saindo de Haddington, Knox implorou para que o deixasse ir com ele para Ormiston. Wishart recusou, dizendo: "Apenas um homem é suficiente para o sacrifício". Em Ormiston, o cardeal Beaton prendeu Wishart e, através de uma série de intrigas políticas e de um julgamento ilegal, condenou-o a ser queimado na fogueira por heresia.

Em 1º de março de 1546, eles foram à cela de Wishart, colocaram uma corda em volta de seu pescoço, amarraram suas mãos atrás das costas, amarraram sacos de pólvora em seu corpo e o levaram a um andaime especialmente construído em frente à torre que ficava em frente ao palácio do cardeal em St. Andrews. Foram colocadas nas janelas da torre almofadas de seda para que o cardeal e seus convidados pudessem assistir com bastante conforto o espetáculo. Quando o carrasco o amarrou na estaca, Wishart orou pelos seus acusadores, pedindo a Deus que os perdoasse. O carrasco ficou tão comovido que pediu perdão a Wishart. Ele respondeu: "Venha aqui". Quando o carrasco se aproximou, Wishart beijou seu rosto e disse: "Eu o perdoo. Faça seu trabalho". O homem se virou e acendeu o fogo. A pólvora explodiu, mas Wishart ainda estava vivo. Quando o capitão da guarda do castelo viu isso, disse ao moribundo que tivesse coragem. Wishart respondeu: "Esta chama queimou meu corpo; ainda assim, não amedrontou meu espírito". Depois, referindo-se ao cardeal Beaton, continuou: "Aquele que, daquele lugar, olha para mim com tanto orgulho, deverá, dentro de poucos dias, jazer no mesmo [isto é, no mesmo castelo], de modo tão desonroso como é visto agora descansando cheio de orgulho". Essas foram as últimas palavras de George Wishart, o Estêvão da Igreja Reformada Escocesa, o precursor do avivamento e da renovação.

Em 28 de maio de 1546, menos de três meses após a morte de Wishart, com cerca de 52 anos de idade, o cardeal David Beaton foi assassinado no mesmo palácio onde assistiu à execução do mártir profeta, cumprindo a última profecia de Wishart.

John Knox

John Knox (1514-1572), o grande reformador escocês, não apenas considerava Wishart um profeta, mas também pensava que ele próprio tinha poderes proféticos. Muitas pessoas da Escócia também acreditavam que Knox era um profeta. Ninguém menos que James Melville, professor de teologia na Universidade de St. Andrews, referiu-se a ele como "o profeta e apóstolo da nossa nação".[8] Uma das profecias mais famosas de Knox é citada por vários de seus biógrafos. Enquanto estava em seu leito de morte, Knox pediu a seus amigos David Lindsay e James Lawson que fossem até o senhor de Grange, William Kirkaldy, a quem Knox amava profundamente. Kirkaldy estava tentando manter o castelo de Edimburgo para Maria, rainha da Escócia, contra o exército inglês. Knox disse:

> Vá, peço-lhe, e rogue por mim, em nome de Deus, que, a menos que ele abandone o mau caminho que entrou, nem aquela rocha [o castelo de Edimburgo] lhe proporcionará qualquer abrigo, nem a sabedoria carnal daquele homem, a quem ele considera quase um deus [William Maitland de Lethington, ex-secretário de Estado de Maria]; mas ele será arrancado daquele ninho e trazido por cima do muro debaixo de humilhação e sua carcaça será pendurada diante do sol: assim Deus me garantiu.[9]

Lindsay e Lawson transmitiram a mensagem fielmente, mas Kirkaldy escolheu ignorar o aviso de Knox. Em 29 de maio de 1573, Kirkaldy foi forçado a entregar o castelo. O portão do castelo foi bloqueado pelas pedras que foram explodidas devido ao bombardeio inglês. Assim como Knox tinha profetizado, Kirkaldy foi baixado do muro por uma corda debaixo de humilhação. Na tarde ensolarada de 3 de agosto de 1573, Kirkaldy foi enforcado no Market Cross de Edimburgo. Ele estava voltado para o leste, longe do sol, mas antes de morrer, seu corpo pendurado girou para o oeste, de modo que ele foi "pendurado diante do sol", exatamente como Knox tinha profetizado.[10]

John Welsh

John Welsh (1570–1622) foi outro dos reformadores escoceses que demonstrou notáveis poderes proféticos. Samuel Rutherford (1600-1661), um dos teólogos reformados escocês mais famoso, chamou Welsh de "aquele homem apostólico, profético e celestial de Deus".[11] Depois de passar alguns de seus primeiros anos como pródigo, Welsh voltou para o Senhor e se casou com Elizabeth, filha de John Knox.

Segundo todos os relatos, Welsh era um homem extraordinariamente piedoso. Diziam ao seu respeito que "considerava o dia mal aproveitado se não permanecesse sete ou oito horas em oração".[12] Quando se tornou pastor da igreja de Ayr, não era incomum passar a noite inteira em oração na igreja."[13] Muitas das profecias de Welsh foram registradas, junto de seu cumprimento. Ele profetizou com exatidão sobre a prosperidade, bênção e vocação de vários indivíduos. Por exemplo, enquanto Welsh era pastor em Kirkcudbright, ele disse a um jovem rico, Robert Glendinning, que deveria começar a estudar as Escrituras porque seria o sucessor de Welsh no ministério pastoral da cidade. O homem não deu qualquer sinal que tivesse interesse numa carreira pastoral, nem houve outra evidência que levasse Welsh a tal conclusão, mas isso se cumpriu.[14]

Welsh também era famoso por profetizar juízos sobre as pessoas. Em diversas ocasiões, ele profetizou a perda de casas e propriedades para homens que se recusaram a se arrepender. Esses juízos se cumpriram.[15] Ele também era conhecido por ter profetizado a morte inesperada de vários indivíduos, a mais dramática ocorreu enquanto Welsh estava preso no castelo de Edimburgo, antes de ser enviado para o exílio.

Certa noite, durante o jantar, ele estava falando do Senhor e de sua Palavra a todos que estavam sentados à mesa. Todos estavam sendo edificados pela fala de Welsh, com exceção de um jovem que ria e, às vezes, zombava dele. Welsh suportou por um momento, mas depois parou abruptamente no meio de seu discurso. Uma expressão de tristeza surgiu no rosto de Welsh, e ele disse a todos na mesa de jantar para ficarem em silêncio "e observarem a obra do Senhor sobre aquele escarnecedor". Imediatamente, o jovem caiu debaixo da mesa e morreu.[16]

O povo da cidade de Ayr considerava Welsh um profeta. Durante o tempo em que a peste negra assolava toda a Escócia, a cidade de Ayr foi poupada. Os magistrados da cidade colocaram guardas em cada uma das entradas da cidade para protegê-la de ser infectada por visitantes suspeitos. Um dia, dois mercadores viajantes de tecidos chegaram aos portões da cidade, ambos com cavalos carregados de pacotes de tecido. Os guardas recusaram-se a deixar os mercadores entrarem. Chamaram os magistrados, que por sua vez chamaram John Welsh. Perguntaram-lhe se deveriam deixar entrar os mercadores. Depois de orar um pouco, John Welsh aconselhou os magistrados a mandarem embora os mercadores, pois temia que a peste estivesse nos pacotes de tecido que os cavalos carregavam. Os mercadores deram meia-volta e foram para a cidade de Cumnock, a cerca de 30km de distância, onde foram recebidos e venderam seus produtos.

As mercadorias estavam infectadas, tal como Welsh temia. A peste infestou imediatamente e matou tantas pessoas que mal restaram vivos suficientes para enterrar os mortos.[17] Depois de Welsh ter sido preso no castelo de Edimburgo, a peste infestou a cidade de Ayr. As pessoas de lá vieram até ele pedindo ajuda, mas ele não teve permissão de sair do castelo. Em vez disso, ele os encaminhou a um homem piedoso em sua cidade, Hugh Kennedy, que deveria orar por eles, e Deus o ouviria. Imediatamente, Hugh Kennedy liderou uma reunião de oração na cidade e a peste começou a diminuir.[18]

O incidente mais famoso na vida de Welsh ocorreu enquanto um jovem piedoso, herdeiro de Lord Ochiltree, capitão do castelo de Edimburgo, estava hospedado na casa de Welsh. Ele adoeceu lá e, após uma longa enfermidade, morreu. Welsh tinha grande afeição pelo homem e ficou tão triste com sua morte que não quis deixar o corpo do jovem. Depois de doze horas, alguns amigos trouxeram um caixão e tentaram colocar o corpo nele. Welsh os convenceu a esperar. Ele ficou 24 horas com o corpo, orando e lamentando a morte do homem. Novamente eles tentaram colocar o corpo no caixão, mas ele se recusou. Eles voltaram 36 horas após a morte do jovem, agora irritados com Welsh. Ele implorou que esperassem mais doze horas. Mas, depois de 48 horas, Welsh ainda se recusava a entregar o defunto!

À essa altura, os amigos de Welsh ficaram furiosos. Eles não conseguiam entender seu comportamento estranho. Talvez ele pensasse que o jovem não tinha realmente morrido, mas sim sucumbido a algum tipo de ataque epiléptico. Então os amigos chamaram os médicos até o quarto para provar a Welsh que o jovem estava realmente morto. Com seus instrumentos beliscaram o corpo do jovem em vários lugares e até torceram uma corda de arco em volta da cabeça do cadáver com muita força. Nenhum nervo do corpo do cadáver respondeu a essas intervenções. Os médicos o declararam morto. Pela última vez, Welsh convenceu os amigos e os médicos a passarem uma ou duas horas na sala ao lado.

Welsh caiu no chão ao lado do corpo e clamou a Deus com todas as suas forças. O morto abriu os olhos e falou para Welsh: "Oh, senhor, estou bem, menos minha cabeça e minhas pernas". Ele foi restaurado à vida e curado de sua longa enfermidade. Os únicos efeitos nocivos que sofreu foram nas pernas, onde foi beliscado pelos médicos, e ao redor da cabeça, onde torceram a corda do arco. Mais tarde, esse jovem tornou-se Lord Castlestuart, o senhor de uma grande propriedade na Irlanda.[19]

Além de Wishart, Knox e Welsh, há numerosos relatos de declarações proféticas sendo cumpridas entre os reformadores e aliancistas escoceses.[20] Isso foi principalmente verídico no período de 1661 a 1688, quando os presbiterianos escoceses estavam sendo perseguidos pelo regime Stuart.

Robert Bruce

Robert Bruce (1554-1631) foi o principal clérigo em Edimburgo no seu tempo, e "foi em grande parte sob sua influência que a Reforma Escocesa encontrou estabilidade".[21] Ele era conhecido não apenas por seu ministério profético, mas também por outras experiências sobrenaturais. Um de seus biógrafos, Robert Fleming, escreveu em 1671 que, embora tivesse relatos bem autênticos de muitas das experiências sobrenaturais de Bruce, ele parou de registrá-los porque pareceriam muito extravagantes e maravilhosos.[22] Assim ele disse sobre Bruce:

> Ele era alguém que tinha o espírito de discernimento em alto grau. Ele falou profeticamente de muitas coisas que depois aconteceram, o que eu tinha atestado por meio de cristãos sóbrios e sérios que estavam acostumados com ele. Várias pessoas distraídas [insanas] e que perderam toda a esperança de sarar da doença [epilepsia], foram levadas ao sr. Bruce e, depois que ele orou por elas, foram totalmente restauradas (...).[23]

Robert Bruce teve um ministério de cura no qual os loucos e epilépticos eram completamente curados! Só podemos imaginar a natureza das experiências que Fleming considerou sobrenaturais demais para serem registradas. Durante esse período, Fleming também menciona visitações de anjos, a voz audível de Deus, luzes aparecendo na escuridão, manifestações físicas do Espírito

Santo em reuniões e outros elementos igualmente difíceis de acreditar para os céticos de hoje.[24]

Alexander Peden

Um dos mais notáveis aliancistas proféticos escoceses foi Alexander Peden (1626–1686). Seu ministério profético foi tão notável que ele foi chamado de profeta Peden.[25] Em 1682, Peden realizou a cerimônia de casamento do piedoso casal John Brown e Isabel Weir. Após a cerimônia, ele disse a Isabel que ela havia arrumado um bom homem como marido, mas que não iria desfrutar de sua companhia por muito tempo. Ele a aconselhou a apreciar sua companhia e a manter por perto uma mortalha de linho, pois quando ela menos esperasse, seu marido teria um fim sangrento.[26] Cerca de três anos depois, Peden passou a noite de 30 de abril de 1685 na casa dos Browns em Priesthill. Peden saiu da casa antes do amanhecer. Ao sair, ouviram-no repetir estas palavras para si mesmo: "Pobre mulher, uma manhã terrível. Uma manhã sombria e nublada".[27] Pouco depois que Peden tinha partido, John Graham de Claverhouse chegou com um grupo de soldados. Graham deu a John Brown a oportunidade de se arrepender da sua convicção de que Cristo era o cabeça da Igreja e não o rei da Inglaterra. Brown recusou-se a negar Cristo.

— Então recorra às suas orações, pois você morrerá imediatamente — respondeu Graham.

Brown orou, voltou-se para sua esposa Isabel e disse:

— Você me vê intimado a comparecer, dentro de alguns minutos, perante a corte celestial, como testemunha na causa de nosso Redentor, contra o governador da Escócia. Está disposta que eu vá?

— De todo o meu coração — disse Isabel.

John a tomou nos braços, deu-lhe um beijo de despedida e depois beijou seu filho. Ele se ajoelhou diante de sua filha de dois anos, beijou-a e disse:

— Minha querida filha, estenda sua mão a Deus como seu guia; e seja o conforto de sua mãe.

Quando ele se levantou, suas últimas palavras foram para Deus:

— Bendito sejas tu, ó Espírito Santo, que dás mais conforto ao meu coração do que a voz dos meus opressores pode atemorizar aos meus ouvidos!

O capitão Graham de Claverhouse ficou furioso com a coragem piedosa de John Brown. Ele ordenou que seis de seus soldados atirassem nele onde ele estava. Os soldados ficaram imóveis, recusando cumprir a ordem. O furioso Graham sacou sua própria pistola e atirou na cabeça de Brown.

Com uma crueldade difícil de imaginar, voltou-se para Isabel e perguntou:

— O que pensas agora do teu marido, mulher?

— Sempre pensei bem dele — respondeu a viúva — Mas nunca mais do que agora.[28]

O assassinato foi cometido entre 6 e 7 horas da manhã. Nesse horário, Peden estava a 17 quilômetros de distância. Ele entrou na casa de seu amigo John Muirhead e pediu para orar com a família. "Senhor", disse ele, "quando vingarás o sangue de Brown? Ó, deixe o sangue de Brown ser precioso aos teus olhos". Ele explicou à família o que tinha visto em uma visão:

> Claverhouse esteve em Priesthill nesta manhã e assassinou John Brown. Seu cadáver está caído nos fundos de sua casa, e sua pobre esposa está sentada chorando ao lado dele, e não há ninguém que possa consolá-la. Nesta manhã, depois do nascer do sol, vi uma estranha aparição no firmamento, o surgimento de uma estrela cadente muito vívida, clara e brilhante do céu para a terra. E de fato há uma luz clara e brilhante cadente neste dia, o maior cristão com quem já conversei.[29]

Enquanto isso, em Priesthill, Isabel levantou-se para pegar a mortalha de linho que tinha separado desde o dia do casamento para aquele momento. Com o coração partido, ela envolveu o corpo do marido com o linho. E, embora seu coração estivesse despedaçado, não estava despedaçado pela amargura. Ela não ficou amargurada com os dias desperdiçados em seu casamento, nem ficou amargurada com Deus, ou mesmo com os inimigos de Deus que tiraram a vida de seu marido. Três anos antes desse dia trágico, a palavra do Senhor desceu do céu através de um velho profeta celibatário e preparou seu coração para essa hora. Seu coração estava despedaçado, mas foi despedaçado da mesma forma que os corações deveriam ser despedaçados, com amor.

Quando as pessoas perguntam: "Para que servem os profetas agora que temos a Bíblia toda?". Eu gostaria que Isabel estivesse aqui para responder a essa pergunta.

Uma CONSPIRAÇÃO CONTRA O SOBRENATURAL

Por que você não ouviu falar das pessoas do capítulo anterior e de suas experiências sobrenaturais? Parte da razão é que a maioria dos livros que contam essas histórias estão esgotados há muito tempo e são difíceis de encontrar hoje em dia. Mas também existe uma conspiração contra o sobrenatural por parte dos escritores mais recentes de teologia e história da igreja.

Lembram-se de George Wishart? Seus contemporâneos chamaram-no de profeta e registraram algumas de suas profecias. John Howie escreveu uma curta biografia da vida de Wishart em 1775, usando os escritos de John Knox e outras fontes, algumas das quais vieram de pessoas que viveram na mesma época que Wishart. Na edição de 1775 de seu livro, *Scots Worthies*, Howie escreveu sobre Wishart: "Ele tinha o espírito de profecia em um grau extraordinário". Numa edição revista e ampliada de *Scots Worthies*, publicada 71 anos depois, em 1846, o editor alterou a frase original de Howie para: "Ele tinha um grau extraordinário de previsão perspicaz".[1] Previsão perspicaz! O que é isso? Isso significa que, devido à sabedoria do próprio Wishart, ele era capaz de adivinhar com precisão como alguns eventos aconteceriam. Isso significa que os poderes preditivos de Wishart não vieram da revelação sobrenatural de Deus, mas sim da sua própria sabedoria.

William McGavin, que forneceu as notas para a edição de 1846, justificou a mudança de "profecia" para "previsão perspicaz" afirmando que os reformadores escoceses estavam simplesmente enganados sobre a natureza da profecia.

De acordo com a compreensão que McGavin tinha da Bíblia, o dom de profecia tinha cessado.² Ou seja, ele sentia-se livre para alterar um texto original, a fim de adaptá-lo à sua própria teologia.

Você pode estar se perguntando como um editor poderia justificar a mudança dos textos originais para adequá-los às suas próprias crenças. O preconceito teológico é uma força poderosa. O preconceito de McGavin fez com que ele procurasse uma explicação natural para os poderes proféticos dos reformadores e dos aliancistas. Ele justificou sua edição dando exemplos de profecia na vida deles, chamando a profecia de apenas uma previsão perspicaz. Mas se pode realmente dizer ter sido uma boa suposição a previsão de Wishart sobre a morte prematura de Beaton? Lembre-se, Wishart previu que Beaton morreria de modo vergonhoso em poucos dias no mesmo castelo onde assistiu à execução de Wishart. E menos de três meses depois, ele foi assassinado naquele mesmo castelo. A explicação de McGavin:

> Este, creio eu, é um dos exemplos mais autênticos do que foi chamado de profecia, por qualquer um das nossas personalidades; e, no entanto, as próprias palavras, supondo que sejam literais, conforme proferidas pelo mártir moribundo, não indicam necessariamente mais do que, em poucos dias, o cardeal arrogante deveria jazer seu cadáver em seu próprio palácio; e quando se diz "em poucos dias", ele poderia se referir ao período restante de sua vida que, por mais longo que fosse, seria apenas alguns dias para um homem que iria para a eternidade. Aconteceu que, cerca de três meses depois, o cardeal foi assassinado; e então, as palavras de Wishart foram consideradas proféticas desse evento. Não acredito, e de forma alguma insinuaria, que ele estivesse a par da conspiração; todavia, é mais provável do que ele ser dotado do espírito de profecia sem nenhum propósito concebível. Não poderia ser para confirmar a verdade pela qual ele morreu, pois isso é totalmente confirmado pelo testemunho de Cristo e dos Apóstolos, e procurar qualquer nova confirmação é duvidar da suficiência das Escrituras.³

McGavin teve que mudar o significado comum das palavras para explicar essa profecia. Wishart profetizou três coisas sobre a morte de Beaton:

1. Ele morreria de modo vergonhoso.
2. Ele morreria no castelo do local da execução.
3. Ele morreria em poucos dias.

Mas, de acordo com McGavin, "em poucos dias" não significa realmente poucos dias, mas sim "o período restante de sua vida", por mais longo que fosse. Em sua opinião, a profecia de Wishart acabou por ser uma boa suposição que foi literalmente cumprida. Mas essa não é a pior parte da explicação de McGavin. Ele alegou que seria mais fácil acreditar que Wishart fazia parte de uma conspiração para assassinar Beaton – a única maneira pela qual poderia saber antecipadamente sobre a morte vergonhosa do cardeal no castelo – do que acreditar que Deus tinha falado com esse mártir piedoso através do espírito de profecia. Há uma conspiração aqui, mas não por parte de Wishart!

Por que McGavin não pôde aceitar a morte de Beaton pelo que realmente foi, um cumprimento notável de uma profecia específica? Por que foi mais fácil ele acreditar que seria mais provável um mártir piedoso assassinar um oponente do que ouvir a voz de Deus? Porque essa forma de ouvir a voz de Deus contradizia a teoria de McGavin sobre a suficiência das Escrituras.

A segunda maneira pela qual McGavin explicou o ministério profético foi alegar que os relatos originais não eram verdadeiros. Houve tantos exemplos de previsões exatas na vida de Alexander Peden que McGavin foi forçado a atacar a credibilidade de Patrick Walker, um dos primeiros biógrafos de Peden. Ele é ainda menos convincente em seu método.[4] Resumidamente, examinaremos mais de perto a questão da credibilidade através dos olhos de teólogos bem conhecidos que estiveram mais próximos da época ou mesmo que foram contemporâneos dos reformadores e dos aliancistas.

A terceira razão pela qual você talvez não tenha ouvido falar de eventos sobrenaturais é que os historiadores modernos ignoram tais acontecimentos. Os historiadores têm muito mais acesso do que o leitor comum aos relatos originais, que geralmente não só estão esgotados, mas às vezes são encontrados em bibliotecas selecionadas onde seu uso é restrito. Os escritores que usam essas fontes para descobrir o que aconteceu nos séculos XVI e XVII muitas vezes ignoram as experiências que não estão alinhadas com a experiência e teologia do século XX. Ou seja, muitas vezes deixam que os seus próprios interesses ditem o que devem incluir em seus relatos.

Os historiadores modernos geralmente estão interessados na doutrina, na piedade e no sacrifício dos reformadores escoceses, e não em suas experiências sobrenaturais. Quando recontam a história da Reforma Escocesa, o elemento sobrenatural geralmente fica de fora. Isso não se aplica apenas à Reforma Escocesa, mas ao relato moderno de praticamente qualquer período da história da Igreja. Por exemplo, li vários relatos do século XX sobre as vidas de Jonathan Edwards e George Whitefield, que viveram no século XVIII. Nenhum desses relatos deu um indício sequer sobre a proporção das estranhas manifestações físicas que acompanhavam os seus ministérios. Pelo jeito, esses fatores ofendiam a sensibilidade dos autores modernos. O resultado dessa escrita seletiva é que os leitores modernos comuns permanecem ignorantes sobre os elementos sobrenaturais da vida dos justos na história.

Portanto, há pelo menos três razões pelas quais você talvez não tenha ouvido falar dos ministérios proféticos maravilhosos dos cristãos nos séculos passados. Primeiro, as fontes originais que os descrevem são difíceis de se obter. Em segundo lugar, a própria teologia dos autores modernos leva-os a explicar essa parte da história, mudando os textos originais, explicando os acontecimentos ou negando a credibilidade das fontes originais. E, finalmente, as histórias modernas não mencionam os acontecimentos sobrenaturais porque seus autores não estão interessados nelas.

Converso todos os anos com formandos do seminário que dizem nunca ter ouvido falar dos incidentes milagrosos da vida dos reformadores escoceses, nem da vida de Whitefield ou de Edwards quando começaram a ler os relatos originais logo após a formatura. Até então, todas as informações vinham de escritores modernos que omitiram os elementos milagrosos desses acontecimentos.

Essa conspiração contra o sobrenatural já dura muito tempo. C. S. Lewis demonstrou há cinquenta anos que, quando a filosofia ou a teologia de um indivíduo exclui o fator milagroso, nenhum milagre jamais mudará sua opinião.[5] Eles encontrarão um método para justificar o milagre chamando-o de coincidência ou dizendo que foi simplesmente a força da natureza agindo de maneira incomum. Ou podem atribuí-lo a poderes latentes na mente humana, como a previsão perspicaz. Podem até atacar a credibilidade do relato, dizendo que o acontecimento nunca ocorreu de verdade ou foi totalmente exagerado. Os céticos cristãos podem indicar os mesmos fenômenos nas religiões não cristãs, ou mesmo dizer que o diabo fez o milagre ou fez a profecia se cumprir. Ou podem simplesmente ignorar o fato como se nunca tivesse acontecido.

Mas nenhuma dessas explicações ou técnicas podem fazer com que os reformadores e aliancistas profetas da Escócia desapareçam. Ouça os historiadores e teólogos daquele período falarem sobre esses cristãos notáveis.

OS HISTORIADORES DO SÉCULO XVII

Robert Fleming

Um dos primeiros historiadores desse período, Robert Fleming (1630-1694), foi um ministro e teólogo contemporâneo de Peden. Em 1669, ele escreveu *The Fulfilling of the Scripture* [O cumprimento das Escrituras, em tradução livre], no qual incluiu um relato de eventos milagrosos durante a Reforma Escocesa. No livro, ele teve a ousadia de afirmar que não podia negar que, durante a época da Reforma na Escócia, Deus derramou um espírito profético e apostólico sobre alguns de seus servos que não ficou aquém do derramar de seu Espírito na época do Novo Testamento.[6] Por que ele diria tal coisa? Devemos confiar em seu relato?

Fleming e os seus contemporâneos devem ser considerados confiáveis porque foram testemunhas oculares. Os pais espirituais de Fleming e outras testemunhas transmitiram os relatos dos milagres antes da sua época ou os acontecimentos eram uma questão de domínio público.[7] Normalmente, esses tipos de testemunhos são considerados fontes históricas confiáveis. São os tipos de fontes que Lucas usou para escrever o seu relato do ministério de Jesus (Lc 1:1-4).

Fleming também deveria ser considerado confiável porque não era uma pessoa crédula. Ele não achava que as revelações proféticas e os milagres fossem o agir habitual do Senhor. Achava que o Senhor tinha favorecido a Escócia com milagres durante a época da Reforma por causa da extrema necessidade da igreja de poder sobrenatural para vencer as trevas que tinham se espalhado por todo o país. Ele criticou aqueles que iam atrás dos milagres e aqueles que preferiam ter o Espírito Santo fazendo milagres do que ver as pessoas sendo salvas.[8]

Quanto à sinceridade e ao carácter do próprio Fleming, ele observou que tinha sido muito cauteloso ao registar esses acontecimentos porque considerava uma teologia "horrível" que iria "fazer Deus parecer ser uma mentira".[9] Ele afirmou não ter intencionalmente anotado nada falso e ter investigado cuidadosamente cada incidente. E alegou que registrou apenas algumas das muitas histórias milagrosas que poderiam ser trazidas à luz por qualquer pessoa disposta a fazer a mesma pesquisa criteriosa.[10] Ele se recusou a colocar em seu livro algumas histórias contadas a ele por testemunhas crédulas porque achava que elas eram pessoas tão estranhas que os leitores teriam dificuldade em acreditar nelas.[11]

Ainda outra razão para acreditar nessas histórias é porque o caráter das pessoas a quem foram atribuídas tais milagres e declarações proféticas é inquestionável. Fleming observa que o elemento sobrenatural no ministério delas nunca entrou em contradição com a Bíblia. Eles nunca pressionaram as pessoas para crerem nas revelações. Eram pessoas cautelosas, humildes e lúcidas,[12] muitas das quais foram exiladas e presas por causa das suas crenças. Muitas foram torturadas e mortas porque se recusaram a abandonar suas convicções presbiterianas. Essas pessoas não eram inconstantes nem enganadoras.

Quais foram as intenções de Fleming ao registrar essas histórias? Qual foi a utilidade delas? Poderíamos esperar que ele dissesse que as profecias e os milagres comprovavam a doutrina presbiteriana, mas ele não aceitaria isso. Pelo contrário, estava absolutamente certo de que qualquer doutrina que exigisse um milagre para ser provada era falsa. Para suas crenças, ele apelava para uma autoridade superior aos milagres – a Bíblia.[13] Sua intenção ao registrar as histórias milagrosas era de glorificar a Deus:

> Consideramos um dever solene e preocupante observar as obras maravilhosas do Senhor em nosso tempo, fazer uma busca diligente logo em seguida para que possamos contar à nossa posteridade alguns dos grandes atos do nosso Deus (...).[14]

Finalmente, devemos lembrar que Fleming foi preso por causa de sua fé e morreu exilado na Escócia.[15] Quando todos esses fatores são reunidos, Fleming parece muito mais ser autoridade a respeito do que realmente estava acontecendo em sua época do que alguém que escrevesse sobre essas coisas duzentos ou trezentos anos depois, principalmente alguém marcado por um preconceito contra o sobrenatural. Mas Fleming não foi a única testemunha confiável desses acontecimentos.

Samuel Rutherford

Samuel Rutherford (1600-1661) foi um dos grandes líderes eclesiásticos e teólogos da Escócia do século XVII. Ele foi um dos representantes escoceses da famosa Assembleia de Westminster. Ele conhecia o ministério de John Welsh e de outros presbiterianos escoceses que profetizavam. Rutherford não viu nenhum conflito entre a autoridade da Bíblia e o fato de Deus dar a revelação divina a certas pessoas:

> Há uma revelação de alguns homens em particular, que previram coisas vindouras, mesmo após a conclusão do cânon bíblico, como John Husse [John Hus], Wickeliefe [Wycliffe], Lutero, que profetizaram coisas vindouras que certamente repercutiram, e em nossa nação escocesa, M. George Wishart profetizou que o cardeal Beaton não deveria sair vivo dos portões do castelo de St. Andrewes, mas que teria uma morte vergo-

> nhosa, e foi enforcado na janela pela qual ele contemplou o homem de Deus sendo queimado, M. Knox profetizou o enforcamento do lorde de Grange, o senhor Ioh. Davidson fez profecias conhecidas por muitos no reino, diversos pregadores justos e mortificados na Inglaterra fizeram o mesmo (...).[16]

Observe que Rutherford não teve dificuldade em crer que a revelação continuou "mesmo após a conclusão do cânon". Embora estivesse escrevendo contra as revelações dos anabatistas, ele não teve dificuldade de aceitar as profecias e as revelações dos aliancistas escoceses, bem como as profecias que vieram de outros reformadores. As razões que ele deu para aceitar tais revelações proféticas foram:

1. Elas não entravam em contradição com a Bíblia.
2. Elas vieram de pessoas piedosas.
3. As pessoas que tiveram essas revelações não afirmaram que suas profecias tinham a mesma autoridade que as Escrituras.
4. Elas não exigiam que ninguém obedecesse às suas profecias.[17]

Homens como Rutherford e Fleming não eram crédulos. Eles eram teologicamente astutos e piedosos. E eles presenciaram em vida alguns eventos que relataram. Normalmente, essas credenciais contribuem em favor das testemunhas históricas confiáveis.

Os biógrafos dos reformadores escoceses não afirmam que os seus temas eram 100% precisos, mas os que viviam na mesma época ainda os chamavam de profetas e até de oráculos. Alguns hoje iriam preferir dizer que esses reformadores tinham "o dom de profecia", para diferenciar a autoridade deles das Escrituras e dos profetas que deixaram seus registros nas Escrituras. Tenho tendência a usar a expressão "dom de profecia" para aqueles que estão apenas começando a praticar o dom de profecia, e separo o termo "profeta" para aqueles que têm um ministério profético estabelecido e maduro. Talvez não seja muito importante como os chamamos, contanto que dêmos a oportunidade para o ministério.

UMA EXPLICAÇÃO DO PODER PROFÉTICO

Como Rutherford, Fleming e seus contemporâneos explicaram os ministérios milagrosos de Wishart, Knox, Peden e outros profetas? O tema constante que permeia os escritos desse período é "O Senhor confia os seus segredos aos que o temem, e os leva a conhecer a sua aliança" (Sl 25:14). Todos esses profetas estavam cheios do temor do Senhor. Pense em John Welsh, que considerava seu dia desperdiçado se passasse menos de oito horas em oração. Quais segredos acha que Deus poderia compartilhar com você e comigo se passássemos um terço de cada dia em oração?

Lembre também que muitos desses justos sofreram o martírio. Trocaram sua dignidade pela unção do Espírito Santo e foram perseguidos como criminosos comuns, inimigos da Coroa. Nenhum deles poderia ter ministrado por muito tempo, ou mesmo sobrevivido, se não tivesse sido capaz de ouvir a voz de Deus. Você já se colocou numa situação onde fracassaria miseravelmente, a menos que Deus falasse com você? Você está arriscando tudo por um Deus que exija uma revelação sobrenatural?

Os reformadores escoceses e os aliancistas tinham muito em comum com os apóstolos e outros cristãos do primeiro século. Eles compartilhavam uma piedade semelhante e enfrentavam perseguições semelhantes. Ao longo da história da Igreja, houve relatos surpreendentes do sobrenatural quando cristãos extremamente piedosos foram perseguidos. De acordo com os historiadores contemporâneos, a piedade, a perseguição e a necessidade foram a causa do derramar sobrenatural do Espírito Santo durante esse período. Isso também é verdade nos dias atuais.

Há alguns anos, eu estava ministrando numa conferência de cristãos de língua chinesa em São Francisco. Estava almoçando com oito pastores de língua chinesa de diferentes partes do mundo. Perguntei ao homem à minha esquerda, por meio de um tradutor, de onde ele era. Sua resposta deixou-me em choque. Ele era de Xangai. Nunca soube dos detalhes de como ele conseguiu fugir da China para nossa conferência, mas descobri alguns outros detalhes que foram surpreendentes. O homem tinha acabado de ser liberto da prisão depois de cumprir dezoito anos de cadeia por pregar o evangelho na China. Agora ele estava pregando o evangelho novamente.

Eu disse ao homem que tinha lido muitos relatos de eventos sobrenaturais na vida de cristãos comuns na China. Eu até tinha visto filmes contrabandeados da China retratando algumas dessas coisas. Perguntei-lhe se ele tinha conhecimento pessoal dos milagres que aconteciam na igreja na China. Ele sorriu e disse que milagres estavam acontecendo em todas as igrejas clandestinas na China. Mas ele os tinha visto mais onde a perseguição era mais intensa e os cristãos piedosos estavam desesperados pela intervenção de Deus.[18]

Para ilustrar com outro exemplo, vamos dar uma olhada na vida de Corrie ten Boom, a cristã holandesa virtuosa que os nazistas enviaram para um campo de concentração por proteger os judeus. Leia seus livros *O refúgio secreto* e *Andarilha para o Senhor*[19] Eles estão repletos de histórias de visões sobrenaturais, profecias e milagres.

Depois que ela e a irmã foram presas, Corrie conseguiu um pequeno frasco de vitaminas de suspensão oral. O milagre foi que as vitaminas não acabavam. Corrie disse:

> Havia outro fato estranho. O vidrinho de óleo vitaminado continuava entregando suas gotas. Parecia impossível que um frasco tão pequeno pudesse render tanto, com tantas gotas sendo tiradas diariamente. Agora, além de Betsie, uma dúzia de outras pessoas no nosso cais estavam tomando.
>
> Era meu instinto poupá-las – Betsie estava cada vez mais fraca. Mas as outras pessoas estavam doentes também. Era difícil dizer não aos olhos que ardiam em febre, às mãos que tremiam com calafrios. Tentei dá-las apenas às que estivessem muito fracas – mas estas eram em grande número também: quinze, vinte, vinte e cinco (...).

Mesmo assim, cada vez que eu virava o vidrinho, uma gota surgia. Como aquilo era possível? Olhei-o contra a luz, tentando ver quanto ainda restava, mas ele era marrom escuro e eu não conseguia enxergar bem.

"Na Bíblia, há a história de uma mulher", disse Betsie, "cuja botija de azeite nunca se esvaziou". Ela abriu a Bíblia no livro de 1Reis, na história da viúva de Sarepta, em cuja casa o profeta Elias se hospedou, e leu: "A farinha na vasilha não se acabará e o azeite na botija não secará até o dia em que o Senhor fizer chover sobre a terra".

Bom, mas na Bíblia há muitas ocorrências maravilhosas. Uma coisa era que esses milagres podiam acontecer há milhares de anos; outra muito diferente era vê-los ocorrer hoje em dia, muito menos conosco. E, no entanto, acontecia, num dia, no outro dia, e no outro, e até um pequeno grupo de espectadores se formou ao redor para ver as gotas caírem nas fatias de pão.[20]

O pequeno frasco de vitaminas não acabou até o dia em que alguém contrabandeou para elas vários frascos enormes de vitaminas. Naquela noite, o frasquinho de vitaminas líquidas recusou-se a derramar mais uma gota. Elas não precisavam mais.[21]

Todos os ingredientes de um milagre estavam presentes no campo de concentração – gente piedosa, perseguida pela fé, pedindo desesperadamente a intervenção de Deus. É surpresa que ele responda com um milagre?

O que você acha da história de Corrie? Ela lhe dá esperança ou faz você se sentir desconfortável? Está pensando que deve haver outra explicação para aquelas vitaminas não acabarem? Se essa for sua primeira reação, talvez você tenha sido vítima de uma conspiração.

Quando os cristãos do mundo ocidental ouvem histórias como essa, de vez em quando perguntam: "Por que não temos mais revelações sobrenaturais em nossas igrejas?". Acho que porque a igreja ocidental muitas vezes tem mais em comum com a igreja de Laodiceia do que com a fé daquelas mulheres, como Corrie ten Boom. E certamente não nos parecemos muito com a Igreja Reformada Escocesa dos séculos XVI e XVII.

Falando sério, ninguém persegue a igreja nos Estados Unidos porque ela não ameaça ninguém. E não vai ameaçar até que se transforme numa igreja de oração. Um estudo sobre oração nos Estados Unidos publicado em 1972 revela que orar não era um fator importante na vida do típico pastor ou professor de seminário americano naquela época. Quando se iniciou o estudo, a maioria dos seminários nem sequer oferecia um curso de oração.[22] Vinte e cinco anos depois, alguns seminários tentaram corrigir tal negligência. Muitos deles oferecem cursos sobre vida espiritual e oração. Eu me pergunto se isso está ajudando. Espero que esteja. Mas temo que a ênfase ainda possa estar quase que exclusivamente no exercício do intelecto e não na disposição do coração. A confissão número um que ouço dos pastores de todo o mundo e de todas as denominações é que eles não têm vida de oração relevante, nem têm uma rotina de qualidade de meditação bíblica. Por que deveríamos esperar que Deus falasse conosco quando passamos pouquíssimo tempo com ele?

A questão não é: "Por que não vemos mais milagres e não temos mais revelações sobrenaturais na igreja nos dias atuais?". Em vez disso, dadas a apatia e a falta de piedade na igreja hoje, a questão é: "Por que não temos absolutamente nenhuma experiência sobrenatural na igreja dos Estados Unidos?".

O PODER PROFÉTICO NOS ÚLTIMOS TEMPOS

Escolhi apenas um pequeno período e uma pequena parte da igreja para extrair a maioria dos exemplos, examinando propositadamente um período e uma tradição que não é de se esperar que produzissem esses tipos de ministérios. Se alguém quiser procurá-los, a história da Igreja está cheia desses tipos de ocorrências. As palavras extadas de conhecimento e as profecias não ocorreram simplesmente naquela parte da história da Igreja que é vista com certa suspeita pela ortodoxia reinante atualmente. Os líderes da igreja conservadora, cuja ortodoxia está acima de qualquer suspeita e que não podem, nem que a vaca tussa, serem chamados de renovados, vivenciaram e testemunharam os fenômenos proféticos.

Vamos pegar como exemplo o ministério de Charles Spurgeon (1834-1892), o grande pregador batista da Inglaterra. Certa vez, enquanto fazia um sermão no Exeter Hall, de repente Spurgeon parou no meio de seu sermão e apontou para um jovem dizendo: "Jovem, essas luvas que você está usando não foram pagas. Você as roubou de seu patrão". Posteriormente, o jovem confessou a Spurgeon que tinha roubado as luvas, mas que agora faria a restituição pelo seu pecado.[23] Em outra ocasião, enquanto pregava, Spurgeon disse que havia um homem na arquibancada que tinha uma garrafa de gim em seu bolso. Isso não só surpreendeu o homem na arquibancada que tinha o gim, mas também o levou à sua conversão.[24]

Ouça a explicação do próprio Spurgeon sobre seu ministério profético:

> Enquanto pregava no salão, em certa ocasião, apontei deliberadamente para um homem no meio da multidão e disse: "Há um homem sentado ali, que é sapateiro; ele abre sua loja aos domingos, ela estava aberta no último sábado de manhã, ele recebeu nove centavos e teve um lucro de quatro centavos com a trapaça; sua alma foi vendida a Satanás por quatro centavos!". Um missionário da cidade, ao fazer sua ronda, encontrou-se com esse homem e, vendo que ele estava lendo um de meus sermões, fez a pergunta: "Você conhece o Sr. Spurgeon?". "Sim", respondeu o homem, "Tenho todos os motivos para conhecê-lo, fui ouvi-lo; e, pela sua pregação, pela graça de Deus tornei-me uma nova criatura em Cristo Jesus. Devo contar como aconteceu? Fui ao Music Hall e sentei-me no meio do auditório; o sr. Spurgeon olhou para mim como se me conhecesse e durante seu sermão apontou para mim e disse à congregação que eu era sapateiro e que abria minha loja aos domingos; e eu abria, senhor. Eu não deveria ter me incomodado com isso; mas ele também disse que recebi nove centavos no domingo passado e que tive um lucro de quatro centavos; mas como ele sabia disso eu não sei explicar. Então percebi que foi

> Deus quem falou à minha alma através dele, então fechei minha loja no domingo seguinte. A princípio, tive medo de voltar a ouvi-lo, para que ele não contasse mais ao meu respeito ao povo; mas depois fui, e o Senhor se encontrou comigo e salvou a minha alma".[25]

Spurgeon acrescenta ao comentário:

> Poderia contar até mesmo uma dúzia de casos semelhantes nos quais apontei para alguém no salão sem ter o mínimo conhecimento da pessoa ou qualquer ideia de que o que falara era correto – só que acreditava ter sido instigado pelo Espírito para falar assim; e minha descrição tem sido tão notável que as pessoas, no fim do culto, dizem aos amigos: "Venham ver um homem que me contou todas as coisas que já fiz. Sem dúvida alguma Deus o enviou à minha alma, senão não poderia me ter descrito com tanta exatidão". E não somente isso, mas fiquei sabendo de muitas ocasiões em que os pensamentos dos homens têm sido revelados do púlpito. Às vezes tenho visto pessoas cutucarem o colega ao lado por terem recebido uma palavra direta e, na saída, outros as ouviram dizer: "O pregador nos contou exatamente o que dizíamos um ao outro quando estávamos entrando pela porta".[26]

Embora os nossos registos históricos sejam imperfeitos e escassos, estão repletos de histórias como essa de todos os períodos da história da Igreja. E aqui está outra coisa para levar em consideração. A maioria desses relatos trata apenas da vida dos líderes da igreja ou de figuras controversas da história eclesiástica. Os fenômenos sobrenaturais que ocorreram na vida cotidiana dos cristãos comuns raramente são registrados. Deixe-me dar um exemplo moderno de Os Guinness:

> Lecionando certa vez na Universidade de Essex, vi sentada na primeira fileira uma jovem de aparência estranha com uma expressão peculiar no

rosto. Lembrando-me de um incidente na noite anterior, quando uma extremista tentou interromper a palestra, continuei falando, mas também orei silenciosamente para que ela não criasse problemas. Ela permaneceu quieta a noite toda, mas logo que terminou a palestra, apareceu com um olhar muito preocupado e me perguntou que feitiço eu tinha lançado nela para mantê-la quieta. Ela me contou que fazia parte de um círculo espírita no sul da Inglaterra e que os espíritos ordenaram que ela viajasse para Essex, onde nunca estivera antes, para atrapalhar uma série de palestras que começariam naquela semana. A curiosa sequência disso foi que, quando voltei à Suíça, alguém da comunidade, longe de ser um vidente fantasioso, perguntou-me o que tinha acontecido nas palestras de Essex. Certa manhã, orando por eles, ela teve uma visão tão nítida quanto a realidade do salão da palestra e da jovem estranha prestes a atrapalhar a reunião. Depois de orar por ela, ela se convenceu de que nada tinha acontecido, mas se perguntou se era apenas sua imaginação. A presença de um cristão orando no poder do Espírito Santo é sempre suficiente para enfraquecer o ocultismo.[27]

Esse tipo de experiência é bem mais comum do que se reconhece. Mais ou menos uma vez por semana, alguém na minha igreja me conta uma experiência maravilhosa de ser surpreendido pela voz de Deus. Robin Munzing, conselheira matrimonial e familiar da minha igreja, estava sentindo fortes dores abdominais. Seus médicos suspeitavam de endometriose. Ela fizera uma cirurgia em 1994, mas a dor ainda persistia. Em dezembro de 1994, a dor de Robin tornou-se tão intensa que ela teve que ser ajudada a sair de um culto de domingo e ser levada ao hospital. Nos meses seguintes, nós a ungimos com óleo e oramos por ela várias vezes. Nem a oração, nem a ciência eliminaram a dor. Ela piorou.

Em março de 1995, Robin estava lavando a louça na cozinha. Ela não estava orando nem meditando, mas uma frase mais nítida que uma voz audível invadiu sua mente. A voz disse: "Você estará grávida daqui a quatro ou cinco meses". Ela sabia que era Deus falando. Tinha ouvido aquela voz antes. Ficou eufórica.

Por quatro anos e meio, Robin e seu marido Dan, um clínico geral, estavam tentando ter um bebê, sem sucesso.

Dan ficou tão feliz quanto Robin quando ela contou sobre a voz. Talvez agora ela fosse curada da dor. Mas ela não foi. Em maio, a dor do lado esquerdo de seu abdômen tinha ficado insuportável. Ela tinha certeza de que seu ovário esquerdo era a causa da dor e o médico concordou em removê-lo.

Sabendo o quanto ela queria ter um bebê e que a remoção do ovário esquerdo iria diminuir consideravelmente suas chances de ficar grávida, tanto Dan quanto o outro médico perguntaram se Robin tinha certeza de que queria prosseguir com a cirurgia. "Deus falou comigo e me disse que eu ficaria grávida em quatro ou cinco meses [julho ou agosto]", respondeu ela. "E Deus pode me fazer ficar grávida com apenas um ovário ou nenhum, se isso for da sua vontade. Ele não me curou e não consigo mais suportar a dor. O ovário tem que ser removido. Deus vai dar um jeito com a gravidez."

Após a cirurgia em maio, a dor cessou. A biópsia revelou que o ovário de Robin estava mesmo com endometriose. Em julho, quatro meses após Deus ter prometido lhe dar um bebê, Robin "sentiu" que não devia beber vinho. "Talvez eu esteja grávida", pensou. Afinal, era o quarto mês, e Deus dissera que ela ficaria grávida dentro de quatro ou cinco meses. Ela foi até uma farmácia e comprou um teste de gravidez. Estava grávida, exatamente como a voz tinha prometido.

Quando perguntei a Robin como ela podia estar tão certa de que fora Deus quem tinha falado com ela, ela me disse que já tinha ouvido a voz antes. Seu irmão, Ron Andrews, teve câncer duas vezes. O primeiro envolveu radioterapia e cirurgia. Na segunda vez, a quimioterapia colocou os sintomas em remissão. Em janeiro de 1995, Ron foi realizar seu exame de sangue semanal numa sexta-feira. Más notícias. O câncer tinha voltado nas células sanguíneas. Ele ficou devastado. Odiava pensar no fato de outra rodada de rádio e quimioterapia. Depois, ele ligou para Robin naquela tarde com a má notícia. Quando Robin desligou o telefone, uma voz surpreendente falou em sua mente: "Ele será curado ainda neste fim de semana". Ela ligou de novo para o irmão e relatou o que Deus lhe dissera. Ron é um cristão que crê que o Senhor ainda fala nos dias de hoje. Ele creu na história da voz que Robin lhe contou e se preparou para ir na segunda-feira para um outro exame. Os médicos ficaram desnorteados com os resultados. O segundo exame, três dias depois, não mostrava qualquer indício de câncer no sangue de Ron. Ele tinha sido curado ao longo da semana, exatamente como o Senhor tinha dito.

Robin contou-me várias outras histórias como essa. Ela não se considera uma profetisa ou vidente, apenas uma cristã que tenta obedecer a Deus e cumprir seu papel como esposa, mãe e conselheira.

Não tem como saber quantas vezes ao longo da história da Igreja esse tipo de experiência tem se repetido entre os cristãos comuns. A senhora na Suíça teve uma visão real de Deus. Entretanto, se não estivesse familiarizada com um autor famoso como Os Guinness, sua experiência jamais teria sido conhecida além do seu círculo de amigos. Quantos sonhos, visões, impressões têm sido dados ao povo de Deus ao longo dos séculos e ficaram impublicáveis? Quantas vezes Deus deu uma revelação sobrenatural para salvar alguém como Julie da condenação e abrir seu coração para sentir o amor de Deus? Quantos de nós poderiam ter recebido o socorro se toda a igreja aprendesse a apreciar e receber todas as formas de Deus se comunicar conosco?

A LINGUAGEM *do* ESPÍRITO SANTO

DEUS FALA *pela* BÍBLIA

A única pessoa que Mônica amava mais do que seu filho era Deus, o Senhor Jesus Cristo. Quando o filho dela era um bebê, ela costumava cantar hinos de ninar para ele enquanto o amamentava. Ela o consagrou ao Senhor e orava para que ele fosse uma bênção no reino de Deus.

A fé e o amor de Mônica eram famosos na comunidade cristã de sua cidade, e, quando o menino cresceu, sua genialidade também ficou famosa, assim como sua imoralidade e hostilidade contra Deus. O jovem tinha se tornado professor universitário de retórica. Ele ocupava todo seu tempo com bebedeiras, imoralidade sexual e afastava as pessoas do único e verdadeiro Deus por meio de especulações filosóficas. Até mesmo os cristãos mais intelectuais não conseguiam vencer um debate com o filho de Mônica.

Mônica tinha chegado perto do total desespero várias vezes, mas se recusava a desistir. Ela continuava batalhando em oração pela salvação de seu filho. Quando ele completou dezenove anos, Mônica teve um sonho. Nesse sonho, ela e o filho caminhavam de mãos dadas no céu. Ela sabia que Deus estava usando o sonho para lhe dizer que salvaria seu filho imoral, e o sonho animou-a para intensificar as orações. Um ano se passou. E mais outro. E outro. Em vez de seu filho se aproximar de Deus, ele parecia se distanciar cada vez mais. Ele tinha se tornado mais inteligente, mais arrogante e mais comprometido com o mal do que outrora.

Um líder da igreja famoso, respeitado e sábio, visitou a cidade de Mônica para realizar algumas missas naquela região. Por Mônica ser muito bem-conceituada entre os cristãos de sua cidade, não foi complicado para ela conseguir uma reunião particular com o líder da igreja. Ela lhe contou sobre suas orações pelo filho e que a condição dele tinha, na verdade, piorado. Ela implorou para que ele falasse com o filho, mas ele se recusou. Sabia que qualquer tentativa de sua parte em persuadir o filho de Mônica para se arrepender serviria apenas para endurecer ainda mais seu coração.

— Como meu filho pode ser salvo? — choramingou ela.

O pregador sábio olhou com compaixão para o rosto encharcado de lágrimas de Mônica.

— Mulher — respondeu ele —, é impossível que o filho dessas lágrimas pereça. — A reunião estava encerrada.

Mônica foi encorajada por aquelas palavras do mesmo modo que tinha sido pelo sonho anos atrás. Com seu zelo renovado, ela continuou a fazer a única coisa que sabia. Ela orou.

Nove anos após o sonho de Mônica, seu filho estava sentado num jardim, ainda como incrédulo, quando ele ouviu uma voz audível falar as palavras: "Pegue e leia, pegue e leia..." inúmeras vezes, como uma canção de ninar. No começo ele achou que a voz devia vir de algumas crianças que brincavam por perto. Mas não havia crianças e ele nunca tinha ouvido essa canção antes. Ele percebeu que a voz era uma ordem divina do céu para abrir a Bíblia e lê-la. O filho de Mônica pegou a Bíblia e seus olhos leram Romanos 13:13-14:

> Comportemo-nos com decência, como quem age à luz do dia, não em orgias e bebedeiras, não em imoralidade sexual e depravação, não em desavença e inveja. Pelo contrário, revistam-se do Senhor Jesus Cristo, e não fiquem premeditando como satisfazer os desejos da carne.

O coração dele foi milagrosamente transformado. Ele não era mais conhecido como o filho imoral de Mônica. Em vez disso, seria conhecido pela história como Santo Agostinho – um dos maiores teólogos e heróis da fé em toda a história da Igreja.

Alguns anos depois de Agostinho ter se convertido, Mônica lhe disse: "Meu filho, da minha parte não encontro mais prazer nesta vida. O que ainda tenho que fazer ou porque ainda estou neste mundo, eu não sei, pois não tenho mais esperança nesta terra". Fora atendido o maior desejo de seu coração, a salvação de seu filho. Não havia mais nada que ela quisesse nesta vida. Nove dias depois, ela morreu.[1]

O PODER DA BÍBLIA

Quando Mônica quase ficou desesperada, Deus lhe deu um sonho para encorajá-la a continuar orando. Quando ela chegou em outro momento de depressão, uma palavra profética foi-lhe dada pelo bispo da igreja. E, quando veio o tempo oportuno, Deus Pai enviou sua voz audível para o rebelde Agostinho e abriu seu coração por meio das palavras das Escrituras. No século IV Deus ainda falava por sonhos, palavras proféticas, por sua voz audível e pelas palavras da santa Escritura.

Você talvez seja tentado a pensar que, por causa da Palavra escrita de Deus, não seria necessária a presença de sonhos, palavras proféticas e uma voz audível. Mas, no caso de Agostinho, a voz o levou até um trecho das Escrituras, Romanos 13:13-14, que Deus iluminou de tal maneira que o levou ao novo nascimento em Cristo. Quando a Bíblia é iluminada pelo Espírito Santo seu poder é incrível. Sua luz pode dissipar as trevas do engano diabólico mais convincente.

Desde então, Agostinho fora surpreendido pelo poder da Palavra de Deus. Dorothy é uma mulher que conheço que estava se afundando num desespero suicida. Ela veio para a igreja num domingo de Páscoa esperando encontrar uma desculpa para não tirar sua vida. Ouviu a pregação de Lucas capítulo 24, mas nada lhe deu esperança. Naquela noite, ficou em frente ao espelho para se despedir de uma vida cheia de sofrimento e desespero. Enquanto se preparava para cometer suicídio, um trecho das Escrituras da pregação da manhã surgiu em seu coração – "Não devia o Cristo sofrer estas coisas, para entrar na sua glória?" (Lc 24:26). Bingo! Primeiro o sofrimento, depois a glória. Se ela terminasse com seu sofrimento com suas próprias mãos, talvez perdesse a glória depois. Se Cristo sofreu antes de entrar em sua glória, então ela também entraria. Ela guardou os comprimidos e pegou uma Bíblia. A voz de Deus não só a surpreendeu, mas removeu totalmente a voz demoníaca que pedia por sua vida.

Esse é o poder da Palavra de Deus, e esse é o compromisso de Deus para usá-la em nossa vida. Aquele que ouviu a voz do Pai melhor do que ninguém disse: "Digo-lhes a verdade: Enquanto existirem céus e terra, de forma alguma desaparecerá da Lei a menor letra ou o menor traço, até que tudo se cumpra" (Mt 5:18). Todos que ignoram a Bíblia estão convidando o engano e o desastre para serem seus parceiros íntimos na jornada da vida.

OS BENEFÍCIOS DA BÍBLIA

A forma mais comum de o Espírito Santo revelar Jesus e falar conosco hoje é através da Bíblia. Ninguém jamais disse melhor do que o apóstolo Paulo:

> Toda a Escritura é inspirada por Deus e útil para o ensino, para a repreensão, para a correção e para a instrução na justiça, para que o homem de Deus seja apto e plenamente preparado para toda boa obra (2Tm 3:16-17).

Ninguém jamais ilustrou melhor essa verdade do que Jesus na estrada de Emaús (Lc 24:13ss). Após a morte de Jesus, os discípulos ficaram completamente deprimidos. Antes eles tinham confiado que ele era o Redentor de Israel, mas naquele momento tinham perdido a confiança (Lc 24:21). Jesus tinha profetizado sua morte e ressurreição em várias ocasiões. Ele tinha dito aos discípulos que ressuscitaria depois de três dias (Lc 9:22; Jo 2:19). Agora era o terceiro dia e o túmulo estava vazio. Eles até ouviram o relato das mulheres que tinham visitado o túmulo e de que anjos tinham dito que Jesus estava vivo (Lc 24:23). Ainda assim, apesar de todas aquelas evidências, os discípulos não conseguiam ter de volta a confiança em Jesus.

Quando Jesus apareceu para os dois discípulos enquanto caminhavam pela estrada de Emaús, eles não o reconheceram. Ele ouviu a história de aflição até o momento em que mencionaram o túmulo vazio. Então lhes disse: "Como vocês custam a entender e como demoram a crer em tudo o que os profetas falaram! Não devia o Cristo sofrer estas coisas, para entrar na sua glória?" (Lc 24:25-26).

À essa altura, seria de se pensar que Jesus iria simplesmente se revelar para eles para que pudessem crer na ressurreição. Ao contrário, ele pregou um sermão para eles – "E começando por Moisés e todos os profetas, explicou-lhes o que constava a respeito dele em todas as Escrituras" (Lc 24:27). Aqui estava o maior sermão de todo o mundo, pregado por Jesus na primeira manhã da ressurreição. O tema era sobre Jesus, o texto era sobre Moisés e todos os profetas, e apenas uma plateia de duas pessoas! Isso continuou por horas. Pense nisso. O maior sermão já pregado foi dito por Jesus para apenas duas pessoas.

Por que Jesus simplesmente não se revelou aos discípulos no começo da caminhada? Por que ele citou as Escrituras? Jesus estava nos dizendo, bem no começo da história da Igreja, que a maneira fundamental de o conhecer era através das Escrituras. Este é o benefício fundamental da Bíblia – revelar Jesus a nós.

A DIREÇÃO E A BÍBLIA

Voltando para o livro de Atos, vemos os apóstolos demonstrarem o mesmo respeito que Jesus tinha pela Bíblia. Era de se esperar que eles usassem as Escrituras para provar as verdades básicas do evangelho, e assim o fizeram. Por exemplo, Paulo citou Salmos 2:7, Isaías 55:3 e Salmos 16:10 para provar que Deus ressuscitou Jesus dos mortos (At 13:32ss).

Deus usou a Bíblia para fazer mais do que ensinar verdades teológicas. Ele a usou para direcionar seus servos no ministério. O Espírito Santo revelou Salmos 69:25 e Salmos 109:8 para mostrar a Pedro que ele queria escolher outro apóstolo para preencher a vaga deixada por Judas (At 1:15-22).

Deus também usou a Bíblia para explicar circunstâncias e até os acontecimentos na vida da Igreja Primitiva. Quando o Espírito Santo trouxe o vento impetuoso e as línguas de fogo no dia de Pentecostes, muitos acharam que os 120 crentes do cenáculo estavam bêbados. Mas Deus abriu a mente de Pedro para entender que esses fenômenos eram o começo de um cumprimento de uma profecia antiga feita em Joel 2:28-32. Pedro usou a passagem de Joel para explicar para a multidão o significado de Pentecostes (At 2:14).

A OBEDIÊNCIA E A BÍBLIA

Nem Jesus, nem os apóstolos inovaram em sua atitude em relação às Escrituras. O povo de Deus, principalmente os líderes, sempre tinham demonstrado um respeito pela autoridade e poder da santa Palavra de Deus. Quando Moisés saiu de cena e a liderança do povo de Deus caiu sobre os ombros de Josué, Deus deu a Josué uma das mais extraordinárias promessas já feitas para qualquer ser humano. Ele disse: "Ninguém conseguirá resistir a você, todos os dias da sua vida. Assim como estive com Moisés, estarei com você; nunca o deixarei, nunca o abandonarei" (Js 1:5).

Com essa promessa, Josué foi praticamente convencido de ser vitorioso e de ter a proteção que poucos líderes mundiais já desfrutaram. Mesmo assim, Josué estava muito preocupado em ocupar o lugar de Moisés. Por três vezes, durante seu comissionamento, o Senhor teve que lhe dizer: "Seja forte e corajoso" (Js 1:6,7,9). Afinal de contas, quem poderia realmente ocupar o lugar de Moisés? E na verdade, quem iria querer? Fora dado a Moisés a tarefa impossível de guiar um povo que tinha sido rebelde a Deus durante todo o período de sua liderança (Dt 9:24). Deus não permitiu que o próprio Moisés entrasse na terra prometida. Como Josué faria o povo entrar?

O segredo da vitória vindoura de Josué não estava em sua liderança ou em suas habilidades e disciplina, mas no pronome da primeira pessoa do singular "eu". Deus prometeu: "Assim como estive com Moisés, estarei com você; nunca o deixarei, nunca o abandonarei". Quando dito por Deus, não há força mais poderosa na terra do que esse pronome. Deus assumiu um compromisso de fazer Josué prosperar. Essa era a parte divina.

Agora a parte humana. Josué tinha a grande responsabilidade de desfrutar por completo da promessa de Deus. Deus ordenou a Josué:

> Somente seja forte e muito corajoso! Tenha o cuidado de obedecer a toda a lei que o meu servo Moisés lhe ordenou; não se desvie dela, nem para a direita nem para a esquerda, para que você seja bem-sucedido por onde quer que andar. Não deixe de falar as palavras deste Livro da Lei e de meditar nelas de dia e de noite, para que você cumpra fielmente tudo o que nele está escrito. Só então os seus caminhos prosperarão e você será bem-sucedido (Js 1:7-8).

A princípio, esse mandamento de meditar nas Escrituras dia e noite não faz muito sentido. Josué conhecia a Lei melhor do que qualquer outro israelita. É possível que ele tenha sido o escriba de Moisés em muitas ocasiões quando as Escrituras estavam de fato sendo registradas. Ele tinha passado quarenta anos servindo o homem de Deus e estudando as palavras do Senhor. Seria de se pensar que agora ele conhecia a Bíblia tão bem que poderia relaxar um pouco. Por que ele deveria meditar nela dia e noite nessa fase de sua vida?

A resposta é óbvia. Existe um âmbito da obediência chamado *cumpra fielmente tudo o que nele está escrito* (Js 1:8). Os únicos indivíduos que entrarão nesse âmbito da obediência são aqueles que meditam na Lei dia e noite. Os únicos que terão o sucesso divino que o Senhor quer dar nesta vida são aqueles que meditam dia e noite em sua santa Palavra. Quanto maior a responsabilidade que Deus dá aos seres humanos em seu reino, maior é a necessidade de meditar em sua Palavra.

A ESTABILIDADE E A BÍBLIA

Os únicos que alcançam a verdadeira estabilidade na vida interior são as pessoas que meditam dia e noite na Lei do Senhor. Quem assim age "é como árvore plantada à beira de águas correntes: dá fruto no tempo certo e suas folhas não murcham. Tudo o que ele faz prospera!" (Sl 1:3). Os únicos que são bem-sucedidos ao resistirem à luxúria, à ganância e às tentações do mundo são aqueles que valorizam a Palavra de Deus em seus corações (119:9-11). Os únicos que vão conseguir passar pelas provações são aqueles que amam a Palavra de

Deus. O salmista disse: "Se a tua lei não fosse o meu prazer, o sofrimento já me teria destruído" (Sl 119:92). O mesmo salmista nos lembra que: "Os que amam a tua lei desfrutam paz, e nada há que os faça tropeçar" (Sl 119:165). Todos esses benefícios e muito mais são dados pelo Espírito Santo àquele que sempre lê a Palavra de Deus com um coração puro.

No Antigo Testamento, ninguém se expressou melhor do que o rei Davi no Salmo 19. Ele escreveu:

> A lei do Senhor é perfeita, e revigora a alma. Os testemunhos do Senhor são dignos de confiança, e tornam sábios os inexperientes. Os preceitos do Senhor são justos, e dão alegria ao coração. Os mandamentos do Senhor são límpidos, e trazem luz aos olhos. O temor do Senhor é puro, e dura para sempre. As ordenanças do Senhor são verdadeiras, são todas elas justas. São mais desejáveis do que o ouro, do que muito ouro puro; são mais doces do que o mel, do que as gotas do favo. Por elas o teu servo é advertido; há grande recompensa em obedecer-lhes (v. 7-11).

Não há outro livro como a Bíblia, e nenhum substituto para o devocional diário das Escrituras. O Espírito Santo está comprometido em alimentar e purificar nosso coração pelas palavras da Bíblia.

QUANDO A BÍBLIA NÃO FUNCIONA

Embora seja raro encontrar um cristão que negue a importância da Bíblia, é muito comum encontrar cristãos que dirão que raramente sentiram o poder das Escrituras purificá-los, alimentá-los, afastá-los do pecado, guiá-los e incendiar seus corações com fervor pelo Filho de Deus.

Para cada pessoa, como Agostinho, que foi liberto do poder da luxúria e nasceu de novo por meio de um trecho das Escrituras, parece que conseguimos encontrar outros em quem a Bíblia não surte efeito nenhum. Seus corações permanecem cheios de trevas e separados de Cristo. Também já conversei com um homem cristão que leu a Bíblia inteira e ainda permanece preso à luxúria. Isso significa que a afirmação de que a Palavra escrita pode nos limpar e nos manter puros (Sl 119:9,11) não passa de um papo religioso?

Tome como exemplo o caso de William Cowper (1731-1800), o autor do hino "Achei a fonte carmesim que meu Jesus abriu" (cantor cristão 281) e outra versão "Corre uma fonte divinal, o sangue do Senhor" (Salmos e hinos 158). Cowper era um cristão dedicado à leitura da Bíblia, e seus hinos mais famosos exaltavam o poder do sangue de Cristo. Mas, apesar de toda a leitura bíblica, ele nunca sentiu de verdade o poder do sangue, do qual as Escrituras e seus hinos exaltam com tanta eloquência, para libertá-lo de seus pensamentos atormentadores. Na verdade, viveu sob o poder de uma obsessão suicida com lapsos constantes de uma insanidade incapacitante.[2]

Como é possível que a voz de Deus viesse de maneira tão poderosa pelas Escrituras para libertar minha amiga Dorothy das vozes suicidas e não foi capaz de silenciar as mesmas vozes que arrastavam um dos mais famosos compositores para o poço da loucura? Por que não apenas o sentido, mas também o poder da Bíblia permanece fechado para muitos que desesperadamente precisam dela?

SÓ UM POUQUINHO NÃO AJUDA

Cresci amando praticar esportes. Eu era tão ativo fisicamente que nunca precisei me preocupar com minha dieta. Então me formei na universidade, fui para o seminário, casei-me e construí uma família. Com todas essas novas responsabilidades, fui diminuindo meus exercícios – e meu metabolismo também ficou lento. Comecei a "batalha contra a balança". Ao longo dos anos, por meio de várias dietas, perdi muitos quilos. É claro, eu os recuperava depois, cada quilo perdido, e muitos outros se acumulavam assim que eu fugia da minha dieta. Às vezes eu combinava períodos de exercícios regulares com as dietas e tinha ótimos resultados, mas nenhum que durasse tanto tempo.

Cerca de dois anos atrás, eu joguei fora todas as dietas que prometiam uma rápida perda de peso e comecei a ingerir alimentos de baixa caloria. Meu paladar tinha mudado. Na verdade, prefiro os alimentos de baixa caloria do que as besteiras cheias de gordura que eu costumava comer. Não sigo mais as dietas e não passo fome. Encontrei um estilo de vida no qual posso viver diariamente.

Também comecei um treino com um bom amigo meu. Benny e eu nos encontramos numa academia três ou cinco vezes por semana para treinar com pesos e fazer alguma atividade aeróbica. O resultado disso tudo é que estou numa condição física melhor agora do que quando eu estive no Ensino Médio ou na universidade.

Quando comecei pela primeira vez uma dieta hipocalórica e o treino, não percebi muita mudança na minha aparência física ou na minha saúde. Na verdade, passaram-se cerca de três meses antes de eu notar qualquer diferença significativa. Mas, depois de nove meses, a diferença era enorme.

Aprendi uma lição importante com isso tudo. Apenas um treino não vai mudá-lo, e as dietas que não consegue seguir todos os dias não vão ajudá-lo. São os treinos repetitivos durante meses a fio, até anos, que muda você radicalmente.

E assim é com a Bíblia. E um pouquinho de leitura bíblica vão vai transformá-lo. É a meditação diária por meses e anos a fio que vai transformá-lo. Ler a Bíblia é bem parecido com a alimentação.[3] O alimento é combustível para o corpo, mas sem exercícios físicos não pode ser usado para fortalecer e mudar o corpo. Da mesma forma, a Bíblia é combustível para a alma, mas sem exercício, a alma encolherá até um estado de total fraqueza, tal como acontece com os nossos músculos sem exercícios.

O primeiro passo para a saúde espiritual é consumir o combustível certo diariamente. O segundo passo é usar o combustível para fazer escolhas certas, muitas vezes difíceis, todos os dias. Ao longo dos anos, obedecer à Bíblia, e não simplesmente lê-la, produz um caráter igual ao de Cristo. Soluções rápidas não existem no reino espiritual, assim como não existem no reino natural.

A ATITUDE FAZ MUITA DIFERENÇA

Qualquer treinador vai dizer que a dieta certa e a atividade física são essenciais para uma ótima performance de um atleta. Mas um *bom* treinador sabe que você pode fazer dieta e exercícios e ainda assim perder se os atletas não tiverem a atitude certa. Leia a história de Matt Biondi:

> Os americanos que praticam natação tinham grandes esperanças em Matt Biondi, membro da equipe olímpica dos Estados Unidos em 1988. Alguns jornalistas esportivos elogiavam Biondi como o provável igualador do feito de Mark Spitz em 1972, ao conquistar sete medalhas de ouro. Mas Biondi terminou em terceiro lugar em sua primeira prova, os 200 metros livres. Na prova seguinte, os 100m de nado borboleta, Biondi foi vencido por outro nadador que fez um esforço maior no último metro.
>
> Os locutores esportivos especularam que as derrotas desanimariam Biondi em seus feitos seguintes. Mas Biondi se recuperou da derrota e conquistou a medalha de ouro nas cinco provas seguintes. Um espectador que não ficou surpreso com o retorno de Biondi foi Martin Seligman, psicólogo da Universidade da Pensilvânia, que testou o otimismo de Biondi no início daquele ano. Num teste realizado com Seligman, o treinador de natação disse a Biondi, durante um evento especial para testar seu melhor desempenho, que ele tivera uma piora do que realmente teve. Apesar do feedback pessimista, quando pediram a Biondi que descansasse e tentasse novamente, seu desempenho – que já era muito bom – foi ainda melhor. Mas, quando os outros membros da equipe que tiveram uma falsa piora – e cujos resultados nos testes mostraram que estavam pessimistas –, tentaram novamente, tiveram resultados ainda piores na segunda vez.[4]

A atitude confiante de Biondi fez a diferença entre um bom nadador e um campeão.

A atitude é fundamental no mundo do atletismo. É ainda mais fundamental quando se trata de ler a Bíblia. As palavras vindas de Deus nunca serão benéficas para nós a não ser que venhamos a crer nelas (Hb 3:7-19). Se minha amiga Dorothy não tivesse acreditado nas palavras de Lucas 24:26, tais palavras jamais poderiam afastá-la do seu destino suicida. Ler e tentar obedecer a Bíblia sem ter a confiança nela anula seu poder.

Não precisamos somente ter fé e confiança na Bíblia, precisamos lê-la pelos motivos certos. C. S. Lewis disse que quando nos referimos às Escrituras, "não se trata de aprender um assunto, mas de nos aprofundarmos num Caráter".[5] Ou seja, nosso propósito principal ao meditar na Bíblia deveria ser encontrar Cristo, ouvir sua voz e vê-lo de forma mais clara para que possamos amá-lo com mais fervor. A leitura bíblica deve ajudar no processo de Cristo ser formado em nós (Gl 4:19).

A atitude errada pode fazer com que a leitura bíblica seja inútil e até mesmo nociva. Foi aqui que me perdi tantas vezes e foi por isso que muito da minha leitura bíblica realmente não me ajudava. Não era que eu não confiasse na Palavra de Deus, mas eu também tinha uma confiança inapropriada, a qual anulava muitos dos benefícios do meu devocional.

A CONFIANÇA EM NOSSA INTELIGÊNCIA E DISCIPLINA

Eu costumava achar que se uma pessoa entendesse os princípios da interpretação bíblica, tivesse um conhecimento prático das línguas originais e fosse bastante disciplinado para passar muitas horas estudando a Bíblia, tal indivíduo poderia alcançar um alto grau de precisão na interpretação e aplicação das Escrituras. Ou seja, para obter os benefícios da Bíblia, eu enfatizava o papel da inteligência e da disciplina. Errei em minha ênfase. Até onde eu sei, a Bíblia não dá nenhuma ênfase na inteligência de seus leitores como sendo o segredo da interpretação.

Sem dúvidas, a disciplina é importante se quisermos que a Palavra tenha morada em nosso coração, pois "como é feliz aquele [cuja] (...) satisfação está na lei do Senhor, e nessa lei medita dia e noite" (Sl 1.1-2; cf 119:9,11). Mas você pode ter tanto a inteligência quanto a disciplina e ainda assim as Escrituras "não funcionarem" para você.

Um dia o próprio Jesus olhou para os homens que passavam a maioria dos seus dias estudando as santas Escrituras – na verdade, eles eram os melhores intérpretes da época – e disse-lhes:

> E o Pai que me enviou, ele mesmo testemunhou a meu respeito. Vocês nunca ouviram a sua voz, nem viram a sua forma, nem a sua palavra habita em vocês, pois não creem naquele que ele enviou. Vocês estudam cuidadosamente as Escrituras, porque pensam que nelas vocês têm a vida eterna. E são as Escrituras que testemunham a meu respeito; contudo, vocês não querem vir a mim para terem vida (Jo 5:37-40).

Nem a inteligência, nem a disciplina dos fariseus desbloqueavam o poder da Bíblia em suas vidas. A mensagem da Bíblia deve ser discernida espiritualmente. O apóstolo Paulo declarou que a doutrina apostólica vinha "não com palavras ensinadas pela sabedoria humana, mas com palavras ensinadas pelo Espírito, interpretando verdades espirituais para os que são espirituais" (1Co 2:13). Essas palavras não podem ser compreendidas pela mera inteligência humana, mas devem ser "discernidas espiritualmente" (v. 14). E as atitudes de carnalidade, orgulho ou divisão fazem-nos perder a habilidade de discernir a "essência" da Palavra (1Co 3:1-4).

Um dos motivos de não haver meditação das Escrituras na igreja hoje é devido aos professores ensinarem inconscientemente seus alunos a dar ênfase na própria inteligência e disciplina ao estudar a Palavra. Para muitos cristãos isso é intimidador, pois não sentem ter nem a disciplina, nem a inteligência dos professores. Desanimados, eles desistem do devocional e se contentam com o ensino indireto da Palavra de Deus vinda dos professores. Mesmo aqueles que se doam a um estudo disciplinado das Escrituras acham que, no fim, isso se torna um dever religioso e desagradável. A Bíblia se torna maçante para eles porque o Espírito de Deus não vai abrir seus corações para verem os aspectos maravilhosos na Bíblia enquanto dependerem de sua própria inteligência e disciplina.

A CONFIANÇA NA TRADIÇÃO

Se a genialidade e a disciplina não são as chaves para o entendimento da Bíblia, muito menos é a tradição. O apóstolo Pedro estava totalmente convicto de que sabia quais alimentos eram puros e impuros. Ele tinha lido Levítico 11:1-23 e Deuteronômio 14:3-20, que classificavam os alimentos em puros (ou seja, alimentos que eram permitidos aos israelitas comerem) e impuros (ou seja, alimentos que não eram permitidos comer). Um dia, durante uma discussão com Pedro e os outros discípulos, Jesus, na verdade, declarou "puros todos os alimentos" (Mc 7:19). Essa declaração era demais para a mente de Pedro.

Anos depois, Pedro estava orando no telhado e entrou em êxtase. Ele viu um lençol grande vindo do céu. Em cima do lençol, havia todos os tipos de animais impuros. Pedro ouviu uma voz que dizia:

— Levante-se, Pedro; mate e coma.

— De modo nenhum, Senhor! — Pedro respondeu — jamais comi algo impuro ou imundo!

A voz falou com ele pela segunda vez:

— Não chame impuro ao que Deus purificou.

Isso aconteceu três vezes, e em seguida o lençol foi recolhido ao céu (Atos 10:13-16).

Embora o próprio Senhor tenha dito a Pedro para comer os animais impuros, Pedro recusou-se porque isso ia contra sua tradição e sua interpretação das Escrituras. O Senhor teve de repetir a visão três vezes para chamar a atenção de Pedro.

É claro, o significado final dessa visão vai além dos alimentos puros e impuros. Ele tem a ver com a abertura da Igreja aos gentios, as pessoas as quais os judeus consideravam impuras ou inaceitáveis para serem membros da Igreja. Os judeus crentes não comiam com os gentios porque estes comiam alimentos impuros. Tudo isso tinha como base uma interpretação muito tradicional das Escrituras. Com o passar do tempo, Deus mudou a interpretação e prática de Pedro, mas ele teve de repetir a visão três vezes para fazer o apóstolo começar a questionar seus próprios preconceitos. Se o apóstolo Pedro precisou desse tipo de desafio do Espírito de Deus para corrigir seu entendimento da Bíblia, quanto mais nós?

Alguns podem discutir que esse tipo de correção não é mais necessário atualmente porque temos a Bíblia completa, enquanto Pedro tinha apenas o Antigo Testamento na época dessa visão. Mas naquele momento, Pedro já tinha a revelação do Novo Testamento. Ele estivera lá quando o Senhor declarou que todos os alimentos eram puros (Mc 7:19), mas ainda assim a palavra do Senhor não tinha sido suficiente para corrigir a interpretação equivocada de Pedro.

A CONFIANÇA EM NOSSA HABILIDADE DE APLICAR A BÍBLIA

Até agora, tenho debatido apenas a interpretação, mas onde a aplicamos é igualmente importante. Toda vez que falamos a respeito de ouvir Deus, estamos sempre lidando com três áreas: primeiro, a revelação em si; segundo, a interpretação da revelação; e terceiro, a aplicação da interpretação. A Bíblia é sempre exata porque Deus, o Autor, não pode mentir (Hb 6:18; 2Tm 3:16; 2Pe 1:19-21). Mas a interpretação de alguém pode não ser exata, e, mesmo que fosse, a aplicação pode estar errada. Precisamos do Espírito Santo para dar-nos a interpretação e a aplicação.

O Antigo Testamento declara nitidamente que a pena para assassinato é a morte (Gn 9:6; Nm 35:16). A pena para o adultério também é a morte (Lv 20:10). Davi cometeu tanto assassinato quanto adultério (2Sm 11). Davi deveria ser morto, certo? É isso que qualquer escriba ou intérprete profissional da Bíblia teria dito. A revelação (a Bíblia) é fácil de se interpretar nesse ponto: assassinos e adúlteros devem ser executados. Porém, o profeta Natã disse que Deus não ia aplicar a lei do modo costumeiro. Em vez disso, ele iria perdoar Davi (2Sm 12:13). Nesse caso, a vontade de Deus era contra a aplicação normal da Bíblia. Além disso, a aplicação somente podia ser conhecida ao ouvir aquele que escreveu a Bíblia. E, dessa vez, Deus escolheu revelar sua aplicação pelo profeta ao invés de pelos escribas. Vamos considerar um exemplo menos dramático do Novo Testamento.

Todos os pais que são crentes já leram o mandamento: "Pais, não irritem seus filhos" (Ef 6:4). O mandamento é verdadeiro porque ele vem da Bíblia. Não é difícil interpretar. Os pais não devem provocar ou irritar seus filhos, porque isso dará motivo para se rebelarem contra Deus e contra os pais. Até aqui, tudo bem. Agora a parte mais difícil: a aplicação.

Estive aconselhando pais cristãos há 25 anos. Durante esse tempo, percebi que os pais que sempre provocavam seus filhos sistematicamente com palavras de condenação ou falta de elogios, com uma disciplina rígida ou inflexível, ou com expectativas irreais, geralmente não tinham a mínima ideia de que estavam provocando seus filhos. Eles conseguem citar Efésios 6:4 de cor, mas estão totalmente cegos ao fato de que não estão obedecendo ao versículo. Não conseguem perceber que estão, na verdade, incentivando os filhos a se rebelarem.

Às vezes, quando tento dizer aos pais que estão provocando seus filhos, eles ficam na defensiva. Sentem-se ofendidos em vez de se sentirem corrigidos. Outras vezes, até quando aceitam intelectualmente meu diagnóstico, eles voltam para casa e fazem o mesmo tudo de novo. Por quê? Não porque não sabem o que as Escrituras dizem sobre provocar os filhos, mas porque não permitem que o Espírito Santo lhes mostre como aplicar as Escrituras. Precisamos da iluminação do Espírito Santo no processo de aplicação, assim como no processo de interpretação. A interpretação correta aplicada de modo incorreto jamais vai funcionar. Na verdade, pode ser até nocivo para quem amamos.[6]

Pense nas complexidades da aplicação de Efésios 6:4. Primeiro, os pais são humanos com um coração enganoso (Jr 17:9). Quem é capaz de compreendê-lo? Somente Deus (Jr 17:10). Geralmente, nem nós mesmos compreendemos nossas próprias motivações. Embora possamos não sofrer de uma cegueira total, nenhum de nós tem uma visão perfeita quando se trata de nosso autoconhecimento. O apóstolo Paulo disse:

> Embora em nada minha consciência me acuse, nem por isso justifico a mim mesmo; o Senhor é quem me julga. Portanto, não julguem nada antes da hora devida; esperem até que o Senhor venha. Ele trará à luz o que está oculto nas trevas e manifestará as intenções dos corações. Nessa ocasião, cada um receberá de Deus a sua aprovação (1Co 4:4-5).

O que é válido para o coração dos pais também o é para os filhos. A mentira de uma criança é ainda agravada pela tolice, pois "a insensatez está ligada ao coração da criança" (Pv 22:15).

Além do problema do coração humano, a aplicação de Efésios 6:4 pode ser influenciada pelas complexidades dos relacionamentos familiares e pelas diferenças individuais entre os filhos. Dois filhos não são iguais, assim como duas famílias também não o são. O que irrita um filho pode ser a correção necessária para o outro. O que funciona para a família do seu amigo pode ser um desastre na sua. Um método de disciplina que funcionou quando uma criança tinha dez anos de idade pode gerar uma rebelião aos quatorze anos. Se formos deixados à sorte da nossa própria sabedoria ao tentar aplicar as Escrituras, isso é bem desanimador.

Entretanto, felizmente há uma outra opção, que iremos considerar no próximo capítulo. Se tivermos a atitude correta, há alguém que está disposto a guiar-nos tanto na interpretação quanto na aplicação da Bíblia.

VALORIZANDO A BÍBLIA

Para sentir o poder das Escrituras, nossa atitude e desejo de obedecê-la é crucial. Porém, a razão principal de a Bíblia ser ineficaz na vida de muitos cristãos é que eles simplesmente não a leem. Decida separar um tempo todos os dias para meditar nas Escrituras, assim você pode ouvir a voz de Deus e ver a glória do Senhor Jesus. Quando meditar, verá que a voz do Senhor é indescritivelmente suave, e a face do Senhor Jesus é indescritivelmente linda (Ct 2:14).

Qualquer um que quiser ouvir sempre a voz do Senhor terá de se tornar intimamente familiarizado com a Palavra de Deus.[7] Tenho valorizado a Palavra de Deus em meu coração por mais de trinta anos e não me arrependo de nenhum momento do tempo que gastei lendo, meditando e memorizando as palavras das Escrituras. Se eu pudesse voltar no tempo e viver novamente aqueles trinta anos, passaria ainda mais tempo meditando na Bíblia e menos tempo lendo outros livros cristãos.

Muitas vezes o Espírito Santo trouxe as palavras da Escritura à minha mente não só para guiar, mas também para me salvar de desastres. Ele usou as palavras das Escrituras para me guiar a servir ao próximo, evitar que eu magoasse as pessoas e aumentar meu amor por seu Filho e pelos outros.

Lembro-me de uma época no fim de um dos nossos cultos quando eu estava ouvindo uma senhora orar por uma jovem. A senhora era uma das centenas irmãs do nosso ministério de oração naquela noite. Eu estava a uma certa distância para não ser um intrometido, mas eu conseguia ouvir tudo o que aquela senhora e a jovem estavam conversando. A senhora estava tentando convencer a jovem de que o Senhor a tinha dado uma revelação sobre o caráter daquela jovem. A jovem continuou dizendo que a revelação era falsa. Isso ofendeu a senhora, que continuou forçando a jovem a aceitar a "revelação". Não era uma situação agradável, e a senhora do nosso ministério estava violando uma das regras básicas de etiqueta: nenhuma revelação particular jamais deve ser forçada a ser aceita pela outra pessoa.

Decidi corrigir a senhora, mas esperei até a reunião acabar para minimizar a vergonha da correção. Assim que comecei a caminhar em sua direção, eu orei e pedi ao Senhor se eu tinha sua permissão para repreender aquela senhora. Com meu próximo passo a seguir, as palavras de Isaías 42:3 surgiram em minha mente: "Não quebrará o caniço rachado, e não apagará o pavio fumegante". Era uma profecia ao meu respeito, sobre minha conversão ao Senhor que eu tinha memorizado e valorizado vinte anos atrás, e agora o Espírito Santo estava falando comigo através desse versículo.

Percebi que o Senhor via aquela senhora como um "caniço rachado" e um "pavio fumegante". Tudo que seria necessário era uma repreensão do seu pastor para quebrá-la e apagá-la. Alguns segundos antes, senti-me irritado por causa dessa mulher, mas agora eu a via com os olhos do Senhor e senti sua compaixão por ela. O Senhor estava me dizendo que não era o dia certo para repreendê-la, que ele ia lidar com a correção de um outro jeito, em outro momento. Vinte anos atrás, quando eu estava sentado na cadeira de um escritório memorizando Isaías 42:1-4, não tinha ideia de que Deus usaria esses versículos para transformar minha irritação em compaixão.

Era uma época em que a Bíblia funcionava comigo. Todos os ingredientes estavam lá – a meditação constante, o desejo em obedecer e a confiança na Palavra de Deus. Porém, alguma coisa a mais também estava presente, a chave para liberar o poder de Deus que ainda não mencionei. Antes de abordarmos essa chave, temos que considerar outra maneira – uma muito difamada – na qual Deus fala conosco.

DEUS FALA *por* MEIO *da* EXPERIÊNCIA

Você se lembra da história do fanático religioso preso no telhado da casa durante uma enchente? Uma equipe de resgate aproximou-se num bote enquanto ele estava sentado na beirada do telhado e pediram para ele subir.

— Não, obrigado — respondeu ele. — Deus vai me salvar.

Caiu a noite e a água começou a subir. O homem escalou até o topo da chaminé. Um helicóptero que buscava por sobreviventes pairou sobre a chaminé e apontou o canhão de luz para ele.

— Suba na escada de emergência — gritou um dos socorristas. — Não, obrigado. Deus vai me salvar — foi a resposta final.

Enquanto o helicóptero se afastava, o homem caiu da chaminé, foi levado pela correnteza e morreu afogado. Quando chegou no céu, ele reclamou com Jesus que ele não tinha cumprido sua promessa: "Ele se compadece dos fracos e dos pobres, e os salva da morte" (Sl 72:13).

— O que você quer dizer? — respondeu o Senhor. — Eu enviei até um bote e um helicóptero para salvá-lo.

Eu costumava ser como esse homem. Eu acreditava que minhas circunstâncias ou experiências não tinham relação com ouvir a voz de Deus. A meu ver, Deus falava pela Bíblia, não pelas minhas circunstâncias. Eu amava dizer que eu vivia pela Bíblia, mas não pela minha experiência. Na verdade, os termos "experiência" e "emoções" tinham se tornado quase palavrões em meu vocabulário. Somente pessoas superficiais, preguiçosas e biblicamente ignorantes prestavam atenção aos sentimentos ou experiências. Os cristãos maduros viviam pela Bíblia e ponto final.

De alguma forma, consegui deixar passar o fato de que a Bíblia ensina que Deus geralmente fala conosco através das nossas experiências, ou seja, pelos fatos e circunstâncias da vida. Deus pode usar uma doença, uma tragédia ou outro tipo de provação para chamar nossa atenção e nos corrigir. "Deus sussurra nos nossos prazeres, na nossa conversa e por meio da nossa consciência, mas grita por meio do sofrimento; o sofrimento é o megafone de Deus para despertar um mundo surdo" escreveu C. S. Lewis.[1] Na verdade, cada provação na vida pode se transformar em uma oportunidade para Deus falar conosco.

O ESPÍRITO SANTO FALA CONOSCO ATRAVÉS DAS NOSSAS PROVAÇÕES

Às vezes, uma provação surge como resultado de nosso pecado ou negligência de algo importante para Deus. Por exemplo, em 520 a.C. o povo de Israel estava sob uma maldição divina porque tinha parado de reconstruir o templo. Eles não eram preguiçosos. Estavam trabalhando pesado para construir belas casas para eles mesmos. A princípio as coisas correram bem. Deus não parecia se importar com o fato de que estavam ignorando a construção de seu templo. Mas então as circunstâncias mudaram. Eles chegaram ao ponto de que, quanto mais trabalhavam, menos tinham resultados para mostrar (Ag 1:5-11). Por duas vezes, Deus ordenou o povo por meio do profeta Ageu: "Vejam aonde os seus caminhos os levaram" (Ag 1:5,7). Ele estava falando com os israelitas por meio da situação. As circunstâncias diziam que eles estavam sob um juízo divino, mas eles não ouviam.

Nos tempos bíblicos era comum Deus falar com seu povo pelos acontecimentos diários. Às vezes eles eram sensíveis à essa maneira da linguagem do Espírito, noutras vezes eles se recusavam a ouvir, prolongando o juízo. Finalmente, Deus enviava um profeta como Ageu para traduzir essa experiência para o povo.

Durante o tempo de Malaquias, muitos do povo de Deus estavam passando por crises econômicas. As pragas estavam devorando as colheitas e seus investimentos não davam resultados. Essas condições severas eram uma mensagem divina ao povo. Eles tinham estado negligenciando a obrigação de dizimar, então Deus removeu sua proteção dos seus esforços econômicos (Ml 3:6-12).

O profeta Joel viu uma grande invasão de gafanhotos. Ele viu Deus dizer duas coisas para o povo através desses gafanhotos. Primeiro, ele viu a invasão como o castigo do Senhor contra um povo bêbado e hedonista que tinha se afastado de Deus (Jl 1:5); chamou os líderes do povo ao arrependimento (Jl 1:13-14). Segundo, viu uma mensagem bem mais terrível na invasão de gafanhotos: ele viu que os gafanhotos representavam um exército e os juízos cataclísmicos dos últimos dias (Jl 2:1ss).

Ageu, Malaquias e Joel ensinam um princípio importante: Deus pode falar conosco por meio de circunstâncias desagradáveis. Alguns cristãos nunca perguntam a Deus a respeito de suas circunstâncias desagradáveis. Supondo que os acontecimentos ruins são apenas parte da vida, alguns de nós cerramos os punhos e enfrentamos as provações com uma determinação inabalável. Como consequência, alguns de nós jamais aprendemos o que Deus quer nos ensinar nos tempos difíceis.

Outros podem supor que toda circunstância negativa, toda pedra no caminho é resultado de um levante pessoal de Satanás contra nossos esforços. Essa suposição pode nos impedir de ouvir Deus. Se Deus permitiu uma provação para nos levar ao arrependimento ou para nos refinar, e imaginamos que é apenas Satanás nos impedindo, jamais iremos buscar o arrependimento nem a mudança que Deus deseja para nós. Muitas provações em nossa vida são prolongadas porque não conseguimos ouvir o que Deus está dizendo em meio à tribulação.

O ESPÍRITO SANTO FALA CONOSCO ATRAVÉS DOS ACONTECIMENTOS COMUNS

Às vezes Deus pode falar conosco através das circunstâncias ou acontecimentos que não têm nada a ver com provações ou sofrimento. Jeremias observou um oleiro trabalhando, e ele ouviu Deus lhe dizer que, assim como um oleiro pode moldar o barro do jeito que lhe apraz, Deus podia fazer o que fosse de acordo com sua vontade (Jr 18:1-6). Numa outra ocasião, quando Samuel se virou para sair da presença de Saul, este agarrou sua túnica e a rasgou. Samuel disse a Saul que esse gesto era uma mensagem de Deus. O Senhor dividiu o reino da mão de Saul e deu-lhe para outro que seria um servo melhor (1Sm 15:27-28). Quando percebemos que nossa atenção está sendo atraída para uma circunstância ou acontecimento específico, devemos ficar alertas para a possibilidade de que Deus está falando conosco.

A AJUDA DE ESPECTADORES UNGIDOS

Um sábio tem a habilidade de ouvir Deus falar pelos acontecimentos da vida diária. Os homens que escreveram a literatura de sabedoria do Antigo Testamento (por exemplo, livros como Provérbios, Eclesiastes e Jó) eram "espectadores ungidos" da experiência humana. Eles percebiam que Deus falava pelos acontecimentos comuns da vida diária e transformavam suas observações em princípios de vida, ou provérbios. Por exemplo, quando um pai sábio queria ensinar seu filho a ficar longe da imoralidade sexual, ele dizia "vi entre os inexperientes, no meio dos jovens, um rapaz sem juízo" (Pv 7:7). Então ele explicava ao filho o processo pelo qual o rapaz caía em pecado e o quanto isso lhe custava. O pai era um "espectador ungido". Ele começa dizendo que "viu" e "olhou". Por experiência ele era capaz de discernir um padrão de tentação diabólico e alertar seus próprios filhos.

O Salmo 37 é um dos "salmos de sabedoria". Davi escreveu: "Já fui jovem e agora sou velho, mas nunca vi o justo desamparado, nem seus filhos mendigando o pão" (Sl 37:25). Davi, um espectador ungido experiente, agora velho, percebeu que sua observação constante de Deus sempre alimentar os justos era, na verdade, um princípio divino. Como resultado do Espírito Santo falar com ele repetidas vezes pela sua experiência, o princípio finalmente ficou registrado nas Escrituras.

JANELAS DA ALMA

Mas você pode dizer: "Não sou como Davi ou um sábio das Escrituras. Sou apenas um cristão comum que mal entende as palavras simples da Bíblia, e muito menos ver a mão de Deus na vida diária". Talvez ninguém tenha sido ensinado a como ver a essência da vida. Deus dá encontros diários que servem como janelas da alma para termos um vislumbre da eternidade e ouvirmos sua voz. Lembra-se das frases mais famosas de Barrett Browning?

A terra está repleta do céu,
e cada arbusto comum em chamas com Deus;
mas somente aquele que vê tira os sapatos;
os outros sentam-se ao redor e colhem amoras.

Embora a voz de Deus permeie todas as experiências, muitos de nós fomos treinados com afinco para ignorar sua voz e seguirmos em frente com os afazeres da vida.

Meu autor preferido, Ken Gire, escreveu um livro chamado *Janelas da alma*,[2] que nos ensina a ouvir a voz de Deus em nossas experiências na vida diária tediosa. Eis sua tese: "Por toda a parte, existem figuras que não são bem o que são, mas sim janelas".[3] Deus pode ser visto e ouvido por essas janelas.

Você não precisa ser um Davi ou o autor de Provérbios para ouvir Deus, mas deve sempre estar olhando e ouvindo, pois sua voz vai romper quando você menos esperar. A voz pode surgir enquanto você contempla uma pintura de Van Gogh ou observa um menino com paralisia cerebral jogar futebol numa tarde de domingo. Com a graça de um poeta e o fervor de um profeta, Gire descreve como Deus falou com ele em duas experiências distintas. Para todos que queiram aprender mais sobre como ouvir a voz de Deus nos acontecimentos comuns do dia a dia, *Janelas da alma* é leitura obrigatória.

O ESPÍRITO SANTO FALA CONOSCO ATRAVÉS DOS MILAGRES

Os milagres são acontecimentos especiais que sempre remetem para além deles próprios, para algo maior. Por esse motivo são chamados de sinais. Quando Jesus transformou a água em vinho nas bodas de Caná, ele estava revelando que ele é Senhor sobre os processos da natureza (Jo 2:11). Muitos também veem nesse milagre a habilidade de Jesus em transformar nossa vida insossa e superficial numa vida cheia de significado e propósito. Alguns até interpretam como uma mensagem dos últimos dias, ou seja, que Deus reservou o melhor vinho para o fim dos tempos. Os milagres também revelam o caráter de Deus, de seu poder, compaixão e misericórdia.[4]

O ESPÍRITO SANTO CORRIGE AS INTERPRETAÇÕES EQUIVOCADAS E AS MÁS ATITUDES PELA EXPERIÊNCIA

Os apóstolos eram capazes de discernir a voz do Senhor nos acontecimentos diários em suas vidas, então não hesitavam em usar suas experiências como sendo evidência da voz de Deus. Um dos acontecimentos mais controversos na vida da igreja do Novo Testamento foi a salvação de Cornélio, de sua família e amigos que eram gentios. Devido ao fato de os cristãos judeus terem um preconceito enorme contra os gentios, o livro de Atos, capítulo 10, relata esse fato como uma reviravolta importante na história da Igreja.

Em Atos 11, Pedro enfrentou a difícil tarefa de provar aos cristãos judeus que a salvação dos gentios era real. A hostilidade em relação aos gentios era tão grande que no começo de sua explicação os cristãos judeus atacaram Pedro: "(...) os que eram do partido dos circuncisos o criticavam, dizendo: 'Você entrou na casa de homens incircuncisos e comeu com eles'" (At 11:2-3). Deus tinha acabado de abrir as portas do céu para o mundo dos gentios, e os cristãos judeus estavam furiosos porque Pedro comeu com eles!

Era de se esperar que Pedro começasse sua prova diante daquele tipo de preconceito com as Escrituras, certo? Mas não foi o que ele fez. Ele começou apelando para sua experiência. Primeiro, disse que estava orando quando entrou em êxtase e teve uma visão (At 11:5). Segundo, identificou o conteúdo da visão e a voz que ouvia, bem como sua recusa inicial em obedecer a voz (v. 5-10). Terceiro, apelou para a ordem do Espírito Santo para ir com os três visitantes até a casa de Cornélio (v. 11-12). Quarto, lhes contou o relato de Cornélio sobre o anjo que lhe havia sido enviado (v. 13-14). Quinto, descreveu como o Espírito Santo veio sobre os gentios do mesmo modo que tinha vindo em Pentecostes (v. 15). Por fim, Pedro apelou para as palavras de Jesus, que tinha prometido que eles seriam batizados com o Espírito Santo (v. 16). Pedro concluiu: "Se, pois, Deus lhes deu o mesmo dom que nos dera quando cremos no Senhor Jesus Cristo, quem era eu para pensar em opor-me a Deus?" (v. 17). O argumento decisivo de Pedro era que os gentios na casa de Cornélio tiveram a mesma experiência que os judeus tiveram em Pentecostes. O apelo à mesma experiência convenceu os cristãos judeus (v. 18).

Mais tarde, a questão de se os gentios deviam ou não seguir a lei ameaçou dividir a Igreja. Atos 15 relata os três passos que os apóstolos e os presbíteros tomaram para resolver a questão.

Primeiro, Pedro apelou para os acontecimentos na casa de Cornélio, onde Deus "demonstrou que os aceitou, dando-lhes o Espírito Santo, como antes nos tinha concedido" (v. 8). Pedro raciocinou com base nessa experiência que os gentios não precisavam guardar a Lei (v. 9-11). Segundo, Barnabé e Paulo disseram a todos sobre "os sinais e maravilhas que Deus fizera entre os gentios e entre eles" (v. 12), ou seja, uma experiência. E terceiro, Tiago citou Amós 9:11-12, que profetizou que os gentios levariam o nome de Deus (At 15:13-18). Tiago argumentou que as Escrituras eram compatíveis com a experiência de Pedro. Os apóstolos "casaram" a experiência e as Escrituras para convencer os presbíteros da Igreja a seguirem a postura correta. Eles ouviram Deus falar tanto através da experiência própria quanto pela Bíblia e usaram sua experiência para provar o que defendiam ou demonstrar que certa obra era verdadeiramente divina.

Em ambos os casos, Deus usou a experiência para corrigir interpretações equivocadas da Bíblia e as más atitudes para com as pessoas. Em Atos 10 ele corrigiu Pedro, em Atos 11 ele usou o relato de Pedro acerca da sua experiência para corrigir os cristãos judeus em Jerusalém, e em Atos 15 ele usou o relato de Pedro junto com a experiência de Paulo e Barnabé.

O PROBLEMA COM NOSSO MEDO DA EXPERIÊNCIA

Os apóstolos não compartilham o medo da experiência que o cristão moderno tem. Paulo declarou explicitamente que Jesus o tinha chamado para ser testemunha "daquilo que viu e ouviu" e "do que lhe mostrarei" (At 22:15; 26:16). João começou sua primeira carta afirmando escrever sobre "o que ouvimos, o que vimos com os nossos olhos, o que contemplamos e as nossas mãos apalparam" (1Jo 1:1). Aparentemente, os apóstolos achavam que o apelo à experiência fortalecia a credibilidade em vez de enfraquecê-la. Eles nunca pareciam dar muita importância para doutrinas que não fossem apoiadas pela experiência deles.

Mas alguns cristãos que creem na Bíblia ficam nervosos quando ouvem falar que Deus fala através dos acontecimentos da vida diária. Eles admitem que isso aconteceu com os apóstolos, mas sentem que não acontece com eles. Alguns pensam que Deus só fala de forma confiável através da Bíblia. Outros têm certeza que Deus pode falar de forma confiável com eles em suas experiências diárias se tal experiência for interpretada pela Bíblia.

Falando francamente, a Bíblia não interpreta as experiências deles. É o conhecimento bíblico que interpreta as experiências. O conhecimento bíblico atua como um filtro no qual os acontecimentos da vida diária devem ser filtrados antes que eles possam discernir se Deus está falando por meio dos acontecimentos. Isso funciona bem nas situações em que as interpretações e as aplicações da Bíblia são precisas. Quando uma jovem pergunta ao pastor sobre se deve casar com seu namorado não cristão, por exemplo, ela pode ter o testemunho de seus sentimentos e talvez o testemunho da experiência de amigos que fizeram o mesmo, e tudo deu certo para eles. Mas o pastor deve dizer à futura noiva cheia de esperança que suas emoções e a experiência dos amigos nesse caso contradiz a Palavra de Deus (2Co 6:14; 1Co 7:39). Se ela ignorar a luz dada por Deus para iluminar seu caminho, ela vai se desviar do caminho (Sl 119:105).

FILTROS RUINS

Como destaquei no capítulo anterior, há casos em que nossa interpretação e aplicação podem estar erradas. Nessas situações, nossos sentimentos e nossa experiência vão passar por um filtro defeituoso. Um filtro inapropriado pode nos prejudicar de duas formas: ele pode deixar passar o veneno ou pode impedir o antídoto que neutralizaria o veneno já existente em nossa alma. No último caso, nossa interpretação equivocada da Bíblia pode, de fato, nos levar a ignorar algo que Deus diz para nós por meio da experiência. Podemos usar o escudo da fé contra a espada do Espírito! A nossa fé nas interpretações equivocadas pode impedir que a verdadeira Palavra de Deus penetre em nosso coração.

E existe outro problema. O que você acha de passar por uma cirurgia de um médico que diagnosticou corretamente seu coração doente (interpretação) e sabia do procedimento cirúrgico correto (aplicação), mas nunca fez tal cirurgia (experiência)? E os casos em que temos a interpretação e a aplicação corretas da verdade, mas nenhuma experiência? Isso é chamado de "conhecimento teórico". Muitos não acham que o conhecimento seja útil se estiver separado da experiência. O conhecimento teórico talvez faça alguém conseguir uma cátedra universitária, mas geralmente não vai ajudar em nada na vida real — romance, casamento, construir uma família, relacionar-se com os amigos. O conhecimento que não foi testado pela experiência é incompleto e pode ser um filtro tão ruim quanto o conhecimento equivocado.

COMO OBTEMOS FILTROS RUINS

Geralmente, o segredo para consertar algo é descobrir como quebrou. Quando analisamos os filtros ruins, é importante perceber que as más interpretações e aplicações podem ser devido aos erros nas regras de interpretação. Os teólogos chamam essas regras de interpretação de hermenêutica. Viole as regras de um campeonato de atletismo, e você será desqualificado. Viole os procedimentos da sã hermenêutica, e provavelmente você terá uma interpretação equivocada. Mas a hermenêutica é apenas parte da solução, e às vezes ela não é a solução. Às vezes, as pessoas que aplicam o mesmo conjunto de regras, fiéis aos mesmos princípios, chegam a interpretações completamente diversas.[5]

Outro aspecto que devemos considerar é que as interpretações equivocadas podem ser feitas pela influência invisível e imperceptível da nossa cultura. Ou por elementos do nosso coração, tais como medo, arrogância e raiva – elementos bem mais imperceptíveis do que nossas influências culturais.

E as interpretações e aplicações incorretas surgem devido a nossa falha de ouvir a voz corretiva de Deus em nossa experiência. Isso nos leva de volta ao problema do conhecimento teórico. Nenhum de nós gosta de ser acusado de possuir apenas o conhecimento teórico, mas muitos de nós possuímos, pelo menos em algumas áreas. Um pastor conhecido meu fez a descoberta perturbadora de que boa parte da teologia que ele estava ensinando para sua congregação era irrelevante para a vida dos membros. Ele estava lhes ensinando tudo que estudou no seminário — como se todos na igreja fossem chamados para serem pastores ou professores do seminário. Quando percebeu seu erro, ele adotou uma nova política educacional. Agora ensinaria a teologia de que precisassem. Ele parou de transmitir simplesmente o conhecimento teórico.

Por fim, há outra maneira em que adquirimos mais conhecimento teórico do que empírico da Bíblia. Quando o objetivo da nossa vida passa a ser conhecer a Bíblia, colocamos o conhecimento acima da experiência. Quando pensamos que o segredo da vida é o quanto conhecemos da Bíblia, isso passa a ser mais importante do que ter experiência. As verdades das Escrituras somente podem ser totalmente conhecidas pela experiência.

Não sabemos o que é a verdade bíblica da humildade apenas por leituras e pelo conhecimento teórico da humildade. Sabemos o que é humildade de verdade quando fazemos o que o Filho de Deus fez quando ele abriu mão voluntariamente de sua alta posição e tomou a forma de servo (Fp 2:5-11). O cristão que tem como objetivo de vida o conhecimento da Bíblia se *interessará mais em dar uma boa explicação sobre a humildade do que realmente praticá-la*. Paulo nos alertou sobre esse perigo quando escreveu: "O conhecimento traz orgulho, mas o amor edifica" (1Co 8:1).

Ninguém aprende bem quaisquer habilidades apenas lendo ou ouvindo palestras. Quando eu tinha meus vinte anos de idade, comecei a praticar esqui na neve. Tive aulas com um excelente instrutor e passei muito tempo praticando. Um dos meus amigos seminaristas de outro estado dos Estados Unidos também começou a praticar bem depois que comecei. Quando eu me encontrei por acaso com meu amigo numa estância no Colorado, começamos a conversar sobre esquiar. Eu esquiei por quatro anos, e aquele era seu primeiro ano. Eu estava surpreso com seu conhecimento técnico de esqui. Ele sabia tudo sobre as últimas botas, esquis e fixações. Ele podia citar opiniões de vários esquiadores profissionais sobre equipamentos e técnicas. Eu esquiava quatro vezes na semana a mais que ele, mas ele parecia saber quatro vezes mais sobre o esporte do que eu.

Só quando paramos de falar sobre o esporte e fomos esquiar na montanha é que descobri que ele era um péssimo esquiador! Não conseguiu acompanhar nem uma corrida montanha abaixo. Ele estava nas pistas para iniciantes, enquanto eu estava nas trilhas mais avançadas. Ele podia saber mais sobre esqui do que eu, mas eu tinha mais experiência em esquiar e, naquele momento, conseguia acabar com ele no esqui. Quem você prefere que ensine você a esquiar, alguém que tem muito conhecimento técnico do esporte, mas não sabe esquiar bem, ou alguém que realmente sabe esquiar?

É óbvio que ninguém teria aulas de esqui com uma pessoa que não conseguisse esquiar. Mas o mesmo absurdo muitas vezes passa despercebido ou é considerado normal na igreja quando se trata de conhecimento *versus* experiência. Ouço jovens de todo o mundo queixando-se de que a igreja é irrelevante e impotente. Mas ninguém é mais relevante ou poderoso do que Jesus. *Ele* nunca chateia ninguém. Será que nós, igrejeiros, ficamos tão insensíveis às realidades espirituais que nos contentamos em pregar as verdades bíblicas sem vivenciá-las? Estamos ensinando verdades que não queremos ou não conseguimos praticar?

Os incrédulos zombam constantemente dos cristãos pela nossa hipocrisia e pelo duro tratamento público que damos uns aos outros. Mas a dureza não é o resultado inevitável da exaltação da doutrina sobre o comportamento? Se a igreja se preocupasse mais em viver a vida de Jesus, poderíamos parar de magoar uns aos outros e deixar de chatear os incrédulos.

UMA PESSOA É A CHAVE PARA A VIDA E A RESPOSTA AO NOSSO MEDO

Neste momento, é possível que alguns de vocês sintam como se eu os tivesse conduzido a um mar existencial de subjetividade e roubado sua boia salva-vidas, a Bíblia. Você está se perguntando o que nos protegerá do engano se jogarmos fora a Bíblia. Não estou defendendo jogar fora a Bíblia. Na minha opinião, as Escrituras são a Palavra de Deus inerrante e infalível. Não tenho nada além de elogios para ela.

O problema não está na Bíblia. O problema está em depender do nosso conhecimento e interpretação das Escrituras. Os fariseus dedicaram muito tempo ao estudo da Bíblia, mas a verdadeira confiança deles estava na interpretação da Bíblia, não no próprio Deus. É por isso que eles eram impotentes.

Nossas interpretações bíblicas não dão poder. Somente uma pessoa pode fazer isso. Mas essa pessoa exige que coloquemos nossa confiança nele, e não no nosso conhecimento, antes de nos dar poder. Isso explica por que às vezes existe um abismo tão grande entre o que pregamos e a realidade da nossa experiência diária. Por que é que no domingo de manhã proclamamos com confiança "e a paz de Deus, que excede todo o entendimento, guardará os seus corações e as suas mentes em Cristo Jesus" (Fp 4:7), mas na segunda-feira lotamos os consultórios dos psiquiatras e ficamos na fila para pegarmos antidepressivos igual ao resto do mundo?[6] Podemos ter coisas mais em comum com os fariseus do que imaginamos.

O ESPÍRITO DA VERDADE

Quando Jesus veio até os fariseus, utilizando os acontecimentos diários de suas vidas, eles usaram suas interpretações da Bíblia para rejeitar Jesus (Jo 5:39). Por quê? Porque sua maneira de fazer as coisas contradizia as expectativas e interpretações deles e, em última análise, porque seus corações eram maus.

Compare os fariseus com Pedro no telhado de Jope em Atos 10. Ele teve uma experiência – ele entrou em êxtase, teve uma visão e ouviu uma voz –, uma experiência que contradizia uma de suas interpretações mais básicas das Escrituras. Contudo, Pedro permitiu que sua experiência corrigisse sua interpretação bíblica.

Claro, na verdade não foi sua experiência que o corrigiu, foi o Espírito da Verdade falando com ele através da experiência. Teria sido fácil para Pedro agir como os fariseus. Ele poderia ter raciocinado que o êxtase, a visão e a voz eram do diabo, uma vez que essa mensagem contradizia uma interpretação bíblica que praticamente todos os cristãos da época consideravam verdadeira. Ainda mais tarde, quando o Espírito Santo lhe disse para ir com os três visitantes que lhe contaram a história da visita angelical a Cornélio, Pedro poderia ter raciocinado que tudo isso era uma armadilha demoníaca elaborada, cujo propósito era introduzir a heresia na igreja e enfraquecer sua prática.

O que tornou Pedro diferente dos fariseus? Pedro tinha recebido o Espírito da Verdade; os fariseus não. Durante aproximadamente três anos e meio, Jesus esteve fisicamente presente com os apóstolos sendo professor, conselheiro e protetor deles. Depois de ascender ao céu, Jesus enviou o Espírito Santo para fazer o que tinha feito pelos apóstolos durante aqueles anos em que desfrutaram de sua presença física. Agora o Espírito Santo tinha se tornado o conselheiro dos apóstolos (Jo 14:16). Jesus chamou esse conselheiro de Espírito da Verdade porque ele realizaria os seguintes cinco ministérios:

1. Ele "lhes ensinará todas as coisas" (Jo 14:26).
2. Ele "lhes fará lembrar tudo o que eu lhes disse" (Jo 14:26).
3. Ele "testemunhará a meu respeito" (Jo 15:26).
4. Ele "os guiará a toda a verdade" (Jo 16:13).
5. Ele "lhes anunciará o que está por vir" (Jo 16:13).

Pedro tinha uma vantagem infinita sobre os fariseus porque teve uma pessoa infinita para ensinar, lembrar, testemunhar, orientar e dizer-lhe a verdade sobre o passado, o presente e o futuro. Os fariseus tinham apenas a sua interpretação bíblica. Qual você escolheria?

No último capítulo, eu disse que liberar o significado e o poder da Bíblia envolve mais do que nossa meditação constante e desejo de obedecê-la. A chave que abre o poder das Escrituras é uma pessoa. Os escritores do Antigo Testamento sabiam disso. Eles depositaram sua confiança na capacidade de Deus de lhes ensinar a Bíblia, e não na capacidade de interpretá-la. "Abre os meus olhos para que eu veja as maravilhas da tua lei", orou o salmista (Sl 119:18). Muitas vezes ao longo desse salmo o escritor pediu ao Senhor que lhe ensinasse a Palavra, ou que lhe desse o entendimento da Palavra, ou que o ajudasse a seguir a Palavra.[7] Ele sabia que nunca entenderia ou seguiria a Palavra sem o ministério de ensino e capacitação do Espírito de Deus.

Os autores do Novo Testamento sentiam o mesmo. Paulo disse a Timóteo: "Reflita no que estou dizendo, pois o Senhor lhe dará entendimento em tudo" (2Tm 2:7). A primeira condição para entender e aplicar as Escrituras é refletir, considerar e meditar nelas. A segunda e indispensável condição é chegar diante de Deus com humildade, reconhecendo nossa tolice e pedir-lhe sabedoria para entender e aplicar as Escrituras. Aqueles que pedem sabedoria dessa forma nunca serão rejeitados (Pv 2:1-10; Tg 1:5-8).

Os apóstolos aprenderam por experiência o quanto precisavam do Espírito Santo para ajudá-los a entender as Escrituras. Mesmo depois de viajar com Jesus por três anos e meio, ouvindo seus ensinamentos e aceitando suas repreensões, eles ainda não conseguiam entender que ele estava cumprindo as Escrituras bem diante de seus olhos. Quando Jesus entrou em Jerusalém montado num jumento em sua entrada triunfal, ele estava cumprindo Zacarias 9:9: "Alegre-se muito, cidade de Sião! Exulte, Jerusalém! Eis que o seu rei vem a você, justo e vitorioso, humilde e montado num jumento, um jumentinho, cria de jumenta".

Todos os apóstolos estavam com Jesus naquele dia e ouviram as multidões chamando-o de Rei de Israel e gritando textos messiânicos das Escrituras em louvor a Jesus (Jo 12:13-14). Mas o apóstolo João disse: "A princípio seus discípulos não entenderam isso. Só depois que Jesus foi glorificado, perceberam que lhe fizeram essas coisas, e que elas estavam escritas a respeito dele" (Jo 12:16). O próprio conhecimento deles da Bíblia não era suficiente para garantir que compreenderiam as profecias bíblicas. Eles precisavam de uma pessoa para explicar-lhes a Palavra. É por isso que os apóstolos nunca confiaram em sua capacidade de interpretar a Bíblia ou em suas próprias experiências. Pelo contrário, confiaram no Espírito da Verdade para interpretar a Bíblia e a experiência.

Não precisamos ficar nervosos com a possibilidade de Deus falar conosco através dos acontecimentos diários da nossa vida se o ministério do Espírito da Verdade operar em nós. Ele falou tanto na Bíblia quanto nas circunstâncias dos cristãos do Novo Testamento. Eles receberam bem a orientação divina, independentemente de como viesse. Quando os líderes do Novo Testamento tinham que tomar decisões críticas em relação à vida da Igreja, eles ouviam Deus através da experiência delas e das Escrituras porque sabiam que seu Conselheiro, o Espírito Santo, estava comprometido em usar tanto a experiência como as Escrituras para guiá-los em toda a verdade.

O Conselheiro esteve tão presente na experiência dos apóstolos que eles se sentiram confortáveis ao expressar a sua "opinião" na conclusão do concílio de Jerusalém. Eles escreveram: "Pareceu bem ao Espírito Santo e a nós não impor a vocês (...)" (At 15:28). Como essa frase soa estranha aos nossos ouvidos atualmente: "Pareceu bem ao Espírito Santo e a nós". O Espírito Santo está menos perto de nós do que da Igreja do século I? Ele é menos comunicativo? Por favor, não me entenda mal. Não estou dizendo que devemos fazer da nossa experiência um padrão da verdade mais elevado do que as Escrituras. Nem estou dizendo que a experiência e as Escrituras sejam padrões iguais de autoridade para nós (veja o exemplo acima sobre a mulher que queria se casar com um não cristão). As palavras das Escrituras devem continuar sendo nosso único padrão absoluto. Mas estou dizendo que o Espírito Santo muitas vezes fala através das nossas experiências geralmente pelas Escrituras, e até mesmo de maneiras que podem nos desafiar a corrigir nossas interpretações equivocadas da Palavra. As pessoas que dizem que o Espírito Santo nunca fala através da experiência não conseguem dar a devida importância ao fato de que ele agiu assim inúmeras vezes conforme a própria Bíblia registra.

A DISCIPLINA DA ATENÇÃO

Entregue-se à disciplina da atenção e você começará a ouvir a voz de Deus nas experiências mais mundanas. Ken Gire, o autor que mencionei anteriormente, sentiu que Deus estava o direcionando para escrever um livro sobre a vida de Cristo, que ele intitulou *Momentos íntimos com o Salvador*.[8] Quando teve a ideia do livro pela primeira vez, ele olhou para as estantes de livros de sua biblioteca. Ouça Ken contar sua história:

> Querendo saber por onde começar, comecei a examinar minhas estantes de livros teológicos. Foi lá que fiz uma descoberta perturbadora. Eu tinha mais livros de gramática da língua grega do que sobre a vida de Cristo. Senti-me culpado ao perceber que aquele que se doara ocupava uma prateleira tão pequena em minha vida. No silencioso tribunal do meu coração, de repente eu era o réu, sentado no banco das testemunhas e intimado a prestar contas da minha vida. As perguntas eram incriminadoras. O que eu fiz no seminário? Eu aprendi a viver minha vida ou

simplesmente aprendi a usar meu dom? O que eu busquei nesses quatro anos? Um Salvador ou simplesmente uma habilidade?

> Se a verdade, toda a verdade e nada mais que a verdade fosse conhecida, que veredicto seria dado a nós, você e eu, sobre o que temos buscado durante grande parte da nossa vida, e por quê? Será que eu estava lendo a Bíblia da mesma forma que a irmã de Van Gogh lia os livros "para deles emprestar a força que estimulasse minha atividade?". Será que eu li em busca de princípios para tornar minha vida de alguma forma mais bem-sucedida? Será que eu li em busca de promessas para tornar minha vida de alguma forma mais segura? Será que eu li em busca de textos comprovadores para dar certeza à minha própria fé ou torná-la mais defensível para os outros? Será que eu li procurando um material de pregação porque esse era o meu trabalho? Eu li em busca de poder, seja lá qual fosse o motivo? Ou será que eu li, como Van Gogh leu seus livros, procurando pelo homem que os escreveu?[9]

Essa experiência levou Gire a receber uma das maiores misericórdias de Deus, uma revelação da pobreza espiritual do seu próprio coração e da sua inadequação para a obra divina. Foi uma grande misericórdia, pois com a revelação de sua pobreza veio uma fome purificadora por mais de Deus. "Dali em diante", diz Gire:

> minha visão das Escrituras mudou. Percebi então que as Escrituras revelavam uma pessoa que estava me procurando e me alcançando. Uma pessoa que queria ter comigo não apenas um relacionamento pessoal, mas íntimo. Agora, quando leio as Escrituras, leio minuciosamente.[10]

Quem poderia imaginar que uma simples olhada em algumas estantes poderia ter conduzido a uma experiência profunda com a voz de Deus, derretendo o orgulho e a frieza nos recônditos secretos do coração?

Outro dia eu estava correndo em uma esteira e ouvindo música com fones de ouvido. Eu gostaria de poder dizer que era Beethoven ou Bach que eu estava ouvindo. Não era sequer uma música cristã contemporânea; era música country do interior. Uma canção de amor tocou e a voz de Deus veio através das palavras da balada. Como eu sabia que era Deus? Porque uma convicção nítida e clara fez uma abertura em meu coração. Fui insensível e ingrato com a mulher que amo. Leesa nunca disse uma palavra. Talvez ela não tenha percebido ou talvez tenha escolhido ignorar. Com certeza eu estava alheio a isso – até a música começar a tocar. Quando começou, a letra revelou meu pecado de uma maneira tão específica que não apenas me envergonhou, mas também me humilhou e me levou ao arrependimento.

Ainda não tem certeza se era Deus falando comigo? As Escrituras dizem que sim, pois o Espírito Santo é a única pessoa poderosa o suficiente para romper as trevas do coração humano com uma convicção do pecado que leva ao arrependimento (Jo 16:8). Se você está se perguntando de qual pecado específico me arrependi, pode continuar – eu não vou contar. Isso é tudo o que posso dizer. As palavras podem ter vindo de Nashville[*], mas a mensagem veio do céu. E foi uma mensagem para mim. Uma mensagem que me tocou para harmonizar minha vida não só com a Palavra de Deus... mas também com minha esposa.

---

[*] Nashville, no Tennesse, Estados Unidos, é considerada a capital do country norte-americano, de onde saem as maiores estrelas desse estilo de música. Entre artistas antigos que iniciaram suas carreiras na cidade ou usufruíram de suas gravadoras estão Elvis Presley, Johnny Cash e Willie Nelson. Mais recentemente, nomes como Blake Sheldon e Taylor Swift estão vinculados à cidade, considerada uma "Meca" por jovens artistas que desejam alcançar o estrelato.

DEUS FALA *por* MEIOS SOBRENATURAIS

Bem no começo de seu ministério, Francis Schaeffer enfrentou uma pequena crise. Ele e sua família precisavam de um lar temporário durante uma época de transição, mas tinham pouco dinheiro. Eles precisavam de "um pequeno milagre" do Senhor. Enquanto Francis orava por esse problema, ele disse a Deus: "Onde podemos viver, Senhor? Por favor, mostre-nos". Imediatamente, em resposta a sua pergunta, ele ouviu uma voz audível. Não era uma voz da cabeça dele. Não veio de outro ser humano. Ele estava sozinho. A voz disse apenas: "A casa do tio Harrison".

Embora a resposta fosse perfeitamente clara – foi bem audível –, ela não fazia sentido. O tio Harrison nunca tinha dado nada para a família Schaeffer, e eles achavam que seria bem improvável ele oferecer sua casa para eles morarem. Porém, a voz que falou com Francis era tão impressionante e foi direto ao ponto, que ele sentia que tinha que obedecê-la. Escreveu para o tio, perguntando-lhe o que planejava fazer com a casa no ano seguinte. Ele ficou perplexo quando o tio respondeu que estava planejando morar com seu irmão no ano seguinte e que gostaria de oferecer sua casa, sem taxas de aluguéis, para Francis e sua família morarem por um ano. Francis Schaeffer afirma que essa foi a segunda vez que Deus tinha falado com ele em voz audível.[1]

Francis e Edith Schaeffer são dois dos escritores cristãos e líderes mais confiáveis do século xx. Não há dúvidas para mim de que seu relato da voz audível é verdadeiro. Mas por que Deus escolheu falar com ele por meio de uma voz audível? Por que Deus não lhe deu uma impressão sobre a casa do tio?

O Espírito Santo poderia ter usado um sonho ou uma visão para comunicar a mesma ideia. Por que ele escolhe falar com um indivíduo por um sonho e com outro por uma voz audível?

A VOZ AUDÍVEL

A nação antiga de Israel vivia num mundo de deuses impessoais. Era comum para o povo israelita adorar a criação, o sol, as estrelas e a lua, e também os ídolos. Quando Deus transformou o povo de Israel numa nação ao unificá-los dando-lhes uma constituição e uma terra, ele falou com o povo – com toda a nação – numa voz audível. Por terem ouvido Deus falar numa voz audível, os israelitas perceberam que serviam a um Deus pessoal que estava acima de toda a criação, que ele não era parte dela (Dt 4:15-20) e que seu Deus era único entre todas as divindades pagãs (v. 35). Por terem ouvido a voz, eles sabiam que eram únicos dentre os povos da terra (v. 33).

Ouvir a voz audível não foi uma experiência agradável – ela deixou os israelitas apavorados. Mas Deus queria amedrontá-los para incutir neles um temor piedoso que os manteriam longe do pecado (Êx 20:18-20; Dt 4:36; 5:23-29).

Isso nos leva a um aspecto importante sobre a voz audível: quanto mais clara é a revelação, mais difícil é a tarefa. Deus deu aos israelitas os Dez Mandamentos com a clareza de uma voz audível porque praticar os mandamentos de um Deus santo seria a tarefa mais difícil que a nação de Israel já havia enfrentado. Quando Deus fala por meio de uma voz audível, você pode ter certeza de que os poderes do inferno vão se levantar para desafiar aquela voz. Quando Deus fala com você claramente, geralmente significa que você atravessará uma experiência tão difícil que, no futuro, você precisará ter certeza absoluta de que foi Deus que falou com você. Na verdade, a clareza da voz pode ser o fator principal que lhe dá poder para suportar as provações vindouras.

Algumas pessoas parecem achar normal todos os profetas do Antigo Testamento ouvirem a voz audível de Deus. Entretanto, o modo comum de comunicação com os profetas eram os sonhos, as visões, os enigmas, etc. Quando

Miriã e Arão desafiaram a autoridade do irmão caçula Moisés, por exemplo, Deus veio numa densa nuvem e disse-lhes:

> Quando entre vocês há um profeta do Senhor, a ele me revelo em visões, em sonhos falo com ele. Não é assim, porém, com meu servo Moisés, que é fiel em toda a minha casa. Com ele falo face a face, claramente, e não por enigmas; e ele vê a forma do Senhor. Por que não temeram criticar meu servo Moisés? (Nm 12:6-8).

Deus deixou bem claro que normalmente só falava numa voz audível às pessoas que ele estava levantando a um lugar importante de liderança (Êx 19:9).

No Novo Testamento, a voz audível passa a ser uma pessoa, o Senhor Jesus Cristo. Porém, o Pai ainda fala com Jesus por meio de uma voz audível do céu. Deus falou audivelmente com seu Filho em seu batismo (Mt 3:17), na transfiguração (Mt 17:5) e antes da crucificação (Jo 12:27-33).

Outras pessoas também ouviram a voz. Deus falou com Paulo na estrada de Damasco quando ele ainda era um inimigo de Cristo (At 9:1-9). Seus colegas de viagem ouviram a voz, mas não entenderam nada (At 9:7; 22:9). Ananias ouviu a voz numa visão que lhe dizia para ir ministrar a Paulo (At 9:10-16). Pedro ouviu a voz num êxtase; ela o preparou para entender a inclusão dos gentios na Igreja (At 10:9-16). João ouviu a voz quando ele estava em Espírito no dia do Senhor, e assim começou o desenrolar da revelação dos últimos dias (Ap 1:10ss).

Existem vários fatores em comum em todas essas experiências. Primeiro, a voz audível surge numa reviravolta na vida dos justos e na história da Igreja – o começo do ministério de Jesus, momentos antes dele morrer na cruz, na conversão dos apóstolos aos gentios, na conversão do primeiro gentio e na revelação dos últimos dias. Segundo, a voz surge quando o ministério divino a ser executado é dificílimo de aceitar ou crer, ou quando a tarefa a ser feita é tão complicada que serão necessárias a clareza e a segurança de uma voz audível para suportar e completar a tarefa. Será que os israelitas teriam aceitado a Lei sem ouvirem a voz audível? Ananias teria ido até o maior perseguidor da Igreja para ministrar a ele sem a garantia da voz? Talvez fosse, mas a misericórdia de Deus não exigiu tanto dele.

Esse aspecto, a misericórdia de Deus, é o terceiro fio que une essas experiências. Toda vez que Deus fala audivelmente, sua misericórdia está lá, e seu Filho é honrado. A voz no batismo, na transfiguração e antes da crucificação foram atos de misericórdia, assim como a conversão de Paulo e dos gentios, e a revelação a João sobre os últimos dias.

Deus ainda fala por meio de uma voz audível? Deixe-me perguntar: ele ainda atribui missões impossíveis? Ainda existem reviravoltas dramáticas na história da Igreja e na vida dos justos que fizeram essa história? Deus ainda tem misericórdia dos fracos?

Sim, Deus ainda fala por meio de uma voz audível. Eu mesmo nunca a ouvi, mas conheço pessoas que já ouviram. Elas preferem não contar sobre tal experiência em público, então não vou mencionar seus nomes. Ainda é o modo mais raro de Deus falar, e eu ficaria com um pé atrás com qualquer um que dissesse que a voz faz parte de sua experiência diária ou tentasse usar uma suposta experiência com a voz para aumentar sua autoridade ou controlar os outros.

Finalmente, Lucas acrescenta um aspecto à voz que os outros evangelistas não mencionaram. Ele escreveu que, quando a voz audível falou com Jesus no batismo, ele estava orando (Lc 3:21). Quando a voz surgiu na transfiguração, Jesus também estava orando (Lc 9:28-29). Quando Paulo ouviu a voz no templo durante um momento de êxtase (At 22:17-21), ele estava orando, e, quando Pedro ouviu a voz, ele também orava. Talvez sejam as pessoas mais interessadas em se comunicar com Deus que recebam o privilégio de ouvi-lo audivelmente.

Francis Schaeffer estava orando quando ouviu a voz misericordiosa. Foi uma reviravolta em sua vida, e mais tarde Edith diria que a clareza daquela voz os ajudou a atravessar um dos anos mais difíceis.[2]

A VOZ AUDÍVEL SÓ PARA VOCÊ

Quando Samuel era só um menino, sua mãe Ana o entregou ao sacerdote Eli. Samuel dormia na casa do Senhor num quarto perto de onde Eli dormia. Numa noite após Samuel ter ido para a cama, ele ouviu uma voz chamando: "Samuel, Samuel!". O volume da voz era tão alto que ele supôs que Eli estava lhe chamando do quarto ao lado. Quando Samuel foi para o quarto de Eli, ele respondeu: "Não o chamei; volte e deite-se". O mesmo se repetiu duas vezes. Por fim, Eli entendeu o que estava acontecendo. Ele se lembrou do tempo em que costumava ouvir essa voz, pois ele mesmo não a ouvia mais. Ele disse a Samuel que, na próxima vez que ouvisse a voz, respondesse: "Fala, Senhor, pois o teu servo está ouvindo". Quando o Senhor chamou Samuel pela quarta vez, ele respondeu como Eli o tinha instruído. Então o Senhor entregou uma mensagem completa para Samuel sobre o juízo vindouro na casa de Eli.[3]

A história ensina que Deus pode falar em voz audível só com você. A voz que chamou Samuel era tão alta que o menino pensou vir de Eli do quarto ao lado; porém, Eli não tinha ouvido nada. Samuel tinha ouvido uma voz com seus ouvidos humanos que ninguém mais conseguia escutar. Um fator interessante dessa história é que a Palavra do Senhor veio a um menino. Eu já conversei com uma série de pessoas com o dom de profecia que começaram a ter experiências sobrenaturais numa idade bem precoce. Nos últimos dias isso será algo muito comum, de acordo com o profeta Joel. Ele profetizou um tempo quando "seus filhos e as suas filhas profetizarão" (Jl 2:28; At 2:17).

A VOZ AUDÍVEL INTERIOR

Geralmente, no Antigo Testamento, o rei ou os anciãos do povo iam até um profeta para ouvir uma palavra específica do Senhor. Um dia, os anciãos de Israel sentaram-se na frente de Ezequiel, aguardando uma palavra profética do Senhor. Enquanto estavam sentados na frente de Ezequiel, a Bíblia diz que:

> Então o Senhor me falou: Filho do homem, estes homens ergueram ídolos em seus corações e puseram tropeços ímpios diante de si. Devo deixar que me consultem? Ora, diga-lhes: "Assim diz o Soberano Senhor (...)" (Ez 14:2-4).

Enquanto os anciãos estavam sentados na frente de Ezequiel, ele disse: "Esta palavra do Senhor veio a mim". O que Ezequiel estava vivenciando? Certamente não era uma voz audível, porque os anciãos não podiam ouvi-la. Também é de se duvidar que Ezequiel tenha ouvido a voz com seus ouvidos. Provavelmente, Deus estava falando com ele interiormente. As palavras de Deus estavam formando frases completas em sua mente, e seu coração estava sentindo as emoções de Deus. Não era tipo um ditado mecânico. Deus estava falando com Ezequiel, mas ele estava falando de uma forma usando os próprios pensamentos e linguagem de Ezequiel.

Enquanto as palavras propriamente ditas refletiam a própria personalidade e estilo de linguagem de Ezequiel, o profeta estava ciente de que esses pensamentos eram diferentes dos seus. Eles tinham uma autoridade que ia além. Foi por isso que ele disse: "Então o Senhor me falou". Quando Deus fala conosco com frases inteiras em nossa mente, mesmo que o vocabulário seja o nosso, a voz vem com uma autoridade que nos faz reconhecer tais frases como vindas de Deus.[4]

Isso explica por que existem tantos estilos diferentes de escrita dentro das Escrituras. Quando Deus falou "interiormente" aos autores das Escrituras, ele usou suas próprias personalidades e estilos de linguagem para comunicar sua verdade. Isso aconteceu no Antigo Testamento, como vimos com Ezequiel, e também no Novo Testamento. Quando o apóstolo Paulo tinha acabado de dar instruções sobre o tema controverso dos dons do Espírito, sabia que alguns membros da igreja de Corinto talvez discordassem dele. Ele escreveu: "Se alguém pensa que é profeta ou espiritual, reconheça que o que lhes estou escrevendo é mandamento do Senhor" (1Co 14:37). Paulo estava ciente de que, quando escreveu a carta de 1Coríntios, não estava apenas escrevendo conselhos, mas a Escritura — os pensamentos exatos de Deus. Além disso, esses pensamentos foram escritos num estilo bem diferente daquele usado pelo apóstolo João, ou Pedro, ou por um dos profetas do Antigo Testamento, como Isaías ou Jeremias.

Alguns anos atrás, eu estava aconselhando uma mãe de um jovem de dezesseis anos. Essa mãe sabia que seu filho tinha um chamado importante do Senhor para o ministério. Assim como Mônica orou por Agostinho, essa mãe tinha orado por seu filho até mesmo enquanto ele esteve em seu ventre. Mas, aos dezesseis anos, o rapaz estava se rebelando contra o Senhor e partindo o coração de sua mãe.

Um dia, enquanto dirigia seu carro, ela derramou seu coração diante do Senhor chorando. Ela o lembrou das palavras proféticas que tinham sido dadas ao seu filho e das promessas pessoais e convicções que Deus tinha dito ao seu coração sobre ele. Então uma voz "soou" em sua mente. "Meu tempo é sábio", disse a voz. Apenas quatro palavras: "Meu tempo é sábio".

A mãe reconheceu a voz como sendo a voz do Senhor. Não era coisa da sua cabeça. Não era um pensamento dela. Ela estava pensando exatamente o oposto. Estava reclamando do tempo de Deus. Ela estava pensando que já era hora de seu filho se sujeitar ao Senhor e começar a mostrar o fruto do Espírito Santo. Mas aquela frase, aquelas quatro palavrinhas – "Meu tempo é sábio" –, veio com tanta autoridade que dissiparam a aflição da mãe e trouxeram grande consolo para ela. Era como se o Senhor lhe dissesse: "Você não vê o panorama. Eu vejo a vida do seu filho do começo ao fim. Eu sei os planos que tenho para ele, e esses planos não serão frustrados. Vou usar tudo em sua vida, até mesmo suas experiências com a rebeldia, para moldá-lo em um servo eficaz. Confie em mim, meu tempo é sábio".

Assim como o sonho que Mônica teve a respeito do seu filho Agostinho, essas palavras permaneceram com a mãe e deram-lhe uma nova força e esperança para lutar em oração pelo seu filho. Não fique surpreso se Deus falar com você da mesma maneira enquanto estiver derramando seu coração para ele em oração.

Quantas vezes podemos esperar que Deus fale conosco por meio de uma voz interior "audível"? Aqueles que são mais abençoados profeticamente do que eu podem ter essa experiência com mais frequência, mas eu só o ouvi falar comigo numa frase completa como essa talvez quinze ou vinte vezes durante os últimos dez anos. Cada vez que isso aconteceu, entretanto, foi importante e transformador.[5]

A VOZ DOS ANJOS

Há 25 anos,[*] a igreja não parecia muito interessada no ministério contemporâneo dos anjos. Eles eram tratados somente como matéria de interesse histórico ou de estudo acadêmico. Poucos cristãos pareciam achar que os anjos tinham um papel importante no ministério eclesiástico. Hoje tudo isso mudou. Estamos cheios de histórias de "encontros com os anjos". Recentemente, tanto os cristãos quanto a mídia secular publicaram histórias incríveis de visitas angelicais contemporâneas.[6]

Esse novo interesse no ministério dos anjos é uma mudança bem-vinda de acontecimentos, pois ele está alinhado com o ensino sobre anjos do Novo Testamento. O autor da carta aos Hebreus alertou seus leitores que, ao praticarem a hospitalidade, "sem o saber alguns acolheram anjos" (Hb 13:2). Ou seja, naquele tempo, as visitas angelicais ainda eram uma opção existente. De acordo com o autor de Hebreus, se você não foi hospitaleiro com um estranho, pode ter simplesmente perdido a oportunidade de ter a bênção de uma visita angelical.

O mesmo autor escreveu que os anjos são "espíritos ministradores enviados para servir aqueles que hão de herdar a salvação" (Hb 1:14). Já que os anjos são servos dos cristãos, não deveria ser surpresa para nós que, de vez em quando, Deus nos permita vê-los para que possamos agradecê-lo por seu profundo cuidado sobrenatural. Certamente foi esse o caso durante a vida de Jesus. O ministério dos anjos foi importante em seu nascimento, sua tentação,

---

[*] O livro, originalmente, foi escrito em 1996. Portanto, o autor se refere aqui ao início dos anos 1970.

sua ressurreição e sua ascensão.⁷ Se o Filho de Deus podia se beneficiar do ministério angelical, quanto mais nós?

Além disso, muitos acreditam que todos temos anjos da guarda. Eles citam as Escrituras onde Jesus disse: "Cuidado para não desprezarem um só destes pequeninos! Pois eu lhes digo que os anjos deles nos céus estão sempre vendo a face de meu Pai celeste" (Mt 18:10).

Os anjos não atuam apenas como servos ou guardiões, mas também atuam como agentes da revelação sobrenatural divina. Na Igreja Primitiva, os anjos eram famosos por planejarem as fugas da prisão (At 5:19; 12:7ss). Eles também davam orientação sobrenatural e revelação aos servos de Deus. Filipe foi conduzido por um anjo para trazer o evangelho ao eunuco etíope (At 8:26). Cornélio, o primeiro gentio a se converter, recebeu a visita de um anjo antes da sua conversão com instruções do que ele deveria fazer (At 10:3ss). Quando Paulo e todos seus companheiros estavam em perigo de morrerem afogados no mar, Deus enviou um anjo que trouxe uma revelação profética para salvá-los (At 27:23-26). E o maior livro profético, o livro de Apocalipse, foi transmitido a João por um anjo (Ap 1:1).

Por fim, os anjos servem como vingadores dos justos e algozes dos inimigos de Deus (At 12:23). Como podemos ver, as Escrituras incubem aos anjos um papel de destaque na vida da Igreja.

Muitos não relatam seus encontros com os anjos porque têm medo do que os outros podem pensar. No começo do meu ministério, uma senhora em minha igreja me contou a seguinte história. Nem a senhora e nem minha igreja eram renovadas. Na verdade, nossa igreja definitivamente tinha preconceitos contra os dons do Espírito. A mulher nunca tinha contado para ninguém essa história por medo de ser taxada de louca.

Ela estava dirigindo na interestadual em nossa cidade, quando começou a passar tão mal que ficou com medo de morrer e perder o controle do carro. Foi então que viu um homem jovem e bonito vestindo uma jaqueta de couro pedindo carona ao lado da rodovia. Ela passou para o outro lado da estrada e o pegou. "Senhor, por favor", disse ela, "estou me sentindo muito mal de saúde.

Se puder me levar ao lado oeste da cidade onde fica a clínica do meu médico, garanto que lhe arranjo uma carona para qualquer lugar". O jovem concordou e levou-a até a clínica médica. Ele a ajudou a sair do carro e entrar no consultório, onde uma enfermeira a levou imediatamente para uma sala de exames. Poucos minutos depois, a mulher percebeu que tinha se esquecido de agradecer ao jovem e de acertar com ele a outra carona. Ela voltou para o saguão e perguntou para a recepcionista aonde o jovem tinha ido. A recepcionista respondeu:

— Que jovem?

— O rapaz que praticamente me carregou até aqui — respondeu ela.

— Ninguém a trouxe até aqui! Você chegou aqui sozinha e colocou suas chaves aqui no balcão.

A senhora achou que estava realmente doente! Ela imaginou que tudo tinha sido uma alucinação.

Depois de mais ou menos um ano, ela estava fazendo compras num hipermercado na época natalina e saiu tarde da noite, assim que as lojas começaram a fechar. Ela tinha estacionado o carro numa garagem subterrânea próxima das lojas na última vaga no canto mais distante. Bem na frente do seu carro e ao lado do assento do passageiro, havia uma parede de concreto. O espaço ao lado do motorista estava vazio.

Quando ela foi para o estacionamento onde estava seu carro, o local estava vazio. Foi então que ela ouviu passos vindos do escuro à sua direita. Olhou para o lado e viu um homem caminhando em sua direção. Ela acelerou o passo. E ele também. Ela começou a correr e o agressor também. Enquanto corria, ela remexia dentro da bolsa procurando pelas chaves. Quando chegou na porta do carro, ela percebeu que não teria tempo para abrir a porta antes de o homem conseguir alcançá-la. Ela se virou para encarar o agressor. Quando se virou, ela o viu parar cerca de 9 metros de distância com uma expressão de pânico nos olhos. Abruptamente, ele se virou e saiu correndo do estacionamento. A mulher virou-se para o carro e, entre a parede de concreto e o veículo, estava o jovem a que ela tinha dado carona um ano atrás na estrada quando estivera doente. Ele estava vestido com a mesma jaqueta preta de couro e estava sorrindo para ela. Ela olhou por cima dos ombros para ter certeza de que o agressor tinha ido embora, e quando ela virou o rosto de volta para o jovem para lhe agradecer, ele tinha desaparecido. Ela andou em volta do carro, procurando por ele. Não havia nenhuma porta na parede de concreto. Ele não estava debaixo do carro. Tinha simplesmente desaparecido. Foi então que ela entendeu. Ela tinha sido visitada por um anjo. Mais uma vez, ele tinha salvado a vida dela.

E há também Gene Stallings, técnico do time de futebol americano da Universidade do Alabama. Stallings teve uma carreira de treinador impressionante – treinador principal do Texas A&M, treinador assistente do Dallas Cowboys durante a era Tom Landry e treinador principal do Phoenix Cardinals. Contudo, seu encontro mais importante não veio do campo de futebol, mas do quarto de seu filho, Johnny.

Johnny tinha nascido com Síndrome de Down. A menos que você tenha vivido a experiência de ter um filho com Síndrome de Down, não dá para imaginar o trauma e a confusão que vêm ao ter que lidar com tantos problemas que essas crianças enfrentam. Numa noite, quando Johnny era bem novinho, o treinador Stallings ouviu um barulho vindo do quarto de seu filho.

> Fui imediatamente ver. Quando abri a porta, eu percebi não um, mas dois bebês sentados no berço de Johnny. Eles estavam brincando com um jogo que só eles conheciam e rindo muito. O outro bebê se virou para mim, olhou em meus olhos com um olhar penetrante e desapareceu de repente. Desse dia em diante eu creio de todo meu coração que Deus permitiu que eu visse o anjo da guarda de Johnny por um instante para me encorajar a enfrentar os anos que viriam.

Desde aquela época, Gene Stallings teve um ministério tremendo de consolo e encorajamento às famílias que têm filhos com Síndrome de Down.

Você pode encontrar essas histórias registradas ao longo da história da Igreja. Hoje parece haver um aumento significativo nos relatos de encontro com anjos. Pode ser devido ao fato de que esteja ficando mais aceitável falar sobre os anjos na igreja atual ou pode ser porque os encontros com anjos estejam realmente aumentando. Jesus ensinou que os anjos teriam um papel importante no fim dos tempos (Mt 13:39ss; 24:31; 25:31). E o apóstolo Paulo também (2Ts 1:7). O livro de Apocalipse, o qual trata dos últimos dias, menciona os anjos cerca de oitenta vezes!

Uma coisa é clara: se estamos ou não próximos do fim dos tempos e o cenário está preparado para a volta do Senhor Jesus, não devemos nos esquecer "da hospitalidade; foi praticando-a que, sem o saber, alguns acolheram anjos" (Hb 13.2).

ESCONDENDO A VOZ SOBRENATURAL

Até aqui consideramos os modos mais evidentemente sobrenaturais pelos quais Deus fala com seus filhos – a voz audível, a voz audível só para você, a voz audível interior e a voz dos anjos. Você pode achar que seria impossível confundir uma dessas vozes, mas não. Alguns não conseguiram reconhecer os anjos (Hb 13:2). Samuel achou que a voz de Deus era de Eli.

O exemplo mais esclarecedor de todos vem da vida de Jesus. Bem antes da crucificação de Jesus, Deus falou audivelmente mais uma vez com seu Filho na presença de testemunhas. Jesus dizia para a multidão:

> "Agora meu coração está perturbado, e o que direi? Pai, salva-me desta hora? Não; eu vim exatamente para isto, para esta hora. Pai, glorifica o teu nome!" Então veio uma voz dos céus: "Eu já o glorifiquei e o glorificarei novamente". A multidão que ali estava e a ouviu disse que tinha trovejado; outros disseram que um anjo lhe tinha falado. Jesus disse: "Esta voz veio por causa de vocês, e não por minha causa. Chegou a hora de ser julgado este mundo; agora será expulso o príncipe deste mundo. Mas eu, quando for levantado da terra, atrairei todos a mim". Ele disse isso para indicar o tipo de morte que haveria de sofrer (Jo 12:27-33).

A voz honrou Jesus. Ele orou e seu Pai respondeu audivelmente em público diante de uma multidão. Quantas pessoas podem declarar ter tido esse tipo de experiência?

Jesus disse especificamente que o propósito real da voz não era para seu benefício, mas para o benefício do povo presente. Lembra-se do princípio: "Quanto mais clara é a revelação, mais difícil é a tarefa"? Jesus estava prestes a morrer numa cruz, uma forma de pena capital reservado para a escória da sociedade. Como seria difícil para qualquer um crer que ele era o Messias! Deus falou audivelmente com ele – tendo uma multidão como testemunha – para mostrar que a honra de Deus estava com Jesus, que ele havia sido separado como favor divino para a humanidade. Isso era a misericórdia de Deus. A voz era clara e audível. Deus não gaguejou. Ele falou em alto e bom som para que o povo talvez cresse em Jesus como o Filho de Deus, quando tudo indicava o contrário.

João registra o elemento mais estranho. Ele diz que naquele momento algumas pessoas não compreenderam a voz audível de Deus. Na verdade, alguns não ouviram nada. Simplesmente disseram a quem ouviu: "Você está errado, foi apenas um trovão". Deus estava falando audivelmente, nitidamente e para o bem deles, e tudo o que ouviram foi o som de um trovão! Que diferente da sua voz no monte Sinai.

Com a vinda do Filho de Deus, a voz mudou de tom. Agora, a voz audível podia ser compreendida apenas se algumas condições fossem alcançadas. Por que alguns ouviram a voz e outros ouviram apenas um trovão? A resposta para esse mistério é a chave para entender a linguagem do Espírito Santo, seja ele escolhendo falar claramente em voz audível, ou na linguagem minuciosa das Escrituras, ou nas ambiguidades de um sonho misterioso. A chave que destrava o significado da linguagem do Espírito é a mesma, seja lá como essa linguagem venha até você. Antes de tentarmos usar a chave, precisamos considerar as outras formas da voz de Deus.

Quem sabe? Um dia, Jesus pode decidir dar-lhe a graça de ouvir sua voz de modo audível. Se ele decidir, você reconheceria a voz? Ou você apenas iria ouvir o som de um trovão?

DEUS FALA *por* MEIOS NATURAIS

Durante meu primeiro ano de pastorado, fui para a igreja cedo no domingo de manhã cheio de entusiasmo pela pregação que faria. A pregação era sobre o significado da ceia do Senhor. Tinha certeza de que seria uma experiência gloriosa para toda a igreja. Naqueles dias, era costume que os diáconos servissem o pão e o vinho. Sempre fizemos a ceia antes do sermão, mas naquele dia decidi que a faríamos depois da minha mensagem maravilhosa. Assim, a ceia do Senhor teria mais significado para toda a congregação, que teria acabado de ter o benefício de receber um pouco da minha sabedoria profunda sobre o assunto.

Encontrei o diácono responsável pela ceia bem antes do culto começar e disse-lhe do meu plano de servir a ceia depois da pregação. Ele me explicou que meu plano não daria certo porque todos os outros diáconos já estavam esperando servir a ceia do Senhor antes do sermão. Pedi-lhe para avisá-los novamente e mudar os planos, tendo o cuidado de explicar o quanto as pessoas poderiam aproveitar mais da ceia do Senhor se pudessem comê-la depois da minha mensagem. Ele cuidadosamente me explicou que isso não seria possível.

Os ânimos começaram a se exaltar. Começamos a levantar nossas vozes. Logo estávamos com os punhos cerrados. E lá estávamos nós, num domingo de manhã, como que num ringue de boxe com os rostos vermelhos dentro do gabinete, a ponto de quase nos agredirmos fisicamente por causa da ordem da ceia do Senhor no culto. Felizmente, dois presbíteros ouviram nossos gritos, correram para dentro da sala e nos separaram. Conseguiram nos acalmar e nós trocamos as desculpas habituais e mecânicas e apertamos as mãos, mas fiquei furioso com aquele diácono. Ah, e a propósito, nós fizemos a ceia do Senhor depois da pregação. Cuidei de tudo para que assim acontecesse. Mas nem a pregação, nem a ceia do Senhor foram gloriosas. Eu não acho que já tenha feito uma pregação sobre o amor e o sacrifício de Cristo com tanto ódio em meu coração como preguei naquele domingo de manhã.

No domingo à tarde, eu estava beirando ser consumido pela raiva contra aquele diácono. Claro, não percebi que era raiva. Pensei que eu estava sentindo uma indignação justa e uma preocupação pela saúde espiritual da igreja. Aquele homem claramente não estava mais qualificado para ser diácono. Qualquer um com um gênio daqueles era capaz de causar grandes danos se fosse deixado numa posição de liderança. De alguma forma, deixei passar que meu próprio gênio podia ser tão prejudicial. Convenci-me de que eu devia agir rapidamente... pelo bem da igreja.

Bolei um plano em minha mente para afastar o diácono. Para ser sincero, eu não só queria que ele fosse afastado do cargo, mas queria que ele fosse expulso da igreja. Sabia que tinha de ser muito cuidadoso em meus próximos passos para parecer que eu tinha perdoado tudo, então arquitetei um plano para sua demissão que disfarçava minha vingança.

Numa terça-feira de manhã eu estava dirigindo de Fort Worth para Dallas na Interestadual 30 para dar minha aula no seminário sobre o livro dos Salmos. Uma parte da minha palestra naquela manhã seria sobre o significado da palavra hebraica "amor". Eu estava de bom humor e minha raiva tinha diminuído desde que tinha bolado meu "plano infalível". Coloquei para tocar uma das minhas canções de louvor preferidas e comecei a ouvir um belo tenor cantar os Salmos.

No meio do caminho entre as duas cidades, a interestadual 30 desapareceu da minha frente e eu vi o templo da nossa igreja. A visão era tão real. Parecia que eu estava dentro do templo atrás do saguão, olhando para baixo no altar. O louvor que eu estava escutando no carro estava adentrando no templo. A igreja não estava cheia de membros, mas cheia da presença de Deus. Foi então que percebi um homem ajoelhado diante do altar na parte da frente do templo. Seu rosto mirava o céu. As lágrimas banhavam seu rosto. Havia um brilho dourado que saía de sua face. Era óbvio que ele amava a Deus e que o estava adorando. Também era óbvio que Deus o amava muito. Então o rosto dele moveu-se lentamente para que eu conseguisse reconhecê-lo. Era o "diácono perigoso"!

Deus estava me mostrando uma imagem do coração de um homem que eu estive odiando desde o último domingo. Agora as lágrimas banhavam meu rosto. Senti-me tão envergonhado. Como eu poderia odiar alguém que amava tanto a Deus? Como eu pude tramar o fim de alguém que amava e adorava tanto a Deus? Então a visão desapareceu e a estrada voltou. Quando saí daquela visão, meu rosto ainda estava banhado em lágrimas. Embora eu não tenha dito nada a Deus, meu coração já tinha se arrependido. Agradeci a Deus por me mostrar o coração do meu irmão e o pecado do meu coração. Eu mal podia esperar para chegar em casa e me reconciliar com ele. Agora eu estava pronto para dar mais do que uma desculpa mecânica e vaga. Por causa daquela visão, reconciliamo-nos.

Pode parecer curioso Deus não ter usado um texto das Escrituras para me convencer do meu pecado. É claro que existe uma abundância de textos que lidam com o assunto de amar seu irmão, e afinal das contas, eu era um professor do seminário. Mas às vezes conhecer a Bíblia pode ser um impedimento para o arrependimento. O conhecimento bíblico não só pode ser uma fonte de orgulho, mas também podemos usar o conhecimento bíblico para justificar o pecado. Era meu caso. Eu já tinha reunido vários versículos para justificar meu plano de ação cheio de ódio. Às vezes, o coração duro de um intérprete profissional da Bíblia é mais difícil de penetrar do que uma armadura de metal. Minha ira tinha permitido meu coração se tornar "endurecido pelo engano do pecado" (Hb 3:13), e eu estava usando meu conhecimento bíblico para endurecê-lo ainda mais. Então Deus penetrou meu coração com uma visão exata do coração do homem que eu queria prejudicar.

A visão levou-me ao arrependimento e salvou-me do pecado. Simples assim. Se as visões têm esse poder, eu quero tê-las e quero ser capaz de entendê-las. As visões são uma parte da linguagem que o Espírito Santo fala constantemente.[1]

Há poder para salvar na linguagem do Espírito Santo. Quanto mais entendermos sua linguagem, mais de seu poder salvador iremos experimentar. Se realmente quisermos ser salvos dos nossos caminhos pecaminosos e nocivos, devemos aprender diligentemente a como ouvir a voz de Deus na Bíblia, em nossas circunstâncias, nas visões, nas impressões e nos outros meios pelos quais ele fala.

SONHOS, VISÕES E ÊXTASE

Os sonhos são imagens – acompanhadas de pensamentos e emoções – que "vemos" enquanto dormimos. As imagens podem narrar uma estória coerente ou não parecerem ter sentido nenhum. As visões são sonhos que temos enquanto estamos acordados,[2] e os êxtases são um estado de visão que ocorre quando estamos acordados. As pessoas em êxtase têm uma perda profunda de consciência de tudo ao redor, e também a perda das funções físicas. Tanto numa visão quanto num êxtase também podemos ouvir uma voz audível.[3]

Nos tempos bíblicos era comum para Deus falar com seu povo através de sonhos, visões e êxtases. A ausência de sonhos e visões geralmente era um sinal do juízo de Deus durante um tempo de apostasia (Lm 2:7; Mq 3:6-7; 1Sm 3:1). No Antigo Testamento, os sonhos e as visões eram especialmente para os profetas. Eles eram a maneira normal de como Deus falava às pessoas com o dom de profecia. "Quando entre vocês há um profeta do Senhor, a ele me revelo em visões, em sonhos falo com ele" (Nm 12:6).

Mas, com a vinda do Espírito Santo no Novo Testamento, os sonhos, as visões e as outras experiências proféticas tornam-se uma experiência normal para toda a Igreja (At 2:17-18). Mais adiante vamos explorar mais profundamente a natureza dessas experiências visionárias. Por enquanto, quero simplesmente enfatizar que essas são maneiras comuns de Deus falar com seus filhos.

Embora os sonhos sejam um meio bíblico de comunicação divina, alguns permanecem céticos quanto ao seu valor. Ouça Ken Gire relatar como Deus removeu seu ceticismo. É um dos relatos mais ternos e comoventes que já li sobre o amor íntimo de Deus por nós.

Eu acho que nenhuma comunicação é tão íntima quanto um sonho sussurrado à nossa alma no meio da noite. Mas eu nem sempre pensei assim. Principalmente porque a maioria dos sonhos que tive ao longo dos anos surgiram dos medos ou desejos misturados em meu inconsciente. Sabe, aqueles sonhos em que você está na sala de aula e de repente percebe que não está vestindo nada além de sua roupa íntima. Ou um em que você está na cama e um ladrão está escondido em seu guarda-roupa. Você está gritando para seus pais no corredor, mas nenhuma palavra está saindo da sua garganta. O ladrão está vindo para pegar você e, apesar de seus esforços para pular da cama e correr, seu corpo é um saco de concreto e o bandido está se aproximando. Você não consegue nem cobrir a cabeça com o cobertor e grita mais alto, mas ainda assim nenhuma palavra sai da sua boca. Esses tipos de sonhos.

Eu costumava colocar as pessoas que relatavam que Deus falava com elas em sonhos na mesma categoria dos quiromantes.

Na melhor das hipóteses, eu achava essas pessoas suspeitas. Na pior das hipóteses, totalmente assustadoras. E se algum dia eu fosse encurralado por uma delas em uma festa ou em qualquer lugar, engoliria minha bebida e sairia correndo em direção à tigela de ponche mais próxima. Eu costumava ter essa opinião de gente que tinha sonhos.

Até que essa pessoa foi minha esposa.

O sonho que ela teve se passava em um enorme ginásio. As janelas alinhavam-se no topo das paredes de 10m de altura, deixando entrar os raios difusos de luz solar. Ela estava sentada no chão com um jovem que não reconhecia, mas que, de alguma forma, sentia que conhecia. Os dois estavam assistindo a um balé onde dançavam centenas de lindas bailarinas em tutus macios. Foi o balé mais maravilhoso que ela já assistiu. Embora seu corpo não estivesse se movendo, tudo dentro dela estava envolvido na dança e ela se sentia parte dela, unida a ela, e isso preenchia seus sentidos tão plenamente que sentiu que nunca se cansaria de dançar.

O jovem levantou-se e caminhou até o centro do ginásio. Ao caminhar, todas as bailarinas curvaram-se diante dele e flutuaram na ponta dos pés até as paredes opostas. Então ele anunciou: "Agora quero que ela dance".

Judy percebeu que ele estava falando dela.

Ela se levantou e caminhou até onde ele estava. Já ao lado dele, percebeu que estava usando roupas de ginástica imundas e legging rasgada. Mas sua preocupação foi apenas momentânea. Quando o jovem saiu do centro da pista e sentou-se para observar, ela começou a dançar. Ela balançou a perna para o alto, virando o corpo na direção oposta, e então dançou até o final do ginásio. Cada vez que chegava a uma extremidade, ela balançava o pé bem alto, girava sobre o outro pé, virava-se e dançava até a outra extremidade.

Então, tão rápida quanto começou a dançar, ela parou e sentou-se ao lado do jovem. Ele caminhou até o centro do ginásio e se dirigiu às bailarinas: "Vejam como ela dança com tanta beleza. Ela não teve nenhum treinamento, mas vejam como ela dança. Eu amo sua dança".

Quando a pequena Judy saiu do ginásio, as bailarinas retomaram seus lugares e o balé continuou. O jovem chamou-a de lado e mostrou-lhe um álbum repleto de fotos de uma linda casa. Os quartos eram luxuosos e a mobília era finíssima. Enquanto ela se maravilhava com o lugar, ele disse: "Esta é a minha casa. Quero que você viva aqui e dance para mim".

Quando Judy acordou do sonho, ela não conseguia entender. Estava tão vívido em sua memória, mas tão vago em significado. Ela sabia que Deus tinha falado no passado com as pessoas através de sonhos. Tanto o Antigo como o Novo Testamento estavam cheios de tais relatos. Mas ele ainda falava assim? Ela não sabia.

Ela se vestiu e levou as crianças para a escola sem pensar muito no sonho. Depois que terminou sua rotina matinal, porém, estava voltando para casa e o sonho voltou para ela. Voltou para ela vividamente. Enquanto ela se via dançando, seus pensamentos foram interrompidos por lembranças que ela tinha esquecido há muito tempo. Lembranças de quando ela era uma menina.

Durante seus anos de infância, quando era sua vez de lavar a louça, Judy ficava parada na pia. Ela mergulhava um prato na água com sabão, soprava uma bolinha de sabão, pensava em alguma coisa por um minuto, lavava o prato, brincava com a água, pensava em outra coisa, enxaguava o prato. E às vezes isso prosseguia a noite toda, até a louça estar lavada.

Mas, quando não havia ninguém por perto, a jovem Judy deixava a louça e dançava da cozinha para a sala. Cada vez que ela chegava ao final da sala, ela balançava um pé no ar, girava sobre o outro pé, rodopiava e dançava até o outro lado.

Quando essa lembrança voltou, uma torrente de lágrimas veio junto, lágrimas pela garotinha que carregava tanta tristeza dentro dela, nunca deixando isso vir à tona, nunca dizendo a ninguém seu sonho ou suas mágoas.

Então, de repente, ela percebeu.

O jovem do sonho era Jesus. Ele esteve lá, observando-a dançar naquela sala durante aqueles dolorosos anos de infância. Ele conhecia o seu desejo de ser bailarina. Ele sabia que ela não tinha prática. Sabia que ela teria que abandonar a universidade para ir trabalhar. Conhecia os sentimentos de inadequação tão frágeis que mantinha dentro dela. Sentimentos de que ela não era ninguém especial, que sua vida não tinha importância, que outras pessoas poderiam ensinar a Bíblia, menos ela; que coisas boas aconteciam com os outros, mas não com ela; que os outros tinham vidas interessantes, menos ela.

No entanto, Jesus a queria. De todas as bailarinas, ele a escolheu para dançar para ele, escolheu-a para ir à casa dele. Não fazia diferença se ela não tinha nenhum treinamento ou que não tinha os lindos tutus que as outras bailarinas tinham. Ela tinha o coração de bailarina. E amava dançar. Isso era o que tinha relevância.

Judy me ligou no trabalho para me contar sobre o sonho, sem saber como eu reagiria, mas precisando me contar porque era um sonho muito lindo e a tocou profundamente.

— Então — disse eu, depois que ela terminou — você está dizendo que quer aulas de balé?

— Não é isso — respondeu ela. — É seu jeito de dizer que ele estava lá. Naquele tempo, quando eu era mais jovem. Ele me viu. Ninguém mais me viu, mas ele viu. Não sei bem, mas acho que o sonho dizia que ele estava satisfeito comigo e feliz em receber minha adoração, e acho que ele está me convidando para ter um relacionamento mais íntimo com ele.

Tentei não parecer cético, pois mesmo pelo telefone eu percebia o quanto o sonho tinha significado para ela, já que a emoção em sua voz era evidente. Depois que desliguei, pensei em tudo aquilo por alguns minutos. Era tudo tão esquisito para mim. E, no entanto, não havia ninguém no mundo que eu respeitasse mais do que Judy, ninguém em cujo coração eu confiasse mais. Ela não era acostumada a exagerar ou ser propensa a extremos. Nem era emotiva. No entanto, ela não conseguia falar sobre o sonho sem chorar.

Lembro-me de orar antes de sair do trabalho para que Deus me ajudasse a entender. Se de fato aquela era sua voz, eu não queria reprimi-la. Se não fosse, não queria incentivá-la. Eu estava voltando para casa de carro com todos esses pensamentos quando parei em um brechó beneficente do Exército da Salvação, onde geralmente eu ia uma ou duas vezes por semana em busca de livros usados. Enquanto eu procurava, meus olhos encontraram um livro fino, intitulado *Um sonho tão real*. Lembro-me de pensar: *que coincidência bizarra*. Tirei o livro da estante e ele se abriu em uma página com a foto de uma menina e um poema na outra. A menina estava com a perna levantada, como se tentasse dançar. E o título do poema? "Bailarina sonhadora."

Era essa a resposta? Tão rápida? Deus estava se encontrando comigo num brechó e me dizendo, sim, é verdade, era eu, aquela era a minha voz? Comprei o livro e levei-o para casa, contei para Judy o que tinha orado quando desliguei o telefone e li o poema em voz alta. Novamente, ela chorou. Principalmente quando li a seguinte estrofe:

Dê um passo para fora da melancolia.

Saia saltitando rumo aos sonhos tão ousados;

pois sem eles tu irás se conformar com o caminho perdido

que não conduz, nem sopra a nenhum lugar.

Durante três dias Judy chorou, às vezes as emoções vinham à tona, outras vezes surgia com uma força irreprimível. Depois desses três dias, ela parou de chorar. E, milagrosamente, as mágoas de seu passado também se foram. Tudo tão rápido. E não voltaram.

Percebe o que Deus estava fazendo?

Ele folheou o dicionário de memórias infantil de minha esposa, escolheu uma que era especial para ela e, numa noite, abaixou-se e sussurrou-a em seu ouvido. Aquela imagem tocou-lhe em lugares onde apenas palavras não poderiam alcançar. E aquele toque trouxe cura.

Olhe bem para aquela imagem. Consegue ver a janela?

Consegue ver os caminhos de Deus revelados pela maneira como ele fala? Ele não exigiu que Judy fosse para o seminário e aprendesse hebraico, o idioma no qual ele falou pela primeira vez com seu povo. Em vez disso, ele aprendeu a linguagem dela.

Ele aprendeu a linguagem de seu coração, a qual ele esteve estudando desde que ela era uma menina. E é uma linguagem diferente da que ele... usa para falar comigo e com você. Consegue perceber o quanto isso tudo é incrível?[4]

As personagens bíblicas sabiam o quanto um sonho vindo de Deus podia ser poderoso. Talvez o sonho de Judy Gire ajude alguns de nós, na igreja sem memória, a recuperar a arte de ouvir Deus nos sonhos.

OS FRAGMENTOS DE FRASES E AS PALAVRAS ISOLADAS

Às vezes, o Senhor pode falar conosco invadindo nossa mente com apenas parte de uma frase ou uma palavra que talvez nem entendamos naquele momento. Quando isso acontece, o fragmento ou a única palavra que de repente aparece em nossa cabeça não parece vir de dentro de nossa mente. Embora reconheçamos em nossa mente, ele surge como se fosse uma invasão. Isso chama nossa atenção imediatamente porque reconhecemos sua característica "estranha" ou, às vezes, porque parece não fazer sentido nenhum.

Uma vez me vi numa situação muito embaraçosa e não sabia o que fazer. Senti que Deus estava me chamando para confrontar um grupo de líderes. Várias testemunhas confiáveis tinham me contado sobre os conflitos e os enganos que vinham acontecendo dentro do grupo. A princípio descartei a ideia de confronto. Achei que seria arrogante da minha parte confrontar um grupo de líderes quando nem sequer tinha sido convidado para a reunião. Também me perguntei se a impressão realmente tinha vindo de Deus. Pude ver como era fácil isso ter vindo de um desejo "másculo" em meu coração. Eu queria ser obediente a Deus, mas não queria magoar ninguém com minha própria arrogância e desejos impuros.

Minha esposa estava comigo naquele dia, então lhe contei sobre o dilema. Ela não tinha uma opinião clara do que eu deveria fazer, por isso me ajoelhei ao lado da cama em nosso quarto do hotel e disse: "Senhor, se esta impressão realmente vem de ti, se tu realmente queres que eu confronte esses líderes, então terás que me dar um sinal, senão não posso ir".

Em dez segundos o telefone tocou. Um amigo nosso que estava hospedado no mesmo hotel disse: "Jack, não sei o que isso significa, mas estive orando há alguns minutos. Eu nem estava orando por você ou pela Leesa, mas, enquanto orava, este capítulo em específico das Escrituras veio à minha mente. Eu nem sei o que há neste capítulo, mas tenho certeza de que Deus falou comigo. Tive a impressão de que deveria ligar e dizer que era para você".

O capítulo que meu amigo me disse tinha a ver com confronto profético. Apenas três meses antes, numa sessão particular, uma pessoa com o dom de profecia tinha falado sobre esse capítulo ao meu respeito, dizendo: "Você fará as coisas descritas nesse capítulo". Não contei a ninguém, nem mesmo à minha esposa, sobre essa experiência ou sobre o capítulo das Escrituras. Eu apenas guardei isso em meu coração. Agora tinha pedido a Deus um sinal e ele me deu um inconfundível. Ele respondeu falando apenas duas simples palavras: o nome de um livro bíblico e o número do capítulo. Meu amigo não tinha ideia do que isso significava ou o que continha no capítulo, mas sabia que Deus tinha falado claramente.

Hoje sei que esses tipos de experiências não são incomuns em minha vida quando me coloco em situações nas quais preciso ouvir Deus. Às vezes, em conferências ou nos cultos na igreja, quando olho para uma pessoa, eu "ouço" uma única palavra ou algumas palavras sobre ela. Deus fala conosco assim sempre que precisamos ouvi-lo. Se acharmos que não precisamos ouvi-lo, ou se acharmos que nosso conhecimento bíblico é suficiente ou que nossas habilidades ministeriais irão nos ajudar, então é possível que não ouviremos o Senhor falar dessa maneira.

IMPRESSÕES

Frequentemente o Espírito Santo fala através de impressões. Quando falo sobre impressão estou me referindo à influência do Espírito Santo em nossos sentimentos, nossos sentidos físicos ou nossas mentes. É diferente das frases completas ou mesmo das palavras isoladas que o Espírito Santo formula em nossa mente. As impressões não contêm a exatidão das frases ou das palavras isoladas. As impressões de revelação sobrenaturais são semelhantes à intuição, pois ambas comunicam um conhecimento direto sem qualquer evidência racional ou suposição lógica para apoiar tal conhecimento. As impressões do Espírito Santo são diferentes da intuição no que diz respeito à sua origem. Uma impressão divina vem do Espírito Santo, enquanto a intuição surge do nosso espírito humano.

Algumas pessoas usam uma técnica chamada de "leitura fria" para dar a impressão de que estão recebendo uma impressão sobrenatural de uma pessoa. Por exemplo, um "profeta" vê pelos de animais de estimação no vestido de uma senhora e diz: "O Senhor me diz que você ama os animais". Depois, ele pode continuar a observar a aparência ou a linguagem corporal da pessoa em busca de outras pistas, formando as declarações de tal maneira que a reação da senhora lhe dê mais informações adicionais. Se a senhora for um pouco crédula, ou estiver desesperada para acreditar que Deus está falando com ela através do "profeta", ela pode ser facilmente enganada. Os apostadores profissionais são altamente qualificados na leitura silenciosa dadas pela conduta e pela linguagem corporal. Eles chamam esses sinais de "revelações" porque "revelam" algo sobre o indivíduo que estão observando.

Uma impressão vinda do Espírito Santo é totalmente diferente. As impressões não estão necessariamente ligadas às nossas observações ou conclusões lógicas. Às vezes, uma impressão do Espírito Santo trará um conhecimento oposto ao que nossas mentes acreditam ou ao que nossos sentidos nos dizem.

Paul Cain, um importante ministro com dom de profecia da igreja dos Estados Unidos, estava na casa de uma celebridade. A mulher parecia estar em perfeita saúde, mas Paul teve a impressão de que algo estava errado com sua vesícula. Quando ele lhe contou sobre a impressão, ela respondeu que ele deveria estar enganado, que ela nunca tinha se sentido melhor. Pouco depois, ela fez uma cirurgia na vesícula. Esse conhecimento não veio dos poderes de observação de Paul Cain ou de qualquer dedução lógica de sua mente. Foi uma simples impressão do Espírito Santo que contradizia seus sentidos naturais.

Esse tipo de coisa acontece comigo frequentemente quando estou ensinando ou pregando. Recentemente estive pregando para cerca de 1.200 pessoas numa conferência num subúrbio de Karlsruhe, Alemanha. Enquanto olhava para o público, peguei-me olhando para uma pequena seção à minha esquerda, com capacidade para cerca de cinquenta pessoas. Tive a impressão de que alguém daquela seção estava pensando em suicídio. Apontei o dedo para a seção e disse: "Alguém nesta seção está pensando em tirar sua vida. Poderia vir para a frente para que oremos por você?". Uma senhora de vestido branco levantou-se e veio à frente. Eu nem estava ciente do fato de que, quando apontei para a seção, estava apontando diretamente para ela.

Impressões como essas podem acontecer a qualquer momento — você não precisa estar pregando um sermão ou palestrando em uma conferência. Anos atrás, uma jovem chamada Kristy Greer tinha acabado de começar a frequentar uma igreja que Leesa e eu estávamos ajudando implantar. Tínhamos conversado com Kristy e seu marido Carl apenas algumas vezes quando ela ligou e perguntou se poderia vir à nossa casa para conversar conosco sobre um livro que ela estava lendo. Quando passou pela nossa porta, ela sorriu e parecia estar alegre. Porém, de repente eu "soube" de duas coisas ao seu respeito — um, que ela ia começar a chorar, e dois, ela não era cristã e estava prestes a nascer de novo. Antes de ela passar pela porta, eu tinha pensado que ela fosse cristã e seu comportamento quando chegou não deu nenhuma pista de que estava à beira das lágrimas.

Depois de alguns minutos de uma conversa polida, perguntei-lhe:

— Por que você está com vontade de chorar?

— Não sei — respondeu ela. — É a coisa mais estranha. Tenho vontade de chorar desde que entrei em sua casa. Como você sabia?

— O Senhor está me mostrando algo sobre você.

— Você sabe por que estou com vontade de chorar?

— Sim, eu sei. Você está prestes a nascer de novo — disse.

— O que você quer dizer com nascer de novo?

Enquanto Leesa e eu conversávamos com ela, Kristy nasceu de novo ali mesmo em nossa sala. Sem essas impressões do Senhor, eu nem teria pensado em falar com ela sobre salvação.

Ao longo dos anos, passei a confiar nas impressões divinas para ter orientação em nossos assuntos diários e para o ministério. Para mim, essas impressões têm se tornado mais frequentes e específicas, ao ponto de saber o nome de alguém sem nunca o ter conhecido e saber uma condição que Deus deseja curar ou tocar. Tenho observado a mesma coisa acontecendo com muitos outros cristãos que:

1. Creem que Deus falará com eles através de impressões.
2. Desejam que essas impressões sirvam a Deus e ao seu povo.
3. Oraram constantemente para Deus falar com eles.
4. E agem de acordo com as impressões quando elas surgem, mesmo correndo o risco de parecerem tolos na frente dos outros.

Ouvir Deus através de impressões é um aspecto muito bíblico da linguagem do Espírito Santo. Neemias contou como Deus o guiou por meio de uma impressão: "Por isso o meu Deus pôs no meu coração reunir os nobres, os oficiais e todo o povo para registrá-los por famílias" (Ne 7:5). Não foi uma voz audível que Neemias ouviu, mas sim uma influência que sentiu em seu coração para registrar o povo. Ele foi capaz de discernir que a impressão em seu coração vinha de Deus, não de si mesmo.

Às vezes, uma impressão pode levar a um milagre. Enquanto Paulo pregava em Listra, havia um homem na plateia que era coxo desde o nascimento. "Quando Paulo olhou diretamente para ele e viu que o homem tinha fé para ser curado" (At 14:9), Paulo ordenou ao homem que se levantasse e ele foi curado imediatamente. Como você "vê" a fé em alguém? É claro que você não pode literalmente ver a fé. Neste contexto, a palavra "ver" significa que Paulo teve uma percepção ou impressão espiritual sobre o homem.[5] Através de uma impressão, Deus deu a Paulo o conhecimento direto do coração do homem.

Outra maneira de descrever uma impressão pode ser encontrada na história do paralítico que foi baixado do telhado na frente de Jesus. Quando Jesus disse ao homem que seus pecados estavam perdoados, "alguns mestres da lei, raciocinando em seu íntimo: 'Por que esse homem fala assim? Está blasfemando! Quem pode perdoar pecados, a não ser somente Deus?'" (Mc 2:6-7). Eles não disseram uma palavra em voz alta, mas em seus corações estavam furiosos com Jesus. Marcos escreveu essa história como se fosse uma testemunha ocular da cena. Ele escreve: "Jesus percebeu logo em seu espírito que era isso que eles estavam pensando e lhes disse: 'Por que vocês estão remoendo essas coisas em seus corações?'" (Mc 2:8). Muitas vezes as impressões divinas são exatamente assim, um conhecimento imediato em nosso espírito. É uma forma de conhecimento que não chega até nós por meio do raciocínio lógico ou da observação pessoal. De repente, simplesmente sabemos.

Acredito que Deus fala conosco através de impressões o tempo todo, mas muitos cristãos doutrinaram-se para ignorar suas impressões. Nós as associamos com sentimentos e fomos ensinados que os sentimentos são ruins ou, na melhor das hipóteses, duvidosos. As pessoas lógicas e analíticas são fortes. As pessoas que dão atenção aos sentimentos são fracas. O racionalismo da tradição ocidental há muito tempo tem-se ressentido pelo conhecimento que ultrapassa a mente. Nossa mente orgulhosa diz que tudo que vale a pena conhecer deve passar pelo nosso intelecto. Às vezes, Deus tem que remover a confiança em nossa inteligência antes que ele possa falar conosco.

Deus nos criou com sentimentos, uma mente e um corpo. Ele pode e fala conosco através desses três meios, e todos os três podem ser a fonte de bênçãos ou maldições para nós, dependendo de como os usamos. Se ouvirmos nossos sentimentos, mente ou corpo e seguirmos os seus desejos em contradição com os mandamentos de Deus, eles serão instrumentos de rebelião. Mas, se aprendermos a discernir a voz de Deus nos nossos sentimentos, mente e corpo, seremos servos melhores de Cristo.

OS MENSAGEIROS HUMANOS

Nem é preciso dizer que Deus pode falar conosco através de mensageiros humanos. Todos os cristãos acostumaram-se a ouvir a voz de Deus através dos professores, pregadores e profetas. É claro que isso não significa que tudo o que os professores, pregadores e profetas dizem venha de Deus. Paulo nos disse para avaliarmos as profecias (1Co 14:29). Os professores "conhecem em parte" e os profetas "profetizam em parte" (1Co 13:9). Nenhum de nós é infalível.

Nem é preciso ser um ministro profissional para ser usado por Deus de uma maneira especial. Meu amigo Peter Lord diz que ele sempre viaja centenas de quilômetros e paga muito caro para participar de uma conferência cristã a fim de aprender uma verdade que sua esposa poderia ter lhe contado se ele tivesse ficado em casa e escutado! Deus sempre falará conosco através da nossa família, amigos e até mesmo conhecidos – se tivermos ouvidos para ouvir.

Certo dia eu estava jantando com um pastor bem-sucedido e muito conhecido. Ele estava me contando sua história. Seu primeiro pastorado foi numa igreja de apenas sessenta membros. Ele é agora o pastor de uma igreja de 12 mil membros. De sessenta a 12 mil. É realmente uma grande experiência! Ele me contou que seu pior período no ministério foi quando sua primeira igreja crescia de sessenta para trezentos membros. Ele era o único membro da equipe.

Era como se ele morasse numa casa de vidro. Todos sabiam o que ele estava fazendo e ele sempre fazia algo que ofendia algum irmão. A certa altura, até seu melhor amigo se voltou contra ele. Ele recebeu muito mais críticas dos trezentos membros do que de sua atual igreja de 12 mil!

Durante aquela transição de sessenta para trezentos membros, o problema pessoal número um desse pastor foi a amargura. Ele se viu pregando sermões com tanta raiva, atacando seu pequeno rebanho domingo após domingo. Finalmente, numa manhã de domingo, ele veio com outra pregação enérgica condenando seus inimigos na igreja. Ao se aproximar do púlpito, uma voz soou em sua cabeça: "Repita mais uma vez e você está fora". Ele deslizou as anotações preparadas para baixo do púlpito e transmitiu uma mensagem espontânea sobre o amor de Deus por eles – por todos eles. Ele me contou que a experiência o ensinou a temer a amargura mais do que qualquer outra coisa em seu ministério. Isso também o mudou radicalmente.

Eu tinha acabado de conhecer esse ministro. Ele não sabia nada sobre a situação da minha própria igreja. Nos últimos dez anos, estive associado a igrejas muito grandes, e só recentemente tornei-me pastor de uma pequena igreja de cerca de trezentos membros. Cada palavra que ele pronunciava sobre sua amargura era como uma faca cirúrgica descascando as camadas da dureza do meu coração. Eu estava fazendo exatamente o mesmo que ele tinha feito. Quase não tive alegria em falar em minha própria igreja por causa dos conflitos que aconteciam, e estava atacando meus membros. Esse pastor estava falando profeticamente comigo sem nem saber! Deus estava iluminando suas palavras, e elas estavam me convencendo do meu pecado. Alguém que estivesse ouvindo poderia ter ouvido apenas a história bem-sucedida de um homem, mas eu ouvi o Espírito de Deus me dizer: "Repita mais uma vez e você está fora". E sem me importar em descobrir exatamente o que ele quis dizer com a palavra "fora", eu me arrependi.

***

Nesses últimos quatro capítulos, tentei resumir os vários meios pelos quais o Espírito Santo fala. Meu resumo não foi completo. Não mencionei as sarças ardentes, os novelos de lã ou qualquer outro fenômeno de revelação sobrenatural encontrado na Bíblia. Limitei minha discussão àquela parte da linguagem do Espírito Santo que parece mais comum nas Escrituras, ou aos aspectos que vivi pessoalmente ou que alguém que conheço como testemunha confiável viveu.

A menos que saibamos como Deus fala, nunca entenderemos sua voz. Mas saber como Deus fala não garante que ele falará conosco ou, se falar, que reconheceremos sua voz. Como sabemos se uma impressão vem dele? Como podemos encorajar o ministério profético a crescer em nossa igreja? Quais são os perigos que devemos evitar para manter o diabo longe, para que ele não nos seduza com a sua voz? Como interpretamos os sonhos de Deus? Quanta autoridade devemos dar às palavras "proféticas" vindas dos outros? Esses são os tipos de perguntas que tentarei responder na próxima seção do livro.

APRENDENDO *a* LINGUAGEM *do* ESPÍRITO SANTO

APRENDENDO A LINGUAGEM DO ESPÍRITO SANTO

Certa vez fiz aulas de tiro com arco com o atual campeão estadual de Montana. Depois de me ver atirar algumas flechas, ele me deu algumas correções. "Você precisa aprender como é sentir um bom tiro", disse-me Tim. Ele me colocou 3 metros em frente ao alvo e disse para eu puxar a flecha para trás e fechar meus olhos. "Dispare a flecha quando achar que é a hora", disse. Ele não se importava para onde iria a flecha. O objetivo do exercício era aprender como era a forma adequada de sentir quando a flecha é disparada. Se o disparo não for suave e brando, a flecha nunca acertaria em cheio.

De olhos fechados, disparei a primeira flecha. "Dispare outra", disse Tim. Eu disparei e ele não falou nada. Dei um terceiro disparo, e ele disse: "Agora esse foi um bom disparo". Ele não disse nada quando atirei pela quarta, quinta e sexta vez. Na sétima vez ele disse novamente: "Agora esse foi um bom disparo". Senti-me um pouco orgulhoso. Então disparei a oitava flecha. Olhei para meu professor para ter aprovação. Em vez disso, ele me perguntou: "Foi um bom disparo?". Eu queria dizer que sim. Mas hesitei quando percebi que estava diante do campeão estadual que já sabia como era um bom disparo. Enquanto eu hesitava, ele me perguntou novamente: "Foi um bom disparo?". Então, olhando bem nos meus olhos com o rigor de um profeta do Antigo Testamento, disse: "Nunca minta para si mesmo. Se não disser a si mesmo em primeiro lugar a verdade, jamais se tornará um bom atirador. Jamais sairá do nível iniciante. Você tem que ser seu primeiro e melhor crítico se quiser alcançar a excelência com o arco. E não pense que pode se tornar um bom atirador apenas atirando algumas flechas. Se não avaliar de modo realista cada disparo, vai acabar repetindo os mesmos erros".

Uma analogia espiritual tomou conta do meu coração, e por um instante eu me esqueci da aula. Alguns de nós na igreja jamais progredimos espiritualmente porque mentimos para nós mesmos e para os outros. Dizemos a nós mesmos que temos uma igreja neotestamentária e que somos os cristãos do Novo Testamento quando nem nossa igreja, nem nossa vida pessoal, refletem muita coisa do Novo

Testamento. Não crescemos automaticamente com o passar do tempo. Alguns de nós temos sido cristãos há muito tempo, mas em vez de avançar do nível iniciante, acabamos repetindo os mesmos erros, uma flecha espiritual atrás de outra. Não só ficamos satisfeitos com uma experiência cristã bem distante daquela do Novo Testamento, mas até desenvolvemos teologias para justificar nossa experiência inferior. Sem uma avaliação realista do Novo Testamento da nossa experiência espiritual, nunca iremos avançar no reino de Deus.

O crescimento começa quando percebemos nossa pobreza espiritual e impotência. Houve um tempo em minha vida quando senti que a experiência da minha igreja era tão superior da dos outros que eu mal conseguia começar a fazer uma avaliação realista da minha caminhada com Deus ou da minha experiência eclesiástica do poder do Espírito Santo. Mas, pela sua misericórdia, Deus me mostrou o quanto era ruim minha forma espiritual. E ele me mostrou exatamente como meu treinador Tim fez, ao me aproximar do alvo e me fazer fechar os olhos para meus velhos preconceitos para sentir como é a forma de uma igreja neotestamentária. Eis como tudo aconteceu.

COMO DIVIDIR UMA IGREJA

Eu estava pastoreando uma igreja que tinha ajudado a implantar anos atrás. Havia outros dois pastores na equipe e quatro presbíteros. Tínhamos começado a orar pelos enfermos em nossos cultos e passado a ter uma forma mais contemporânea de louvor. Alguns na igreja estavam transbordando de alegria com tais mudanças, já outros estavam um pouco nervosos. Ninguém era realmente contra orar pelos enfermos ou contra uma forma de louvor mais contemporânea, mas havia alguns que estavam preocupados que estivéssemos indo rumo a uma experiência "renovada" total. Não demorou muito para que os irmãos estabelecessem fronteiras de guerra e tomassem partidos. Os pastores e presbíteros estavam igualmente divididos. Metade queria buscar os dons do Espírito Santo. A outra metade queria pisar nos freios. Ambos os lados podiam citar versículos para embasar suas posições. Mas nenhum versículo fez ninguém mudar de posição. Eles apenas reforçavam os próprios preconceitos de cada lado. O conflito tomou proporções gigantescas quando começamos a julgar os motivos uns dos outros. Então atacamos o caráter um do outro. Parecia tão fácil chamar de mentiroso alguém que estava do outro lado. Tudo estava virando uma bagunça.

Certo dia, nós, pastores e presbíteros, estávamos sentados numa mesa redonda para discutirmos nosso conflito. Finalmente a ficha caiu – estávamos caminhando para uma divisão. Nenhum de nós jamais fez um curso de como dividir uma igreja, mas todos pareciam saber instintivamente como fazer a tarefa. Não queríamos dividir a igreja – alguns de nós éramos melhores amigos quando o conflito começara. Alguns de nós tínhamos construído uma história juntos que remontava há vinte anos. Eu estive lá quando seus filhos nasceram. Eles estiveram lá quando meu filho nasceu. Eram meus melhores amigos. Eu tinha planejado servir com eles na igreja até a volta do Senhor.

Todos nos sentíamos assim uns com os outros no fundo de nossos corações. Não éramos apenas indivíduos frequentando juntos a igreja. Éramos amigos que juntos tinham implantado uma igreja com uma visão em comum. E agora estávamos nos separando.

Enquanto olhávamos uns para os outros, sabíamos que estávamos prestes a nos separar e nos perguntamos como poderíamos evitar tudo isso. Por fim, alguém sugeriu: "Eu sei, vamos orar". Pensei: "A que ponto chegamos? Estamos tão mal assim?". Até aquele ponto, achei que tivesse brigado, intimidado, manipulado, citado versículos e feito de tudo, menos perguntar seriamente a Deus qual era a opinião dele a respeito do nosso conflito. Não tinha pedido sua opinião porque tinha certeza que eu estava certo.

Agora, depois de tantos anos desse conflito, posso ver que eu causei grande parte dele por causa do meu comportamento arrogante e farisaico. Mas na época eu estava cego em meu próprio pecado no conflito. Tudo o que eu podia ver era o quanto os outros estavam errados. A ideia de orar parecia boa porque Deus podia mostrar para o outro lado como eles estavam errados. Eu era tão inocente naquele tempo. Não sabia o quanto era perigoso orar ou o que essa reunião de oração faria.

REUNIÕES DE ORAÇÃO PODEM SER PERIGOSAS

Depois de certa discussão, todos nós decidimos que os três pastores deveriam tirar um dia para orar, os presbíteros iriam em seguida, e todos passariam o dia seguinte em oração. Essa foi a reunião de oração que eu lembrarei pelo resto da minha vida.

Na primeira manhã, sentamos debaixo de uma árvore perto de um riacho num belo rancho. Após termos orado cerca de uma hora, um dos pastores clamou: "Oh, Deus, não deixes que esse conflito aumente para que nossa igreja não desapareça do mapa". Assim que ele orou essas palavras, uma voz soou em minha mente: "Seria tão ruim assim a igreja desaparecer?".

Que pergunta horrível! Sabia que a pergunta tinha vindo de Deus e isso me ofendeu. Pensei que era rude. Então percebi que um ser onisciente não faz uma pergunta retórica. Quando Deus chamou Adão no jardim, "Onde você está?", ele sabia muito bem onde Adão estava. Essa pergunta era para mim. *Seria* tão ruim assim nossa igreja desaparecer do mapa? Eu mal podia esperar os outros dois pastores terminarem a oração para lhes perguntar.

Assim que acabou o período de oração, perguntei:

— Seria tão ruim assim nossa igreja desaparecer do mapa?

Eles me olharam incrédulos. Como eu podia ser tão idiota e insensível?

— Bem, acho que isso magoaria muitas pessoas — respondeu um dos pastores.

— Tenho certeza de que magoaria — respondi. — Mas no fim elas encontrariam uma outra igreja para congregar e iriam superar a mágoa. O que eu estou realmente perguntando é, o que o reino de Deus perderia em nossa cidade se nossa igreja não existisse mais?

Todos nós pensamos naquilo por um instante. O que era importante no reino de Deus? O que aconteceu no Novo Testamento quando veio o reino de Deus?

Todos concordamos que o evangelismo foi um fator importante da obra do reino. Naquela época, nossa igreja tinha entre quatrocentos e quinhentos membros frequentando os cultos aos domingos. Perguntamos a nós mesmos quantas vidas tinham sido levadas a Cristo através do nosso ministério nos últimos dezoito meses. Só conseguimos citar quatro nomes, e a liderança da igreja não tinha levado ninguém a Cristo. Era quase como se elas tivessem acidentalmente caído no reino de Deus e tivessem vindo parar em nossa igreja. Chegamos à conclusão de que, se nossa igreja não existisse, não haveria uma grande perda no evangelismo em nossa cidade.

Perguntamos a nós mesmos quantas vidas tinham sido curadas fisicamente através do nosso ministério nos últimos dezoito meses. Afinal de contas, a cura era importante no Novo Testamento. Era certamente um sinal da vinda do reino. O Senhor ordenou que os presbíteros da igreja orassem pelos doentes para serem curados (Tg 5:14-16). Embora tivéssemos começado a orar pelos doentes em nossa igreja, a essa altura não conseguíamos contar quantas pessoas tinham sido curadas pelas nossas orações. Chegamos à conclusão de que o ministério de cura do Espírito Santo não sofreria uma grande perda em nossa cidade se nossa igreja não existisse.

Então nos perguntamos quantas pessoas não precisavam mais tomar antidepressivos e nem ir ao psiquiatra constantemente por causa do nosso ministério. Não conseguíamos contar uma pessoa sequer. Todavia, conseguíamos contar alguns que *começaram* a tomar antidepressivos.

Não conseguimos contar nenhum casamento destruído que tenhamos restaurado. Mas podíamos contar alguns que foram destruídos.

E a lista seguiu com vícios em drogas, álcool e sexo. Em nossas sessões de aconselhamento particular, todos nós conhecíamos irmãos em nossa igreja que estavam lutando contra esses pecados, mas nenhum de nós podia citar alguém que fora efetivamente liberto de um deles.

Também percebemos que, se nossa igreja deixasse de existir, não haveria nenhum missionário que seria forçado a voltar para casa, nem haveria uma perda significativa nos programas municipais de assistência social.

Fomos forçados a concluir que, sem a existência da nossa igreja, o reino de Deus em nossa cidade não sofreria nenhuma perda notável no evangelismo, na cura física, espiritual, emocional, matrimonial, no cuidado com os pobres ou no sustento dos missionários em outros países. Olhamos um para o outro e perguntamos:

— Bem, e o que nós fazemos?

Um de nós respondeu:

— Somos os melhores professores da Bíblia da nossa cidade.

Naquele tempo, acreditávamos que éramos. Não percebíamos como essa crença era arrogante, nem o quanto era idiota tal declaração. Nem sequer conhecíamos todos os professores bíblicos da cidade. Como podíamos declarar que éramos os melhores professores da Bíblia?

Mas, embora soubéssemos que éramos os melhores, percebemos que algo estava extremamente errado com nosso ministério. O que estávamos ensinando para as pessoas? Não estávamos ensinando como evangelizar. Não estávamos ensinando como curar o corpo, alma e espírito delas. Nem ensinando como se libertar dos vícios ou como cuidar dos pobres. Nem como se envolver em missões. Ainda que possamos ter recebido algum apoio simbólico de alguns ministérios, nossa contribuição era tão insignificante que praticamente não causava nenhum impacto no reino de Deus. Então por que estávamos ensinando a Bíblia?

Olhei para os outros dois pastores.

— Sabe, eu nem frequentaria essa igreja se não me pagassem.

Os dois disseram:

— Agora que você mencionou isso, nem nós frequentaríamos. Nós também não gostamos dessa igreja.

A ironia de tudo isso era que eu tinha sido o principal catalisador ao implantar a igreja. Eu tinha construído a igreja bem como eu queria — uma estação de ensino bíblico — e agora eu não gostava nem um pouco disso e nem os outros pastores.

Os presbíteros chegaram mais tarde naquela noite.

— O Senhor falou com vocês? — perguntaram.

— Sim, ele falou — respondemos.

— E o que ele disse?

— Bem, ele nos mostrou que nem sequer iríamos à igreja se vocês não nos pagassem para isso.

— O quê!? O que vocês três estiveram fazendo esse tempo todo? — perguntaram os presbíteros.

— Orando.

Pode ser perigoso orar. Às vezes o Senhor pode conduzir a uma avaliação realista da eficácia do seu ministério. Naquela manhã em específico, sentados debaixo da árvore perto do riacho, percebi que a igreja que tinha construído tinha mais em comum com um clube do que com a igreja do Novo Testamento.[1] Isso ajudou a criar uma igreja que era significativamente diferente da igreja neotestamentária. Nós três como pastores tínhamos perdido nossa alegria no ministério. Agora frequentávamos aquela igreja por obrigação e dever e porque recebíamos nosso pagamento. Não é nenhum bom motivo para ir à igreja.

O QUE É IR À IGREJA ATUALMENTE

Por que você vai à igreja? Lembre-se do argumento que citei acima – você nunca vai crescer sem uma avaliação honesta de sua prática e dos seus motivos. O que te leva a estar lá todo domingo? Alguns vão à igreja para cumprir um dever. Outros vão porque é a coisa certa a se fazer domingo – a família sempre foi à igreja. Alguns vão à igreja porque viram que é um bom lugar para se fazer negócios, ajuda na imagem diante da comunidade. Alguns vão à igreja porque gostam da sensação que têm ao ver os refletores piscando em suas paredes pintadas de preto enquanto o pastor os dirige nas mesmas pregações semanalmente. São as pessoas que sempre comentam como foi "bonito" o culto naquele domingo. Algumas pessoas vão à igreja porque seus amigos vão e a igreja se tornou o centro de suas vidas sociais. Outras vão para se distrair. Algumas vão para ser iluminadas. Outras, para ouvir um grande pastor. Algumas vão para aprender a Bíblia. Outras, para agradar o cônjuge; já há quem vá em busca de um. Mas há também quem vá para fugir do seu. Sendo pastor por mais de vinte anos, aprendi que há tantas razões para as pessoas irem à igreja quanto existem grãos de areia.

IR À IGREJA NA ÉPOCA DO NOVO TESTAMENTO

Era bem mais difícil ir à igreja na época do Novo Testamento. Isso podia lhe custar seus bens, sua família, até mesmo sua vida. Ainda é assim em alguns lugares no mundo, mas não nos Estados Unidos. Então, por que elas iam? Por que se arriscavam?

Primeiro, elas vinham para ouvir Jesus e serem curadas (Lc 5:15; 6:18). Eu costumava vir para aprender a Bíblia e, posteriormente, para ensiná-la. Eu até chamava minha igreja de "uma igreja bíblica". Como é diferente da Igreja Primitiva, quando as pessoas vinham para se encontrarem com uma pessoa.

Segundo, elas vinham para, juntas, adorarem a Deus. Claro, é possível adorar a Deus em particular e em qualquer lugar. Mas há uma dinâmica espiritual que ocorre quando o povo de Deus se reúne geograficamente para expressar seu amor ilimitado por Deus. Para resumir, entramos na presença de Deus quando o louvamos e agradecemos com sinceridade e fervor (Sl 100:1-5). A presença de Deus é tão real durante o louvor congregacional que os cristãos do Novo Testamento arriscavam suas vidas apenas para fazer parte dessa experiência.

Terceiro, eles se reuniam para se prepararem para fazer a obra ministerial. Paulo disse:

> E ele designou alguns para apóstolos, outros para profetas, outros para evangelistas, e outros para pastores e mestres, com o fim de preparar os santos para a obra do ministério, para que o corpo de Cristo seja edificado, até que todos alcancemos a unidade da fé e do conhecimento do Filho de Deus, e cheguemos à maturidade, atingindo a medida da plenitude de Cristo (Ef 4:11-13).

O Senhor jamais enviou apóstolos, profetas, evangelistas, pastores e mestres só para fazerem a obra do ministério. A responsabilidade fundamental era *preparar o povo de Deus para a obra do ministério*. Esse é o meio principal pelo qual o corpo de Cristo é edificado. O corpo de Cristo ficará anêmico e incapaz de cumprir a Grande Comissão enquanto poucos estiverem fazendo a obra ministerial. Esse padrão neotestamentário foi estabelecido por Jesus. Se alguém já foi capaz de fazer todo o ministério sozinho, essa pessoa foi Jesus. Porém, ele treinou doze apóstolos, que por sua vez treinaram outros para fazerem a obra ministerial.

Quarto, as pessoas vinham para a igreja para serem fortalecidas, ou seja, edificadas em Cristo. Na conclusão da discussão controversa de Paulo sobre os dons do Espírito e seu uso na igreja, ele escreveu:

> Portanto, que diremos, irmãos? Quando vocês se reúnem, cada um de vocês tem um salmo, ou uma palavra de instrução, uma revelação, uma palavra em uma língua ou uma interpretação. Tudo seja feito para a edificação da igreja (1Co 14:26).

Será que tal edificação deveria ocorrer pelo ministério de uma única pessoa? É claro que não. Paulo disse que todos deviam trazer algo para a igreja que contribuiria para a edificação de todos os presentes. O que você poderia trazer? A lista de Paulo tem apenas cinco itens: um salmo, uma palavra de instrução, uma revelação, uma palavra em uma língua ou uma interpretação. Tenho certeza de que essa lista não pretendia ser longa, mas sim uma simples representação dos tipos de contribuições que poderíamos levar à igreja para edificar nossos irmãos e irmãs em Cristo. O culto na igreja neotestamentária nunca foi feito para ser um espetáculo de um único homem.

Se você tivesse vivido na época do Novo Testamento, teria preparado seu coração para ir à igreja, para adorar, teria ido esperando ser capacitado para o ministério e pedido a Deus que lhe desse um dom para trazer com você para que pudesse ser usado para edificar ao próximo. Essa era a maneira de ir à igreja nos tempos do Novo Testamento.

A igreja neotestamentária não era apenas a morada da presença divina, mas também um centro de aprendizado da linguagem do Espírito Santo. As pessoas não apenas adoravam a Deus na igreja, mas também estavam capacitadas a ouvi-lo e, depois de ouvirem o Senhor, eram capazes de dar algo a alguém que as edificasse.

A pergunta que o Senhor me fez naquele dia, enquanto eu estava sentado à beira do riacho, mudou para sempre minha visão da vida eclesiástica. Decidi que daquele dia em diante iria à igreja como Paulo recomendou. Decidi que encontraria um grupo de pessoas que sentisse o mesmo que eu. Nós nos reuniríamos para encontrar Jesus, para ouvi-lo e sermos curados por ele, para adorá-lo, para sermos capacitados para o ministério e para trazer dons para edificarmos uns aos outros.

APRENDENDO A LINGUAGEM DO ESPÍRITO SANTO

Havia apenas um obstáculo para fazer parte de uma igreja como a que acabei de descrever – eu não conseguia ouvir a voz de Deus. Praticamente a única coisa que sabia fazer da lista de 1Coríntios 14:26 era trazer uma palavra de instrução. Fui treinado para ensinar a Bíblia, mas não tinha a menor ideia como trazer uma revelação, falar em línguas ou interpretá-la. Nem entendia como funcionavam os outros dons sobrenaturais – dons como palavras de sabedoria, palavras de conhecimento, o dom da fé, o dom de cura ou milagres, ou o dom de discernimento de espíritos, e assim por diante (1Co 12:8-10). Eu não tinha a interpretação de sonhos ou visões. Todas essas coisas eram importantes na Igreja do Novo Testamento. Sem elas, nenhuma igreja – por melhor que seja a música ou por mais talentoso que seja o pastor – pode realmente afirmar ser uma igreja neotestamentária.

A única parte da linguagem do Espírito Santo que eu conseguia entender era o texto escrito da Bíblia. E agora estava me perguntando quanto do meu entendimento consistia simplesmente em interpretações tradicionais transmitidas ao longo dos anos por vários professores e o quanto realmente vinha da iluminação do Espírito Santo.

Ao iniciar o processo de aprendizagem da linguagem do Espírito Santo, senti-me como uma criança tentando aprender a linguagem dos pais. Eu tinha três coisas a meu favor. Primeiro, tive uma noção apurada da minha pobreza espiritual. Eu agora acreditava que não conseguia ouvir muito bem a voz de Deus. Segundo, passei a acreditar que Deus ainda falava de todas as maneiras como falava na Bíblia. E terceiro, eu sabia que precisava que Deus falasse comigo de maneira mais pessoal se eu quisesse ter o tipo de vida na igreja descrito no Novo Testamento.

APRENDENDO NA JUVENTUDE

Descobri que o processo de aprendizagem da linguagem do Espírito Santo é semelhante ao processo de aprendizagem de qualquer língua estrangeira.

Em 1984, tirei um ano sabático das minhas funções de professor no seminário e mudei-me com a minha família para o sul da Alemanha. Quando nos mudamos, eu conseguia ler o alemão acadêmico bem devagar, mas não conseguia falar nenhuma palavra da linguagem do cotidiano. Matriculei-me numa escola de conversação para aprender. Meu objetivo era aprender a pensar em alemão para poder ler o idioma acadêmico mais rápido.

Nossos filhos tinham três, cinco e sete anos quando nos mudamos para um pequeno vilarejo na Floresta Negra, na Alemanha. Colocamos as crianças em uma escola de língua alemã. Eles não tinham nenhuma instrução prévia em alemão – nem treinamento formal em inglês – enquanto eu tinha tido um grande treinamento linguístico, estudado vários idiomas e estava passando por um treinamento formal muito rigoroso na língua alemã.

No final do ano, meus filhos falavam alemão tão bem que pareciam alemães – praticamente não tinham sotaque americano. Embora eu falasse bem o alemão para conversar e ir a qualquer lugar do país que quisesse, eu tinha um sotaque horrível! Todos os alemães com quem conversei me reconheciam como americano, embora eu falasse alemão. Eu sabia muito mais gramática e vocabulário alemão do que meus filhos, mas na verdade eles falavam melhor do que eu. Isso ilustra o que os professores de idiomas de todo o mundo sempre souberam: o melhor momento para aprender uma língua é quando se é criança. Por quê?

Em primeiro lugar, os meus filhos eram bastante motivados. O que valia mais a pena na vida era brincar com as outras crianças. Para brincar com as outras crianças, meus filhos tiveram que aprender alemão; era o recurso do objetivo principal. O fator motivação é igualmente importante no aprendizado da linguagem do Espírito Santo. Fiquei convencido de que nunca viveria a plenitude do ministério do Espírito Santo no Novo Testamento, a menos que aprendesse a ouvir o Espírito Santo falar nas várias maneiras como ele falou no Novo Testamento.

Um segundo fator que os ajuda a aprender uma nova língua é que seus padrões de fala nativos não estão tão enraizados neles como em seus pais. Por exemplo, a ordem das palavras em uma típica frase em alemão pode ser totalmente diferente da ordem das palavras em uma típica frase em inglês. Para quem fala inglês, parece que os verbos, o sujeito e o objeto direto estão completamente fora de ordem na frase alemã. Os anos de experiência com o inglês nos ensinaram onde o verbo deveria estar numa frase e onde deveria estar o sujeito. Meus filhos de três, cinco e sete anos não eram tão esclarecidos para perceber que havia uma diferença na ordem das palavras. Em nossa casa, onde falávamos inglês, os verbos simplesmente vinham depois do sujeito. No parquinho, onde as crianças falavam alemão, o verbo talvez só aparecesse na última palavra da frase. Ambas as formas pareciam naturais dependendo do ambiente em que se encontravam.

Da mesma forma, nós, que durante anos acreditamos que a única maneira de Deus falar conosco é através da Bíblia ou de pregações bíblicas, temos mais dificuldade em aprender a linguagem dos sonhos ou das impressões. Parece anormal Deus falar de qualquer forma, exceto pela Bíblia.

Um terceiro fator que permite às crianças aprenderem uma língua estrangeira mais rápido do que os adultos é que as suas cordas vocais ainda não estão endurecidas como as de um adulto. As cordas vocais dos nossos filhos ainda eram tão flexíveis que era fácil para eles emitirem os sons guturais e as distinções vocálicas alemãs que faltam no inglês. Da mesma forma, ao aprender a linguagem do Espírito Santo, chega um ponto em que alguns de nós ficamos tão endurecidos pela nossa doutrina e tradições que se torna difícil ouvirmos Deus de outra maneira, exceto do jeito como sempre o ouvimos.

TENTATIVA E ERRO

Você simplesmente não pode aprender um idioma sem tentar e errar. Quando um grupo de missionários vai para um país estrangeiro, a primeira coisa que faz é iniciar um estudo rigoroso da língua. O interessante é que muitas vezes não são os missionários com maior habilidade acadêmica que aprendem primeiro ou melhor o idioma. Geralmente, o missionário acadêmico prefere passar longas horas estudando um livro de gramática. Ele ou ela quer ter certeza de que aprenderá a gramática perfeitamente para que não cometa erros ao falar. Por outro lado, os missionários menos inclinados aos estudos são aqueles que se voluntariam para ir à padaria ou ao mercado. Eles cometem seus erros gramaticais bem na frente dos nativos enquanto tentam falar o novo idioma, geralmente recebendo a correção na hora.

O mesmo acontece com o aprendizado da linguagem do Espírito Santo. Somente aqueles que estão dispostos a tentar e errar se tornarão proficientes na compreensão de quais impressões vêm de Deus e quais surgem apenas de sua própria alma. Essa é uma das razões pelas quais meus filhos aprenderam a falar alemão melhor do que eu. Passei mais tempo estudando, enquanto eles passaram mais tempo praticando. Eu me dediquei ao aprendizado, enquanto eles se dedicaram ao dia a dia. Aprendi através de um livro, enquanto eles aprenderam por tentativa e erro.

Um dos meus amigos mais agraciados com o dom de profecia que tenho, Rick Joyner, presidente da *Morning Star Publications*, está atualmente liderando a "Escola do Espírito" que se reúne nas noites de sexta-feira em Charlotte, na Carolina do Norte. As pessoas sempre dirigem centenas de quilômetros para vir à reunião porque estão aprendendo a ouvir a voz de Deus de formas novas e eficazes. Rick me contou que a metodologia de tentativa e erro lhes proporcionou alguns momentos engraçados, bem como alguns vexames. Então ele fez esta observação muito interessante: "Sabe, estamos aprendendo tanto com nossos erros quanto com nossos acertos".

A esta altura, posso ouvir um dos meus oponentes dizendo: "Tentativa e erro são aceitáveis quando se está aprendendo um idioma, mas é um assunto bem mais sério quando se fala: 'Deus me manda dizer...'". Eu concordo plenamente. É algo muito sério dizer a alguém: "Deus me manda dizer...". Mas todos os cristãos fazem isso. Cada vez que citamos a Bíblia e a interpretamos ou aplicamos a Palavra em outra pessoa, estamos lhe dizendo que Deus disse algo. E nossa interpretação ou aplicação pode não corresponder nem um pouco ao que Deus disse. Pode ser apenas nossa interpretação ou aplicação. Ou, mesmo se estivermos certos, pode ser o momento errado. Podemos ser rápidos para falar quando Deus prefere que sejamos rápidos para ouvir. Não importa qual seja nossa posição doutrinária, sempre existe a tentação de usar nossa fé para controlar ou dirigir a vida do próximo. Sempre existe a tentação de ouvir o que Deus diz para outra pessoa do que ouvi-lo falar conosco diretamente.

O FATOR VERGONHA

"A insensatez está ligada ao coração da criança, mas a vara da disciplina a livrará dela" (Pv 22:15). Os pais conhecem muito bem a verdade desse famoso versículo. Mas a insensatez de uma criança pode ter um efeito positivo quando se trata de aprender uma língua. Por causa da sua insensatez, as crianças são atrevidas por natureza. Elas tentarão qualquer coisa porque não têm medo de errar ou de parecerem bobas. Quando meus filhos começaram a falar alemão, cometiam muitos erros gramaticais. Mas eles não ficavam envergonhados por causa deles. Eram tão desinibidos se comparados a mim. Eu tinha tanto medo de parecer bobo que, na verdade, evitava conversar em alemão, exatamente o que eu precisava fazer para aprender o idioma falado.

O medo de errar e do constrangimento, que é uma manifestação de insegurança, timidez ou, na pior das hipóteses, orgulho, é um dos grandes obstáculos para aprender a linguagem do Espírito Santo. Você não pode aprender um idioma ou a linguagem do Espírito Santo sem tentativa e erro. E, infelizmente, os erros nos fazem parecer tolos. Pior ainda, eles nos fazem sentir tolos. Ninguém gosta de se sentir assim. No entanto, Deus escolheu a loucura e fraqueza do mundo para envergonhar os sábios e os fortes (1Co 1:26-29). Qualquer pessoa que se torna experiente em ouvir a voz de Deus terá pagado o preço de parecer e sentir-se tolo várias vezes.

UM AMBIENTE SEGURO PARA AS LAGARTAS

Sentado debaixo da árvore no rancho com os outros dois pastores, decidi ser como criança e passar todas as vergonhas necessárias para aprender a ouvir o Espírito Santo. Fico feliz que na época eu não tivesse noção do constrangimento e da humilhação que estavam por vir. Encontrei um grupo de pessoas dispostas a passarem um pouco de vergonha e começamos a nos reunir nas noites de quarta-feira, cerca de quarenta pessoas. Nossos principais objetivos eram adorar a Deus, ouvi-lo, preparar-nos para o ministério e edificar uns aos outros. Nenhum de nós era renovado. A maioria de nós era contra a renovação. Adoraríamos a Deus por trinta a quarenta minutos, cantando hinos e louvores contemporâneos. Então um de nós traria um pequeno estudo. E depois, abaixaríamos nossas cabeças e pediríamos que Deus falasse conosco.

Ao cultuar assim, estávamos tentando viver 1Coríntios 14:26. Esperávamos que Deus nos desse uma revelação, uma palavra de conhecimento, uma palavra de sabedoria, línguas estranhas, uma interpretação, uma cura, um ensinamento ou qualquer outra coisa que pudesse edificar alguns dos presentes. E realmente começou a acontecer. As pessoas começaram a receber revelações verdadeiras. Deus curou alguns irmãos. Outros foram salvos. Os cristãos estavam se aproximando mais de Deus. Em poucas semanas, os quarenta participantes se transformaram em cem, e nosso pequeno encontro foi aumentando em número de pessoas.

Em pouco tempo, espalhou-se a notícia de que havia poder na nossa reunião de quarta-feira à noite, e então algumas pessoas vieram à reunião para investigar em vez de participar. Certa noite, alguns de meus alunos seminaristas chegaram atrasados e sentaram-se na última fileira. Eles tinham ouvido falar que seu professor estava envolvido em algumas estranhas reuniões renovadas. Eles queriam ver de perto. Eu parecia tão normal e chato na sala de aula que eles achavam difícil acreditar que eu estivesse participando de cultos religiosos agitados.

Tudo correu bem até chegarmos à parte em que esperávamos que Deus falasse conosco. Depois de esperar em silêncio por alguns minutos, perguntei ao grupo se alguém achava que o Senhor tinha falado com eles. A senhora mais doida do grupo levantou a mão. "Ai, não", pensei, "por favor, Deus, qualquer um, menos ela". Não pretendo ser grosso ao chamar essa senhora de "doida", mas todo grupo, toda igreja, tem algumas pessoas que estão, bem, como posso dizer, "fora da casinha". Quando surge algo novo, parece que elas são as primeiras a querer experimentar. Elas não têm nada a perder. Ninguém jamais as convida para almoçar. Elas são educadamente toleradas pela sociedade. (Talvez seja por isso que Deus tenha tanta misericórdia delas e geralmente cura e fala com elas primeiro.) No entanto, não tive misericórdia quando a tal senhora levantou a mão, apenas entrei em pânico. Era impossível ignorá-la. Ela foi a única a levantar a mão.

— Pois não — disse eu.

— Acabei de ter uma visão — respondeu ela.

Visão? Ela tinha que usar essa palavra? A expressão nos rostos dos seminaristas dava indícios de estarem alarmados.

— Qual foi a *imagem* que você viu? — perguntei.

— Bem, na visão eu vi uma lagarta roxa rastejando-se na sarjeta. Ela comeu quatro pedrinhas e depois as vomitou. O que essa visão significa, Jack?

O que significa? Meu primeiro pensamento foi: "Significa que você é doida de pedra, minha senhora!" Meu segundo pensamento foi: "Significa que Deus me odeia! Devo ter feito algo muito grave hoje para ele me castigar assim". Os seminaristas reviraram os olhos uns para os outros, zombando da "visão". Por um minuto, fui tentado a pensar que a lagarta era o seminário e os alunos eram as pedrinhas. Eu meio que gostaria que eles fossem vomitados ou pelo menos saíssem da reunião. Então percebi uma estranha dicotomia ali.

Por um lado, os alunos, através das suas expressões faciais e linguagem corporal, imploravam-me para dizer ao grupo que essa definitivamente não era uma visão real. Quase pude ouvi-los: "Não deixe essas pessoas serem enganadas". Por outro lado, o resto do grupo parecia estar tenso. Eles não foram enganados. Nenhum deles pensou que a visão fosse do Senhor. Estavam aguardando para ver com que rigidez aquela senhora seria punida por dizer algo tão doido.

Olhei para os alunos. Olhei para os irmãos. Olhei para aquela senhora doida:

— Sabe, o Senhor não está me mostrando a interpretação do que você viu. Vamos esperar alguns minutos para ver se alguém recebe uma interpretação e depois voltaremos à sua visão — respondi. Os alunos pareciam irritados. A expressão em seu rosto dizia: "Nosso professor realmente pirou. Ele está tratando a história como se fosse uma visão real". Na verdade, não achei que fosse. Eu estava apenas tratando a senhora como uma pessoa normal. Mas o interessante é que o resto dos irmãos baixou a guarda. Por toda a sala as pessoas começaram a levantar as mãos para "testar" suas impressões ou visões; sabiam que não seriam punidas por errar. É muito mais fácil aprender a linguagem do Espírito Santo quando você tem um ambiente seguro e amoroso.

ESTAR ONDE O IDIOMA É FALADO

Eu contei que estudei alemão durante vários anos enquanto morei nos Estados Unidos, li gramáticas e aprendi o vocabulário, e posteriormente li livros em alemão. Depois fui para a Alemanha e morei numa pequena aldeia onde a maioria das pessoas só falava alemão. Em apenas alguns meses, aprendi mais o idioma do que em todos os meus anos anteriores estudando nos Estados Unidos. Descobri que estar onde as pessoas falam alemão é a melhor maneira de aprender alemão.

Da mesma forma, estar perto das pessoas que falam e entendem a linguagem do Espírito Santo é uma ajuda inestimável para aprender a interpretar as visões, os sonhos, as impressões e também a Bíblia. Assim como algumas pessoas são mais talentosas para aprender outros idiomas, há aquelas que são mais abençoadas para ouvir a voz de Deus em suas diversas formas. Por exemplo, José e Daniel tinham o dom de interpretar sonhos. O apóstolo Paulo tinha o dom extraordinário para interpretar a Bíblia e entender as revelações fora dela. A igreja de Antioquia era um lugar onde a linguagem do Espírito Santo era falada e entendida (At 13:2). Aqueles que se encontram nesse tipo de ambiente geralmente progridem mais rápido na linguagem do Espírito Santo do que aqueles que vivem em lugares onde sua língua não é praticada ou falada apenas num dialeto.

A BÍBLIA É O CARDÁPIO

Geralmente, uma das primeiras coisas que você aprende ao estudar uma língua estrangeira é o cardápio daquele país. Pedir comida é uma necessidade básica da vida. Da mesma forma, a Bíblia é o cardápio do Espírito Santo e a explicação da sua linguagem. A Bíblia não apenas diz as várias maneiras pelas quais o Espírito Santo falará conosco, mas também diz exatamente as coisas que devemos comer se quisermos viver. E nos alerta sobre os venenos espirituais.

Ninguém que evite ler a Bíblia de propósito jamais ouvirá Deus de maneira confiável e consistente.

Há pessoas, porém, que se dedicam diligentemente ao estudo da Bíblia e ainda estão espiritualmente desnutridas. Isso acontece sempre em ambientes onde as pessoas fazem do estudo bíblico um propósito em si. São como quem estuda um cardápio com grande precisão e pode citar todos os detalhes: quando foi escrito pela primeira vez, como mudou ao longo dos anos, como cada prato é preparado, como deve ser servido, qual prato deve ser servido primeiro – até mesmo o porquê o chefe organizou o menu daquele modo. Talvez até frequentassem escolas cujo objetivo principal era explicar os cardápios. Quando se graduaram, os que melhor explicavam os cardápios conseguiam construir os maiores "clubes de cardápio", onde muitas pessoas se reúnem sempre apenas para ouvir uma explicação nova e inspiradora sobre o cardápio. No entanto, ninguém se fortalece com uma explicação do cardápio ou mesmo do estudo direto dele. Só fica forte quem pede o cardápio e come. Não confunda o cardápio com a refeição.

Jesus Cristo é o pão do céu. Se o nosso estudo bíblico não nos leva a sentir Jesus Cristo, então está nos levando à desnutrição espiritual. A Bíblia é o cardápio que nos leva a experimentar Deus em todas as áreas da nossa vida. Se fizermos do estudo bíblico nosso objetivo, acabaremos como os fariseus que pesquisavam diligentemente as Escrituras, mas nunca vieram a Cristo (Jo 5:39-40). Eles estudavam o cardápio constantemente e religiosamente. Mas nunca pediram comida. Nunca provaram. E isto foi a ironia e a tragédia: tão perto do cardápio, mas tão longe da refeição.

O FATOR TEMPO

Ninguém aprende um idioma da noite para o dia. As línguas são adquiridas ao longo do tempo através de seu uso constante. O mesmo se aplica à linguagem do Espírito Santo. Aqueles que se tornam experientes em ouvir a voz de Deus são aqueles que treinaram consistentemente para ouvi-lo (cf. Hb 5:14).

Se tivermos nosso coração aberto à correção de Deus, desenvolvermos o hábito de sempre lhe perguntar qual sua opinião sobre os assuntos e depois ouvirmos suas respostas, então, com o tempo, ficaremos experientes em ouvir sua voz. Seja paciente. Dê um tempo a si mesmo.

Se você realmente deseja aprender a linguagem do Espírito Santo, seu desejo é um sinal de que a misericórdia de Deus está em você. Ele colocou esse desejo em seu coração, e sua misericórdia permanecerá com você durante todas as provações ao aprender a linguagem do Espírito. O escritor C. S. Lewis disse certa vez: "E se o que restar for apenas a vontade de andar, ele ficará satisfeito até mesmo com seus tropeços".[2] Se isso for verdade, então talvez se o que restar for a vontade de ouvir, ele ficará satisfeito até mesmo com nossos erros.

FACILITANDO O MINISTÉRIO PROFÉTICO

Vários anos atrás, Paul Cain e eu estávamos em uma conferência organizada pela Metro Vineyard Christian Fellowship de Kansas City. Paul fez a pregação e depois profetizou para seis pessoas na audiência. Então ele olhou diretamente para mim e disse: "Jack, você poderia se levantar, por favor?".

Quando me levantei, Paul disse: "Tive uma visão de sua mãe nesta tarde. O nome dela é Wanda Jean. Eu a vi parada em um penhasco (*cliff*, em inglês) procurando pela joia (*jewel*, em inglês) perdida. Isso significa que o nome do seu pai é Jewel Clifford. Então eu vi seu pai. Quando o vi, ele estava no céu, face a face com o Senhor Jesus. O Senhor me mostrou que algum tempo antes de seu pai morrer, assim como Abraão, ele 'creu no Senhor e isso lhe foi creditado como justiça' (cf. Rm 4:9)".

Fiquei completamente atordoado. Ninguém sabia o nome verdadeiro da minha mãe. Ela odiava o nome Wanda e usava apenas o nome Jean. Era um dos nossos segredos de família mais bem guardados. Da mesma forma, meu pai nunca atendeu pelo nome de Jewel Clifford. Todos o chamavam de Jack. Nunca disseram a Paul que os nomes dos meus pais eram Jean e Jack, muito menos que os seus nomes de batismo eram Wanda Jean e Jewel Clifford. Eu sabia que a única maneira pela qual ele podia ter obtido esses nomes teria sido por revelação sobrenatural do Senhor.[1] Qualquer um poderia ter me dito que tinha visto meu pai no céu, mas somente o Senhor poderia ter me dito os nomes verdadeiros dos meus pais de tal forma que confirmaria a revelação sobrenatural da presença do meu pai no céu.

Meu pai cometeu suicídio quando eu tinha doze anos de idade. Cinco anos depois, tornei-me cristão. Depois dessa época, costumava imaginar onde meu pai estava, se no céu ou no inferno. Repetidamente, eu tentava avaliar todas as evidências. Pelo lado negativo, não éramos uma família que frequentava à igreja e meu pai tinha tirado a própria vida. Pelo lado positivo, meu pai tinha uma Bíblia e a lia, e eu também já o tinha ouvido orar em voz alta ao Senhor mais de uma vez. Alguns dias, depois de pesar todas as evidências negativas, eu ficava convencido de que meu pai estava no inferno. Noutros dias, depois de pesar todas as evidências positivas, eu acreditava que ele estava no céu. Por vários anos fiquei nesse "ioiô", até que finalmente tirei isso da cabeça. Agora, não muito tempo depois de eu ter completado quarenta anos, a mesma idade com que meu pai tirou sua vida, o Senhor, em sua misericórdia, revelou que meu pai estava no céu.

No dia seguinte, busquei Paul em seu hotel para levá-lo para almoçar na casa de um pastor. Perguntei-lhe por que o Senhor escolheu esse momento para me dar a revelação sobre meu pai. Eu não apenas não estava mais perguntando ao Senhor sobre meu pai, mas também, anos atrás, eu já tinha apagado todo esse assunto da minha memória. Pelo que eu sabia, isso não me incomodava mais. Eu queria saber se o Senhor tinha mostrado a Paul o porquê de ele ter me dado aquela revelação.

Paul me contou que, depois que me tornei cristão, a questão do destino eterno de meu pai me perturbou mais do que eu imaginava. Ele disse que não muito depois de minha conversão, uma raiz de amargura brotou em meu coração por causa da morte de meu pai e pela possibilidade de ele passar a eternidade no inferno. Ele disse que a raiz de amargura causou uma rispidez em meu comportamento para com os outros. A revelação era para ajudar a remover essa rispidez.

A remoção da rispidez era algo pelo qual eu *estava* orando. Eu estava pedindo ao Senhor que me desse seu amor e mansidão pelo seu povo. Hoje não sou tão gentil quanto gostaria, mas também não sou tão ríspido como costumava ser. Sei que a profecia do Espírito Santo a respeito do destino eterno do meu pai foi um fator significativo para acalmar meu coração.

Um ministério profético assim simplesmente não vai surgir em sua igreja. Assim como a pregação e a oração, ele deve ser cultivado e administrado adequadamente. A seguir, há algumas descrições e orientações que descobri serem úteis para facilitar o ministério profético, tanto vindo das Escrituras quanto da experiência.

O QUE É UM PROFETA?

Um profeta discerne o futuro

Isaías disse que os profetas são os "olhos" de Israel (Is 29:10). Através do Espírito Santo, os profetas podem "ver" constantemente coisas que outros não veem sempre.[2] É claro, o maior de todos os profetas é Cristo, que durante seu ministério terreno não julgou pelo que seus olhos viam ou pelo que seus ouvidos ouviam. Em vez disso, ele julgou com o discernimento do Espírito Santo (Is 11:2-4).

Os profetas podem ver o futuro. Eles podem prever os juízos e as bênçãos futuras. Podem descrever antecipadamente a ascensão e a queda das nações. Também podem ser bem práticos, como dizer onde sua jumenta perdida pode ser encontrada (1Sm 9:20). E podem revelar os segredos do seu coração, para que, quando anunciarem os planos futuros de Deus para sua vida, você acredite neles (9:19;10:1-9).

Um profeta discerne o presente

Os profetas também são peritos em discernir as atuais prioridades do Senhor. Às vezes é chamado de "predição". Uma forma comum dessa predição é quando os profetas falam contra os pecados atuais. Suponho que qualquer um, em qualquer sociedade, possa encontrar muitos pecados dos quais reclamar – os que trabalham na reforma social sempre tiveram muitos pecados para combater. O que torna um verdadeiro profeta distinto é que ele ou ela é movido pelo

Senhor para falar contra uma circunstância que o Senhor quer mudar naquele determinado momento.

Assim como há centenas de aspectos errados em qualquer sociedade, há centenas de aspectos errados em qualquer área da nossa vida privada. Normalmente, o Senhor não corrige tudo de uma só vez. Se ele mostrasse a você ou a mim todos os nossos pecados e imaturidade de uma só vez, é possível que essa visão nos esmagasse e perdêssemos toda a esperança de mudar. Muitas vezes, o Senhor mostra aos seus profetas o que ele está realmente interessado em mudar.

Predizer nem sempre significa revelar nossos pecados. O apóstolo Paulo nos ordena descobrir o que é agradável ao Senhor (Ef 5:10). Às vezes, o Senhor mostrará para um profeta as prioridades ou os planos atuais de Deus para nós. Há alguns anos, tive um sonho e nele eu escrevia um livro que o Senhor usou para um propósito específico. Na época, eu estava ocupado no meu ministério de conferências e também no ministério pastoral, e não tinha planejado dedicar tempo para escrever por vários anos. Eu não tinha certeza de se deveria interpretar o sonho literalmente. Pouco depois do sonho, Paul Cain me ligou e disse que teve uma visão comigo naquela tarde. A interpretação que ele fez da visão foi que o Senhor pretendia que eu fizesse ser a maior prioridade em minha agenda escrever o livro. Paul não sabia nada sobre meu sonho. Porém, mesmo com meu sonho e a visão de Paul, ainda não conseguia encontrar tempo para começar a escrever. Rapidamente tudo mudou em nossa vida para que eu pudesse começar a escrever meu livro. Quando as mudanças aconteceram, não ficamos chateados, porque sabíamos o porquê elas estavam acontecendo. O meu sonho e a visão profética de Paul mostraram-nos que o Senhor estava mudando suas prioridades em nossa vida.

TODOS PODEM PROFETIZAR?

No Antigo Testamento, havia poucos profetas e raramente alguém que não tinha o status de profeta, profetizava. No Novo Testamento, a vinda do

Espírito mudou tudo. Pedro afirmou que o dia de Pentecostes foi o início do cumprimento de Joel 2:28-32. Ouça as palavras ditas pelo profeta Joel:

> Nos últimos dias, diz Deus, derramarei do meu Espírito sobre todos os povos. Os seus filhos e as suas filhas profetizarão, os jovens terão visões, os velhos terão sonhos. Sobre os meus servos e as minhas servas derramarei do meu Espírito naqueles dias, e eles profetizarão (At 2:17-18).

Com a vinda do Espírito, há uma noção de que todo cristão deve profetizar. Haverá profecias, sonhos e visões na igreja sem distinção de sexo, idade ou posição econômica. Todos no Novo Testamento podem, em um momento ou outro, profetizar, sonhar ou ter uma visão. Todos podem evangelizar e ensinar. Entretanto, isso não significa que todos serão profetas, evangelistas ou mestres. Mas aqueles que realizam sistematicamente essas atividades e as fazem bem podem ser considerados profetas, professores ou evangelistas.

Nem todo mundo que tem um ministério profético terá destaque nele. Os dons variam em sua intensidade e os ministérios variam em seus níveis de autoridade. Paulo falou sobre isso quando escreveu: "Se alguém tem o dom de profetizar, use-o na proporção da sua fé" (Rm 12:6). Jesus ensinou a mesma coisa na parábola dos talentos, onde Deus dá para alguns servos cinco talentos, a outros dois e a outros um (Mt 25:14-30). Alguns evangelistas têm ministérios internacionais, enquanto outros estão confinados a uma única classe de escola dominical anos a fio. O mesmo acontece com os ministérios proféticos.

POR QUE NÃO JULGAR A "EMBALAGEM?"

Nossas igrejas nunca terão ministérios de ensino eficientes, a menos que reconheçamos quem são os professores eficientes. Acontece o mesmo com o ministério profético. Nunca seremos capazes de reconhecer os profetas se cometermos o erro de julgar o ministério profético pela sua embalagem. Alguns profetas podem vir em embalagens muito comuns – como o filho de um carpinteiro que não fez nada notável em público até os trinta anos de idade. Outros profetas podem não ser tão comuns. Eles podem ser maus oradores, analfabetos e podem até ser um pouco esquisitos. Podem ser depressivos (Jeremias), ter más atitudes (Jonas), estar sujeitos a mudanças de humor (Elias), místicos (Ezequiel), ter tendência de andar nu por muito tempo (Isaías), casar-se com uma prostituta (Oseias), conversar com uma mula (Balaão), viajar dentro da barriga de um grande peixe (de novo, Jonas), mentir para se livrar dos problemas (Abraão), ser vegetariano (Daniel), usar roupas incomuns (João Batista), ficar bravo com Deus e recusar-se a falar com ele (Jonas novamente), discutir com Deus (Habacuque) ou ter hábitos alimentares peculiares (de novo, João Batista). Resumindo, não julgue o profeta pela embalagem. Se julgar, poderá perder as bênçãos do ministério profético.

Além de virem às vezes em embalagens peculiares, os profetas podem ter alguns métodos peculiares de ministério. Em algumas ocasiões, um profeta pode precisar ouvir música antes de profetizar (Eliseu, 2Rs 3:15ss). Conheço alguns profetas que não veem as coisas até apertarem a mão ou imporem as mãos sobre as pessoas para orar. Alguns podem usar um simbolismo estranho. Eliseu disse ao Rei Joás para golpear o chão com algumas flechas. Joás golpeou três vezes o chão e parou. O homem de Deus ficou irado com ele e disse: "Você deveria ter golpeado o chão cinco ou seis vezes; assim iria derrotar a Síria e a destruiria completamente. Mas agora você a vencerá somente três vezes" (2Rs 13:19). Como Joás deveria ter discernido o significado do simbolismo de Eliseu? Ou que tal o cinto de linho que Jeremias escondeu e depois recuperou quando ficou podre? Era um símbolo da ruína de Israel e Judá (Jr 13:1-11). Mas os religiosos apenas pensavam que Jeremias estava sendo excêntrico e negativo. Mesmo essas ações simbólicas eram brandas em comparação com o período de três anos em que Isaías ficou nu (Is 20:2-3) ou Oseias, ao se casar com uma prostituta (Os 1:2).

Jesus disse que devemos avaliar o ministério profético pelos frutos que ele produz (Mt 7:15ss). As perguntas importantes a serem feitas sobre o ministério dos profetas são as seguintes:

1. Eles estão honrando a Cristo e trazendo glória a ele, ou estão chamando atenção para eles?
2. Eles estão andando em humildade e o ministério produz esse caráter?
3. O ministério produz o fruto do Espírito Santo?
4. Suas palavras são extadas e suas predições se cumprem?
5. O ensino deles está de acordo com as Escrituras?

Observe a última pergunta, em que perguntei se o ensino deles está de acordo com as Escrituras, e não com sua doutrina ou sua interpretação das Escrituras. Presumo que qualquer um que nós permitimos ministrar em nossa igreja acredite nos princípios da fé, mesmo que não concorde necessariamente com as nossas interpretações de áreas questionáveis. A reclamação constante: "Isso não é bíblico", muitas vezes indica nada mais do que um desacordo com a interpretação de alguém sobre uma área menos importante da doutrina.

QUANTA AUTORIDADE TÊM OS PROFETAS DO NOVO TESTAMENTO?

Um amigo meu frequentava uma igreja renovada bem conhecida na década de 1970. Aos dezenove anos, ele terminou o relacionamento com sua namorada. Ele tinha decidido que o namoro não iria a lugar nenhum e não queria continuar daquele jeito. Ele sabia que não amava aquela mulher e que eles não eram compatíveis. Um "profeta" na igreja disse ao jovem casal que eles tinham cometido um erro grave e que Deus queria que eles se casassem. Eles não se amavam, mas também não queriam desobedecer ao Senhor. Eles se casaram. Se alguma vez houve um casal que não deveria ter se casado, foi esse. Sem entrar em detalhes, direi que meu amigo deu o melhor de si, mas no fim sua esposa divorciou-se dele.

Em alguns círculos do movimento renovado da década de 1970, não era incomum que os profetas arranjassem casamentos dessa forma. Deus dá esse tipo de autoridade aos profetas? Ele não apenas não dá essa autoridade aos profetas do Novo Testamento, mas nem mesmo dá aos apóstolos do Novo Testamento. A Bíblia indica que os cristãos devem casar-se com cristãos (1Co 7:39; 2Co 6:14-15), mas nem os profetas, nem os apóstolos do Novo Testamento dizem com qual cristão devem se casar. Eles não tinham autoridade para dizer às pessoas se deveriam ou não ter filhos, ou quantos filhos ter. Eles não tinham autoridade para dizer aos crentes onde viver, trabalhar ou qual deveria ser seu chamado. Eles não poderiam controlar sua consciência (1Co 8:7ss). Eles poderiam encorajá-lo a ofertar (1Co 16:2; 2Co 9:6-15), mas não poderiam estipular a quantia (2Co 9:7) ou colocá-lo sob a disciplina da igreja se você não ofertasse.[3]

QUEM É O RESPONSÁVEL?

No Antigo Testamento, Deus deu autoridade aos reis para governar as nações de Israel e Judá. Os profetas foram uma bênção maravilhosa para os reis piedosos e um espinho na carne para os reis maus. Alguns profetas eram muito poderosos e tinham muita influência. Mas o governo das nações foi dado por Deus aos reis, não aos profetas.

No Novo Testamento, o governo da igreja local foi dado aos presbíteros daquela igreja, não aos profetas itinerantes, nem aos profetas daquela igreja. Paulo escreveu: "Os presbíteros que lideram bem a igreja são dignos de dupla honra, especialmente aqueles cujo trabalho é a pregação e o ensino" (1Tm 5:17).

Existem dois grupos na igreja que sempre causam problemas para a liderança da igreja. Um grupo é o dos profetas. Por eles constantemente terem visões, sonhos e impressões incomuns, podem ter a tendência de achar que sabem mais do que a liderança da igreja. Alguns ficam ofendidos quando a liderança não os ouve. Eles presumem que sabem melhor o que o Senhor deseja para a igreja.

O outro grupo que geralmente causa problemas são os intercessores. Os intercessores são irmãos cujo ministério principal é orar. Eles passam longas horas em oração – frequentemente mais do que qualquer outro irmão na igreja. Às vezes, isso os faz sentir mais espirituais do que a liderança, e magoam-se por não terem uma voz mais ativa nos assuntos eclesiásticos. Ambos os grupos, os profetas e os intercessores, são obrigados por Deus a submeterem-se aos presbíteros.

Além disso, há um número de irmãos que atuam como profetas itinerantes e que não estão submetidos a nenhuma autoridade local. Geralmente eles entram pela porta dos fundos de uma igreja através de amigos daquela denominação ou de irmãos que conheceram numa conferência. Esses profetas itinerantes contam histórias megalomaníacas sobre eles mesmos e engrandecem seus ministérios. Demonstram ter algum dom de profecia, embora nunca no grau das histórias que contam sobre eles mesmos. Geralmente pedem ofertas para o seu "ministério" ou empréstimos que nunca pagam. Paulo descreveu essas pessoas como "os que se introduzem pelas casas e conquistam mulherzinhas sobrecarregadas de pecados, as quais se deixam levar por toda espécie de desejos" (2Tm 3:6). Nunca entendi o que Paulo quis dizer com esse versículo até ver alguns profetas itinerantes em ação. Na verdade, eu os vi praticando o que Paulo descreveu.

As igrejas em transição que estão apenas aprendendo sobre os dons do Espírito são presas fáceis para esse tipo de "ministros". Às vezes, os presbíteros de uma igreja em transição sentem que foram arrogantes e indiferentes no ministério anterior. Agora eles querem estar "abertos a tudo o que Deus está fazendo". No desejo de adotar uma postura de humildade, na verdade, eles podem ser ingênuos com os profetas itinerantes. A liderança da igreja nunca deve permitir que ministros de qualquer tipo, profetas ou mestres, ministrem em sua igreja a menos que estejam sujeitos à autoridade de uma igreja local e devam satisfações à sua liderança. Os líderes de células não devem dar autoridade, nem ministério, aos irmãos que não estejam verdadeiramente sob autoridade. Faça ligações e cheque as referências antes de permitir que irmãos desconhecidos ministrem em sua igreja. Essa regra não pretende apagar o Espírito Santo ou promover o legalismo, mas sim proteger a igreja de predadores. Um ministro itinerante que recusa submeter-se à autoridade espiritual está sempre cheio de orgulho espiritual. A perda da transparência leva inevitavelmente a uma queda, que irá ferir e talvez corromper aqueles envolvidos com o profeta orgulhoso.

Eu faria uma exceção à regra acima. É difícil para os chefes de juntas missionárias e organizações paraeclesiásticas que viajam o tempo todo estarem sujeitos à autoridade de uma igreja local porque estão sempre falando em outras denominações ou no campo missionário. Embora esses líderes possam não estar sujeitos à autoridade de uma igreja local, estão sob autoridade de juntas fortes. As organizações têm audições regulares e vida deles está sob constante investigação.

USURPAR O PAPEL DO ESPÍRITO SANTO OU SUSTENTAR A LIDERANÇA DE DEUS?

Os profetas do Novo Testamento nunca usaram a autoridade profética para controlar a vida de um indivíduo. Em vez disso, edificavam, exortavam, consolavam, encorajavam e fortaleciam os cristãos (At 15:32; 1Co 14:3). Às vezes, um profeta pode fazer tudo isso dizendo algo sobre o futuro de alguém.

Certa vez, um profeta me disse que eu passaria por um momento de provação.

— Uma grande provação? — perguntei.

— Vamos imaginar o seguinte — disse ele. — Você se sentirá como se tivesse sido atropelado por um trem de carga quando tudo acabar.

Então ele revelou com precisão a semana em que a peneiração começaria.

Isso foi edificante? Bem, de certo modo, foi. Ele também me disse que se eu suportasse a provação com graça e humildade, o Senhor me recompensaria. Quando o trem de carga chegou, agarrei-me à última promessa e ela se tornou realidade.

Um profeta também pode edificar ou encorajá-lo revelando algo sobre sua vida atual. Como o profeta que me revelou a mesma oração que eu havia feito no meu secreto naquela manhã. Ele disse: "O Senhor manda dizer que essa oração vem da parte dele e que ele vai atendê-la. Ele quer encorajá-lo a continuar orando nesse sentido". Essa palavra me foi dada anos atrás e o Senhor ainda não respondeu à oração que tenho feito quase todos os dias desde então. Mas essa profecia me deu a coragem de que preciso para perseverar em oração. Na verdade, o Senhor me deu uma série de confirmações proféticas, além daquela que acabei de mencionar, de que esse sonho em meu coração realmente vem de Deus.

Embora existam muitas maneiras pelas quais o ministério profético pode ser edificante, o ministério profético nunca deve substituir o Espírito Santo em nossa caminhada com Deus. Nem o ministério profético poderá jamais tirar nossa responsabilidade perante o Senhor.

Durante o reinado do rei Jeroboão, o Senhor enviou um profeta a Betel com uma mensagem de juízo (1Rs 13:1ss). Deus ordenou ao profeta que não comesse, nem bebesse, nem voltasse para Judá pelo mesmo caminho por onde tinha vindo para Betel (1Rs 13:9). Depois que ele proferiu a palavra de juízo e estava voltando para Judá, um velho profeta saiu ao seu encontro e disse: "Eu também sou profeta como você. E um anjo me disse por ordem do Senhor: 'Faça-o voltar com você para a sua casa para que coma pão e beba água'" (1Rs 13:18). O profeta mais jovem ouviu o profeta mais velho e foi para sua casa comer, mas o profeta mais velho havia mentido para ele. Como punição pela desobediência do profeta mais jovem, um leão o matou no caminho de volta para Judá. Essa história demonstra como Deus considera cada um de nós responsável por ouvir sua voz por nós mesmos e obedecê-la. Ele nunca nos permitirá culpar um profeta pelos nossos casamentos destruídos, pelos nossos infortúnios financeiros ou pelas nossas outras decisões erradas. Ele nos responsabiliza por obedecer à luz que ele nos dá, e não à luz que ele dá a outro irmão.

Os profetas podem nos ajudar nas decisões sobre casamento, filhos, trabalho ou dinheiro? Sim, acredito que eles podem falar palavras que apoiam, confirmam ou esclarecem uma orientação que Deus já tinha dado a nós anteriormente. Ou podem fazer-nos orar sobre algo que nem sequer tínhamos considerado. Deus pode responder às nossas orações com uma nova orientação. Observe, no entanto, que esses tipos de profecias nunca devem ser proferidos de forma controladora ou autoritária. Certa vez, um profeta veio à nossa igreja e disse a uma jovem mãe: "Assim diz o Senhor: você terá outro filho nesta época no ano que vem". Ela não parecia feliz. Depois ela veio até mim e disse:

— Tenho quatro filhos e eles estão me deixando louca. Eu tenho que ter outro? Estarei desagradando ao Senhor se não tentar engravidar de novo?

— De jeito nenhum — respondi.

Aquele profeta tinha ultrapassado os limites. Ele estava tentando tomar uma decisão por essa jovem mãe que só poderia ser tomada por ela e seu marido. O único lugar em que considero aceitável profetizar o nascimento de um bebê é no caso de um casal estéril. Tenho visto Paul Cain e outros profetas agirem dessa forma em diversas ocasiões e trazerem grandes bênçãos ao casal e à congregação.

QUEM DEVE MINISTRAR EM AMBIENTES PÚBLICOS?

Quando nos reunimos, todos devemos estar preparados para usar nossos dons para abençoar ao próximo. Isso não significa necessariamente que usaremos esses dons diante de todo o corpo – ter um dom espiritual não dá a alguém o direito de falar em reuniões públicas. Os dons de alguns são mais adequadamente usados pessoalmente ou em frente de pequenos grupos. É possível que o dom deles cresça em intensidade e mais tarde coloque-os diante de grupos maiores, mas o nível do dom deve ser sempre adequado ao ambiente em que ele será utilizado.

Alguns profetas bem preparados também são especialistas no ensino bíblico. Contudo, muitos que são extremamente qualificados para serem profetas têm pouca ou nenhuma habilidade no ensino bíblico. No entanto, muitas vezes os irmãos pedem que ensinem a Bíblia antes de darem suas revelações. Isso geralmente confunde alguns irmãos e deixa toda a igreja entediada. A maioria dos irmãos nessas reuniões quer que o profeta termine a pregação para que possam desfrutar o "verdadeiro ministério". Se o profeta não for talentoso no ensino da Bíblia, não se deve pedir que o faça.

Há outro aspecto que também considero inútil no ministério profético. Quando o dom de profecia o habilita a falar em grandes reuniões públicas, não se deve explicar visões longas e sem nenhuma interpretação. Isso é igual a um professor que gasta muito tempo introduzindo um problema teológico e depois não consegue dar uma solução adequada para ele. Simplesmente deixa todos perplexos e não edifica ninguém.

Quando um profeta sente que tem uma revelação para todo o corpo, essa palavra deve ser dada primeiro à liderança da igreja. Depois, com a permissão e bênção da liderança, essa revelação pode ser compartilhada com o corpo.

COMO SE ESTABELECE A CREDIBILIDADE E A AUTORIDADE PROFÉTICA?

Os cristãos que buscam destaque no reino de Deus estão perdendo seu tempo. Todos no reino são igualmente importantes para Deus, mas nem todos terão igualmente grande destaque no culto. É Deus quem levanta e afasta os líderes. Ele deu a Moisés, Josué, Salomão e a outros destaque, credibilidade e autoridade aos olhos do povo.[4] Também queria que o povo tivesse confiança nos profetas — não apenas em quaisquer profetas, mas em seus profetas, aqueles que ele próprio tinha levantado e enviado ao povo (2Cr 20:20). Como é função de Deus levantar líderes e profetas, geralmente temos problemas quando tentamos nos levantar diante do povo. Diótrefes adorava ter destaque e tentou conquistá-lo por conta própria. Mas o tiro saiu pela culatra, e por dois mil anos seu nome foi coberto de vergonha (3Jo 9-10).

A credibilidade e a autoridade começam com o chamado do Senhor Jesus. Os doze tornaram-se apóstolos porque o Senhor "chamou a si aqueles que ele quis" (Mc 3:13). O mesmo vale para os presbíteros (At 20:28) e para os profetas (1Co 14:28-29; Ef 4:11). Na casa de Deus não podemos ser algo para o que não fomos chamados. Portanto, devemos aprender a atuar dentro do nosso chamado.

É Deus quem determina nosso destaque na igreja. Ele dará a cada servo a credibilidade e a autoridade necessárias para cumprir o nível do chamado.

Os profetas começam a ganhar credibilidade e autoridade quando obedecem ao chamado e se submetem ao nível do seu chamado ou, nas palavras do apóstolo Paulo, quando um profeta profetiza "na proporção da sua fé" e "de acordo com a graça (...) dada" (Rm 12.6). A maioria dos evangelistas, profetas e mestres ministrará durante toda a vida numa única igreja e talvez até mesmo para um único grupo de faixa etária, como por exemplo, a uma escola dominical infantil. Poucos serão chamados para um ministério além dos limites da sua igreja local. Por exemplo, no Novo Testamento, pensamos em profetas como Ágabo, Judas e Silas, que tinham autoridade para ministrar em outras igrejas. E poucos serão elevados a um ministério internacional como o de Billy Graham.

A credibilidade e a autoridade profética também são obtidas ao se sujeitar à liderança de uma igreja local. Se Deus der para um profeta um ministério em outra igreja, então em cada igreja que ele ministrar deve estar sujeito à autoridade dessa igreja, assim como à autoridade de sua própria igreja.

Não se esqueça de que há uma diferença entre o dom de profecia e a autoridade profética. É possível que um irmão tenha o dom de profecia em grande escala, mas não possua muita autoridade em sua igreja local ou fora dela. Os profetas que demonstram ter o caráter do Senhor Jesus e que sempre fazem revelações precisas e que dão direções úteis possuem autoridade e prestígio aos olhos da igreja.

Existem também alguns profetas que têm autoridade no mundo secular e que o Senhor pode enviá-los aos líderes das nações. Existem profetas cujos líderes mundiais de hoje têm buscado ajuda. Os profetas que eu conheço que possuem esse nível de credibilidade e autoridade jamais buscaram tal posição. Pelo contrário, passaram sua vida buscando a face de Deus, que lhes deu o nível do dom e da autoridade necessários para cumprir a missão que lhes fora confiada.

QUAL É O SEU CHAMADO?

Talvez a melhor forma de facilitar qualquer ministério, não somente o ministério profético, é sabermos qual é o nosso chamado. A igreja é o corpo de Cristo, e ele deu para cada um de nós uma função dentro do corpo. Alguns de nós somos os olhos, outros são as mãos, e assim por diante. O que você é?

Meu amigo que mencionei anteriormente, Rick Joyner, geralmente faz uma pesquisa entre seus ouvintes. Ele pergunta se conhecem seu chamado no corpo de Cristo. Ele me disse que 10% do público declara saber qual é o seu chamado. Então ele pergunta aos 10% se eles estão caminhando dentro do seu chamado. E apenas 10% daquele grupo geralmente afirma que está. Se essa for uma pesquisa exata de toda a igreja, significa que apenas 1% dela está realmente atuando dentro do papel que Jesus determinou para ela.

O que aconteceria com seu corpo físico se apenas 1% estivesse funcionando bem? Você ficaria feliz de ter apenas 50% funcionando de forma eficaz? A maioria de nós deseja que nosso corpo físico funcione com 100% de eficiência. Como você acha que Jesus se sente com seu corpo, a Igreja?

Alguns de nós não conseguem atuar de modo eficaz porque não sabem de qual parte do corpo fazem parte. Outros sabem quais partes são, mas não acham que as outras partes são necessárias. Talvez nenhum de nós possa andar completamente em nosso chamado até crer na necessidade de todos os outros chamados. Só assim teremos a humildade de cumprirmos nosso papel.

Se você tem o chamado para o dom de profecia ou não, lembre-se que Paulo disse a igreja para facilitar o ministério profético (1Co 14:1), e que Isaías chamou os profetas de os olhos do corpo (Is 29:10). E quem não gostaria de ter olhos?

"DEUS *me* MANDA DIZER..."

Aqui está uma história que já contei diversas vezes. Um profeta da igreja recebe uma "revelação" de que a igreja não deve recolher as ofertas. Em vez disso, a igreja deve colocar várias caixas na saída do auditório para que as pessoas possam depositar suas contribuições ao sair. Se a igreja seguir o conselho, Deus vai honrá-los com um aumento no orçamento. O profeta passa a revelação para o pastor, que lhe agradece e diz que a liderança vai orar a respeito dessa palavra.

No domingo seguinte, o profeta observa atentamente para ver se a revelação foi acatada. Não há nenhum anúncio sobre a nova norma das ofertas, e eles recolhem as ofertas como sempre fizeram. Ele mal pode acreditar. A liderança da igreja desobedeceu a palavra do Deus vivo! Naquela noite, durante seu sono, ele tem um sonho. Vê a igreja pegando fogo e as pessoas correndo incendiadas. O juízo de Deus chegou!

Nos próximos dias, o profeta alerta os seus amigos que a liderança da igreja desobedeceu a palavra do Deus vivo, e agora o julgamento fora decretado na igreja. O profeta tem mais revelações negativas, as quais ele também compartilha para alertar os verdadeiros crentes. A liderança ouve a respeito das revelações, que considera serem calúnias. Não muito tempo depois, passa a existir dois lados e acontece uma divisão. Ou um grande número de pessoas sai da igreja. Ou quem sai é o pastor.

Anos depois, após as coisas se acalmarem, um jovem entra no gabinete do pastor. Ele diz: "Pastor, tive um sonho com a igreja nessa noite".

"Ai, de novo, não!", pensa o pastor. Ele imagina se poderia simplesmente matar o jovem e, de alguma forma, convencer Deus de que o havia encontrado morto. É assim que esse pastor se sente agora em relação ao dom de profecia.

Posso estar exagerando um pouco, mas não muito. Conheço pastores que foram extremamente arruinados pelo ministério profético que eles não querem mais ter nada a ver com ele. Como podem ser evitados esses tipos de situações dolorosas? Como os profetas devem transmitir suas palavras para os irmãos? Verdade seja dita, como qualquer um compartilha o que acha que Deus lhe mostrou?

DANDO PALAVRAS PROFÉTICAS

Tenha permissão de Deus para falar

Vamos supor que o Senhor lhe dê uma revelação verdadeira sobre uma igreja ou sobre alguém que você conhece. Talvez ocorra através do seu devocional, ou de um sonho, ou de uma visão, ou de uma impressão. A primeira regra é: não pense que, só porque teve uma revelação, você tem o direito de compartilhá-la. Às vezes, Deus dá grandes revelações aos seus servos que não são permitidas serem ditas (Dn 8:26; 12:4; 2Co 12:4) ou ele revela seus segredos aos seus servos, os profetas (Am 3:7; Jr 33:3ss), mas espera que eles guardem segredo até lhes conceder a permissão para falá-los em público. Quer você seja um profeta ou não, "o Senhor confia os seus segredos aos que o temem" (Sl 25:14). Ou seja, ele revela seus segredos para quem sabe os guardar e que fazem jus à sua confiança. Ele não revela seus segredos mais íntimos para os fofoqueiros.

Há um tempo adequado para cada revelação genuína de Deus. Uma pessoa sábia não se contenta somente com receber uma revelação. Elas sabem que "a palavra proferida no tempo certo é como frutas de ouro incrustadas numa escultura de prata" (Pv 25:11). Quando compartilhamos uma revelação verdadeira de Deus no momento errado, estamos agindo como tolos cujas "palavras (...) ferem como espada" (Pv 12:18).

Discernindo entre revelação, interpretação e aplicação

A segunda regra da revelação é: aprenda a discernir entre revelação, interpretação e aplicação. É possível que alguém receba uma revelação precisa, mas lhe dê a interpretação equivocada e, então, sua aplicação distorcida. Um pastor me contou sobre um ministro muito abençoado com o dom de profecia em sua igreja. Eles estavam juntos numa conferência, e o ministro estava dando para os irmãos palavras de profecia ao final do culto. Assim que o profeta olhou para um homem na parte de trás do recinto, ele viu uma nota de dólar em cima da cabeça dele. Havia uma nuvem negra acima da nota. Parecia óbvio para o profeta que isso era um sinal de um pecado na vida financeira daquele homem. Ele pediu para o homem ficar em pé e disse: "O Senhor me mostrou que há um pecado em sua vida financeira. Ele está lhe dando tempo para se arrepender e arrumar as coisas. Você pode evitar seu castigo se agir o mais rápido possível".

Depois que o culto acabou, o homem que tinha recebido a repreensão pública veio até a frente com seu pastor para ambos conversarem com o profeta. O homem negou que houvesse qualquer pecado em suas finanças. Ele serviu como presbítero em sua igreja e tinha uma reputação de integridade financeira impecável. O homem tinha sua própria empresa e tinha sido muito generoso com sua igreja e outras instituições de caridade. Seu pastor era testemunha disso tudo, e disseram educadamente ao profeta que ele tinha cometido um erro. Até o profeta foi convencido pela sinceridade deles. Contudo, ele sabia que a visão não era fruto de sua imaginação. Tinha certeza de que ela tinha vindo do Senhor.

Algumas semanas depois, um dos funcionários do presbítero foi pego fraudando a empresa. Ele aparentemente estivera cometendo fraude já há algum tempo. Então a revelação no final mostrou ser verdadeira. Porém, a interpretação dela estava errada. O profeta presumiu que sabia o significado da visão, quando ele *deveria* ter orado e perguntado ao Senhor o que ela significava. E a aplicação – pedir para o homem se levantar e envergonhá-lo em público – foi terrível. Ele jamais deveria ter repreendido o homem em público. Mesmo que ele achasse que a visão apontava para o pecado do homem, o profeta devia tê-lo procurado em particular (Mt 18:15-17).

Antes de ir até alguém com uma revelação que você acha que tenha vindo de Deus, certifique-se de ter a interpretação e a aplicação corretas. Na medida do possível, quando transmitir para uma pessoa algo que pense ter vindo do Senhor, você deve ter certeza de deixar bem clara a diferença entre revelação, sua interpretação e sua aplicação. Isso também é válido para sonhos e visões.

E o mesmo se aplica a nosso uso da Bíblia. Na minha opinião, a Bíblia é a revelação de Deus inerrante e infalível. Mas devo ser cuidadoso para discernir entre o que a Bíblia diz e o que eu digo que a Bíblia diz (interpretação). Mas eu devo ser mais cuidadoso ainda para discernir entre o que eu digo que você deve fazer com base na Bíblia (aplicação). A Bíblia será sempre verdadeira, mas minhas interpretações – mesmo que bem pesquisadas – e minhas aplicações – mesmo que bem-intencionadas – podem conter um misto de verdade e erro. O mesmo vale para uma revelação genuína de Deus em forma de sonho, visão ou impressão. Se a revelação é de Deus, ela tem de ser verdadeira, pois Deus não mente (Hb 6:18). Mas minha interpretação e aplicação daquela impressão pode conter um misto de verdade e erro.

DÊ AS PROFECIAS COM HUMILDADE

Isso me leva à terceira regra ao dar uma palavra profética: Dê as profecias com humildade. As pessoas mais abençoadas com o dom de profecia que conheço evitam usar frases do tipo, "Assim diz o Senhor...", "Deus me manda dizer...". Esses tipos de frases indicam um alto nível de clareza e autoridade, uma clareza e autoridade que Deus não está dando para muitos hoje em dia. Muitos de nós faríamos bem melhor em introduzir em nossas revelações as frases "Acho que o Senhor está mostrando...", ou "Tenho a impressão de que...", ou algo do tipo.

Alguns acham que estão roubando a glória de Deus se não atribuírem a revelação a ele ao dizerem: "O Senhor me mostrou...". É bom dar os devidos créditos a Deus por algo que você acha que ele lhe revelou. Você só precisa encontrar uma maneira discreta e não manipuladora ao profetizar. Toda vez que você se ver usando o nome do Senhor para aumentar sua autoridade, estará usando mal o nome do Senhor, e no fim, vai minar sua credibilidade.

Deixe os resultados com Deus

A quarta regra é: já que você transmitiu a palavra profética, seu trabalho acabou – apenas ore. Se seu conselho não for acatado, você não deve se sentir rejeitado, nem desprezado. Nem deve sentir que aqueles que recusaram seu conselho estão nas garras do mal ou com o coração endurecido. No devido tempo, tudo se ajustará. Ou talvez você veja que não foi o Senhor que falou com você, ou que entendeu mal o que ele estava dizendo. Talvez você seja apenas um numa série de confirmações para ajudar um amigo a mudar seus caminhos. Em todo caso, não lhe compete fazer alguém obedecer a mensagem do Senhor. No final das contas, isso é entre ele e Deus.

ORE POR QUEM VOCÊ PROFETIZOU

Em várias ocasiões o Senhor me mostrou de forma sobrenatural o pecado na vida de um indivíduo. A história de Robert no começo deste livro é apenas uma dessas ocasiões. Em várias situações eu e minha esposa temos "visto" pecados sexuais, brigas conjugais e outras coisas bem escondidas do público. Às vezes vimos algumas calamidades pessoais antes delas acontecerem. Outras vezes, vimos abuso infantil ou ideação suicida lutando para controlar a mente de uma pessoa com absolutamente nenhum indício de quaisquer coisas na esfera natural. O que fazer quando se tem impressões como essas?

Na maioria das vezes, se você compartilhar uma impressão negativa ou um sonho com outra pessoa que não seja a do sonho, você está pecando. Se a impressão for verdadeira, seu relato para terceiros é o pecado da fofoca. Se a impressão for falsa, é uma calúnia. Em raras ocasiões, pode-se justificar falar com terceiros antes de compartilhar uma revelação a fim de se obter maior discernimento ou auxílio, mas geralmente as impressões negativas a respeito de uma pessoa jamais devem ser compartilhadas com ninguém, exceto com a pessoa que você teve a impressão. E finalmente, deve-se somente compartilhar uma impressão negativa se você tiver a permissão do Senhor. Geralmente, o Senhor nega a permissão de compartilhar uma impressão negativa porque ele tem um modo melhor de lidar com a situação.

Por que o Senhor lhe daria uma impressão, se não fosse para compartilhar? Para despertá-lo a orar pela pessoa em questão. Creio que a maioria dos sonhos, impressões e visões que recebemos são para nos fazer simplesmente e tão somente orar. Os maiores profetas que conheço veem e ouvem muito mais do Senhor do que realmente falam. São homens e mulheres que passam muito tempo em oração. É mais importante para eles serem íntimos de Deus do que serem importantes no ministério. Eles preferem entrar para a história da igreja como sendo pais espirituais do que sendo profetas admiráveis.

Uma jovem mulher veio até mim e confessou que estava num relacionamento lésbico com a mulher com quem ela morava. Eu a aconselhei a procurar outro lugar para morar, mesmo que não fosse economicamente viável. E, claro, disse que ela deveria parar imediatamente com o relacionamento físico com a outra mulher. Da outra vez que ela veio numa reunião para se aconselhar comigo, perguntei se ela tinha encontrado outro lugar para morar. Ela ainda não tinha, mas pretendia se mudar em breve. Perguntei-lhe se ela tinha rompido com o relacionamento lésbico. Ela me garantiu que tudo estava acabado. Tive uma impressão imediata de que ela estava mentindo. Comecei a confrontá-la, mas, quando pedi permissão ao Senhor, senti que ele estava me dizendo um não. Comecei a confrontar a mulher mesmo assim, mas senti mais forte que o Senhor estava dizendo não. Obedeci a impressão, embora não fizesse sentido para mim. O resto do tempo de aconselhamento parecia perdido e pensei que a mulher saiu do gabinete pior do que estava quando entrou.

No outro dia, quando voltei ao meu gabinete depois do almoço, a mulher estava parada na frente da porta, chorando. Ela perguntou se poderia conversar comigo por alguns minutos. Quando entramos, confessou que tinha mentido para mim no dia anterior. Ela ainda estava num relacionamento lésbico com a mulher. Ela me disse que nas últimas 24 horas se sentiu miserável com a convicção do Espírito Santo. Ela se sentia horrível pelo seu pecado e se sentia pior por ter mentido para mim. Ela estava pronta para fazer o que fosse necessário para sair daquele relacionamento e se purificar diante do Senhor. Eu poderia ter forçado uma confissão dela em meu gabinete um dia antes, mas o Senhor já tinha decidido colocá-la nas mãos do Espírito Santo pelas próximas 24 horas. Hoje essa mulher serve o Senhor e está livre de sua antiga escravidão. Qual modo você acha que foi mais eficaz? O meu ou o de Deus?

DÊ AS REVELAÇÕES NEGATIVAS COM PRUDÊNCIA E TERNURA

Se o Senhor lhe der permissão para entregar uma palavra negativa, deve-se fazer do modo mais prudente, terno e humilde possível. Nossa meta não é sermos extraordinários no ministério, mas sim aliviar os fardos do próximo com amor (Gl 6:1-2). Em vez de dizer "Seu orgulho vai dividir a igreja", diga algo do tipo "Acho que existe uma armadilha sendo preparada para você. Alguns na igreja não lhe darão ouvidos, e você pode se sentir ofendido por eles. Pode se sentir tentado a ser impaciente com eles, e se ceder a essa impaciência, poderá gerar resultados desastrosos". Lembre-se, "a resposta calma desvia a fúria" (Pv 15:1) e "a língua branda quebra até ossos" (Pv 25:15).

JULGANDO AS PALAVRAS PROFÉTICAS

O problema das reuniões "públicas"

Atualmente, nas grandes igrejas há muitos problemas práticos que envolvem deixar as pessoas falarem de modo improvisado. Às vezes prego em grandes igrejas que permitem ter um "momento aberto" para qualquer um dirigir-se à congregação. Muitas vezes há visitantes presentes que são desconhecidos da equipe pastoral ou de outros irmãos na igreja. Alguns desses visitantes devem ser proibidos de falar em suas igrejas porque o que geralmente dizem não é útil ou porque se recusam a se sujeitar às autoridades de suas igrejas. Às vezes, pessoas com histórico de problemas mentais usam esse momento para falar. Às vezes, membros da congregação vão pedir a palavra e, embora não haja nada de errado com o que dizem, simplesmente não é útil. Uma outra prática comum é alguém com ira se levantar e entregar uma "profecia" condenatória na linguagem da versão Almeida Revista e Corrigida — "Eis que vos digo...", "Não to mandei eu...", etc.

Diria que, na maioria das vezes, nesses grandes cultos públicos, não vi uma "profecia" da congregação ser tão útil assim. Geralmente, algumas palavras genéricas são dadas com pouca convicção ou poder do Espírito Santo.

Quem julga?

Numa conferência a que fui vários anos atrás, um dos profetas se levantou e disse que Deus não ia operar absolutamente nada naquele lugar por sete anos. Então, o palestrante principal subiu ao púlpito e anunciou que o título de sua mensagem era "De repente, imediatamente e rapidamente". Desnecessário dizer que o palestrante não gostou nem um pouco da revelação que tinha sido dada bem antes de ele subir ao púlpito.

Provavelmente, são situações como essas que dão margem à necessidade de se julgar as palavras proféticas. Paulo disse aos Coríntios: "Tratando-se de profetas, falem dois ou três, e os outros julguem cuidadosamente o que foi dito" (1Co 14:29).

As profecias devem ser julgadas cuidadosamente. E quem julga? De acordo com Paulo, "*os outros* julguem cuidadosamente o que foi dito". Quem são "os outros?". Alguns argumentam que são os profetas. Já outros pensam que Paulo tinha em mente os presbíteros da igreja, e outros pensam que ele mencionou todos que ouvem a profecia.[1] Enquanto não há um acordo universal sobre quem deve julgar, os presbíteros são os últimos responsáveis pelo que acontece na igreja. Muitos gostariam que Paulo tivesse sido mais específico sobre os detalhes de como avaliar as profecias, mas pelo jeito o Senhor pretendia dar a igreja a grande liberdade da aplicação das normas, tanto em 1Coríntios 14:26 quanto em 14:29. Cada igreja é responsável por ouvir de Deus como ele deseja que os irmãos avaliem as profecias.

O papel do discernimento

Vamos imaginar que alguém se levante numa congregação num culto de domingo e entregue uma palavra profética para toda a igreja. A primeira coisa que faço é perguntar se a palavra é ou não *bíblica*. Raramente ouvi uma palavra profética dada na igreja que, na verdade, era contrária ao que a Bíblia diz. A maioria das palavras proféticas dadas nas igrejas podem encontrar alguma analogia nas Escrituras, se não respaldo bíblico. Mas não é tão simples assim perguntar se uma palavra é bíblica. E se alguém se levantar e disser "o Senhor deseja que nossa igreja inicie um ministério para alimentar os desabrigados", certamente, é bíblico cuidar dos pobres (Gl 2:10), então a palavra tem sentido bíblico. E também é uma palavra imperativa. Nesse caso, são os presbíteros que devem julgar a palavra e decidirem se ela deve ser acatada e como isso ocorrerá.

E se alguém der uma palavra de revelação tal como: "Em dois anos o Senhor vai trazer um avivamento para nossa igreja"? Se quem deu a palavra tiver um bom histórico em seu dom de profecia, então automaticamente vamos começar a levar a palavra mais a sério. Se for um desconhecido que deu essa palavra, ou alguém que geralmente comete equívocos, então não levaremos tão a sério a palavra. O problema com esses costumes é que a pessoa de confiança pode estar errada, e o desconhecido pode estar certo. Por fim, as palavras imperativas e de revelação podem ser julgadas pela liderança da igreja apenas pelo discernimento do Espírito Santo.

Um aspecto do discernimento é a habilidade de julgar não pelo que os olhos veem, ou pelo que os ouvidos ouvem, mas pela justiça do Espírito Santo (Is 11:2-4). O Espírito Santo pode nos mostrar se as profecias irão se cumprir. Mas não é esse alto nível de discernimento que ele tem a oferecer para a igreja. O Espírito da verdade é dado à igreja para mostrar a ela, principalmente para a liderança, o que promove o amor, o testemunho e a glória de Jesus.[2] Se a liderança da igreja seguir definitivamente esses três aspectos – o amor, o testemunho e a glória de Jesus – será muito difícil enganá-la.

A razão pelo qual muitos de nós na liderança têm pouco discernimento é que estamos sempre julgando pelos que nossos olhos veem e pelo que nossos ouvidos ouvem. Se não gostarmos da aparência exterior, ou se não se encaixar com nossos preconceitos ou interpretações das doutrinas, rejeitamos a profecia. É por isso que é tão importante não julgar a embalagem pela qual vem a palavra profética. E também é igualmente importante pedir ao Senhor discernimento e afastar de nós todos os preconceitos. Quando a igreja começa a buscar diligentemente o discernimento, julgar as profecias não será tão difícil.

Há vários métodos pelos quais a igreja pode julgar as palavras proféticas. Em algumas igrejas, se alguém pensa ter uma palavra profética para toda a congregação, deve se dirigir primeiro ao pastor ou a um presbítero no culto e dizer para o líder da igreja. Se o líder concordar, ele pode compartilhar a palavra no microfone durante o culto. Algumas igrejas seguem o mesmo protocolo, onde apenas o presbítero ou o pastor é quem dá a palavra no microfone. Em outras igrejas, deixam que as pessoas falem de improviso onde quer que estejam; depois alguém escolhido entre a liderança da igreja intervém de imediato na profecia, dizendo se ela é ou não autêntica. Em outras igrejas, nenhuma intervenção é feita nas profecias improvisadas, a menos que a palavra não esteja de acordo com a doutrina ou que seja muito "excêntrica". Os líderes dessas igrejas sentem que, na maior parte do tempo, as pessoas reconhecem uma profecia verdadeira.

O papel dos grupos pequenos

Como disse anteriormente, parece que a maior parte do ministério profético compartilhado com a congregação durante o culto não é muito eficaz. Numa igreja grande, normalmente não convidaríamos alguém que está apenas aprendendo para pregar um sermão no culto de domingo. Geralmente, insistiríamos que seja lá quem pregue ou ensine no domingo tenha um nível de dons adequado ao tamanho e à natureza da reunião. O problema de permitir que alguém profetize no domingo é que uma pessoa pode ter um dom de profecia e um chamado para ministrar de modo eficaz aos membros, mas não à reunião coletiva da igreja. Na maioria das vezes, parecemos ser capazes de descobrir quem tem o dom, o chamado e a autoridade para ensinar em grandes reuniões públicas. Por que não podemos usar o discernimento do Senhor para encontrar aqueles que têm o mesmo dom, chamado e autoridade para falar profeticamente em grandes reuniões públicas?

Na minha opinião, o local ideal para permitir que todos os presentes falem é nos pequenos grupos, que se reúnem durante a semana. Os pequenos grupos, ou células, ou como você quiser chamar, são o melhor lugar para aprender a ministrar os dons espirituais e também receber tal ministério. Essas reuniões menores semanais podem oferecer uma atmosfera acolhedora, propícia para se correr riscos. As pessoas correm o risco de errar e de parecer tolas se quiserem descobrir quais são seus dons e como utilizá-los de modo eficaz – a liberdade de errar é parte essencial da aprendizagem. As correções severas ou zombar das pessoas que cometem erros farão com que elas parem de tentar aprender. Feito em público, esse tipo de reação não apenas impedirá o iniciante, mas também desencorajará todos os presentes de arriscar alguma coisa. Em grupos pequenos de quinze a trinta pessoas, é muito mais fácil arriscar, principalmente quando temos a segurança de nos sentirmos amados pelos outros do grupo.

Existem algumas pessoas nas células que monopolizam o tempo ou tentam sempre atuar numa área onde não são abençoadas. Então, o que fazer com esses "infratores habituais"? Eis o que faço. Deixo que os erros não sejam corrigidos nas primeiras vezes. Procuro ver se há alguma melhora no comportamento ou na sensibilidade do indivíduo. Se não houver, abordo aquela pessoa em particular com ternura. Tive que agir assim com uma senhora em nosso primeiro pequeno grupo que constantemente trazia "mensagens de Deus". Depois de deixá-la atrapalhar um pouco o grupo por três ou quatro semanas, procurei-a em particular. Perguntei-lhe como se sentia quando ela dava uma "palavra" em nossa reunião. Ela disse que se sentia tola na maior parte do tempo porque as palavras nunca pareciam ter sentido para as pessoas. Ou seja, ela sentia que estaria desobedecendo a Deus se ela não compartilhasse sua intuição.

Perguntei como estavam indo as coisas nas outras áreas de sua vida. Tudo estava indo muito bem, tanto no lar quanto no trabalho. Perguntei-lhe se gostaria que eu e minha esposa, e talvez alguns outros irmãos, encontrássemo-nos em particular com ela pelas próximas seis ou sete semanas. Oraríamos com ela e por ela para ver se o Senhor não aliviaria os problemas de sua vida. Ela ficou encantada. Também perguntei se ela se importaria de não dar mais palavras proféticas em nosso grupo durante as próximas seis ou sete semanas, já que as palavras não tinham sido eficazes até então. Eu sabia que era possível que ela se encaminhasse para o fracasso e a frustração se continuasse a seguir essas intuições. Garanti que era algo temporário. O objetivo era ajudá-la e não a impedir. Ela não se importou em cumprir essas instruções. Em pouco tempo ela percebeu que não tinha realmente o dom de profecia. Seus dons eram na área do serviço e ela se tornou uma das servas mais valiosas de todo o nosso pequeno grupo.

Esse foi um dos casos em que tudo correu bem. Mas o que acontece se o irmão não aceitar a correção e continuar a perturbar o grupo? Então o proíba de falar no grupo. Se a pessoa não obedecer à proibição de falar publicamente, terá que ser repreendida na igreja. Se não obedecerem à repreensão pública, então será negado o privilégio de participar da reunião.

OBEDECENDO AOS "NÃOS" DE DEUS

Se eu pudesse ter lhe dado apenas um conselho em relação a dar e receber profecias, teria sido a primeira regra deste capítulo: tenha a permissão de Deus antes de falar. Tenho visto mais bênçãos vindas da obediência a esse princípio e mais danos vindos por desobedecê-lo do que de todos os outros princípios apresentados neste capítulo. No entanto, muitas vezes esta é a regra mais difícil de obedecer. Às vezes, quando temos certeza de que devemos falar, Deus nos nega permissão sem nos mostrar o motivo naquele momento. O incidente a seguir ensinou-me o valor de obedecer aos "nãos" de Deus, mesmo quando não fazia sentido e parecia ir contra os princípios bíblicos.

Uma jovem mãe solteira que eu não conhecia antes veio ao meu gabinete para aconselhamento. Ela e um homem que ela namorava atuavam como professores da escola dominical em nossa escola do Ensino Fundamental. Ela veio falar sobre um problema com os filhos, mas, enquanto falava, tive a nítida impressão de que estava dormindo com o namorado. Naquele fim de semana, minha esposa e eu nos sentamos logo atrás desse casal no culto de domingo à noite. Inclinei-me e pedi tranquilamente a Leesa que orasse pelo casal para ver se Deus lhe mostrava alguma coisa sobre eles. Eles eram completamente desconhecidos para ela. Leesa não teve uma visão nem ouviu uma voz audível, mas teve uma sensação ou um conhecimento bastante distinto de qualquer raciocínio sobre aquele casal. No final do culto, Leesa me disse: "Não acho que esse casal seja casado, mas acho que estão dormindo juntos. O homem parece ter muito orgulho religioso". Aquilo foi o suficiente para mim. Decidi chamá-los para que viessem ao meu gabinete para um aconselhamento.

Agora, sei que o Novo Testamento geralmente não nos permite acusar as pessoas de um pecado com base em nossas impressões. Devem existir evidências, além das nossas impressões. Então eu não tinha intenção de acusá-los. Só queria conversar com eles e sugerir gentilmente que poderia ajudar com qualquer problema que tivessem em seu relacionamento. Eu queria dar uma oportunidade de confessarem e arrependerem-se dos pecados, se eles realmente estivessem dormindo juntos.

Antes de ligar para o casal, orei: "Senhor, tenho sua permissão para convidá-los ao meu gabinete para dar a oportunidade de se arrependerem, caso estejam realmente dormindo juntos?". Normalmente não recebo respostas imediatas às minhas orações, mas dessa vez recebi um "não!" rápido e muito claro. O que quero dizer com isso? Não foi audível nem visual. Foi uma sensação avassaladora ou inarticulada de que, se eu tentasse trazer esse casal para um aconselhamento, estaria desagradando ao Senhor.

Essa sensação não se baseava na razão ou no conhecimento bíblico. Minha razão e compreensão bíblica me diziam para fazer exatamente o oposto. Foi por isso que me surpreendi – senti mais do que nunca que estava certo sobre o pecado desse casal. Eu disse: "Mas, Senhor, eles são professores em nosso departamento de escola dominical". Então me ocorreu o pensamento de que o Senhor poderia me mostrar outros aspectos sobre nosso departamento de escola dominical que me deixariam ainda mais chocado e que seria melhor eu deixar esse assunto com ele. Não parecia ser o certo, mas, por mais que soubesse ouvir a voz do Senhor, eu tinha certeza de que ele estava me dizendo para não ir adiante com o assunto.

Cerca de seis a oito semanas depois, num culto de domingo à noite, John Wimber, o pastor sênior, estava pregando sobre imoralidade sexual. Havia cerca de 2 mil pessoas presentes naquela noite, muitas das quais eram de outras igrejas. No fim de sua pregação, John disse: "Há vários de vocês aqui nesta noite que estão presos à imoralidade sexual". Então ele começou a listar diferentes formas de imoralidade sexual. Algumas pessoas ficaram surpresas com sua franqueza. Eles ficaram chocados com o que ele fez a seguir. John disse: "Creio que o Senhor está abrindo nesta noite uma janela da sua graça para vocês que estão presos à imoralidade sexual. Se vierem até a frente, confessarem publicamente seu pecado e deixarem que os irmãos orem por vocês, acredito que Deus quebrará o poder dessa escravidão maligna".

Pensei que talvez John mencionasse alguns outros problemas, como depressão ou doenças físicas, e convidasse essas pessoas a irem à frente ao mesmo tempo com o primeiro grupo. Isso daria um pouco de anonimato para aqueles que estavam nas garras da imoralidade sexual, e não seria tão vergonhoso virem para à frente da igreja. Mas John não fez isso. Ele ficou no púlpito e esperou as pessoas virem.

Senti que John estava certo. Senti que tinha muitas pessoas naquele culto com pecado sexual, mas não esperava que mais do que cinco ou seis tivessem a coragem de passar a vergonha pública de caminhar pelo corredor até a frente da igreja para confessar seus pecados. Fechei os olhos e comecei a orar para que as pessoas aceitassem o convite. Ouvi o som de cadeiras se movendo, muitas cadeiras, seguidas de muitos passos. Em vez de cinco ou seis pessoas, aproximadamente duzentas foram até a frente da igreja para receber a oração. Muitos eram de outras igrejas. Eles sentiram a liberdade de confessar publicamente seus pecados porque não eram conhecidos em nossa igreja.

Havia tantas pessoas indo até o altar que não tinha espaço suficiente na frente da igreja para acolhê-las. Eles começaram a recuar para os corredores da igreja. Leesa e eu estávamos sentados nos bancos próximos ao corredor, cerca de oito fileiras atrás da frente da igreja. Quando Wimber fez o convite, ficamos de pé e oramos com os olhos fechados. Eu podia ouvir pessoas de pé, ajoelhadas e chorando no corredor ao meu lado e até atrás de mim. Quando abri os olhos e olhei para o corredor à minha direita, quem você acha que vi? Isso mesmo – o jovem casal com quem tínhamos nos reunido oito semanas atrás e sentido que o Senhor nos tinha dito que eles estavam cometendo imoralidade sexual. Leesa e eu saímos dos assentos e nos ajoelhamos com eles.

— Podemos ajudá-los? — perguntei.

— Estou tão envergonhado — respondeu o homem. — Temos dormido juntos e não somos casados. Queremos nos casar, mas ainda não nos casamos, e sei que não é certo dormirmos juntos.

Então ele acrescentou:

— Estou cheio de orgulho. — Começamos a orar por eles e ajudá-los no processo de restauração.

Deus e eu tínhamos dois modos diferentes de lidar com esse caso de imoralidade sexual. Eu queria confrontá-los imediatamente. Deus queria esperar. Não foi bem melhor para o casal vir à frente em público e confessar o pecado? Não foi bem melhor do que um pastor arrancar deles uma confissão?

Se quisermos que nossos ministérios alcancem o potencial máximo, devemos ter a direção sobrenatural do Espírito Santo. Devemos ser capazes de ouvir Deus dizer um simples "sim" ou "não". O que você acha que aconteceria com nossos ministérios se aprendêssemos de verdade a colocar nossa confiança na capacidade do Espírito Santo de liderar e não em nossa capacidade? Se aprendêssemos a julgar não pelo que nossos olhos veem (Is 11:2-4), nem ficarmos presos às nossas tradições (Mt 15:3)?

ARMADILHAS PROFÉTICAS

Uma pessoa com o dom de profecia que conheço fez uma revelação impressionante sobre uma reviravolta no mercado monetário internacional. Sua revelação, dada perante o público, parecia impossível, mas se tornou realidade dentro do tempo estipulado que ele tinha dito. Vários anos depois, ele entregou outra profecia impressionante sobre a nossa economia nacional, que também se tornou realidade dentro do tempo determinado em sua profecia. Esses dois sucessos notáveis levaram-no a fazer toda uma série de previsões econômicas para o ano seguinte. Um dos meus amigos, que é um empresário excepcionalmente astuto, adquiriu um áudio com a tal "profecia financeira". Ele era muito cético quando a tudo. No final do ano, comparou cada profecia específica com o que realmente tinha acontecido na economia. Praticamente todas as "profecias" estavam erradas! Se alguém com dinheiro tivesse investido de acordo com as profecias, teria quebrado financeiramente.

A ironia de tudo é que a pessoa que deu as revelações realmente possui o dom genuíno de profecia. O que deu errado? Ele caiu numa armadilha muito comum. Dependendo dos tipos dos nossos dons e do nosso chamado, todos os cristãos são suscetíveis a armadilhas específicas. Existem armadilhas próprias para evangelistas, outras armadilhas para pastores, outras ainda para professores, e assim por diante. Chamo as armadilhas destinadas aos profetas de "armadilhas proféticas". Neste capítulo gostaria de falar sobre elas.

A PROFECIA POR CIÚMES E IRA

Nunca confie numa impressão negativa sobre uma pessoa de quem você está com raiva ou com ciúmes. O ciúme e a raiva não só podem obscurecer sua capacidade de receber as revelações do Senhor, mas também podem dar brechas para as revelações demoníacas. Saul sabia o que era sentir o Espírito Santo se apossar dele e profetizar (1Sm 10:10). Ele também sabia como era o Espírito de Deus apoderar-se dele para façanhas heroicas (1Sm 11.6ss). Posteriormente em sua vida, o ciúme que Saul tinha de Davi deixou-o furioso (1Sm 18:6-9). Foi isso que aconteceu com ele durante um ataque de ciúmes e ira:

> No dia seguinte, um espírito maligno mandado por Deus apoderou-se de Saul e ele entrou em transe profético em sua casa, enquanto Davi tocava harpa, como costumava fazer. Saul estava com uma lança na mão e a atirou, dizendo: "Encravarei Davi na parede". Mas Davi desviou-se duas vezes (1Sm 18:10-11).[1]

Uma das observações mais instrutivas sobre essa passagem é a frase usada para descrever o espírito maligno – ele "apoderou-se". É exatamente a mesma frase em hebraico usada para relatar o Espírito Santo vindo sobre Saul em 1Samuel 10:10 e 11:6. Outro ponto notável nessa história é que quando o espírito maligno se apoderou dele, Saul começou a "profetizar". É a mesma palavra usada para profetizar em 1Samuel 10:10. Acho que o autor bíblico está nos dizendo que, quando o espírito maligno se apoderou dele e deu-lhe uma profecia demoníaca, Saul confundiu com o poder e a inspiração de Deus. Seu ciúme e sua ira fizeram com que ele confundisse o poder de um espírito maligno com o poder do Espírito Santo. O ciúme e a ira podem nos levar a um grande engano. Nunca confie em seus pensamentos e impressões negativas sobre alguém de quem você está com raiva ou com ciúmes.

A "SÍNDROME DO PROFETA REJEITADO"

Os profetas são especialmente suscetíveis à rejeição. Essa rejeição pode levar à amargura, ao negativismo e à autopiedade – emoções que tornam os profetas inúteis para o ministério do Espírito Santo. Quanto maior o dom de profecia, maior a rejeição que os profetas podem sofrer. Até o grande profeta Elias escondeu-se numa caverna e estava pronto para desistir de seu chamado quando "a palavra do Senhor veio a ele: 'O que você está fazendo aqui, Elias?'" (1Rs 19:9). Veja a amargura e autopiedade na resposta de Elias:

> "Tenho sido muito zeloso pelo Senhor, o Deus dos Exércitos. Os israelitas rejeitaram a tua aliança, quebraram os teus altares, e mataram os teus profetas à espada. Sou o único que sobrou, e agora também estão procurando matar-me" (1Rs 19:10).

Mas Elias estava errado. O Senhor disse que havia mais 7 mil homens em Israel que não se curvaram a Baal, embora Elias sentisse que era o único.

Os bons profetas nunca foram queridos. Eles sempre foram rejeitados pela liderança religiosa ortodoxa. Jesus disse:

> "Bem-aventurados serão vocês quando, por minha causa, os insultarem, perseguirem e levantarem todo tipo de calúnia contra vocês. Alegrem-se e regozijem-se, porque grande é a recompensa de vocês nos céus, pois da mesma forma perseguiram os profetas que viveram antes de vocês" (Mt 5:11-12).

Quanto maior for o chamado profético, maior será a perseguição religiosa que se levantará contra esse ministério. Quem perseguiu os profetas? Os líderes de Israel. Estêvão estava falando aos estudiosos da Bíblia de sua época quando disse: "Vocês são iguais aos seus antepassados: sempre resistem ao Espírito

Santo! Qual dos profetas os seus antepassados não perseguiram? Eles mataram aqueles que prediziam a vinda do Justo" (At 7:51-52).

A moral da história é que muitas vezes os bons profetas serão rejeitados e os maus profetas serão bem recebidos. Quem tem o dom de profecia deve aprender a lidar com a rejeição. E a igreja precisa aprender a orar pelos seus líderes em vez de persegui-los.²

O DESEJO DE AGRADAR ÀS PESSOAS

O apóstolo Paulo disse: "Se eu ainda estivesse procurando agradar a homens, não seria servo de Cristo" (Gl 1:10). Tentar agradar às pessoas mina todos os ministérios, não apenas o ministério profético. Às vezes os igrejeiros podem ser o tipo de gente mais exigente e maldosa do mundo. Quando alguém não só acha que está certo, mas também tem certeza de que Deus está do seu lado, cuidado! Na mente desse indivíduo, ao se opor a ele, automaticamente você está se opondo a Deus, e ele não vai hesitar em fazer uma cruzada santa contra você. Acho que foi Pascal quem disse: "Os homens jamais fazem o mal tão completamente e com tanta alegria como quando o fazem a partir de uma convicção religiosa". É bem mais fácil tentar agradar essa gente rebelde do que as impedir; bajular em vez de falar a verdade.

No Antigo Testamento, as falsas visões e a bajulação caminham de mãos dadas (Ez 12:24). Quando os profetas cedem à pressão de dizer aos outros o que querem ouvir, acabam "profetizando" frutos da sua própria imaginação (Ez 13:2). O desejo de agradar às pessoas leva um profeta, ou qualquer outro líder, a ignorar o pecado e confortar em vão (Lm 2:14; Ez 13:15-16; Zc 10:2). Na pior das hipóteses, esse desejo de agradar pode abrir uma brecha para um espírito demoníaco falar através de um profeta (1Rs 22:6-28).

Os igrejeiros podem inclusive encorajar as falsas profecias. As pessoas aceitam e gostam dos falsos profetas porque eles dizem coisas que elas querem ouvir. Os falsos profetas não desafiam o sistema religioso ou as práticas religiosas hipócritas geralmente aceitas, nem criticam os preconceitos doutrinários contemporâneos. Ao contrário, abençoam a instituição e o status quo. Jesus disse: "Ai de vocês, quando todos falarem bem de vocês, pois assim os antepassados deles trataram os falsos profetas" (Lc 6:26). Todos nós, mas principalmente as pessoas com o dom de profecia, devemos chegar ao ponto de vivermos somente para ter a aprovação de Deus e não dos homens.

O DESEJO DE SER INCRÍVEL

Outra armadilha na qual geralmente vejo os profetas caírem é o desejo de serem incríveis no ministério, de serem "um profeta para as nações". É exatamente o oposto do verdadeiro Espírito de profecia. Um anjo disse a João: "O testemunho de Jesus é o espírito de profecia" (Ap 19:10). A profecia tem como objetivo testemunhar a grandiosidade de Jesus e não exaltar ministério profético. Os maiores profetas querem que as pessoas contemplem a glória de Jesus. Eles pouco se importam como são vistos. João Batista foi um dos maiores de todos os profetas porque disse: "É necessário que ele cresça e que eu diminua" (Jo 3:30). Quem se sente como João Batista pode receber grandes revelações.

Quando conheci Paul Cain pela primeira vez, fiz várias perguntas sobre o avivamento de cura que ocorreu no início da década de 1950 nos Estados Unidos. Ele me contou algumas histórias maravilhosas sobre cura e ministério profético. Ele me contou os nomes de alguns evangelistas de cura famosos e de como Deus os usou de formas milagrosas. Então ele me contou diversas histórias sem mencionar os nomes dos evangelistas envolvidos. Ele disse: "Havia uma mulher em uma reunião que foi chamada e revelou-se que ela tinha câncer de cólon, mas que o Senhor iria curá-la naquela mesma noite. E o Senhor a curou". "Havia um homem em uma reunião que estava afastado de seu filho e estava orando pela reconciliação há muito tempo. Ele foi chamado e revelou-se que, embora ele e seu filho não se falassem há vários anos, dentro de 24 horas seu filho ligaria para ele e eles se reconciliariam de modo maravilhoso, e isso aconteceu."

Finalmente perguntei:

— Quem chamou essas pessoas e disse essas coisas, Paul? Foi você?

— Bem, sim, fui eu.

— Por que você simplesmente não disse: "Eu chamei uma mulher e disse-lhe...". Não é de bom tom usar a voz passiva, "Uma mulher foi chamada..." quando você poderia usar a voz ativa, "Eu chamei uma mulher...".

— Bem, Jack — respondeu Paul —, pode ser melhor usar a voz ativa, mas o Senhor não gosta nem um pouco disso, se é que você me entende.

Paul estava zombando da minha "gramática" porque sabia por experiência própria que o Senhor iria preferir que desenvolvêssemos maneiras de contar as histórias nas quais o Senhor recebesse a glória, e não nós.

RACIONALIZANDO OS ERROS

Ainda outra armadilha em que os profetas caem é racionalizarem seus erros ou simplesmente se recusarem a admitir que erraram. Atualmente não conheço nenhum profeta que seja 100% exato. Todos os profetas que conheço cometem erros, assim como evangelistas, professores, pastores ou outros líderes cristãos. Às vezes eles confundem suas próprias impressões com as impressões do Senhor. (Isso não acontece com frequência com os profetas mais abençoados e maduros, mas pode acontecer.) Geralmente, eles cometem erros na interpretação e aplicação das impressões que o Senhor lhes dá.

Às vezes, uma pessoa com o dom de profecia tem dificuldade em admitir um erro porque pensa que isso acabaria com sua credibilidade. Normalmente acontece exatamente o oposto. Racionalizar ou não admitir nossos erros é o que geralmente acaba com a credibilidade. As pessoas confiam em quem admite seus erros. Elas não podem confiar naqueles que não admitem que estavam errados. Quem não admite estar errado sempre causa problemas para todos.

O MINISTÉRIO DE "GEAZI"

Depois que Naamã foi curado da lepra através do ministério de Eliseu, ele ficou tão grato que tentou dar um presente ao profeta, mas este recusou

(2Rs 5:15-16). O servo de Eliseu, Geazi, não conseguia acreditar na oportunidade de ouro que Eliseu havia desperdiçado, então seguiu Naamã e disse-lhe que Eliseu tinha mudado de ideia. Naamã deu os presentes com alegria para Geazi que, por sua vez, escondeu-os. Como recompensa pelo seu engano, o Senhor deu a lepra de Naamã a Geazi e o fez sair da presença de Eliseu. Deus não levantou o ministério profético para se tornar um empreendimento financeiro bem-sucedido.

O materialismo e o dinheiro sempre foram um problema no ministério profético. Miqueias reclamou em sua época: "(...) aos profetas que fazem o meu povo desviar-se; quando lhes dão o que mastigar, proclamam paz, mas proclamam guerra santa contra quem não lhes enche a boca" (Mq 3:5). Quando os profetas sucumbem à tentação de dar boas profecias àqueles que os tratam bem e más profecias àqueles que não demonstram uma consideração especial por eles, então o Senhor pode parar de falar com qualquer um de seus servos. Miqueias prosseguiu proclamando:

> Por tudo isso a noite virá sobre vocês, noite sem visões; haverá trevas, sem adivinhações. O sol se porá para os profetas, e o dia se escurecerá para eles. Os videntes ficarão envergonhados, e os adivinhos constrangidos. Todos cobrirão o rosto porque não haverá resposta da parte de Deus (Mq 3:6-7).

Profetas não são os únicos que podem ser corrompidos pelo dinheiro. Miqueias também reclamava que "seus líderes julgam a troco de suborno, seus sacerdotes ensinam por lucro" (3:11). Até os líderes da igreja do Novo Testamento eram tentados a ter uma consideração especial pelos ricos (Tg 2:1ss). Mas o ministério profético é especialmente vulnerável a tal pecado. Se uma pessoa tem o verdadeiro dom de profecia, não é difícil manipular os outros para que deem dinheiro. Também é fácil ficar perto de quem pode beneficiá-lo e evitar quem tem baixa renda. Paul Cain refere-se a esse fato como o "ministério de Geazi".

AS PROFECIAS SOBRE A ECONOMIA

Penso que é uma boa ideia que os profetas evitem todas as revelações financeiras e deixem a bolsa de valores, o mercado de ações e o mercado imobiliário para os especialistas nessas áreas. Existem pelo menos duas razões para evitar esses tipos de revelações. Primeiro, elas rebaixam o ministério profético. Deus está levantando o ministério profético para exaltar Cristo, não para enriquecer os membros da igreja. Em segundo lugar, muitas vezes essas previsões estarão erradas, uma vez que o Espírito Santo é contra o uso de dons espirituais para ganho financeiro pessoal.

Pergunte a Deus como investir e gastar seu dinheiro, mas não profetize para os outros o que eles deveriam fazer com o dinheiro deles. É possível que você esteja errado.

FOFOCAS E CALÚNIAS PROFÉTICAS

Lembra o que eu disse no capítulo anterior sobre orar pelos outros quando você vê algo negativo neles? Se você contar uma visão ou impressão negativa a alguém que não seja a pessoa que foi o objeto da sua revelação, provavelmente estará cometendo um pecado. Se a visão for verdadeira, o pecado é a fofoca. Se for falsa, é calúnia.

Tenho visto grandes problemas causados por profetas que revelaram os pecados dos outros e profetizaram juízos sobre igrejas sem nunca terem falado com os reais interessados. Muitas vezes isso vem de um profeta magoado ou rejeitado pelas mesmas pessoas. Jesus nos deu uma forma de minimizar esse tipo de dano:

> "Se o seu irmão pecar contra você, vá e, a sós com ele, mostre-lhe o erro. Se ele o ouvir, você ganhou seu irmão. Mas se ele não o ouvir, leve consigo mais um ou dois outros, de modo que 'qualquer acusação seja confirmada pelo depoimento de duas ou três testemunhas'. Se ele se recusar a

> ouvi-los, conte à igreja; e se ele se recusar a ouvir também a igreja, trate-o como pagão ou publicano" (Mt 18:15-17).

Quando somos injustiçados, somos obrigados a ir primeiro até a pessoa que nos magoou e tentar ajudá-la. Até lá, não podemos falar com os outros sobre tal pessoa, profetizar sobre ela ou falar dela com os líderes. Jesus não deixou nenhuma brecha nesse caso. Ele não disse: "Não precisa ir até a pessoa se ela for mais inteligente do que você, se ela puder discutir com você, se ela não quiser ouvi-lo ou se ela for má". Ele não deixou uma única desculpa para não irmos primeiro até a pessoa que pensamos ter pecado contra nós.

Quem é sábio e justo aos seus próprios olhos muitas vezes sente que é uma exceção à Mateus 18:15-17. Outros pensam que têm uma revelação especial que permite violar os princípios pacificadores de Jesus. Outros ainda imaginam que seus inimigos representam um perigo tão grande dentro da igreja que Deus dará um veredicto em favor dos "inocentes". Alguns até usam um pouco de sofisma teológico para se livrarem da obrigação de primeiro ir conversar com o irmão. Já ouvi "caçadores de seitas e heresias" dizerem que os seus alvos não são irmãos, ou que Mateus 18:15-17 não se aplica no caso deles porque seu alvo feriu a igreja, e não a eles pessoalmente. Essas pessoas afirmam estar agindo por amor à igreja, mas na verdade não estão.

Na maioria das vezes, quem desobedece abertamente a um mandamento tão claro, dando a desculpa teológica mais fajuta para sua desobediência, age por orgulho religioso. Deixe alguém atacar o ministério do "caçador de heresias" e as primeiras palavras serão: "Eles nem vieram a mim para saber se essas coisas eram mesmo verdade!". Qual de nós realmente acha que não há nenhum problema se alguém escrever ou dizer coisas negativas ao nosso respeito sem vir primeiro até nós para esclarecer o assunto? Quando agimos assim, colocamos nosso discernimento acima do discernimento do Senhor Jesus. Agimos como se tivéssemos encontrado princípios pacificadores melhores do que os que o Senhor nos deu. Talvez seja por isso que temos tantos conflitos nas igrejas.

EXPONDO OS PECADOS PUBLICAMENTE

Já que estamos falando sobre as áreas a serem evitadas, que tal expor os pecados em público? Alguns profetas acham que isso é algo apropriado de se fazer. Eles fazem com que nos lembremos que os profetas do Antigo Testamento agiam desse modo. E no Novo Testamento, Pedro expôs o pecado de Ananias e Safira, e Paulo expôs o pecado de Elimas e, às vezes, citou os pecados dos irmãos em suas epístolas. Com certeza há momentos em que é apropriado tornar público o pecado de alguém. Por exemplo, os presbíteros que estão pecando devem ser repreendidos publicamente (1Tm 5:20). E quando alguém é disciplinado pela igreja, isso tem que ser feito em público (1Co 5:1ss). Mas, no Novo Testamento, a exposição pública dos pecados de um cristão é reservada para casos extremos. O procedimento normal é ir até um irmão ou irmã pessoalmente e tentar ajudá-lo antes que aconteça uma exposição pública (Mt 18:15-17; Gl 6:1-2). Geralmente, não podemos acusar alguém de pecado com base numa revelação particular. No caso de um presbítero, a igreja sequer está autorizada a cogitar uma acusação contra ele, a menos que ela apresente duas ou três testemunhas que tenham provas sólidas (1Tm 5:19).

Não estou dizendo que um profeta nunca deve expor publicamente os irmãos e seus pecados. Em raras ocasiões, Deus pode levar uma pessoa com o dom de profecia a fazer isso. Mas poucos profetas que conheço têm a maturidade, a credibilidade e a capacidade para ouvir a voz de Deus muitíssimo bem para tal. A maioria dos casos que vi essa regra sendo aplicada foi desastroso.

Se você acha que Deus está lhe mostrando os pecados dos outros enquanto você está num culto, você pode se expressar de uma forma que dê aos outros a opção de fazer uma confissão. Por exemplo, recentemente falei para uma audiência de cristãos dedicados, muitos dos quais eram líderes e pastores. No final da reunião, tive a impressão de que várias pessoas ali eram viciadas tanto em medicamentos controlados como em álcool. Minha atenção foi atraída para uma pequena seção no fundo da sala. Eu disse: "Acho que o Senhor vai ajudar algumas pessoas hoje que estão lutando contra o vício em medicamentos controlados e álcool. Se você se levantar aí onde está, vamos orar por você agora". Então apontei para a seção nos fundos e disse: "Há alguém nesta seção que precisa de ajuda". Imediatamente um homem se levantou e então as pessoas de todas as seções começaram a se levantar.

Já vi isso acontecer com frequência. Acho que é uma forma adequada de expor publicamente os pecados. Dá ao indivíduo a oportunidade de escolher fazer uma confissão pública. Essa maneira também diz aos irmãos: "Queremos ajudá-lo, e não o envergonhar". Os irmãos geralmente me escrevem e dizem que se arrependeram e foram libertos dos pecados nessas reuniões.

Deixe-me dar agora um alerta. A igreja está cheia de pecados. Nas minhas viagens, descobri que praticamente todos os pecados que existem no mundo também estão presentes na igreja. Qualquer um pode se levantar diante de um culto cristão e dizer: "O Senhor me mostra que alguns de vocês estão cometendo o pecado de _____" e expor com precisão os pecados presentes no culto. Mas, se o Senhor não estiver realmente guiando alguém a expor tais pecados, nada de bom será extraído desse "ministério" e, na verdade, poderão ocorrer danos significativos. Não é necessário ter nenhum dom para expor os pecados. O segredo é saber quais pecados específicos o Senhor quer expor – e quando, onde e como ele quer lidar com eles. Ele dá graça para lidar com os pecados quando ele está no comando. Geralmente ficamos frustrados e causamos frustração nos outros quando nós estamos no comando.

Lembre-se, o objetivo não é aparecer como sendo um profeta incrível. O objetivo é agradar a Deus e ajudar seu povo. Muitas vezes, a melhor ajuda que podemos dar a um irmão ou irmã em pecado é lidar com seus pecados em particular e assim mantê-los antes e depois que os irmãos se arrependerem.

A ARMADILHA DO "DEUS ME MANDA DIZER"

Certa vez, eu estava numa reunião com cerca de 3 mil pessoas na Vineyard Christian Fellowship de Anaheim, Califórnia, quando um homem subiu na plataforma sem ser convidado. John Wimber estava tocando teclado durante o culto. O homem, que nenhum de nós conhecia, caminhou diretamente até John. Dois seguranças, que também foram grandes ex-jogadores de futebol americano, correram até a plataforma para conter o homem. John acenou para que os trogloditas – opa, digo, os seguranças – se afastassem. O suposto profeta parou bem na frente de John e disse-lhe para se ajoelhar. John manteve-se sentado diante do teclado e, com muita calma, olhou bem nos olhos do homem e disse: "Não". O profeta transgressor então deu uma "profecia" totalmente irrelevante e desapareceu na noite.

Esse incidente ilustra um princípio muito importante para o ministério cristão: uma vez que alguém recebe permissão ou apoio para qualquer atividade espiritual, a tendência natural do ser humano será de abusar de tal permissão. Uma parte significativa do Novo Testamento foi escrita para corrigir vários abusos dos dons espirituais legítimos e dos ministérios igualmente legítimos.

Em um momento ou outro, permiti que minha carne – minha natureza carnal – abusasse e fizesse mau uso de praticamente todo ministério espiritual. O abuso e o uso indevido são próprios do nosso coração humano. Em qualquer lugar onde as pessoas acreditam que Deus ainda fala com seus filhos, você as encontrará abusando da voz do Senhor. Os cristãos podem fazer esse tipo de barbaridade com suas profecias ou com suas interpretações bíblicas. Eles darão "palavras" de orientação aos outros quando não têm autoridade para tal. Eles darão "palavras" de correção, repreensões e condenações sem a permissão divina. Em cada caso, eles estão abusando da voz de Deus.

Para alguns, isso surge do desejo de controlar os outros. Porém, eles nunca reconhecem como um desejo de controle; eles veem isso como um desejo de consertar as coisas, de colocar as situações e as pessoas em conformidade com a vontade de Deus. Outros abusam da voz de Deus por raiva. Prefaciar uma declaração maldosa com "Deus me manda dizer" ou "a Bíblia diz" parece legitimar a raiva que sentem. Faz parte do crescimento espiritual aprender a reconhecer esses aspectos em nós mesmos e arrependermo-nos deles. Talvez depois possamos aprender a corrigi-los nos outros com amor.

A história sobre o suposto profeta que mandou Wimber ajoelhar-se ilustra um dilema que todos enfrentamos quando acreditamos que Deus nos dá mensagens para os outros. Aquele homem realmente acreditava que tinha uma palavra de Deus para John. Seu dilema era: "Obedeço essa intuição de Deus ou me entrego ao medo de fazer algo que será um vexame?" É um dilema que todos enfrentamos. Ou podemos viver o dilema de modo diferente. Podemos pensar que Deus falou conosco, mas não temos tanta certeza. E se dermos a revelação e ela estiver errada? Poderíamos acabar enganando ou magoando alguém porque não conseguimos ouvir Deus corretamente. Portanto, às vezes é o medo de estar errado, assim como o medo humano, que entra em conflito com o nosso desejo de obedecer ao que pensamos que Deus nos mostrou.

Como escapamos dessa armadilha do "Deus me manda dizer"? Um jeito é simplesmente negar que Deus fale por qualquer outro meio que não seja a Bíblia. Isso organiza um pouco as coisas. Não que as pessoas não possam abusar da Bíblia. Elas podem, mas isso só dá brecha para abusar de uma coisa em vez de muitas. Não há sonhos confusos ou visões subjetivas para lidar se a Bíblia é a única maneira pela qual Deus fala. O problema com essa abordagem é que ela não se parece com a comunicação divina dentro da Bíblia. O único grupo na Bíblia que parece confinar a voz de Deus às Escrituras é um grupo que jamais ouviu sua voz (Jo 5:37).

Além de não ser bíblico, esse método de escape gera esterilidade. Ken Gire explica esse problema:

> Pode-se argumentar, porém, que abrir a possibilidade de Deus falar por outros meios que não o ensino claro das Escrituras é permitir todo tipo de confusão. Afinal, por uma janela aberta passa o pólen junto com a brisa, as moscas junto com a luz do sol, o ruído dos corvos junto com o arrulhar das pombas.

Se esse fosse seu argumento, eu teria de concordar.

Mas, se quisermos ar puro, temos que estar dispostos a conviver com algumas moscas.

> É claro que podemos afastar as moscas, o pólen e o ruído dos corvos. E se uma casa limpa e silenciosa é o que mais importa para nós, talvez seja isso que devemos fazer. Mas se o fizermos, também deixamos de fora tanto calor, tanta fragrância e tantas doces melodias que podem estar nos chamando.³

Eu tive uma vida sem confusão. Já morei numa casa com as janelas fechadas. Nenhuma partícula de pó nos móveis. Tudo em seu devido lugar. Mas minha alma definhou naquele ambiente, então comecei a procurar outra maneira de escapar da armadilha do "Deus me manda dizer". Por certo tempo, procurei uma porta de escape, uma porta para fugir e fechá-la atrás de mim, de modo que as possibilidades vergonhosas de ouvir mal a voz de Deus fossem excluídas. Mas o que encontrei é um caminho, e não uma porta. Um caminho de amor e humildade.

Quanto mais amamos a Deus, mais correremos o risco por ele, até ao ponto da humilhação pública. Além disso, quanto mais amamos a Deus, melhor ouviremos sua voz. E à medida que nosso amor por Deus aumenta, nosso amor pelo seu povo aumentará. Quanto mais amamos o povo de Deus, mais difícil será para nós repreendê-lo de uma maneira que tire sua esperança. Esse tipo de repreensão é a condenação, e quem muito ama não condena. Ao contrário, o amor vai nos levar a usar palavras proféticas para alcançarmos os objetivos do Novo Testamento, que são: "edificação, encorajamento e consolação" (1Co 14:3). E quando nossas palavras não forem coerentes com esses três objetivos, o amor e a humildade não nos permitirão falar.

Quando trilhamos o caminho da humildade, estaremos abertos à possibilidade de estarmos errados. Nesse caminho, somos muito mais fáceis de corrigir. A humildade é o caminho para a intimidade com Deus, pois ele habita com os humildes (Is 57:15). Isso significa que os humildes ouvirão melhor a voz de Deus.

Deus é o único que realmente conhece nosso coração (Jr 17:10). Quando adotarmos a humildade, seremos capazes de ouvir a voz do Senhor expondo as motivações inconscientes de ira, o desejo de controlar e de parecer ser incrível — motivações que estão na parte mais sombria do nosso coração e contaminam através da nossa fala o que nossa mente natural não consegue detectar.

Você pode protestar dizendo que tudo isso é muito bom, mas não garante que não caia na armadilha do "Deus me manda dizer", humilhando e magoando os outros. Não, o caminho do amor e da humildade não oferece garantia contra os erros, mesmo os erros mais graves – a menos que você seja perfeito no amor e na humildade. Até agora, apenas uma pessoa conseguiu essa façanha e ouviu Deus perfeitamente. Mas se você e eu estamos esperando para arriscar até encontrarmos uma garantia de que nunca ouviremos mal a voz de Deus, então seremos como um homem esperando que toda a água flua antes de atravessar um rio.

Eu gostaria que houvesse uma maneira de acatar o ministério profético do Espírito Santo sem ter que lidar com as armadilhas proféticas. Essas armadilhas são reais e machucam. Mas será que tudo que vale a pena ter não dói? Pense no amor. Existe algo que machuque mais do que o amor? Há algo que já tenha sido mais abusado do que o amor? Mas quem deseja viver sem amor? O mesmo Deus que nos diz para buscarmos o amor (1Co 13) também diz para buscarmos o ministério profético do Espírito Santo (1Co 14). Talvez ele não compartilhe da nossa preocupação em evitar a dor. Talvez ele deixe o ministério profético permanecer imperfeito para ele ser a resposta à nossa dor.

SONHOS e VISÕES

Você sabia que o inventor da máquina de costura moderna, Elias Howe, atribuiu sua invenção a um sonho? Ou que Niels Bohr, vencedor do Prêmio Nobel, afirmou ter visto a estrutura do átomo num sonho?[1] Os leitores modernos podem achar isso surpreendente, mas teria sido bastante normal na antiguidade. Por exemplo, o rei filisteu Abimeleque pensava que Sara era apenas irmã de Abraão, por isso tomou-a por esposa. Certa noite, Deus veio a Abimeleque num sonho e disse-lhe: "Você morrerá! A mulher que você tomou é casada" (Gn 20:3). O que é surpreendente nessa experiência é que quando o rei acordou na manhã seguinte, ele imediatamente chamou Abraão e devolveu Sara – ele obedeceu ao sonho. Nos tempos bíblicos, as pessoas sabiam que Deus falava constantemente através dos sonhos, por isso levavam tudo a sério.

Mas os sonhos e as visões têm passado por tempos difíceis no mundo ocidental altamente racional de hoje. Os pregadores conhecidos zombam dos sonhos e visões, alertando seus seguidores a não se envolverem com eles. Outros pensam que os sonhos são uma forma válida de comunicação divina apenas para aqueles que são imaturos na fé. Supõem-se que os maduros precisam apenas da Bíblia para que Deus fale com eles.

Em dado momento de minha vida, eu sabia que havia sonhos e visões na Bíblia, mas pensava que Deus só os tinha usado para se comunicar quando não tinha um texto claro das Escrituras em mãos. Se o que Deus queria dizer a alguém já estivesse escrito na Bíblia, então, de acordo com minha teologia, ele nunca teria dado um sonho ou uma visão. Ele simplesmente teria trazido o texto bíblico à mente. Por que ele usaria um meio "inferior" para se comunicar quando tinha a Bíblia em mãos? Essa posição parece lógica, mas na verdade contradiz o ensino das Escrituras.

Um dos sonhos mais famosos das Escrituras é o sonho que Deus deu a José quando este decidiu se divorciar de Maria porque pensava que ela estava grávida de outro homem. Um anjo do Senhor apareceu a José no sonho e disse-lhe que o filho de Maria não era resultado de um ato imoral com outro homem. A criança tinha sido concebida pelo Espírito Santo. Essa criança deveria se chamar Jesus, pois salvaria o povo dos seus pecados (Mt 1:21-22). O impressionante nesse sonho é que ele era desnecessário. Deus não precisava usar esse sonho para comunicar a verdade a José sobre a concepção virginal de Jesus. Deus poderia simplesmente ter trazido Isaías 7:14 à mente de José: "Por isso o Senhor mesmo lhes dará um sinal: a virgem ficará grávida e dará à luz um filho, e o chamará Emanuel".

O nome Jesus é o equivalente grego do nome hebraico Josué do Antigo Testamento. O nome Josué vem de um verbo hebraico que significa "salvar". Deus poderia ter usado quaisquer versículos bíblicos para sugerir a José que ele deveria chamar seu filho de Josué, ou Jesus. Mas o Senhor escolheu usar um sonho. De acordo com a teoria acima, Deus deveria ter escolhido as Escrituras.

Depois que Jesus nasceu, como Deus protegeu seu Filho da ira assassina de Herodes? Ele deu a José outro sonho no qual disse para levar a criança e sua mãe para o Egito (Mt 2:13). Arriscou a segurança de seu Filho por algo tão "frágil" como um sonho. Mas o sonho não era realmente necessário. Deus tinha um texto bíblico excelente para comunicar a mesma coisa a José. Ele poderia ter usado Oseias 11:1: "Quando Israel era menino, eu o amei, e do Egito chamei o meu filho". Deus poderia simplesmente ter trazido essa passagem à mente de José, em vez de lhe dar o sonho.[2]

Encontramos o mesmo fenômeno acontecendo no livro de Atos. Quando Paulo foi para Corinto, ele aparentemente estava preocupado com a possibilidade de ser atacado e morto. Deus apareceu para ele numa visão noturna e prometeu-lhe que ninguém lhe faria mal e que ele tinha muita gente naquela cidade (At 18:9-11). Agora, por que Deus deu a Paulo uma visão para falar com ele? Havia versículos muito bons do Antigo Testamento que ele podia ter trazido à memória de Paulo a fim de falar a mesma verdade. Por exemplo, podia ter conduzido Paulo a Isaías 54:17: "Nenhuma arma forjada contra você prevalecerá, e você refutará toda língua que a acusar". Todo o Antigo Testamento tornava essa visão desnecessária, mas, mesmo assim Deus escolheu falar com o apóstolo desse modo.

Aparentemente, Deus não compartilhava do mesmo ponto de vista que eu tinha sobre os sonhos e as visões. Na verdade, de acordo com a Bíblia, os sonhos e as visões são a linguagem normal do Espírito Santo quando Deus fala com seus profetas. Números 12:6 diz: "Quando entre vocês há um profeta do Senhor, a ele me revelo em visões, em sonhos falo com ele".[3] Joel prometeu que, um dia, os sonhos e as visões seriam comuns entre o povo de Deus, dizendo:

> E, depois disso, derramarei do meu Espírito sobre todos os povos. Os seus filhos e as suas filhas profetizarão, os velhos terão sonhos, os jovens terão visões. Até sobre os servos e as servas derramarei do meu Espírito naqueles dias (Jl 2:28-29).

O apóstolo Pedro afirmou que a vinda do Espírito no dia de Pentecostes deu início ao cumprimento da profecia de Joel (At 2:16ss).

Os sonhos sempre foram um importante meio de comunicação divina. O livro de Jó responde à seguinte reclamação contra Deus, "Por que você se queixa a ele de que não responde às palavras dos homens?" (Jó 33:13), da seguinte maneira:

> Pois a verdade é que Deus fala, ora de um modo, ora de outro, mesmo que o homem não o perceba. Em sonho ou em visão durante a noite, quando o sono profundo cai sobre os homens e eles dormem em suas camas, ele pode falar aos ouvidos deles e aterrorizá-los com advertências para prevenir o homem das suas más ações e livrá-lo do orgulho, para preservar da cova a sua alma, e a sua vida da espada (Jó 33:14-18).

Segundo a Bíblia, o problema não é com Deus. Deus fala, mas muitas vezes simplesmente não estamos "sintonizados". Ele nos dá os sonhos para nos alertar, mas nós os ignoramos. Se quisermos ouvir tudo o que Deus deseja nos dizer, devemos nos ajustar ao seu modo de falar. E um de seus modos preferidos é através dos sonhos.

OS PROPÓSITOS DOS SONHOS

Deus pode usar um sonho para nos alertar, encorajar ou nos direcionar. Ele pode nos visitar em sonho para ter comunhão conosco ou para nos revelar o futuro. Ou ele pode usar um sonho para nos dar ordens. Ele até usa os sonhos para falar com os incrédulos.

Advertência

O livro de Jó mostrou que Deus frequentemente usa os sonhos para nos advertir (Jó 33:16-18). Os sonhos podem nos advertir sobre os acontecimentos decretados por Deus, ou seja, fatos que certamente irão ocorrer. Faraó teve o mesmo sonho de duas formas diferentes. Primeiro, ele viu sete vacas gordas sendo devoradas por sete vacas magras, e depois sete espigas gordas sendo devoradas por sete espigas magras. José disse ao Faraó: "O sonho veio ao faraó duas vezes porque a questão já foi decidida por Deus, que se apressa em realizá-la" (Gn 41:32). O sonho significava que, depois de sete anos de prosperidade, viria uma fome de sete anos. Ao que tudo indica, teria sido inútil pedir a Deus que evitasse a fome. Ele já tinha decidido isso. O sonho pretendia ser uma advertência para que o povo pudesse se preparar para a fome com antecedência.[4]

Outros sonhos nos advertem sobre eventos que podem ser evitados por meio das nossas orações ou de nosso arrependimento. Nabucodonosor teve um sonho com um homem cuja mente se transformou como a de um animal (Dn 4:16). Daniel disse a Nabucodonosor que o sonho se referia ao próprio rei. O desastre poderia ter sido evitado, pois Daniel disse a Nabucodonosor: "Renuncia a teus pecados e à tua maldade, pratica a justiça e tenha compaixão dos necessitados. Talvez, então, continues a viver em paz" (v. 27). Deus deu a Nabucodonosor o prazo de um ano para se arrepender de seu orgulho e arrogância, mas quando ele não conseguiu se arrepender, Deus trouxe sobre ele o desastre alertado no sonho (v. 28ss).

Pela minha experiência, a maioria dos sonhos negativos que temos são aqueles que nos advertem sobre pecados ou calamidades que podem ser evitados através da oração ou do arrependimento. Em 1988, muitos profetas sonharam com a morte de John Wimber. Em seus sonhos, eles viam coisas como um caixão com uma data bem acima dele. Quase todos os profetas pensaram que Deus estava revelando o momento da morte de John. Na verdade, esses foram sonhos de advertência para encorajar os irmãos a orarem para que Deus curasse o problema do coração de John e prolongasse sua vida. John não morreu quando os sonhos indicavam que ele morreria. Ao contrário, seu problema cardíaco foi resolvido com uma dieta cuidadosa e exercícios físicos regulares. Essas pessoas não eram falsos profetas, nem seus sonhos eram falsos. Os sonhos eram apenas alertas incompreendidos por quem os sonhou.

Encorajamento

Quando Paulo chegou pela primeira vez na cidade de Corinto, ele ia à sinagoga todos os sábados, pregando o evangelho. Mais tarde, ele foi forçado a deixar a sinagoga. Os inimigos judeus de Paulo perseguiram-no em quase todas as cidades que ele visitou. Certa vez, alguns judeus de Antioquia tinham vindo a Listra e conseguiram deixar uma multidão tão agitada que Paulo foi apedrejado e deixado como morto. Agora o mesmo estava acontecendo em Corinto. Alguns dos principais líderes da sinagoga tinham se tornado crentes em Cristo, e Paulo sabia que não demoraria muito tempo para que seus inimigos revidassem. Ele seria apedrejado de novo?

Foi nesse contexto que "certa noite o Senhor falou a Paulo em visão: 'Não tenha medo, continue falando e não fique calado, pois estou com você, e ninguém vai lhe fazer mal ou feri-lo, porque tenho muita gente nesta cidade'" (At 18:9-10). Essa visão trouxe grande conforto e encorajamento a Paulo. Tenho certeza de que Paulo teria ficado na cidade até que Deus lhe dissesse para partir, mesmo que isso significasse ser apedrejado novamente. Mas o Senhor foi gentil ao tirar essas preocupações da mente de Paulo dando-lhe a visão. Acho que é comum o Senhor confortar e encorajar por meio dos sonhos e das visões.

Orientação

Na segunda viagem missionária de Paulo, Deus lhe deu uma visão de "um homem da Macedônia [que] estava em pé e lhe suplicava: 'Passe à Macedônia e ajude-nos'" (At 16:9). Nessa ocasião específica, uma visão foi o meio de Deus guiar Paulo ao lugar onde o Senhor queria que ele ministrasse.

Anos atrás eu estava prestes a assumir um grande compromisso de me unir a alguém num projeto ministerial. O compromisso me custaria muito tempo, dinheiro e energia, mas tanto Leesa quanto eu achamos que era o certo a se fazer. Então ela teve um sonho que revelava algumas características muito negativas da pessoa com quem estávamos prestes a assumir o compromisso. Para piorar a situação, algumas noites depois tive um sonho bem semelhante. Não gostei de nenhum deles. Eu gostava de verdade da pessoa que estava nos convidando para o compromisso. Decidi que meu sonho provavelmente tinha vindo das minhas próprias emoções e que tinha se originado devido à influência do sonho de Leesa. Quanto ao sonho dela, decidi ignorá-lo.

Pouco antes da hora de finalizar nosso compromisso, eu estava entrando numa loja, reclamando silenciosamente ao Senhor sobre o sonho de Leesa. Ao abrir a porta, disse ao Senhor: "Simplesmente não consigo ver essas características negativas no fulano". De repente, uma voz em minha mente disse: "Por que você acha que eu lhe dei aquele sonho?".

Como eu pude ser tão tolo?! A razão pela qual Deus nos dera os sonhos era que estávamos cegos para os traços negativos do caráter da pessoa em questão. É isso que os sonhos fazem. Eles nos mostram aspectos que não podemos ver com nossos olhos naturais. Nós nos recusamos a assumir o compromisso. Cerca de dois meses depois, foram reveladas publicamente coisas a respeito daquela pessoa que nos deixaram muito gratos por nossos nomes não estarem ligados a um ministério mútuo, e por nosso tempo, energia e dinheiro não terem sido desperdiçados.

Intimidade e comunhão

Em diversas ocasiões nas Escrituras, Deus aparece aos seus servos em sonhos e visões. Essas aparições podem envolver instruções, orientação, conforto ou outros tipos de instruções. O que os diferencia dos outros sonhos é que o próprio Senhor realmente aparece e fala com seus servos. Existe um nível de intimidade e comunhão com Deus que transcende outros sonhos e visões menos pessoais.

Um dos exemplos clássicos desse tipo de sonho é o que aconteceu com Salomão quando o Senhor apareceu para ele em sonho em Gibeão. Durante o sonho, Salomão e o Senhor tiveram uma longa conversa (1Rs 3:5-15). Muitas pessoas me contaram a respeito de uma experiência semelhante a essa, em que um homem "sem face" aparece para elas num sonho. Acredito que o homem sem face muitas vezes representa o Espírito Santo, cuja tarefa principal é conduzir-nos para a face de Jesus Cristo. Pense agora em seus próprios sonhos. Consegue se lembrar de um sonho significativo em que uma pessoa gentil, cuja face não podia ver, estava lhe dando orientações ou proteção importantes? É bem possível que seja o Espírito Santo.

Revelando o futuro

Deus pode usar sonhos para revelar o futuro imediato ou até mesmo os acontecimentos dos últimos dias. Quando José era jovem, ele teve dois sonhos sobre o futuro imediato que indicavam que um dia ele seria elevado a uma posição de liderança (Gn 37:5ss). Tanto Daniel como João receberam sonhos e visões que se relacionavam não apenas com o curso da história mundial da época, mas também se estendiam até os acontecimentos dos últimos dias.

Ordens

Às vezes, o Senhor usa os sonhos para dar ordens. Num sonho, ele disse a Jacó: "Saia agora desta terra e volte para a sua terra natal" (Gn 31:13). Quando Labão quis prejudicar Jacó, Deus apareceu para Labão num sonho e disse: "Cuidado! Não diga nada a Jacó, não lhe faça promessas nem ameaças" (Gn 31:24). Já mencionei o fato de que Deus usou sonhos para ordenar que José tomasse

Maria como sua esposa (Mt 1:20-21) e fugissem para o Egito (2:13). Ele também usou sonhos para ordenar que José retornasse a Israel (2:19-20).

Falando aos incrédulos

Muitos cristãos acham que Deus não fala com os incrédulos. No entanto, a Bíblia é testemunha de que ele fala. No Antigo Testamento ele falou aos incrédulos através dos profetas, mas também falava com eles de forma mais direta. Não era tão incomum Deus falar aos governantes através dos sonhos. Ele falou dessa maneira com Abimeleque (Gn 20:3-7), com Faraó (Gn 41:1-7) e com Nabucodonosor (Dn 2:1ss; 4:9ss). Também falou em sonhos com aqueles que não eram governantes, por exemplo, o soldado midianita em Juízes 7:13. No Novo Testamento, Deus falou com a esposa de Pilatos em sonho, mas quando ela contou o sonho para o marido, ele ignorou sua advertência (Mt 27:19). No Novo Testamento, Deus também falou em sonho aos magos que, ao que tudo indica, eram astrólogos pagãos, alertando-os para não retornarem à presença de Herodes (Mt 2:12).

Deus ainda fala com os incrédulos em sonhos. Fora da igreja há um interesse crescente nos sonhos e por seu valor prático.[5] O tema dos sonhos irá surgir cada vez mais em nossas conversas com os incrédulos, principalmente aqueles que têm sido influenciados pela Nova Era. Sem dúvida, alguns desses sonhos terão uma origem satânica ou surgirão de conflitos emocionais, mas alguns deles podem, na verdade, representar o Senhor falando com essas pessoas. Seja qual for a causa, eles podem ser usados como uma ferramenta evangelística eficaz se ouvirmos com empatia para encontrar um ponto em comum entre nós e nossos amigos incrédulos.

INTERPRETANDO OS SONHOS

Registrando os sonhos

Você não pode interpretar os sonhos se não se lembrar deles. Os sonhos são passageiros e facilmente esquecidos (Jó 20:8). É por isso que Daniel "escreveu o resumo do seu sonho" (Dn 7:1). Se Deus fala constantemente com você em sonhos, então é uma boa ideia manter um caderno ou o gravador do celular sob o criado mudo. Se você sonha todas as noites, é óbvio que não poderá registrar todos os sonhos. Você terá que ser seletivo e anotar aqueles que considera mais importantes.

O momento mais importante para se lembrar de um sonho é naquele momento logo antes de acordar, onde você não está totalmente acordado, mas também não está mais dormindo. Quando perceber que está acordando, tente sempre rever seus sonhos. A maioria das pessoas que não anota seus sonhos se esquece deles em cinco a dez minutos e não consegue mais se lembrar. Algumas pessoas me disseram que acham útil não acordar com o despertador. O barulho do despertador pode ser tão estridente para algumas pessoas que faz com que se esqueçam dos seus sonhos.

Se você acordar no meio da noite no final do sonho, não volte a dormir antes de registrá-lo. O fato de você ter acordado provavelmente significa que o sonho é importante. Acordei no meio da noite no final do sonho mais vívido e pensei que nunca o esqueceria porque estava tão claro em minha mente. Depois voltei a dormir e esqueci imediatamente o sonho. Tudo o que conseguia me lembrar pela manhã era que eu tinha tido um sonho importante durante a noite. Não consegui me lembrar de nenhum detalhe.

Simbolismo

Não deixe que o simbolismo dos seus sonhos o intimide. O simbolismo muitas vezes torna um sonho difícil de interpretar, assim como as visões simbólicas dos profetas foram e são difíceis de interpretar. Muitas vezes, porém, os sonhos mais simbólicos são também os mais cheios de significados. Um benefício do simbolismo em nossos sonhos é que ele nos faz depender de Deus para receber a iluminação do sonho. Os símbolos também nos mostram que não inventamos o sonho. Sonhar com símbolos que normalmente não usamos e não conseguimos entender é um sinal de que os sonhos não são resultado de alguma opinião consciente que temos.

Não existem fórmulas mecânicas para interpretar os símbolos nos sonhos, embora existam alguns elementos que parecem funcionar como símbolos universais. Depois de ouvir os sonhos das pessoas durante vários anos, descobri que a água limpa e em movimento muitas vezes simboliza o poder do Espírito Santo. Às vezes, os carros simbolizam um ministério específico. Os trens podem simbolizar movimentos ou denominações. E já observei que um homem sem face pode representar o Espírito Santo. No entanto, mesmo com esses símbolos comuns, devemos lembrar que os símbolos, pela sua própria natureza, têm camadas de significados. Eles podem significar coisas diferentes em contextos diferentes. Acho comum que Deus dê um "vocabulário de sonhos" para aqueles que sonham constantemente. Por exemplo, um bebê pode aparecer em seus sonhos como um símbolo recorrente de algum ministério que o Senhor lhe deu. Para outra pessoa, o bebê pode ser um símbolo de imaturidade.

Como discernimos esses elementos? Interpretamos os sonhos da mesma forma que interpretamos a Bíblia: dentro de um contexto, com a iluminação do Espírito Santo. Tanto José como Daniel tiveram muito cuidado ao dizer que a interpretação dos sonhos pertence a Deus.[6] Todas as regras para a interpretação de símbolos na Bíblia também são válidas para a interpretação dos símbolos em sonhos. Contudo, sem a iluminação do Espírito Santo, até mesmo o maior gênio literário do mundo não conseguirá dar uma interpretação benéfica de um sonho ou de um texto bíblico. Se estivermos dispostos a meditar pacientemente sobre os nossos sonhos, dedicando tempo para anotar aqueles que consideramos mais importantes e orar pedindo seu significado, mais cedo ou mais tarde Deus irá desvendar os mistérios dos nossos sonhos.

Outro benefício do simbolismo nos sonhos é que muitas vezes ele revela a perspectiva de Deus. Por exemplo, quando o rei pagão Nabucodonosor sonhou com impérios mundiais, ele viu os impérios sucessivos na forma de uma bela estátua. Contudo, quando Daniel sonhou com esses mesmos impérios, ele os viu em formas de bestas. O sonho de Nabucodonosor representa a visão mundial dos impérios humanos, enquanto o sonho de Daniel representa a perspectiva divina.

Lembre-se de prestar atenção aos detalhes que o fascinam e que se destacam de alguma forma em seu sonho. Os detalhes em si não precisam ser fascinantes, mas o fato de você se lembrar deles e de parecerem ter capturado sua atenção significa que esses detalhes são importantes para a interpretação do sonho. Para citar um exemplo, em um sonho você pode estar em um estacionamento e ter sua atenção voltada para as linhas brancas que delimitam as vagas individuais. Você pode notar que as linhas são perfeitamente brancas e retas. No sonho você se vê olhando para essas linhas. Nesse caso, as linhas serão importantes para a interpretação e aplicação do sonho. Também tome cuidado para lembrar seus sentimentos durante o sonho. A maneira como você se sentiu em relação a um determinado evento ou pessoa pode ser uma pista importante para o significado do sonho.

Literalismo

Alguns sonhos são literais e requerem pouca interpretação. Ainda assim, entender o tempo a que o sonho se refere e sua aplicação pode ser muito difícil. Mesmo quando a interpretação do sonho é óbvia, Deus ainda tem que nos guiar na aplicação e no momento certo a que ele se refere. Entretanto, a maioria dos sonhos não é literal e sua interpretação é tão difícil de entender quanto sua aplicação e o momento ao qual se refere. Acho que o erro mais comum na interpretação dos sonhos é interpretá-los de modo extremamente literal.

Certa vez cometi o erro de dar uma palestra pública sobre sonhos. Desde então, as pessoas têm me relatado seus sonhos para que eu os interprete. Aprendi que é muito comum as mulheres sonharem que estão sendo estupradas. Nunca pensei que esses sonhos fossem literais. Geralmente eles representam algum tipo de ataque espiritual. Esse tipo de sonho assusta qualquer mulher, e elas, muitas vezes, se perguntam se deveriam ter mais cuidado contra esse crime tão violento. Nunca pensei que esses sonhos fossem literais. Geralmente eles representam algum tipo de roubo espiritual.

Anos atrás, a esposa de um pastor me procurou para contar um sonho perturbador. Ela sonhou que estava sendo estuprada por vários homens que amarraram suas mãos atrás das costas. Eles também a estavam estrangulando com seu próprio colar de pérolas. Ela estava apavorada com o sonho e me perguntou se eu achava que tinha um significado literal. Não achei que fosse literal, mas eu não tinha nenhum contexto para interpretar o sonho. Perguntei-lhe o que estava acontecendo em sua vida. Ela disse que ela e o marido atuavam como pastores em uma igreja relativamente grande, com vários ministros. Alguns ministros tinham começado a dizer coisas falsas e desagradáveis sobre seu marido. Um dos ministros em particular estava obviamente liderando uma tentativa de desonrar esse pastor e forçá-lo a sair da igreja. Ainda não conseguia relacionar o sonho com as circunstâncias atuais da mulher, mas tinha certeza de que o sonho não era literal. Minhas convicções não serviram de consolo para aquela mulher.

Mais tarde naquele dia, contei o sonho para Paul Cain. Ele me perguntou sobre as circunstâncias e depois me deu a interpretação. Disse que o estupro simbolizava o que os outros ministros estavam fazendo com o casal. Eles estavam tentando tirar não somente a reputação do casal, mas também o ministério que Deus os tinha dado na igreja. Perguntei o que significava o fato da mulher ter as mãos amarradas nas costas. Ele disse que os ministros estavam fazendo isso pelas suas costas e não lhes dando chance de enfrentar seus acusadores. Portanto, eles não tinham como se defender das acusações. E as pérolas? Paul disse que as pérolas simbolizavam o marido da mulher, seu bem mais precioso. O ataque à integridade do seu marido estava "sufocando" sua vida. Agradeci a Paul pela interpretação e disse que ligaria de volta para a mulher. Então Paul falou: "Jack, diga-lhe que esse sonho representa a maneira como Deus se sente em relação ao que está sendo feito com eles. A calúnia e a fofoca, a tentativa dissimulada de tirá-los do ministério, é como um estupro cruel aos olhos do Senhor. Diga-lhe que se ela e o marido não reagirem e conseguirem manter o coração livre da amargura e da acusação, o Senhor permitirá que eles saiam dessa situação vitoriosos".

Quando contei à esposa do pastor o que Paul tinha me dito, ela ficou muito encorajada. O que algumas pessoas talvez interpretassem como um pesadelo era, na verdade, um conforto divino para esse casal. A interpretação de Paul deu-lhes a coragem e a determinação para perdoar seus caluniadores e não se vingar. No final, tudo aconteceu exatamente como Paul tinha mencionado.

Essa experiência específica ilustra outra característica valiosa do simbolismo nos sonhos. Os sonhos e visões muitas vezes impactam nossas emoções de uma forma que as pregações ou as palavras escritas não conseguem. Às vezes Deus usa sonhos para nos "aterrorizar" (Jó 7:14; 33:16). Há ocasiões em que apenas o terror vai nos afastar do pecado ou das armadilhas que vão nos levar até ele. Depois de ter algumas visões e sonhos, as emoções de Daniel ficaram tão abaladas que todas as suas forças o abandonaram e ele até adoeceu.[7] Às vezes um sonho pode ter um efeito maior sobre nós, mais do que mil palavras.

O MAU USO DOS SONHOS

Os sonhos não são dados para nos exaltar na igreja ou para controlarmos os outros. Algumas coisas que o Senhor compartilha conosco devem ser mantidas em segredo. Às vezes, os sonhos têm como objetivo ensinar a como orar a respeito de uma situação ou a como orar por certos irmãos. O fato de termos tido um sonho não significa que temos permissão para compartilhá-lo com outras pessoas, mesmo que elas tenham aparecido no sonho. Outras vezes, Deus pode nos dar um sonho mostrando que ele fará algo maravilhoso por nós. Isso nos faz sentir especiais, e podemos querer contar a outras pessoas sobre o sonho, para que elas também possam ver o quanto somos especiais para Deus. Na realidade, Deus pode ter nos dado o sonho porque estamos prestes a passar por um momento muito doloroso e difícil, e precisaremos de todo o apoio que pudermos ter dele para superar tudo. Ao contar o sonho aos outros, podemos ceder ao orgulho e aumentar o fardo da provação.

Foi isso o que aconteceu com José. Ele teve dois sonhos que indicavam que Deus iria colocá-lo num alto nível de liderança. Então ele agiu de modo insensato e contou o sonho aos seus irmãos, que já o odiavam por causa do favoritismo de seu pai por ele (Gn 37:5). Em vez de trabalhar a favor de José, contar o sonho aos irmãos na verdade aumentou o sofrimento em sua vida.

No final, Deus resolveu tudo para o benefício de todos, mas José ainda foi imprudente ao contar o sonho.

OS INTÉRPRETES DE SONHOS

Embora não seja explicitamente chamado como um dom nas Escrituras, Deus abençoa certos indivíduos com o dom de interpretar sonhos. Era o caso de José e de Daniel.[8] Dizia-se que Daniel "sabia interpretar todo tipo de visões e sonhos" (Dn 1:17). Atualmente já encontrei pessoas muito abençoadas com o dom de interpretação de sonhos e visões. Em algumas ocasiões, eu até os vi contar o sonho e sua interpretação, assim como Daniel fez com o primeiro sonho de Nabucodonosor (Dn 2:1ss).

UMA LIÇÃO INESQUECÍVEL

Em fevereiro de 1988, Deus me deu uma lição inesquecível sobre a importância dos sonhos. Eram 23h e as crianças estavam dormindo. Leesa e eu estávamos lendo na sala. "Tive medo de lhe contar", disse ela, "porque não queria preocupá-lo à toa. Nos últimos seis meses, acho que Deus tem me dito que Alese vai morrer". Fiquei atordoado. Por que Deus levaria nossa filha de sete anos? À essa altura, eu já tinha desenvolvido um profundo respeito pela capacidade da minha esposa em ouvir a voz do Senhor. Dessa vez, porém, eu queria acreditar que ela estava errada. Será que o Senhor diria com antecedência a alguém que seu ente querido estaria prestes a morrer cedo ou isso seria algum tipo de engano demoníaco enviado para nos preocupar? Como deveríamos discernir?

Durante o último ano, Leesa teve sonhos proféticos exatos e precisos a respeito de pessoas e acontecimentos. Decidimos orar naquela noite e pedir a Deus que lhe desse um sonho e mostrasse se Alese estava ou não correndo um perigo real. Quando orei pelo sonho, pedi ao Senhor que protegesse Leesa de qualquer engano demoníaco ou de qualquer influência que pudesse surgir de suas próprias emoções e medos. Quando ela acordou na manhã seguinte, Leesa me contou o sonho que teve durante a noite.

No sonho, Leesa se viu deitada no meio de um enorme estádio de atletismo lotado de milhares de pessoas. Ela estava deitada no centro do estádio com uma grande lança cravada no coração. As pessoas passavam olhando para ela, surpresas por ela ainda estar viva. Ao olhar para a ponta da lança, ela viu uma cruz nela. Ambos estávamos convencidos de que o sonho significava que, assim como o coração de Maria foi traspassado por uma espada pela morte de seu Filho na cruz, Deus iria tirar de nós nossa filha Alese.

Imediatamente entrei no meu closet, fechei a porta e ajoelhei-me. Comecei a chorar e a implorar a Deus que não levasse nossa filha caçula. Então fiquei com raiva do Senhor, perguntando por que ele me trataria assim. Em meio a minha raiva, lembrei-me de que ele também tinha perdido um Filho, mas isso não fez diferença para mim. De alguma forma, a comparação não parecia justa. Ele recuperou seu Filho depois de três dias através da ressurreição. Se ele levasse Alese, quanto tempo levaria até que eu a visse novamente no céu?

Não sei quanto tempo fiquei nesse questionamento, mas sei que, quando saí do closet, meus olhos estavam inchados de tanto chorar e eu estava desesperado. Decidi jejuar e pedir que Deus mudasse de ideia. Pouco tempo depois do sonho, uma pessoa com o dom de profecia veio à nossa igreja. Ele orou por nossos dois meninos, Craig e Scott, e disse coisas maravilhosas sobre eles. Então ele e sua esposa sentaram-se diante de Alese e começaram a profetizar sobre ela. Ele começou a dizer: "O Senhor vai ...". Parou no meio da frase e disse: "Precisamos orar pela segurança da sua filha". Mais tarde, ele me chamou de lado e disse que o diabo queria matá-la. O diabo queria matá-la? Durante todo esse tempo, pensávamos que o Senhor iria tirá-la de nós. Quando contamos o sonho ao profeta, ele disse que o sonho era uma advertência e que deveríamos orar por Alese todos os dias, impondo-lhe as mãos e pedindo que o Senhor a protegesse.

Reunimos as crianças e dissemos-lhes que o diabo queria nos atacar. Isso significava que precisaríamos ser mais cuidadosos do que éramos em relação a onde íamos e com quem conversávamos. Dissemos que seríamos um pouco mais restritivos com os privilégios das crianças do que normalmente éramos. Garantimos que sairíamos bem desse período se tivéssemos cuidado e orássemos todos os dias pela proteção de Deus. Todas as manhãs impúnhamos as mãos sobre nossa filha Alese e pedíamos ao Senhor que a protegesse, que a cercasse com o poder do Espírito Santo e enviasse anjos com ela aonde quer que fosse. Fazíamos a mesma coisa todas as noites antes de dormir.

Certo domingo, pouco depois de tomarmos essa atitude, eu tinha acabado de pregar em nossa igreja. Nossos amigos Doc e Nancy Fletcher trouxeram a mãe de Doc, Joy Fletcher, para nossa igreja naquele dia. Joy era uma batista do Sul que morava no Oeste do Texas e estava visitando nossa igreja pela primeira vez. Após o culto, ela veio me cumprimentar. Depois de apertarmos as mãos, tentei retirar a minha, mas ela a segurou com firmeza. Estávamos apenas conversando um pouco, então não consegui entender porque ela não soltou minha mão. Depois do que pareceu um longo tempo, finalmente consegui recuperar minha mão e colocá-la rapidamente no bolso. Joy saiu com seu filho, Doc, e comecei a conversar com outros irmãos.

Trinta e cinco minutos depois, quando todos já tinham saído da igreja, Doc e sua mãe voltaram. Os olhos de Doc estavam vermelhos. Ele estava chorando. Sua mãe estava triste. Ele me disse:

— Às vezes minha mãe tem visões de pessoas. Essas visões quase sempre se cumprem. Por quatro vezes ela viu com antecedência a morte dos outros. Todas as vezes essas visões se cumpriram. A primeira vez que isso aconteceu conosco foi quando ela viu a morte do meu irmão de nove anos, duas semanas antes de ele morrer. Mãe, diga o que você viu.

Joy olhou para mim e disse:

— Às vezes, quando toco as pessoas, tenho visões com elas. Enquanto apertava sua mão, vi uma casa de tijolos que tinha uma garagem que a cercava e ia para os fundos. Perto da garagem tinha uma cerca branca de metal. Então vi uma menina com cabelos longos castanhos-claros que parecia ter uns sete ou oito anos de idade. Ela estava brincando na garagem, quando um homem se aproximou dela e... — Sua voz foi diminuindo.

— O homem veio para machucá-la? — perguntei.
— Sim.
— Ia matá-la?
— Acho que esse era o plano dele.

Agradeci por terem voltado e contado para nós a visão. Agora tínhamos três confirmações distintas de que o diabo queria matar nossa filha Alese – o sonho da minha esposa, a impressão do profeta e a visão que Joy teve. Pela boca de duas ou três testemunhas, um fato é confirmado. Sabíamos com certeza que Deus estava nos alertando para que nossa filha fosse poupada. Não apenas continuamos orando por ela, mas também informamos toda a igreja sobre o ataque satânico à vida da nossa filha e como soubemos disso. Pedimos à nossa igreja que orasse por nós todos os dias até que o ataque fosse impedido. Pouco tempo depois da Páscoa daquela primavera, sentimos que nossa filha estava fora de perigo. O ataque tinha acabado. Até hoje, minha esposa e eu estamos convencidos de que Alese foi poupada através do sonho de advertência dado a nós de modo tão gracioso por nosso Pai celestial.

Preste atenção em seus sonhos. Deus pode usá-los para salvar você ou seu ente querido da desgraça. Eu me pergunto quanto amor e misericórdia podemos ter perdido ao longo dos anos porque desprezamos um sonho que Deus enviou para nos alertar. "Pois a verdade é que Deus fala, ora de um modo, ora de outro, mesmo que o homem não perceba. Em sonho, em visão durante a noite (...)" (Jó 33:14-15).

Por que DEUS NÃO FALA *assim* COMIGO?

O SENHOR RECONHECE *de* LONGE *os* ARROGANTES

Depois de ler os últimos capítulos, você pode ser tentado a se perguntar: "Por que Deus nunca fala assim comigo?". É uma pergunta que ouço o tempo todo. A resposta pode ser tão simples como o versículo de Tiago 4:2: "[Vocês] não têm, porque não pedem [a Deus]". Quem pedir com sinceridade acabará ouvindo a voz de Deus (Tg 1:5-8). Para a maioria das pessoas, porém, Deus já falou com elas. A Bíblia afirma: "Pois a verdade é que Deus fala, ora de um modo, ora de outro, mesmo que o homem não o perceba" (Jó 33:14).

Talvez Deus tenha falado várias vezes com alguns de vocês, mas não reconheceram a voz dele porque ninguém nunca lhes explicou as maneiras pelas quais ele fala. Ou você conhece essas maneiras, mas ninguém jamais lhe deu instruções práticas de como entender esses elementos, como sonhos e impressões. Para alguns, o medo obscureceu a voz divina – quer seja o medo de que ele não fale nada ou o medo do que ele diria se as pessoas parassem para ouvi-lo. Conheço alguns que não ouvem a voz de Deus porque têm complexo de inferioridade. "Por que Deus ia falar com alguém como eu?", perguntam. Todo mundo sabe a resposta: "Porque você é filho dele, comprado pelo sangue do cordeiro. E se ele o ama o suficiente para morrer em seu lugar, não acha que ele o ama o suficiente para falar com você?". Essa é uma boa teologia e perfeitamente lógica, mas não é o tipo de resposta que normalmente ajuda alguém que tem essa dúvida.

Quando pensamos no assunto, não é lógico que Deus nos ame. Não faz sentido nenhum. O amor de Deus é um amor "que excede todo conhecimento" e só pode ser conhecido pela revelação divina (Ef 3:18-19). Não foi um argumento que cativou os corações endurecidos das prostitutas na Palestina do primeiro século. Foi o carinho que elas sentiram vindo do coração de Jesus para o coração delas. De alguma forma, elas sabiam que ele se alegrava com elas, mas não pelas razões que os outros homens se alegravam. Portanto, se estiver pensando que você não é importante para que ele fale com você, siga o exemplo de Paulo e ore para sentir a afeição de Deus em seu coração (Ef 3:14-19).

O ORGULHO

Os obstáculos listados acima são relativamente fáceis de superar em comparação com o obstáculo que estou prestes a apresentar. O obstáculo mais poderoso que conheço que nos impede de ouvirmos a voz de Deus é ter complexo de superioridade. É possível cometer esse pecado de dois modos. O primeiro é ser como quem diz: "Posso não ser muito, mas sou tudo o que penso ser". Esse não é tanto o pecado do orgulho quanto é do egocentrismo ou do egoísmo. Uma pessoa muito egoísta também pode ter baixa autoestima. O outro modo de cometer esse pecado é mais grave. É ter uma opinião muito elevada sobre si mesmo. A Bíblia chama isso de orgulho e diz que Deus "se opõe" aos orgulhosos (1Pe 5:5).

Uma das coisas que faz o orgulho ser o mais perigoso de todos os pecados é que ele é o mais difícil de ser detectado. Jonathan Edwards disse que o orgulho "é o mais baixo de todos no alicerce do pecado, e é o mais secreto, enganoso e insondável em seus modos de agir. (...) E pode-se mesclar com qualquer coisa".[1] Os fariseus, que eram as pessoas mais orgulhosas do Novo Testamento, não deram nenhum indício de que estavam nem um pouco conscientes desse pecado. Vejo sempre o orgulho em outros cristãos, mas raramente vejo-o em mim mesmo. O que chamo de orgulho nos outros, chamo em mim de "uma preocupação com a verdade" ou "o desejo de fazer as coisas certas".

C. S. Lewis deu-nos talvez o melhor teste para detectar o orgulho quando disse: "Quanto maior o orgulho em mim, mais o detesto nos outros".[2] Mesmo com esse teste, já me desesperei ao tentar detectar o orgulho em minha vida. Creio que o orgulho nunca possa ser detectado, apenas revelado.

Mas o que é o orgulho? As próximas seções tratam dos vários aspectos do orgulho.

UMA ATITUDE DE SUPERIORIDADE

O orgulho é mais traiçoeiro do que simplesmente termos uma opinião elevada de nós mesmos. O orgulho é um desejo e uma atitude. Acima de tudo, é o desejo da autoexaltação. É por isso que o orgulho nos coloca numa competição profana. Todos, até mesmo Deus, são nossos rivais porque o Senhor não está interessado em exaltar ninguém, exceto seu Filho. Isaías deu-nos uma descrição sobre o orgulho quando profetizou a queda do rei da Babilônia:

> Como você caiu dos céus, ó estrela da manhã, filho da alvorada! Como foi atirado à terra, você, que derrubava as nações! Você que dizia no seu coração: "Subirei aos céus; erguerei o meu trono acima das estrelas de Deus; eu me assentarei no monte da assembleia, no ponto mais elevado do monte santo. Subirei mais alto que as mais altas nuvens; serei como o Altíssimo" (Is 14:12-14).

O rei da Babilônia sentia em seu íntimo que era superior ao resto da humanidade. Essa atitude de superioridade levou-o a querer ser exaltado como Deus. Ele estava determinado a elevar-se acima das estrelas (anjos) de Deus. A atitude de superioridade e o desejo de autoexaltação fortalecem-se mutuamente.

O DESEJO DE DOMINAR

Outro elemento do orgulho é o desejo de dominar. Quando eu tinha trinta e poucos anos, acreditava honestamente que tinha perdido o desejo pela competição atlética. Eu me vi como alguém que superou o desejo imaturo de provar meu valor, atleticamente falando. Tenho certeza de que não tinha nada a ver com o fato de que minhas habilidades atléticas estavam diminuindo naquela época. Em vez disso, atribuí o fim do espírito competitivo à minha crescente maturidade cristã.

Eu tinha praticamente parado de praticar jogos competitivos quando um de meus amigos, que também era pastor, convidou-me para jogar raquetebol com ele. Embora eu não jogasse raquetebol há certo tempo, tinha certeza de que meu amigo não seria um desafio para mim. Sempre tinha me considerado atleticamente superior a ele. Perdi o jogo. Não conseguia acreditar. Como ele me venceu? Rapidamente chamei meu amigo para outro jogo. Eu tinha certeza de que minha perda era devido a um mero acaso. Não queria apenas vencer o próximo jogo, derrotar meu oponente. Queria humilhar meu amigo de tal forma que ele se convencesse de minha capacidade atlética superior. Quando ele ganhou o segundo jogo, fiquei furioso. Comecei a desprezar sua habilidade atlética. Como alguém com tão pouca habilidade pode me vencer? Antes do fim da tarde, havíamos disputado um total de cinco partidas. Ele venceu cada uma delas. Minha raiva aumentava a cada derrota. No final, ele recusou meu pedido para uma sexta partida. Se ele não tivesse recusado, talvez ainda estivesse na quadra de raquetebol até hoje, tentando vencer.

Sabe o que é triste nessa história toda? Meu oponente era um dos meus melhores amigos desde o Ensino Médio. Convertemo-nos ao mesmo tempo. Estávamos no ministério juntos desde a universidade e até estudamos no mesmo seminário. Na época do nosso jogo de raquetebol, estávamos pastoreando a mesma igreja. Não havia quase ninguém cuja companhia eu gostasse mais. Eu era tão próximo dele quanto era do meu próprio irmão. Mesmo assim, quando saímos da quadra de raquetebol, fiquei tão furioso que nem quis falar com ele. Meu orgulho havia sido profundamente ferido. A crença em minha superioridade atlética tinha sido seriamente desafiada e meu desejo de dominar tinha sido completamente frustrado.

O ÓDIO CEGO

O orgulho é o pior de todos os pecados porque nos separa uns dos outros e de Deus de forma mais rápida e total do que qualquer outro pecado. C. S. Lewis escreveu: "Um homem orgulhoso está sempre olhando de cima para as coisas e as pessoas; e, claro, quando você está olhando para baixo, não pode ver algo que está acima de você".[3] Um alcoólatra ou uma pessoa sexualmente imoral pode ver o dano causado pelo seu pecado. Tanto o alcoólatra quanto o viciado em sexo podem até passar por períodos de sobriedade quando olham para cima e pedem a ajuda de Deus. Mas a pessoa realmente orgulhosa não consegue ver seu orgulho ou o dano que ele causou aos outros. O orgulho intoxica permanentemente. Enquanto existir um rival, o orgulho nunca poderá ser extinto. Ele vai se esforçar para dominar esse rival.

A atitude de superioridade do orgulho e o desejo de dominar alimentam-se mutuamente. A atitude de superioridade de Satanás levou-o a desprezar as demais criaturas. Ele queria dominar o que desprezava, e ele desprezava ainda mais aquele que o dominava. É por isso que o orgulho, em sua forma mais pura, é um ódio implacável. Quando o orgulho atingiu seu ápice em Satanás, ele perdeu o poder de amar. Você não pode amar e desprezar alguém ao mesmo tempo. O homem verdadeiramente orgulhoso se alegra com a derrota do seu rival tanto quanto com sua própria vitória. Naquele dia, na quadra de raquetebol, eu precisava que meu amigo perdesse tanto quanto eu precisava ganhar. Eu queria provar claramente que eu era superior.

O orgulho é contra Deus porque atinge o próprio cerne de seu caráter – o amor – e o próprio cerne do seu plano – a exaltação de seu Filho. Isso explica por que Deus odeia o orgulho com o mais puro ódio que conseguimos imaginar. "Abominável é ao Senhor todo arrogante de coração" (Pv 16:5 – ARA). Uma abominação é algo que causa repulsa. Por exemplo, a antiga prática de sacrificar crianças aos ídolos causa repulsa em qualquer ser humano normal. Deus chama o sacrifício de crianças de abominação (Dt 12.31) – a mesma palavra que ele usa para descrever o orgulho. O orgulho é uma abominação que causa repulsa.

O ORGULHO RELIGIOSO

A pior forma de orgulho é o religioso. Pode parecer impossível ser religioso e orgulhoso ao mesmo tempo. Afinal de contas, a essência da religião é prostrar-se em humildade diante de um Deus contra o qual não podemos competir, um Deus que é infinitamente superior em todos os aspectos àqueles que o adoram. No entanto, Jesus deu uma ilustração muito clara de como os religiosos ficam orgulhosos:

> A alguns que confiavam em sua própria justiça e desprezavam os outros, Jesus contou esta parábola: "Dois homens subiram ao templo para orar; um era fariseu e o outro, publicano. O fariseu, em pé, orava no íntimo: 'Deus, eu te agradeço porque não sou como os outros homens: ladrões, corruptos, adúlteros; nem mesmo como este publicano. Jejuo duas vezes por semana e dou o dízimo de tudo quanto ganho'. Mas o publicano ficou à distância. Ele nem ousava olhar para o céu, mas batendo no peito, dizia: 'Deus, tem misericórdia de mim, que sou pecador'. Eu lhes digo que este homem, e não o outro, foi para casa justificado diante de Deus. Pois quem se exalta será humilhado, e quem se humilha será exaltado" (Lc 18:9-14).

O fariseu ficou diante de Deus e se regozijou em seu compromisso com ele, em vez de se regozijar no Senhor. Ele até agradeceu a Deus por torná-lo superior aos outros homens. Uma pessoa religiosamente orgulhosa não só pensa que é superior às outras pessoas, mas também tem certeza de que Deus pensa o mesmo a respeito. A pessoa espiritualmente orgulhosa usa Deus para ajudá-la a desprezar os outros.

O compromisso cristão e as obras cristãs podem nos levar ao orgulho, assim como o conhecimento. Durante a Festa dos Tabernáculos, os principais sacerdotes e fariseus enviaram guardas do templo para prender Jesus, mas eles voltaram de mãos vazias. Quando os principais sacerdotes e os fariseus perguntaram aos guardas por que não haviam trazido Jesus preso, disseram: "Ninguém jamais falou da maneira como esse homem fala". Os fariseus ficaram furiosos. Eles perguntaram aos guardas: "Será que vocês também foram enganados? (...) Por acaso alguém das autoridades ou dos fariseus creu nele? Não! Mas essa ralé que nada entende da lei é maldita" (Jo 7:46-49). O conhecimento bíblico superior dos fariseus levou-os a desprezar o resto da comunidade de adoradores como sendo nada mais do que uma ralé ignorante e amaldiçoada. Achavam que o compromisso e conhecimento que possuíam tinham os tornado superiores aos olhos de Deus e dos outros adoradores.

E aqui está o que é realmente detestável no orgulho religioso: ele nos faz desprezar as pessoas que Deus ama.

Você já viu um filho pródigo voltar para a casa de um fariseu? O orgulho religioso afasta as mesmas pessoas que Deus chama de volta para casa.

TOMANDO O LUGAR DE DEUS

Portanto, o orgulho religioso não é apenas a atitude de pensar que somos superiores aos outros, mas também a crença de que Deus pensa que somos superiores. Eu também mencionei que o orgulho é o desejo de autoexaltação e dominação. Como isso funciona no nível religioso? Com certeza, nenhum cristão jamais seguiria os passos do rei da Babilônia, que disse: "Subirei mais alto que as mais altas nuvens; serei como o Altíssimo" (Is 14:14). É óbvio que nenhum cristão jamais desejaria ocupar o lugar de Deus! Deixe-me tentar responder essas perguntas fazendo você se lembrar de uma passagem que inicialmente não parece ter qualquer relevância para o assunto em questão. Paulo advertiu os coríntios:

> Vocês não sabem que são santuário de Deus e que o Espírito de Deus habita em vocês? Se alguém destruir o santuário de Deus, Deus o destruirá; pois o santuário de Deus, que são vocês, é sagrado. Não se enganem. Se algum de vocês pensa que é sábio segundo os padrões desta era, deve tornar-se "louco" para que se torne sábio (1Co 3:16-18).

Geralmente usamos essa passagem como um alerta para cuidarmos dos nossos corpos físicos, pois eles são o templo do Espírito Santo. Devemos cuidar do nosso corpo físico, mas Paulo não está falando disso nesse capítulo. Paulo estava falando aos coríntios coletivamente, e não como indivíduos. Ele estava os fazendo lembrar de que eles, como igreja de Cristo, também eram o templo do Espírito Santo. A cidade de Corinto tinha muitos templos, mas havia apenas um templo em Corinto onde habitava o Espírito do Deus Vivo. Esse templo era a igreja de Cristo em Corinto.[4]

Como alguém poderia "destruir" a igreja de Corinto? Num sentido literal, ninguém pode destruir a igreja do Deus vivo. As portas do inferno não prevalecerão contra ela. Porém, existem muitos exemplos de igrejas locais que foram "destruídas" de várias formas. Na verdade, a palavra traduzida como "destruir" poderia ser usada para a destruição de uma casa, a falência financeira, ou arruinar ou corromper alguém moralmente.[5] Deus estava alertando os cristãos em Corinto de que, se alguém tentasse arruinar seu templo em Corinto, Deus o arruinaria.

Quem se arriscaria a fazer tal coisa com a igreja de Deus? Dentro do contexto só existe uma possibilidade. É quem se acha "sábio" (v. 18). Quem se considera sábio, quem se orgulha de seu conhecimento, causa mais danos à igreja do que qualquer um fora dela. São eles que sempre sabem o que há de errado com todos os outros e como "consertá-los". Os verdadeiros orgulhosos na igreja usam seu conhecimento, seu compromisso e o zelo para controlar os outros. Eles sentem que é seu direito controlar os outros porque são mais sábios e mais comprometidos do que qualquer um na igreja. Eles usurpam o lugar de Deus, dando instruções aos irmãos que só Deus tem o direito de dar.

No meu primeiro ano no seminário, comecei a estudar a Bíblia durante uma hora todos os dias. Estudei um livro bíblico diferente cada mês. Não importava se eu tinha uma prova ou um trabalho para entregar, mantinha fielmente meu compromisso. Eu não assistia à televisão nem via as notícias até terminar minha hora de meditação nas Escrituras. Durante esse tempo, eu também liderava uma grande comunidade universitária e um grupo de estudo bíblico. Eu lhes disse que também deveriam estudar a Bíblia uma hora por dia. Até lhes falei qual método deveriam usar para estudar. Depois de algumas semanas, uma das jovens do grupo me disse que tinha tentado estudar a Palavra uma hora por dia, mas simplesmente não conseguiu. Ela se sentiu culpada e pensou que estava decepcionando a Deus. Ela me perguntou o que deveria fazer. Pensei por alguns minutos. Eu poderia dizer-lhe algo que fosse reconfortante ou poderia dizer a verdade. A verdade poderia prejudicá-la a curto prazo, mas no final seria o melhor para ela. Decidi contar a verdade.

Disse-lhe:

— Você deveria se sentir culpada. Você está pecando e, quando as pessoas pecam, elas se sentem culpadas. Se você não pode dedicar a Deus pelo menos uma hora do seu dia, não pode levar muito a sério seu relacionamento com ele. Você encontra tempo para fazer tudo o que quer. Por que não pode dedicar a Deus apenas uma hora do seu tempo todos os dias?

Ela ficou arrasada com meus comentários. Ela apenas uma caloura na universidade e eu era um estudante do primeiro ano do seminário. Ela me considerava um líder espiritual, mas eu não fui um líder espiritual naquele dia. Eu me tornei como um dos mestres da Lei que Jesus disse: "Eles atam fardos pesados e os colocam sobre os ombros dos homens, mas eles mesmos não estão dispostos a levantar um só dedo para movê-los" (Mt 23:4). Eu tinha colocado sobre ela uma carga que Deus não colocara. Quando ela pediu ajuda para carregar o fardo, piorei a situação aumentando sua culpa. Eu sabia mais da

Bíblia e de Teologia do que todos aqueles estudantes universitários. Eu tinha certeza de que era superior a eles. Tinha certeza de que Deus me considerava superior, e também de que Deus estava falando com eles através de mim. Sabia que ele queria que todos estudassem a Bíblia pelo menos uma hora por dia.

Sem perceber, eu tinha ocupado o lugar de Deus na vida deles. O que me deu o direito de dizer que Deus desejava que estudassem a Bíblia uma hora por dia? Por que uma hora? Por que não duas, três, quatro ou dez horas por dia? Alguns daqueles jovens não liam nada durante uma hora por dia. Foi totalmente irreal da minha parte esperar que eles começassem a ler a Bíblia por muito tempo. Quanto tempo eles deveriam orar todos os dias? Nunca os aconselhei a respeito desse assunto. Eu não tinha muita experiência com a oração. Ler a Bíblia era importante para mim, então peguei o que considerava importante para mim e forcei que me imitassem. É isso que um controlador faz. Suas ações nada mais são do que o desejo de dominar o orgulho, religiosamente falando.

O ORGULHO RELIGIOSO ENSURDECE

Quando alguém tentava me repreender pela aspereza e pelo controle que nasceram em mim através do orgulho espiritual, achava que eles eram fracos ou sentimentais. Aos meus próprios olhos, eu não era espiritualmente orgulhoso, eu era comprometido. A maioria das repreensões que recebi não significou nada para mim. Olhando para trás naqueles dias, vejo agora que tinha pouco respeito pela autoridade ou pelas opiniões dos outros. Não acho que fui muito influenciado pelo que as pessoas pensavam de mim naquela época. Disse a mim mesmo que isso acontecia porque só estava preocupado com a aprovação de Deus. A aprovação do homem não significava nada para mim. Olhando para o passado, vejo que a aprovação do homem não significava nada para mim, porque eu me considerava mais sábio do que a maioria dos homens. Por que eu deveria me importar com o que aqueles que estavam abaixo de mim pensavam? Quando você despreza tantas pessoas, é fácil não se sentir culpado quando as magoa. E os religiosos orgulhosos estão sempre magoando as pessoas.

E o que tudo isso tem a ver com ouvir a voz de Deus? De todos os seres humanos, os orgulhosos são os que têm mais dificuldade em ouvir a voz de Deus. Raramente perguntam a opinião de Deus porque estão convencidos de que já sabem o que ele pensa. Há também um obstáculo divino. Deus sente repulsa pelo orgulho, e normalmente você não conversa com alguém que lhe causa repulsa. Uma das declarações mais assustadoras da Bíblia está escrita em Salmos 138:6: "Embora esteja nas alturas, o Senhor olha para os humildes, e de longe reconhece os arrogantes". Ou seja, Deus é íntimo dos humildes, mas distante dos arrogantes.

Em certa ocasião, os discípulos disseram a Jesus que estavam preocupados por ele ter ofendido os fariseus. Eles pensaram que ele tinha sido um pouco descuidado no tratamento que deu aos líderes religiosos. Mas ele lhes disse: "Deixem-nos; eles são guias cegos. Se um cego conduzir outro cego, ambos cairão num buraco" (Mt 15:14). Isso não soou muito gentil da parte de Jesus. Afinal, ele não disse que veio especificamente para abrir os olhos dos cegos (Lc 4:18)? No entanto, se olharmos atentamente para suas palavras, não é o fato de os fariseus serem cegos que faz com que Jesus os rejeite. É o fato de serem *guias* cegos. Uma coisa é ser cego e procurar a verdade, e outra coisa é se colocar na posição de um guia que encontrou a verdade, mas na verdade é cego. O orgulho religioso cega os olhos e tapa os ouvidos como nenhum outro pecado. Nem sua teologia distorcida, nem sua imoralidade puderam impedir Jesus de parar e estender a mão à mulher samaritana no poço (Jo 4). Nem mesmo uma mulher pega em flagrante cometendo adultério poderia causar repulsa nele ou envergonhá-lo (Jo 8). Mas ele se contentou em deixar os fariseus com todos os seus preconceitos e cegueira intactos.

Você já percebeu quantas vezes o Senhor se recusa a violar nossos preconceitos? "[Aquele que] pensa conhecer alguma coisa (...)" (1Co 8:2) geralmente é deixado em sua ignorância. Essa foi uma advertência antiga. Setecentos anos antes de Paulo escrever essa advertência aos Coríntios, Isaías disse: "Ai dos que são sábios aos seus próprios olhos e inteligentes em sua própria opinião" (Isaías

5:21). Talvez as palavras mais assustadoras já ditas tenham vindo do Filho de Deus quando disse: "Deixem-nos". Existe destino pior do que ser "deixado" pelo Salvador do mundo? O tormento final do inferno não é a intensidade das suas chamas, mas a ausência da presença de Deus. Os arrogantes afastam a presença de Deus. Quando aceitamos o orgulho religioso, Deus nos deixa sozinhos e raramente ouvimos sua voz.

AS MANIFESTAÇÕES DO ORGULHO RELIGIOSO

Duvido que muitos leitores discordem do que acabei de escrever. Na verdade, você pode ter pensado em várias pessoas do seu círculo social para quem gostaria de enviar estas páginas. Mas eu me pergunto se já pensou que essas páginas se aplicam a você. Se você for honesto consigo mesmo, talvez tenha sido mais fácil ver como esse assunto se aplica ao orgulho dos outros do que ao seu próprio orgulho. Quero discutir as várias manifestações do orgulho religioso. Talvez alguns exemplos detalhados nos ajudem a ver o nosso próprio orgulho com um pouco mais de clareza.

O CRISTÃO DA MENSAGEM INSTANTÂNEA

Alguns raramente discernem a voz do Senhor com exatidão porque são muito orgulhosos pelas suas habilidades de ouvir a voz de Deus. Você já conheceu um cristão que pensa que ele ou ela possuem um "sinal wi-fi" com o céu? Eles agem como se tivessem sempre numa comunhão ininterrupta, cheia de autoridade e permanente com Deus. Eles recebem uma pregação de Deus a cada segundo. Dão a impressão de serem ultraespirituais, e embora nunca mencionem, agem como se cada impressão que têm vem de Deus. Não existe brecha para a fragilidade da carne. Eles atribuem tudo tanto a Deus quanto ao diabo, sem lugar para o lado humano. Parecem que *nunca* tomam uma decisão por si mesmos. Eles nem precisam, já que Deus diz o que devem fazer em cada circunstância da vida.

Há pouco tempo, encontrei-me com uma dessas pessoas num almoço de domingo. Ela não tinha ido à igreja naquela manhã.

— Oi, pastor — disse ela. — Eu queria ter ido à igreja hoje de manhã, mas Deus me disse para ficar em casa, mas me autorizou a sair para almoçar fora. Ele também me deu uma mensagem para você. Deus quer que você tenha certeza de que prega aquilo que ele quer, e não o que os irmãos querem ouvir.

Conversamos um pouco mais, e ela mencionou várias coisas que Deus também tinha lhe falado nos últimos dias. Afastei-me dela pensando: "Ou ela está enganada, ou ela tem uma intimidade com Deus que até o apóstolo Paulo ficaria com inveja". Esse é o problema com gente assim. Declaram ter uma intimidade com Deus que ultrapassa tudo que os apóstolos vivenciaram ou o que a Bíblia nos leva a esperar.

Os salmistas não sentiram que tinham um fluxo de mensagens ininterruptas de Deus. Até eles muitas vezes tinham de suportar os períodos em que Deus ficava em silêncio.[6] Os profetas do Antigo Testamento não conseguiam dar profecias como se estivessem numa produção em série. Por exemplo, durante um período de inquietude civil e confusão, os oficiais do exército e o povo pediram para Jeremias consultar o Senhor para saber se eles deveriam ficar na Palestina ou irem para o Egito para escapar da ira do rei da Babilônia (Jr 42:1-3). Jeremias orou, mas foi só depois de dez dias que a Palavra do Senhor veio até ele (Jr 42:7ss). Nem os apóstolos do Novo Testamento viveram com o tipo de clareza divina que alguns na igreja declaram ter nos dias de hoje. O apóstolo Paulo disse que era comum para eles ficarem "perplexos, mas não desesperados" (2Co 4:8). Ele também disse: "Pois em parte conhecemos e em parte profetizamos" (1Co 13:9). Houve momentos em que os apóstolos foram forçados a se agarrar a um grau de ambiguidade quando prefeririam ter orientações mais específicas de Deus.

Há um outro problema com gente que declara ter esse contato imediato com Deus: suas vidas não dão provas do que dizem. Elas não mostram nenhum fruto sobrenatural verdadeiro em seu ministério "profético". Em vez disso, parece que a desavença e a confusão os perseguem aonde quer que vão. Nos piores casos, eles usam as supostas conversas com Deus para controlar os outros e aumentar sua autoridade. Em vez de aumentarem a sua autoridade, arruínam sua credibilidade e colocam seu ministério profético em má reputação. Geralmente, esse tipo de gente não permanece na mesma igreja por um longo período de tempo. Depois de perderem a credibilidade, eles rapidamente mudam para outra igreja em que novas pessoas irão valorizar seu "ministério profético".

Tenho visto pessoas assim mudarem. A liderança da igreja deve corrigi-las com carinho, mas com firmeza. Se elas se sentirem amadas e apoiadas, poderão suportar a correção. Muitas vezes sua hiperespiritualidade é uma tentativa de compensar as feridas do passado. Ter um "sinal wi-fi com o céu" faz com que se sintam importantes e dá-lhes uma ferramenta para lidar com todas as rejeições do passado e do presente. Se a liderança da igreja puder se tornar um canal da misericórdia curadora e do amor de Cristo por aquelas feridas e rejeições, tenho visto que os cristãos que recebem mensagens ininterruptas muitas vezes se arrependem do seu orgulho espiritual e se tornam servos úteis na igreja.

O ORGULHO DA TRADIÇÃO

Uma tradição é uma crença ou costume que foi transmitido pela geração passada ou por membros da nossa própria geração que possuem autoridade sobre nós. Alguns não ouvem muito bem a voz de Deus porque têm uma confiança enorme em suas tradições religiosas. Eles estão tão satisfeitos com as orientações vindas de sua tradição que não sentem a real necessidade da voz de Deus. Além disso, têm certeza de que Deus concorda com suas tradições e nunca falaria nada contrário às suas crenças ou práticas.

A maioria dos irmãos nas congregações que acreditam na Bíblia parecem convencidos de que não têm tradições. Pelo contrário, eles têm convicções que se originam de interpretações coerentes da Bíblia e práticas que vêm de aplicações corretas da Palavra. A seus olhos, são sempre os outros, aqueles que estão fora de sua "panelinha" – os que não são tão bíblicos – que possuem as tradições. Ironicamente, aqueles que pensam serem os mais bíblicos são geralmente os mais enganados sobre o poder de suas tradições religiosas.

O Espírito Santo sempre se opõe a algumas das nossas tradições. Se não conseguirmos reconhecer a voz do Espírito Santo quando isso acontece, então teremos sérios conflitos. Muito dos conflitos entre Jesus e os líderes religiosos do século I foram causados pela incapacidade dos líderes de perceberem que era a voz de Deus desafiando as suas tradições. Por exemplo, eles ficaram ofendidos com Jesus porque nem ele, nem seus discípulos, lavavam as mãos antes das refeições (Mc 7:5). Essa tradição de lavar as mãos não tinha nada a ver com se livrar dos germes; foi baseada em uma interpretação das leis rituais de purificação do Antigo Testamento. Os fariseus nunca aprenderam a diferença entre essa tradição e a Bíblia. Na prática, davam às suas tradições a mesma autoridade – na verdade maior – que à Bíblia. Portanto, quando Jesus negligenciou uma das tradições, eles tinham certeza de que o Senhor estava desobedecendo à Palavra de Deus.

Na realidade, era exatamente o oposto. Veja outro exemplo. Embora a Bíblia ordenasse que honrassem os pais, os fariseus desenvolveram um sistema pelo qual um filho ganancioso poderia escapar da sua responsabilidade de ajudar seus pais necessitados. Tudo o que o filho precisava fazer era alegar que o dinheiro que tinha disponível para o alívio dos pais já tinha sido dedicado a Deus por meio de um voto religioso. Mas, através de uma brecha engenhosa, ele não precisava realmente dar o dinheiro a Deus (Mc 7:10-12). Jesus repreendeu os líderes religiosos por isso, dizendo: "Assim vocês anulam a palavra de Deus, por meio da tradição que vocês mesmos transmitiram. E fazem muitas coisas como essa" (Mc 7:13).

Que repreensão dolorosa! O poder da tradição farisaica era tão grande que os impedia de ouvir não apenas a Palavra escrita de Deus, mas também a Palavra viva. O quanto somos arrogantes e tolos hoje em dia quando pensamos que estamos livres de cometer o mesmo erro.

O apego cego às tradições dá certo controle e nos faz sentir seguros. Mas esse tipo de controle e segurança tem um alto preço. Produz um povo religioso que não se relaciona com Deus, mas sim com um sistema religioso. Um sistema religioso proporciona um conforto falso. Por um lado, é bem mais previsível do que o Deus das Escrituras, e é bem mais seguro. Afinal, Deus poderia dizer para ir para Nínive, como disse a Jonas, para deixar Sodoma, como disse a Ló, ou para sacrificar seu filho preferido, como disse a Abraão. Um sistema religioso jamais faria essas exigências tão específicas.

O segundo fator que o apego cego à tradição religiosa consegue fazer é nos encorajar a depender de um procedimento mais do que de uma pessoa. Um dos segredos para ouvir a voz de Deus voz é a dependência, mas a tradição pode facilmente eliminar a necessidade de depender do Senhor, dando-nos um método pronto para alcançar nossos objetivos religiosos.

Eu estaria disposto a apostar uma quantia considerável que você concordou com a maior parte do que escrevi nesses últimos parágrafos sobre o perigo em potencial das tradições religiosas. Aposto também que, ao ler esses parágrafos, você esteve pensando que eles se aplicam a outra pessoa. Esse é o problema do apego às tradições religiosas: não o reconhecemos em nós mesmos. Todos nós temos tradições religiosas, mas não achamos que nenhuma delas possa ser um obstáculo para ouvir a voz de Deus. Facilmente descartamos as advertências de Jesus aos fariseus como se elas não tivessem relevância para nós, porque os fariseus não eram cristãos, e nós somos. Mas os cristãos podem tornar-se tão farisaicos quanto eles. Por que você acha que o Espírito Santo fez Mateus, Marcos, Lucas e João escreverem tanto sobre os fariseus no Novo Testamento, um livro destinado aos cristãos?

Paulo estava preocupado com a possibilidade da igreja do Novo Testamento sucumbir à mesma tentação farisaica de substituir Deus pela tradição. Ele advertiu os colossenses: "Tenham cuidado para que ninguém os escravize a filosofias vãs e enganosas, que se fundamentam nas tradições humanas e nos princípios elementares deste mundo, e não em Cristo" (Cl 2:8). A tradição infiltra-se na igreja e leva as pessoas cativas para que deixem de depender de Cristo e de ouvir sua voz. Não seremos tolos se pensarmos que estamos livres da advertência de Paulo?

São necessários apenas alguns anos para estabelecer uma tradição. Qualquer denominação ou igreja local que exista há mais tempo terá uma série de tradições, algumas das quais serão fundadas no concreto. Ai do novo membro ingênuo que ousa questionar, e muito menos violar, uma dessas tradições. Dudley Hall, um amigo próximo com quem ministro sempre em conferências, estava participando de uma reunião de diáconos em uma Igreja Batista logo depois de se graduar no seminário. Alguém estava defendendo a ideia de uma mudança no culto porque a ela parecia ser recomendada pela Bíblia. Um dos diáconos levantou-se e gritou: "Não me importo com o que a Bíblia diz – isso não é batista e não vamos mudar!". Eu aprecio a honestidade daquele homem. A maioria de nós não vai dizer: "Não nos importamos com o que a Bíblia diz", mas agimos assim quando escolhemos colocar uma das nossas tradições acima da Bíblia ou recusamos a seguir a direção de Deus porque contradiz nossa tradição. Por exemplo, qualquer um que proíba o falar em línguas está exaltando sua tradição mais do que o ensino claro da Bíblia que diz: "(...) não proíbam o falar em línguas" (1Co 14:39).

Por favor, não entenda mal o exemplo batista citado acima. Tenho um grande amor e respeito por essa denominação. Cada denominação e grupo cristão tem atitudes semelhantes em relação às suas próprias tradições. Recentemente, cometi o erro de perguntar a um ministro presbiteriano se determinada tradição presbiteriana era realmente bíblica. Ele respondeu que a tradição estava registrada no Livro de Ordem Presbiteriana, e se eu não pudesse seguir o Livro de Ordem, eu não tinha nenhuma relação com o presbiterianismo! Claramente para ele as tradições presbiterianas estavam acima de serem questionadas até mesmo pela Bíblia. É por isso que o lema da Reforma, que diz que as igrejas reformadas estão sempre se reformando, se desfaz – quando não podemos questionar uma tradição sem sermos convidados a nos retirar. Esses exemplos poderiam ser multiplicados à exaustão por qualquer grupo cristão.

Nem toda tradição é ruim. Algumas são neutras. Outras são até boas. Paulo recomendou aos tessalonicenses: "(...) apeguem-se às tradições que lhes foram ensinadas, quer de viva voz, quer por carta nossa" (2Ts 2:15; veja também

1Co 11:2; 2Ts 3:6). Estas eram boas tradições baseadas na autoridade apostólica e, em alguns casos, respaldadas nas Escrituras. No entanto, seria sábio lembrar que até mesmo as Escrituras podem ser mal utilizadas quando mantidas num coração frio e arrogante. Um cristão em crescimento não está preocupado apenas com o que é verdade ou mesmo com a verdade, mas, principalmente, com a Verdade, o Senhor Jesus (Jo 14:6), e como ele deseja que usemos a verdade.

Tudo isso nos traz de volta à necessidade de ouvir a voz de Deus. Mas talvez, na maioria das vezes, um compromisso ingênuo com a tradição afoga sua voz num mar de confiança nos métodos e nas regras humanas. Jesus repreendeu os fariseus com as palavras do profeta Isaías: "Esse povo se aproxima de mim com a boca e me honra com os lábios, mas o seu coração está longe de mim. A adoração que me prestam só é feita de regras ensinadas por homens" (Is 29:13). Segundo Jesus, a tradição pode afastar nosso coração de Deus, ao mesmo tempo que nos dá a ilusão de que ele está satisfeito com nosso serviço. Isso pode transformar nossa adoração numa vaidade.

Podemos usar a tradição para justificar a desobediência a Deus ao resistirmos às novas obras do Espírito Santo na nossa geração. Qualquer pessoa que queira ouvir a voz do Espírito Santo faria bem em prestar atenção à advertência de Jesus. O orgulho pela nossa capacidade de ouvir a voz de Deus ou pelas nossas tradições podem prevalecer sobre a voz mansa e delicada do Espírito Santo.

Há muito tempo, Thomas Erskine disse: "Aqueles que fazem da religião seu deus não terão Deus para sua religião".[7] Esse é o castigo para o orgulho religioso.

CONFISSÕES *de um* DEÍSTA BÍBLICO

Agostinho tinha um livro inteiro de confissões. Talvez você me conceda escrever apenas um capítulo de uma confissão pessoal. Aqui está a minha confissão: em algum momento do meu estudo bíblico acadêmico, tornei-me um deísta bíblico. Você talvez já tenha estudado o deísmo em uma de suas aulas de história no Ensino Médio. Os elaboradores da Constituição dos Estados Unidos eram, em sua maioria, deístas. Eles acreditavam numa religião moral baseada na razão natural, não na revelação divina. Eles acreditavam em Deus, mas não achavam que ele interferisse nas leis naturais que governam o universo. Ele criou o mundo e depois o abandonou – como alguém que deu corda num relógio gigante e depois o deixou funcionando por si só. Um deísta bíblico tem muito em comum com o deísta natural.

Ambos adoram a coisa errada. Os deístas do século XVIII adoravam a razão humana. Os deístas bíblicos de hoje adoram a Bíblia. Os deístas bíblicos têm grande dificuldade de separar Cristo e a Bíblia. Inconscientemente, em suas mentes, a Bíblia e Cristo se fundem numa só entidade. Cristo não pode falar nem ser conhecido fora da Bíblia. Houve uma época em que Cristo falou à parte da Bíblia. Ele costumava falar em voz audível às pessoas a caminho de Damasco, dando sonhos, aparecendo em sonhos, dando visões, dando impressões e fazendo milagres por meio de seus servos. No entanto, o deísta bíblico acredita que o único que faz essas coisas hoje em dia é o diabo. Na verdade, o diabo pode fazer todas as coisas que Cristo costumava fazer. O diabo pode falar em voz audível, dar sonhos e visões, até aparecer para as pessoas fazendo milagres. Jesus não faz mais essas coisas, de acordo com os deístas bíblicos. Ele usou os milagres e a revelação divina no primeiro século para "dar corda" à igreja como um grande relógio, e depois deixou-a sozinha com a Bíblia. A Bíblia deve manter o relógio funcionando corretamente. É por isso que um deísta bíblico lê uma passagem como Isaías 28:29: "Isso tudo vem da parte do Senhor dos Exércitos, maravilhoso em conselhos e magnífico em sabedoria", e em sua mente, a tradução é esta: "Tudo isso também vem da Bíblia, maravilhosa em conselhos e magnífica em sabedoria".

Na verdade, eles endeusam a Bíblia. Os deístas bíblicos leem João 10:27 da seguinte maneira: "As minhas ovelhas ouvem a Bíblia; eu as conheço, e elas seguem a Bíblia". Eles ouvem Jesus dizer: "se eu for, eu enviarei o livro" (Jo 16:7). O que Deus costumava fazer no século I agora é feito pela Bíblia. Se a Bíblia não pode fazer o que Deus costumava fazer – curar, dar sonhos e visões – então o deísta bíblico afirma que esses elementos não estão mais sendo feitos e que, de qualquer maneira, não precisamos deles.

Os deístas bíblicos pregam e ensinam a Bíblia em vez de pregarem Cristo. Eles não entendem como é possível pregar a Bíblia sem pregar Cristo. Seu alvo supremo é compartilhar o conhecimento bíblico. Seu maior valor é ser "bíblico". Na verdade, eles usam o adjetivo "bíblico" com mais frequência do que o nome próprio "Jesus" em suas conversas diárias.

A SUFICIÊNCIA DAS ESCRITURAS OU DA INTERPRETAÇÃO?

O deísta bíblico fala muito sobre a suficiência das Escrituras. Para ele, a suficiência das Escrituras significa que a Bíblia é a única maneira pela qual Deus fala conosco hoje. Ele adora repetir slogans do tipo: "A Bíblia é tudo que preciso ouvir de Deus" e "O que a Bíblia diz é o que deveríamos dizer, e onde a Bíblia se cala, devemos nos calar". Embora o deísta bíblico proclame em voz alta a suficiência das Escrituras, na realidade, ele está proclamando a suficiência de sua própria interpretação das Escrituras. Os deístas bíblicos não estão sozinhos nesse erro. Quando muitos dizem que têm confiança na Bíblia, o que realmente querem dizer é que têm confiança na capacidade de interpretar a Palavra, em sua própria compreensão particular da Bíblia, em seu próprio sistema teológico. Ninguém diz isso em voz alta, por medo de ser rotulado de arrogante. Mas eles demonstram esse comportamento quando se recusam a ter comunhão com quem se batizou de modo diferente, ou com quem tem uma visão diferente dos dons do Espírito, ou com quem tem uma visão diferente do fim dos tempos. Muitos cristãos concordam com os fundamentos da fé, mas estão tão confiantes de que sua interpretação é a correta que eles se separam de quem diverge deles.

O deísta bíblico é principalmente culpado desse fato porque ele imagina que a Bíblia e sua interpretação são um só organismo. Afinal, o deísta bíblico aplicou cuidadosamente a exegese histórico-gramatical. Acima de tudo, ele tem um bom embasamento teológico e as suas interpretações são coerentes com tal embasamento. Ele se encaixa bem numa tradição que tem centenas de anos e contém muitos nomes ilustres em seu meio. Com essa tradição, além de suas próprias habilidades e talentos pessoais, ele tem certeza de que está certo. Ah, há momentos em que ele pode admitir a possibilidade de estar errado – por amor à humildade, ou melhor, pela aparência de humildade. Caso contrário, ele poderá dar a impressão de que se considera infalível. Mas, no fundo do coração, ele sabe que não existe a mínima possibilidade de estar errado em suas interpretações individuais.

Portanto, é extremamente difícil para os deístas bíblicos admitirem que podem atualmente estar sustentando uma interpretação errônea. Dizem que as interpretações dos seus oponentes estão "fora do contexto" ou deixam de aplicar os princípios hermenêuticos coerentes. Ou, em alguns casos, quando demonstram ter um pouco de respeito pelos seus oponentes, atribuem as opiniões destes como simples pensamentos desleixados. Nos raros casos em que precisam admitir que seus oponentes os superou, não foi porque eles estavam com a verdade ao seu lado. Não, o oponente deles era um orador talentoso – na verdade, ele era bem ardiloso. Certa vez, perguntaram a um teólogo que eu conhecia por que outros intérpretes conhecedores da Bíblia tinham uma posição escatológica diferente da dele. "Pecado", foi a resposta concisa, mas sincera.

O deísta bíblico está tão confiante na suficiência de sua interpretação que é difícil para ele ser corrigido pela experiência. Ele geralmente faz comentários negativos sobre aspectos subjetivos, como sentimentos e experiências. Ele não percebe, porém é mais importante para ele conhecer a Bíblia do que experimentar a verdade dela. Esse é o resultado inevitável de exaltar o intelecto sobre o coração e o conhecimento sobre a experiência. Também explica como alguém cheio do conhecimento bíblico seja capaz de dar uma explicação melhor sobre humildade do que uma senhora idosa de sua igreja – mas tenha tão pouca humildade em comparação a ela. Será que todos nós já não testemunhamos essa trágica disparidade?

O QUE GERA UM DEÍSTA BÍBLICO?

Se você me perguntasse por que eu me apegava a essas posições, eu teria dito que a Bíblia as ensina claramente e que eu seguia a Palavra, não a experiência ou a tradição. Mas eu tinha outro motivo para ser um deísta bíblico e resistir às experiências sobrenaturais e subjetivas. Eu queria preservar a autoridade singular da Bíblia. Eu temia que, se qualquer forma de comunicação divina fora da Bíblia fosse permitida, enfraqueceríamos a autoridade da Bíblia e, por fim, seríamos afastados do Senhor.

Achei que seria possível sermos dominados pela instabilidade emocional e guiados por sentimentos mutáveis. A autoridade seria, então, transferida do padrão objetivo da Bíblia para o estado subjetivo do indivíduo e não existiria nenhum padrão universal ao qual pudéssemos apelar. A unidade seria diminuída no corpo de Cristo, e terminaríamos como no período dos Juízes, onde "cada um fazia o que lhe parecia certo" (Jz 21:25). Achei que não tinha praticamente nada a ganhar ao aceitar as experiências sobrenaturais e subjetivas, e tudo a perder. Nada a ganhar porque essas experiências não poderiam acrescentar nada à Bíblia, e ela já fornecia tudo o que precisávamos. E tudo a perder porque bastava olhar para os coríntios e para o caos causado pelas línguas para ver o que poderia se perder ao permitir aquelas coisas. Não valia a pena arriscar.

Durante os dias do meu deísmo bíblico, pensei que as razões acima eram as únicas para a minha concepção sobre o papel da Bíblia. Olhando para trás, dez anos depois, posso ver que existiam forças mais poderosas atuando nas esferas inconscientes do meu coração. Eu poderia facilmente culpar meus professores pelo meu deísmo bíblico e as tradições que aceitei sem questionar. Eu poderia culpar um sistema educacional muito severo que punia os desvios com a expulsão. Mas nunca fui o tipo de pessoa que tinha medo de se desviar ou de questionar. A verdade é que o deísmo bíblico atingiu uma séria fraqueza do meu coração. A fraqueza era o medo de se ferir. Eu não gostava de emoções porque elas me faziam perder o controle e, se eu perdesse o controle, ficava vulnerável. E pessoas vulneráveis se ferem. E eu tinha sido muito ferido. Embora eu não soubesse disso naquela época, coloquei a culpa dessas feridas em Deus.

Agora sei que atribuía as feridas mais profundas do meu coração à mão do Senhor. Ele poderia ter impedido as feridas, mas não o fez. Onde estava sua soberania quando eu precisei dela? Por que algumas das minhas orações mais desesperadas que saíam dos meus lábios caíam por terra sem serem respondidas? Meu coração estava cheio de medo de Deus – não do temor bíblico de Deus, mas do medo de ter intimidade com ele. Eu queria um relacionamento pessoal com Deus, mas não um relacionamento íntimo. Um relacionamento íntimo lhe daria controle total, e uma voz vinda de alguma parte escura e inexplorada do meu coração me disse que seu controle me traria novamente o sofrimento mais do que eu poderia suportar.

Então decidi que meu relacionamento principal seria com um livro, não com uma pessoa. É muito mais fácil relacionar-se com um sistema de regras interpretativas e com um conjunto de tradições do que com uma pessoa. Com o deísmo bíblico, eu podia estar no controle. Minha missão principal na vida era estudar a Bíblia e cuidar do intelecto. Não precisava das minhas emoções para essa missão, apenas disciplina e força de vontade. Com as emoções fora do jogo, eu não perderia o controle. E isso fazia com que não houvesse mais sofrimento.

Se eu tivesse alguma dúvida, poderia consultar a Bíblia. Não precisava correr o risco de perguntar a um Deus que poderia me dar uma resposta dolorosa. Além disso, Deus e a Bíblia eram praticamente os mesmos. O que ele não disse na Bíblia era da minha responsabilidade. Encontrava as coisas de que gostava na Bíblia e ignorava o resto. No final das contas, era um sistema seguro e confortável. E, para mim, também estava se tornando um sistema sem vida.

Eu tinha experimentado a vida nos meus primeiros anos como cristão e nunca teria adotado o deísmo bíblico só por causa da dor que senti na minha vida. A dor foi a porta aberta, mas foi meu orgulho que convidou o deísmo bíblico a entrar pela porta e dar-lhe uma morada em meu coração. Durante grande parte da minha vida cristã, considerei-me mais sábio do que a maioria dos cristãos. Como eu me considerava mais sábio que os outros, era natural que eu os controlasse. Se Deus falava somente através da Bíblia, então quem conhecesse melhor a Bíblia seria o que melhor ouviria a voz de Deus. Portanto, a pessoa que melhor ouvisse Deus saberia melhor em que os outros deveriam acreditar e o que deveriam fazer. Esse sistema encaixou-se perfeitamente no orgulho do meu coração. No deísmo bíblico, encontrei uma ferramenta maravilhosa para evitar ser ferido e me dar o controle da minha vida e da vida dos outros. O fato de eu ter uma personalidade guiada pelo intelecto – eu amava estudar – ajudou-me a ser um deísta bíblico ainda mais eficaz.

Até agora talvez você já tenha percebido que o deísmo bíblico não é bem uma teologia, mas um sistema que se encaixa num tipo de personalidade. É um sistema que os indivíduos religiosamente orgulhosos, feridos e intelectuais acham difícil rejeitar. Ele nos oferece uma justificativa para nosso orgulho sem termos que nos arrepender dele, um anestésico para nossa dor sem termos que suportar uma cirurgia para curá-lo, e um escape para nossa busca intelectual sem termos que submeter nossa mente a um Deus cujos caminhos e pensamentos não são iguais aos nossos. Resumindo, eu tinha o tipo de personalidade que me deixava bem mais confortável para se relacionar com um livro do que com uma pessoa.

Quando o propósito da sua vida se torna o estudo bíblico, você se tornou um deísta bíblico. Mas geralmente um deísta bíblico praticante não reconhece que é um deles. Sempre que as pessoas me acusavam de ser um deísta bíblico, eu presumia que elas eram apenas preguiçosas e não queriam estudar cuidadosamente a Bíblia. Elas simplesmente não eram disciplinadas o suficiente para aprender hebraico, aramaico, grego e qualquer outra disciplina necessária para ouvir a voz de Deus. Não estavam interessadas em coisas como o *sitz im Leben* de um texto bíblico. Talvez nem reconhecessem um *Sitz im Leben* ainda que estivesse diante deles. Presumi que esses caluniadores preguiçosos eram apenas parte da ralé amaldiçoada que não conhecia a Lei (Jo 7:49).

(Aliás, acabei de fazer um teste para saber se você é ou não um deísta bíblico. Se você ficou mais irritado ao ler as últimas páginas, então é possível que seja um deles. Mas se ainda está tentando descobrir o que é um *sitz im Leben*,* continue a leitura. Acho que vai gostar do restante deste capítulo.)

Essas eram minhas razões, conscientes e inconscientes, para ser um deísta bíblico e não querer ter nenhuma ligação com sonhos, visões, impressões ou vozes audíveis. Talvez houvesse razões ainda piores do que essas, mas, se afinal de contas você quer esse tipo de confissão, talvez devesse ler Agostinho. Mas, antes de você pegar uma cópia das *Confissões*, vamos seguir a um pensamento desconcertante sobre a Bíblia e a autoridade.

O MELHOR INTÉRPRETE

Um dos erros mais sérios do deísmo bíblico é a confiança que o deísta coloca em suas habilidades de interpretar a Bíblia. Ele supõe que quanto maior for seu conhecimento bíblico, mais exatas serão suas interpretações. Isso logicamente vem de um axioma hermenêutico que o deísta bíblico sempre cita:

---

* Um *sitz im Leben* é uma expressão alemã muito utilizada em exegese de textos bíblicos. Comumente é traduzida como "contexto vital" e, basicamente, descreve em que ocasião determinado texto bíblico foi redigido e qual era o contexto de seu uso, como no templo, palácio, portões da cidade, etc.

a Bíblia é a chave para sua própria interpretação. Ou seja, a Bíblia interpreta melhor a si mesma. Errado! É preciso mais do que a Bíblia para interpretá-la.

O *Autor* da Bíblia é o melhor intérprete dela. Na verdade, ele é o único intérprete confiável.

E se a iluminação do Espírito é a chave para a interpretação bíblica, a confiança do deísta bíblico em suas próprias capacidades interpretativas não soa arrogante e imprudente? Como alguém pode persuadir Deus a interpretar a Bíblia? Será que Deus dá a interpretação àqueles que conhecem melhor o hebraico e o grego? Para aqueles que mais leem e memorizam as Escrituras? E se a condição do coração do indivíduo for mais importante para a compreensão bíblica do que as capacidades intelectuais? É possível que a iluminação do Espírito Santo para compreender as Escrituras possa ser dada com base em algo que não seja o grau de instrução ou a capacidade intelectual?

UM SER ONISCIENTE NÃO SE IMPRESSIONA COM A INTELIGÊNCIA

Para qual tipo de pessoas Deus fala? Quem é o melhor para interpretar a Bíblia? Quem é o melhor na interpretação dos sonhos, das profecias e outras formas de revelação divina? Na verdade, todas essas perguntas se resumem numa só: "O que torna uma pessoa apta para compreender a revelação de Deus?". Quer a revelação venha na forma escrita na Bíblia, numa profecia contemporânea, num sonho ou numa visão, a resposta é a mesma. Existe uma chave que abre o significado de toda revelação divina.

O deísta bíblico acredita que os melhores intérpretes da revelação de Deus são aqueles que possuem os melhores métodos interpretativos, os mais sábios das línguas bíblicas originais e dos antecedentes históricos do período bíblico. Ou seja, os melhores intérpretes da palavra de Deus são as pessoas mais inteligentes e disciplinadas. Parece que grande parte da nossa educação religiosa atual funciona com base em uma bem-aventurança perdida: bem-aventurados os inteligentes, e ai dos burros.

Afinal, onde Deus estaria se não tivesse pessoas brilhantes para testemunhar aos incrédulos inteligentes? E se Deus ficasse com apenas um punhado de empresários ou operários, digamos, uns pescadores, por exemplo – cuja única qualificação para o ministério era amar a Deus e a vontade de estar com Jesus? Onde você acha que Deus estaria se estivesse em apuros?

O aprendizado cristão não é tão importante como os estudiosos cristãos nos levaram a acreditar. A igreja americana é facilmente enganada nesse assunto, pois o mundo ocidental venera a inteligência e a educação. Pelo que sei, nem a Bíblia em geral, nem Cristo, nem os apóstolos em particular disseram que a inteligência tinha algum papel significativo para compreendermos Deus ou sua Palavra. Pelo contrário. Na verdade, a Bíblia é bastante ríspida quando trata da inteligência humana. Quando os 72 voltaram da pregação, ouviram Jesus orando: "Eu te louvo, Pai, Senhor do céu e da terra, porque escondeste estas coisas dos sábios e cultos e as revelaste aos pequeninos. Sim, Pai, pois assim foi do teu agrado" (Lc 10:21).

Jesus louvou a Deus por esconder algumas coisas. O que eram essas "coisas escondidas"? Eram os segredos do reino, que tratavam da autoridade, do poder, dos espíritos e do céu. Deus escondeu esses segredos de quem? Dos sábios e cultos, isto é, dos inteligentes e letrados. Os verdadeiros segredos do reino nunca poderão ser compreendidos pela inteligência ou erudição humana. Mais tarde, Jesus deu aos seus discípulos a advertência mais severa: "Eu asseguro que, a não ser que vocês se convertam e se tornem como crianças, jamais entrarão no Reino dos céus. Portanto, quem se faz humilde como esta criança, este é o maior no Reino dos céus" (Mt 18:3-4).

Não progredimos no reino do Senhor Jesus Cristo por meio do talento intelectual; progredimos tornando-nos como crianças. Lembra como você se sentia quando tinha apenas três ou quatro anos de idade? Lembra o quanto precisava de sua mãe e de seu pai? Lembra que achava que não sabia muitas coisas, mas estava tudo bem porque mamãe e papai sabiam de tudo? Deus compartilha seus segredos com aqueles que conseguem recuperar aquela humildade e confiança da infância. O problema é que queremos ser adultos inteligentes em vez de sermos crianças dependentes.

UMA SABEDORIA QUE NÃO É DESCOBERTA PELA MENTE

Esse desprezo pela inteligência humana por parte de Jesus não foi somente uma tática que ele teve durante o período do seu ministério terreno. Ele pretendia que durasse enquanto a igreja existisse. Portanto, Paulo escreveu aos coríntios dizendo que muitos deles não eram sábios, influentes ou de nobre nascimento. Por quê? Porque Deus escolheu as coisas loucas do mundo para envergonhar os sábios, e as coisas fracas para envergonhar os fortes, e as coisas desprezadas para anular as coisas estimadas aos olhos dos homens (1Co 1:26-30). Uma pessoa inteligente pode se consolar com o fato de que Paulo escreveu: "não muitos de vocês" são sábios. Era óbvio que havia algumas pessoas inteligentes na igreja do primeiro século, sendo o apóstolo Paulo uma delas. Mas o que Paulo quis mostrar é que a inteligência não conta muito na dispensação de Deus.

Ainda assim, alguns talvez argumentem que Deus escolheu o apóstolo Paulo porque ele era inteligente, e até mesmo brilhante. Na verdade, ele tinha recebido um dos melhores treinamentos teológicos de sua época (At 22:3). Aparentemente, Deus pensou que precisava de pelo menos um apóstolo brilhante e com formação teológica para cumprir seus propósitos na igreja do século I. Mas, de acordo com a explicação do próprio Paulo, nem sua inteligência, nem sua erudição tiveram qualquer influência sobre Deus ao escolhê-lo como apóstolo. Na verdade, quase parecia que Deus o havia escolhido apesar dessas qualidades, e então teve que treiná-lo novamente. Ouça a explicação inspiradora de Paulo sobre seu chamado:

> Esta afirmação é fiel e digna de toda aceitação: Cristo Jesus veio ao mundo para salvar os pecadores, dos quais eu sou o pior. Mas por isso mesmo alcancei misericórdia, para que em mim, o pior dos pecadores, Cristo Jesus demonstrasse toda a grandeza da sua paciência, usando-me como exemplo para aqueles que nele haveriam de crer para a vida eterna (1Tm 1:15-16).

Paulo não foi escolhido por sua inteligência – um ser onisciente não fica impressionado com nossa inteligência –, mas porque Deus queria dar ao mundo um exemplo dramático de sua misericórdia e paciência ilimitada. A vida de Paulo não é um tributo às conquistas da inteligência e da erudição, mas antes um monumento permanente ao poder da misericórdia e da paciência ilimitada de Deus.

Paulo adotou a visão do Senhor Jesus. Ele escreveu:

> Pelo contrário, falamos da sabedoria de Deus, do mistério que estava oculto, o qual Deus preordenou, antes do princípio das eras, para a nossa glória. Nenhum dos poderosos desta era o entendeu, pois, se o tivessem entendido, não teriam crucificado o Senhor da glória. Todavia, como está escrito: "Olho nenhum viu, ouvido nenhum ouviu, mente nenhuma imaginou o que Deus preparou para aqueles que o amam"; mas Deus o revelou a nós por meio do Espírito (1Co 2:7-10).

Você poderia imaginar que o mais instruído de todos os apóstolos daria grande valor à sua formação. Mas Paulo não o fez. A razão é simples. A sabedoria na qual Paulo estava interessado não poderia ser encontrada dentro do intelecto humano, nem por meio dele. Era uma sabedoria secreta que Deus tinha escondido. Não poderia ser alcançada pelos olhos, ouvidos ou mente humana. Só poderia ser revelada por Deus através do seu Espírito.

Mas alguém poderia se opor, dizendo: "Essa sabedoria foi agora revelada na Bíblia. Agora temos essa sabedoria porque temos a Bíblia". Mas lembre-se, os principais estudiosos bíblicos da época de Paulo tinham o Antigo Testamento. Eles tinham profecias maravilhosas sobre a vinda do Messias e podiam citá-las sem nenhum esforço. Nesse sentido, eles tinham a sabedoria de Deus, mas, quando o Messias veio, não conseguiram reconhecê-lo. Por quê? Porque nenhuma das revelações de Deus, nem mesmo a Bíblia, pode ser significativamente compreendida à parte do ministério revelador do Espírito Santo.

UMA BÍBLIA NÃO ENTENDIDA PELOS DISCIPLINADOS

Muitas vezes, as palavras de Jesus aos melhores estudiosos bíblicos de sua época continuam ecoando em meus ouvidos. Essas pessoas estudaram a Bíblia mais do que 99% dos membros na igreja de hoje jamais estudarão. Memorizaram a Bíblia mais do que as pessoas da igreja de hoje jamais memorizarão. Contudo, Jesus disse-lhes:

> E o Pai que me enviou, ele mesmo testemunhou a meu respeito. Vocês nunca ouviram a sua voz, nem viram a sua forma, nem a sua palavra habita em vocês, pois não creem naquele que ele enviou. Vocês estudam cuidadosamente as Escrituras, porque pensam que nelas vocês têm a vida eterna. E são as Escrituras que testemunham a meu respeito (Jo 5:37-39).

Você pode pensar que, visto que essas palavras foram dirigidas aos fariseus incrédulos, elas não têm relevância para nós, cristãos. Afinal, somos crentes e seguidores de Jesus. O mesmo aconteceu com os doze discípulos, com uma exceção. Jesus disse-lhes que eles tinham um privilégio maior do que o resto do povo. Ele disse: "A vocês foi dado o conhecimento dos mistérios do Reino de Deus, mas aos outros falo por parábolas" (Lc 8:10). Então, enquanto estavam a caminho de Jerusalém pela última vez, ele disse: "Ouçam atentamente o que vou lhes dizer: o Filho do homem será traído e entregue nas mãos dos homens" (Lc 9:44). Mas eles não tinham ideia do que ele queria dizer (v. 45), embora já os tivesse avisado que seria morto (v. 22). Lucas disse que o significado das palavras de Jesus havia sido escondido dos apóstolos (v. 45). Se algo tão claro pode ser escondido dos seguidores mais próximos de Cristo, você não acha que outras coisas importantes podem ser escondidas de nós, coisas que não podem ser descobertas pela nossa mente?

E mesmo que os discípulos fossem crentes, Jesus ainda tinha que alertá-los de serem influenciados pelos ensinamentos dos fariseus e saduceus (Mt 16:5-12).

Na teoria, reconhecemos que nunca teríamos nos tornado cristãos sem o ministério de revelação sobrenatural do Espírito Santo. Mas, agora que estamos "dentro", pensamos que progredimos através da inteligência, e não através do ministério de revelação do Espírito Santo. Pensamos que a Bíblia pode ser compreendida através de um estudo acadêmico paciente e disciplinado. Supomos que, já que Paulo escreveu sobre os mistérios divinos e porque podemos lê-los, podemos compreender esses mistérios. É verdade que o Espírito Santo começa a fazer parte da nossa vida no momento em que nos tornamos cristãos (Ef 1:13), mas isso não garante que ele iluminará automaticamente a Palavra de Deus para nós.

A VOZ NÃO OUVIDA COM OS OUVIDOS

Se você ainda não está convencido de que a inteligência desempenha um papel limitado na compreensão da voz de Deus, considere um incidente na vida de Jesus que prova conclusivamente essa questão. Você poderia pensar que, se Deus falasse em uma voz audível, seria uma voz clara como o cristal e que todos entenderiam. Mas lembre-se do texto que citei antes, onde Jesus orou: "'Pai, glorifica o teu nome!' Então veio uma voz do céu: 'Eu já o glorifiquei e o glorificarei novamente'" (Jo 12:28).

Mesmo que a voz fosse clara e audível, apenas alguns a ouviram. Por que outros não conseguiam ouvir a voz? Será que foi devido ao baixo QI, às fracas habilidades interpretativas ou ao conhecimento inferior dos antecedentes bíblicos? A revelação não pode ser mais clara do que uma voz audível. Se alguém não consegue compreender a voz audível de Deus, isso demonstra que o segredo para compreender Deus não reside na inteligência humana. O segredo deve estar em outro lugar.

O segredo que destrava o significado das Escrituras não é mantido por instituições de Ensino Superior; ele está nas mãos de Jesus Cristo. O privilégio de recebê-lo de suas mãos não pertence aos inteligentes, nem aos letrados, nem aos poderosos e influentes. O segredo é dado de forma totalmente diferente.

O melhor intérprete de qualquer obra literária costuma ser o seu autor. No entanto, muitos autores se recusam a comentar as suas obras depois de publicadas, deixando que os leitores e críticos encontrem nelas o que quiserem. Deus é esse tipo de autor? Por um lado, parece que sim. Ele estava perfeitamente disposto a permitir que seu Livro se tornasse nada mais do que letras mortas para os melhores estudiosos bíblicos da época de Jesus (Jo 5:37-40). Eles nunca ouviram a voz do Senhor na Bíblia, e ele os deixou usarem o seu Livro para argumentar contra Jesus, seu Filho e seu Salvador. Ele permitiu que nós, dentro da igreja, usássemos a Bíblia para propósitos destrutivos (2Pe 3:16). Mas para alguns, ele entra pessoalmente no "processo interpretativo" e explica o significado e a aplicação da sua Palavra.

O PROFESSOR DO CORAÇÃO

Lembra-se da história dos dois discípulos a caminho de Emaús (Lc 24:13-35)? Quando Jesus começou a caminhar com os dois discípulos, eles foram impedidos de reconhecê-lo. Eles até disseram ao "estranho" como estavam tristes com a recente morte de seu mestre, Jesus. Naquele momento ele os repreendeu, dizendo: "Como vocês custam a entender e como demoram a crer em tudo o que os profetas falaram! Não devia o Cristo sofrer estas coisas, para entrar na sua glória?" (v. 25-26).

Jesus não os estava acusando de estupidez. A tolice dos discípulos não foi atribuída aos seus intelectos rasos. O problema também não era com a clareza das Escrituras. Segundo Jesus, as Escrituras ensinavam claramente que o Messias teria que sofrer antes de poder entrar na sua glória. O problema não estava no QI deles, mas na condição de seus corações.

Depois da repreensão, "começando por Moisés e todos os profetas, explicou-lhes o que constava a respeito dele em todas as Escrituras" (Lc 24:27). Não foi apenas um sermão para dois discípulos; foi também uma mensagem pessoal de Jesus para toda a sua Igreja. Ele estava dizendo que o maior pregador da Igreja é, e sempre será, o próprio Jesus. Ele é o preeminente pregador e mestre da Palavra de Deus. Ele não cedeu essa posição a mais ninguém, nem vai ceder. Ele não pode sofrer um impeachment e nunca renunciará. Onde quer que a Palavra seja pregada ou ensinada com poder, é porque o Senhor Jesus Cristo está falando através de uma voz humana e revelando-se sobrenaturalmente.

Jesus também estava nos dizendo algo muito importante sobre a Bíblia. Lucas diz que Jesus "explicou-lhes o que constava a respeito dele em todas as Escrituras" (v. 27). Embora a Bíblia fosse clara, os dois discípulos não conseguiram entendê-la até que Jesus explicou para eles. A palavra "explicou" é a palavra em grego usada para traduzir uma língua estrangeira. Também é usado para o dom espiritual de interpretar o dom de línguas.[1] Ou seja, em momentos críticos da vida, quando mais precisamos entender e aplicar as Escrituras, elas serão como uma língua estrangeira para nós, a menos que o próprio Senhor explique sua relevância para nós. Certamente, podemos construir sistemas teológicos e ensinar uma doutrina perfeita sem sua ajuda, mas, se realmente quisermos encontrá-lo nas Escrituras e compreendermos seus caminhos nos momentos decisivos da nossa vida, ele deve explicar-nos pessoalmente.

No final daquele maravilhoso sermão, Jesus sentou-se para jantar com os dois discípulos. Durante o jantar, "os olhos deles foram abertos e o reconheceram, e ele desapareceu da vista deles. Perguntaram-se um ao outro: 'Não estavam ardendo os nossos corações dentro de nós, enquanto ele nos falava no caminho e nos expunha as Escrituras?'" (v. 31-32). Deus "abriu" sobrenaturalmente os olhos dos discípulos para reconhecerem Jesus. Ele não estava transformando pessoas burras em inteligentes; ele estava permitindo que esses dois discípulos vissem quem o Senhor Jesus realmente era. A palavra traduzida como "abriu" também é usada por Lucas em Atos 16:14, quando o Senhor abriu sobrenaturalmente o coração de Lídia para crer na pregação de Paulo.

A menos que o Senhor Jesus abra os nossos olhos, nunca o veremos como ele realmente é. Os discípulos usaram a mesma palavra sempre que disseram que Jesus "abriu as Escrituras para nós". A menos que Jesus abra as Escrituras, deixaremos passar grande parte da sua verdade. Podemos ler e memorizar a Bíblia sem Jesus. Podemos ensinar a Bíblia sem ele. Mas nosso coração nunca vai arder de paixão até que ele se torne nosso professor e entre no processo interpretativo conosco.²

Há muito tempo, William Law escreveu:

> Sem a presente iluminação do Espírito Santo, a Palavra de Deus permanece como letra morta para todo homem, não importa quão inteligente ou quão bem-educado ele possa ser. (...) É igualmente essencial que o Espírito Santo revele a verdade das Escrituras ao leitor hoje, pois era necessário que ele inspirasse os seus escritores em seus dias. (...) Portanto, argumentar que agora temos toda a Escritura completa, que não precisamos mais da inspiração milagrosa do Espírito entre os homens como nos dias passados, é um grau de cegueira tão grande quanto qualquer outro que possa ser atribuído aos escribas e fariseus. Nem podemos escapar dos mesmos erros; pois, ao negar a atual inspiração do Espírito Santo, fizemos das Escrituras território de escribas versado nas letras.³

Se o que Law disse é verdade, então você pode se perguntar: "Qual é o valor da inteligência e do estudo teológico para a compreensão das Escrituras?".

Deixe-me tentar responder essa pergunta chamando sua atenção para o conselho de Paulo ao jovem Timóteo. Ele escreveu:

> Rejeite, porém, as fábulas profanas e velhas e exercite-se na piedade. O exercício físico é de pouco proveito; a piedade, porém, para tudo é proveitosa, porque tem promessa da vida presente e da futura (1Tm 4:7-8).

Paulo disse a Timóteo que havia muita especulação filosófica e teológica inútil acontecendo em sua época. Em vez de prestar atenção a tais especulações, ele deveria "exercitar-se" para ser piedoso. Paulo estava usando uma metáfora atlética. Assim como os atletas disciplinavam seus corpos para o treinamento rigoroso que acontecia nos ginásios do primeiro século, Timóteo deveria se esforçar e usar a mesma disciplina para exercitar-se na piedade. Certamente a boa forma física tem "algum valor", mas não chega nem perto de competir com o valor da piedade. Isso é o que eu diria sobre educação e inteligência. Elas têm "algum valor", mas não chegam nem perto de competir com o caráter piedoso.

A educação e a inteligência desempenham seu papel no reino de Deus. Mas seus papéis são limitados. Podemos ser extraordinariamente versados e inteligentes e ainda assim "demorarmos a crer". É o coração o segredo para compreender Deus e sua Palavra.

Se o coração é o segredo, então o coração deve receber mais atenção. Mas o que normalmente fazemos na igreja e nas nossas escolas teológicas é presumir que o coração está certo e depois lutar pelo cultivo do intelecto. O processo deveria ser revertido. Primeiro, devemos nos esforçar para ter um coração puro e, depois, com o tempo que nos resta, devemos buscar a instrução – tomando cuidado durante todo o processo para que o coração nunca seja negligenciado nem por um segundo (Pv 4:23; Mt 5:8; Mc 7:6-7).

Por favor, não entenda mal meus comentários sobre instrução e inteligência. Sou grato pela educação teológica que tive o privilégio de receber. Eu amo as críticas e o estímulo que meus amigos instruídos me oferecem. O que critico é a tendência generalizada de exaltar a instrução e a inteligência em detrimento da formação do coração.

Alguém que foi chamado pelo Senhor para se dedicar à tarefa do estudo teológico pode ser uma grande bênção para a igreja se cultivar um caráter semelhante ao de Cristo, acima de tudo. Mas, de todos os chamados, penso que o do teólogo profissional é o mais perigoso, espiritualmente falando. O conhecimento pode ser tão sedutor. Quanto mais sabemos, mais fácil é nos sentirmos superiores aos outros. Nosso coração é mais frágil do que imaginamos.

E buscar o conhecimento bíblico com um coração fraco pode enfraquecê-lo ainda mais. Se nosso conhecimento bíblico crescer mais rápido do que nosso amor, nos tornaremos arrogantes (1Co 8:1). E os cristãos arrogantes causam mais danos ao corpo de Cristo do que todos os inimigos do Senhor juntos. Deixe-me ilustrar essa questão ao abordarmos o assunto da autoridade.

A QUEM PERTENCE A AUTORIDADE?

Nos dias do meu deísmo bíblico, percebi facilmente como era grave dizer a uma pessoa: "Assim diz o Senhor: você deve fazer assim e assado...". Foi fácil ver como poderia ser subjetiva a revelação influenciada pelos preconceitos e desejos. Era fácil ver como as visões e impressões podiam receber a mesma autoridade da Bíblia e depois serem mal utilizadas. O que eu não via naquela época era a facilidade com que todas as revelações podiam ser mal utilizadas. Até mesmo a Bíblia pode ser, de modo impressionante, mal utilizada em prejuízo próprio ou dos outros. Mas isso não é desculpa suficiente para descartar a Bíblia.

Numa certa manhã de inverno, minha aula de sintaxe hebraica conseguiu se desviar do debate sobre os infinitivos e me levou à questão do divórcio e do novo casamento. Os alunos podem ser bem sorrateiros. Um estudante que havia concluído cerca de um ano e meio de seu curso de quatro anos afirmou com convicção que não poderia existir nenhuma base bíblica para o segundo casamento após o divórcio. Ele estava absolutamente certo de que era isso o que a Bíblia ensinava.

Eu disse:

— Vamos imaginar que você tenha uma mulher de 23 anos em sua igreja. Ela se casou quando tinha dezessete anos de idade. Tem três filhos pequenos. O marido dela se divorciou porque ele estava tendo um caso extraconjugal. Ele já se casou com a mulher com quem tivera o caso, então não há chances de que ele e sua primeira esposa se reconciliem. Ela agora está sozinha, uma mãe solteira com três filhos pequenos. Ela pede seu conselho. O que você lhe diria?

— Em primeiro lugar, você nunca deve interpretar a Palavra pela experiência. Deixe que a Palavra interprete sua experiência para você — disse o aluno.

Respondi que eu nem estava fazendo uma interpretação. Eu só queria saber o que ele diria à mulher. Além disso, informei-lhe que essa não era uma situação hipotética. Eu estava aconselhando pessoas reais em dois casos de divórcio diferentes, porém muito trágicos.

— Bem, eu lhe diria que a Palavra de Deus diz que ela deve permanecer solteira pelo resto da vida.

— Você percebe o que acabou de dizer? — eu perguntei ao aluno. — Você acabou de dizer que ela terá que criar três filhos pequenos sozinha. Acabou de dizer a ela que, dentro de alguns anos, quando seus desejos sexuais atingirem seu ápice, ela não terá nenhuma maneira legítima de satisfazê-los. Acabou de dizer que, se ela se casar novamente, será uma adúltera aos olhos de Deus. Você percebe isso?

— Lá vem você de novo, citando a experiência — respondeu ele. — Você não pode deixar que a experiência determine a interpretação bíblica.

— Não, não estou interpretando a Bíblia pela experiência. Ainda nem comecei a interpretar a Bíblia. Só quero saber se você tem certeza do que está pedindo para aquela mulher enfrentar. Quero saber se você reconhece o tipo de vida a que a condenou.

— Eu não a condenei a nenhum tipo de vida. Deus é quem diz que ela deve permanecer solteira e ele lhe dará a graça para viver assim.

Achei que era uma resposta muito boa, considerando a posição que ele havia assumido. Agora estávamos prontos para fazer um pouco de interpretação. Perguntei-lhe se ele tinha levado em conta o significado de diversas palavras importantes nas declarações de Paulo sobre divórcio e novo casamento em 1Coríntios 7:8 e versos seguintes. Ele não tinha considerado o significado dessas palavras e não entendia por que elas eram importantes. À medida que a discussão prosseguia, ficou claro que sua compreensão dos textos sobre divórcio e novo casamento era superficial. No entanto, com base em tal compreensão superficial, ele estava preparado para dizer àquela jovem mulher: "Deus diz que você deve criar seus filhos sozinha. Deus diz que você nunca mais poderá ter um namoro e prazer sexual com outro homem, mesmo que não seja culpa sua que seu marido tenha cometido adultério e trocado você por outra mulher".

Na minha opinião, esse foi um tremendo mau uso da Bíblia. Pelo menos era um mau uso proporcional ao grau de competência e entendimento bíblico do aluno. Ele não tinha o direito de colocar tamanho fardo sobre aquela jovem. Sempre que dizemos: "A Bíblia diz...", corremos o risco de usurpar a autoridade de Deus se nossa interpretação ou aplicação da Bíblia estiver errada. Em vez de a autoridade estar em algo tão subjetivo como um sonho ou uma visão, simplesmente transferimos essa autoridade para a nossa própria interpretação, que pode ser tão subjetiva quanto o sonho ou a visão de qualquer outra pessoa. Eliminar todos os meios subjetivos de revelação não protege a autoridade divina, nem nos protege da subjetividade ou da instabilidade emocional. Há hoje muitos deístas bíblicos subjetivos e emocionalmente instáveis à solta em nossas igrejas.

A ESPADA DO ESPÍRITO OU O PORRETE DOS VALENTÕES?

O aluno que acabei de descrever se considerava uma pessoa muito estável. Ele não era estável. Ele era duro. Ele tinha aceitado o primeiro princípio do deísmo bíblico, de que o conhecimento bíblico é o mais alto valor. Isso fez com que ele abordasse a Bíblia como uma "matéria" a qual devia se especializar. Quando alguém pensa ter se especializado na Bíblia, ou se especializado mais que os outros de seu círculo, inevitavelmente se corrompe pelo orgulho do conhecimento. Lembre-se, "o conhecimento traz orgulho" (1Co 8:1). É aí que, como observou C. S. Lewis, a Bíblia "pode assumir uma vida cancerosa e operar contra a própria causa da sua existência".[4] Em vez de operar como a espada do Espírito, a Bíblia nas mãos dos deístas bíblicos se torna o porrete do valentão. Eles usam a autoridade adquirida pelo seu conhecimento superior da Bíblia para oprimir os menos instruídos. C. S. Lewis não foi o único a nos alertar sobre o perigo de se tornar um "perito" bíblico. Há muito tempo, Jesus disse: "Ai de vocês, peritos na lei, porque se apoderaram da chave do conhecimento. Vocês mesmos não entraram e impediram os que estavam prestes a entrar!" (Lc 11:52).

Possuir uma Bíblia suficiente e inerrante não é garantia que receberemos qualquer ajuda dela. Uma Bíblia inerrante não revela a voz de Deus, a menos que seja interpretada e aplicada corretamente. Uma Palavra inerrante pode até mesmo ser usada de forma destrutiva se colocada em mãos erradas. Alguns usaram as Escrituras para ferir pessoas e provocar a própria destruição deles (2Pe 3:16). Eu sei. Já usei a Bíblia para ferir os outros e justificar meu próprio pecado.

Quem ama o conhecimento bíblico é capaz de causar grande dano à igreja. O conhecimento bíblico leva ao orgulho se não for mesclado com algo mais (1Co 8:2). E o orgulho desenfreado, sob qualquer forma, levará à destruição (Pv 16:18; 29:23).

Em meu entusiasmo para proteger a autoridade da Bíblia, eu tinha cometido o erro sobre o qual John Fletcher alertou a igreja há tanto tempo: "Abraçar um erro sob o pretexto plausível de evitar outro".[5] Ao tentar proteger a Bíblia, tinha descartado todas as outras maneiras pelas quais Deus poderia ter falado comigo e até mesmo me corrigido. Eu até tinha descartado a chave da qual Jesus falara, a chave para compreender e aplicar a Palavra.

Parafraseando Thomas Erskine, eu tinha feito da Bíblia meu deus e, portanto, muitas vezes não ouvia o Deus da Bíblia.

A INCREDULIDADE
ATRAVÉS *da* TEOLOGIA

Assim que seu ministério tinha se iniciado, Jesus voltou para Nazaré, sua cidade natal. Ele ensinava nas sinagogas e muitos ficavam admirados, mas alguns se escandalizavam com ele. Diziam: "Não é este o carpinteiro? O nome de sua mãe não é Maria (...)?" (Mt 13:55). Antes de ir a Nazaré, Jesus tinha expulsado muitos demônios, curado muitos enfermos – até mesmo os loucos, cegos, mudos, paralíticos e leprosos –, acalmou um mar revolto com uma simples repreensão e ressuscitou os mortos. Agora, o Filho de Deus, que operava maravilhas, fora abençoar aqueles em sua cidade natal, mas "não realizou muitos milagres ali, por causa da incredulidade deles" (Mt 13:58). Aqui estava o Filho de Deus no meio deles com o poder de curá-los, e eles viram apenas um carpinteiro – apenas o filho de Maria. Assim, a maioria deles foi embora sem serem curados e sem saber que Deus tinha acabado de falar com eles.

O episódio de Nazaré é uma advertência aos religiosos sobre o poder da incredulidade. A incredulidade pode impedir que os nossos ouvidos ouçam a voz de Deus e limitar nossa experiência de sentir seu poder. Ela pode entrar em nosso coração de várias maneiras, através do ritualismo, do medo, até mesmo através da Teologia. A incredulidade teológica é talvez a mais difícil de vencer. Muito poucos que estão sob o feitiço do ceticismo teológico são surpreendidos pela voz de Deus. Isso acontece raramente. Paulo teve o maior choque de sua vida no caminho para Damasco. A voz de Jesus o fez prostrar-se no chão pela primeira vez. Mas a maioria de nós não é como Paulo, ou como Moisés diante da sarça ardente. A maioria de nós é mais como os cidadãos de Nazaré, não diante de uma sarça ardente, mas diante de algo ou alguém familiar e fácil de rejeitar. E, no entanto, Deus geralmente exige que acreditemos na voz e no poder do carpinteiro antes de sermos surpreendidos pelo Filho de Deus.

As pessoas da cidade natal de Jesus ficaram maravilhadas com seu ensino. Eles até reconheceram que Jesus fez milagres, mas recusaram crer nele. Por quê? Talvez eles pensassem que suas declarações eram muito pretensiosas, ou talvez não pudessem aceitar que alguém com quem eram tão familiarizados pudesse ser o Messias. É possível que a teologia que acreditavam os tenha levado a esperar por um Messias mais majestoso. Sei que por muito tempo minha teologia me impediu de acreditar na voz de Deus.

Eu só esperava que Deus falasse através da Bíblia, então foi a única maneira pela qual eu ouvia sua voz. Se a voz dele vinha até mim de alguma outra forma, eu a ignorava. Afinal, sonhos, visões e impressões não poderiam ser importantes agora que tínhamos a Bíblia. Adotei uma teologia que justificava minha descrença em todas as formas de comunicação divina, exceto pela Bíblia.

A VONTADE MORAL DE DEUS

Quando não consegui encontrar um único texto das Escrituras que dissesse que Deus falava apenas pela Bíblia ou que a Palavra substituiria a necessidade dos milagres e das outras revelações sobrenaturais, fui forçado a inventar um conjunto complicado de teses teológicas para defender minha incredulidade. Aqui está o sistema que criei.

Argumentei que Deus estava preocupado principalmente com nossa obediência aos seus mandamentos, à sua vontade revelada nas Escrituras. Ele nos ofereceu orientação para nossa vida moral, não para as questões sem relação com a moral. Nosso Pai celestial queria nos levar a amar ao próximo, em vez de nos levar a encontrar uma vaga para estacionar no shopping center. Afinal, o que é mais importante: amar ao próximo ou conseguir um bom lugar para estacionar o carro? E, se obedecêssemos à sua vontade moral, será que era realmente importante o lugar que escolhíamos para estacionar? Ou mesmo em que casa ou cidade moraríamos?

A vontade moral de Deus foi revelada na Bíblia. Até que obedeçamos perfeitamente à Bíblia, por que deveríamos procurar qualquer outra orientação? Além disso, a Bíblia ensinava que não tínhamos que nos preocupar com questões sem ligação com a moral. Não foi Jesus que disse para não nos preocuparmos com coisas como comida ou roupas, mas simplesmente buscarmos seu reino e justiça, e todas as coisas sem ligação com a moral seriam acrescentadas a nós (Mt 6:25-34)? Não foi Deus que disse que éramos livres para fazermos o que bem entendêssemos nos assuntos não morais? Por exemplo, se um incrédulo o convidasse para jantar e *você quisesse ir*, então deveria ir (1Co 10:27). Deus não disse: "Busque minha vontade. Ore a respeito do assunto".

Para mim, o livro de Rute foi a grande ilustração de como Deus nos guia. Naquele livro não havia milagres, profetas, reis, sacerdotes ou qualquer tipo de orientações sobrenaturais, mas Deus, por sua mão invisível, produziu o bem unindo Rute e Boaz. A história de Rute era como uma grande sinfonia em que as notas belas e dissonantes se uniam numa harmonia maravilhosa. Mas Deus, que era ao mesmo tempo o compositor e o maestro, nunca subiu ao palco. Ele permaneceu escondido nos bastidores. Rute e Boaz não precisavam de orientação sobrenatural. Tudo o que tinham que fazer era obedecer à vontade revelada de Deus. A história de Rute ensinou que Deus cuida de nós e nos guia, mesmo que não estejamos cientes de sua bondade. Os teólogos referem-se a esse fenômeno como a providência de Deus. Certamente é bíblico e reconfortante.

Na minha opinião, havia algo errado com a visão de algumas pessoas de que Deus dava orientação em questões não ligadas a moral. Isso nos forçava a acreditar em dois tipos de revelação. Por um lado, houve uma revelação universal da vontade moral de Deus para toda a igreja, que era necessária para a salvação e a santificação. Essa revelação encontra-se na Bíblia. Por outro lado, tinha de haver outro tipo de revelação, um tipo de revelação "localizada" ou "particular" para a nossa vida. Não consegui encontrar essa forma "particular" de revelação na Bíblia e, de qualquer forma, não precisávamos dela. Devíamos apenas obedecer à Bíblia, e Deus cuidaria do resto.

Embora essa visão possa dar algum conforto, há tantas dificuldades nela que agora me pergunto como pude argumentar seriamente a favor dela. Primeiro, ela divide a vontade de Deus em duas categorias, moral versus não moral. Também divide a vida em moral e não moral. A vida moral está sob o controle de Deus, ao passo que a não moral está sob o nosso controle. Esse tipo de pensamento nos leva a dividir nossa vida em compartimentos – nossa vida religiosa, nossa vida familiar, nossa vida profissional, nossa vida recreativa, nossos passatempos, e assim por diante. Será que essa visão da vida é realmente bíblica? Onde se pode encontrar uma vida não moral de Jesus? Onde é que o apóstolo Paulo reconhece uma área da vida que não é moral, que está sob nosso controle e não sob o controle de Deus? Onde a Bíblia divide nossa vida em vários compartimentos? Ela não ensina que todas as áreas da nossa vida devem ser entregues a Deus e ficar sob sua direção?

> Tudo o que fizerem, seja em palavra ou em ação, façam-no em nome do Senhor Jesus, dando por meio dele graças a Deus Pai. (...) Tudo o que fizerem, façam de todo o coração, como para o Senhor, e não para os homens (Cl 3:17,23).

A frase "tudo o que fizerem" refere-se apenas às decisões que consideramos como morais? Ou você acha que se refere a tudo em nossa vida?

O segundo problema com a visão de que Deus fala conosco apenas pela Bíblia é que isso deixa o Senhor sem nada a dizer sobre grandes áreas da nossa vida. Se ele está apenas preocupado em obedecermos aos mandamentos da Bíblia, então talvez não tenha muito a dizer sobre quais são as nossas vocações, onde moramos, onde trabalhamos, e assim por diante, desde que sejamos morais. Isso não torna alguns tipos de oração irrelevantes? Se a única forma confiável de orientação é a Bíblia, por que deveríamos pedir a Deus que nos orientasse na escolha de um chamado ou em qual cidade devemos viver? Imagine que sua empresa irá transferi-lo para outra cidade e lhe dê a escolha entre três cidades diferentes. Por que deveríamos orar por direção se Deus fala apenas através da Bíblia e apenas sobre os mandamentos morais? Na minha forma antiga de encarar a orientação divina, se perguntássemos a Deus: "Para qual cidade devo ir?", ele logicamente teria apenas duas respostas.

Ele poderia responder assim: "Humm, três opções – bem, meu filho, eu realmente não me importo com o que você faz. É como trocar seis por meia dúzia. Basta ir aonde quiser e ter o cuidado de me obedecer seja lá onde vá morar, e tudo dará certo. Eu realmente não tenho uma opinião acerca desse assunto". De alguma forma, uma resposta como essa não parece coerente com o caráter de um ser onisciente.

A segunda resposta lógica à sua oração seria mais ou menos assim: "Meu filho, eu me importo com aonde você vai e sei para onde deve se mudar, mas não vou lhe dizer. Depois que a Bíblia foi escrita, parei de falar com meus filhos sobre assuntos que não estavam na Bíblia. Eu só quero que você ouça minha voz em meu livro. Se obedecer ao meu livro, garanto que chegará ao lugar certo. Eu simplesmente não posso dizer com antecedência onde tudo isso vai acabar. Por enquanto, leia meu livro e deixe os detalhes comigo. Quando você chegar à sua última morada, conversaremos de uma maneira diferente, mas, por enquanto, leia o livro".

Um terceiro problema com essa visão é que os aspectos que consideramos como "decisões não morais" podem ter um efeito drástico em nossa vida moral. O fato de Ló ter escolhido morar perto de Sodoma, e por fim *em* Sodoma, teve consequências desastrosas para sua vida moral. Ele acabou em uma caverna, vencido pela embriaguez, cometendo incesto com suas filhas. A vida em Sodoma tinha cobrado um preço alto desse homem justo. Não teria sido melhor se ele tivesse pedido a opinião de Deus e esperado um pouco para receber a direção divina? O local onde trabalhamos e vivemos pode ter muito mais a ver com a nossa vida moral do que podemos prever.

EXPLICANDO A BÍBLIA DE UM JEITO DIFERENTE

Mas o maior problema com meu antigo ponto de vista é que ele não era nem um pouco próximo da experiência do povo de Deus na Bíblia. Deus falou com eles à parte das Escrituras. Ele alertou, encorajou e deu uma orientação geográfica específica ao seu povo. Para apoiar minha antiga visão, tive de encontrar uma forma de explicar todos os exemplos bíblicos da revelação e orientação de Deus para os seus filhos. Veja como eu elaborei.

NÃO É O NORMAL

Se alguém trouxesse à tona a maneira específica pela qual o servo de Abraão foi guiado por Deus para escolher Rebeca para ser esposa de Isaque (Gn 24), eu diria que não era a maneira normal pela qual as esposas eram escolhidas nos tempos bíblicos. Dei a mesma desculpa no caso do anjo que falou com Filipe, dizendo-lhe para sair de Samaria e ir para a estrada deserta que levava a Gaza (At 8:26). Eu também insistia que, se você usasse essas histórias como exemplos da orientação normal de Deus, então era preciso que todos os pormenores dessas histórias se repetissem hoje. Se você não estivesse disposto a esperar que anjos sobrenaturais e novelos de lã ajudassem a tomar suas decisões pessoais, então não deveria usar essas histórias como exemplos normais da direção e da maneira de Deus falar conosco.

SOMENTE PARA PESSOAS ESPECIAIS

Foi mais difícil explicar um exemplo do livro de Atos ou das Epístolas do Novo Testamento que não contavam com a participação sobrenatural de um anjo. Por exemplo, Paulo afirmou que quatorze anos depois de sua conversão ele subiu a Jerusalém "por causa de uma revelação" (Gl 2:2). Paulo afirmou que Deus lhe deu uma orientação "não moral" nesse caso. Houve muitos exemplos desse tipo de orientação em Atos e nas Epístolas para que eu pudesse argumentar que não eram normais. Tive que admitir que era normal Deus falar assim – mas somente com os apóstolos. Quase todos os exemplos que as pessoas me traziam eram da vida dos apóstolos, sobretudo da vida de Paulo. Como não éramos apóstolos, não deveríamos esperar que Deus falasse conosco como falou com eles. Ao me apegar aos apóstolos como um escudo, conseguia desviar a maioria dos ataques dos meus oponentes teológicos.

SOMENTE EM SITUAÇÕES ESPECÍFICAS

Mas meus adversários não desanimavam tão fácil. Em desespero, eles pesquisavam o Novo Testamento até encontrarem alguns exemplos de pessoas não apostólicas que ouviram a voz de Deus assim como os apóstolos. Eles usaram exemplos em que Deus falou muito especificamente sobre assuntos não morais. Por exemplo, Ágabo, um profeta, e não um apóstolo, previu com exatidão uma fome que "sobreviria a todo o mundo romano" (At 11:28). Essa profecia foi particularmente difícil. Ela se referia a alimentos, ou melhor, à escassez deles. Era um dos assuntos sobre os quais eu tinha dito que Deus não falava. Lembre-se, eu tinha usado Mateus 6:33, "Busquem, pois, em primeiro lugar o Reino de Deus e a sua justiça", para dizer que Deus não nos deu revelações sobre coisas como comida e roupas, isto é, acerca da nossa vida pessoal. Aqui estava um homem que não era apóstolo recebendo uma revelação sobre uma fome, uma revelação que fez os cristãos em Antioquia levantarem fundos para os irmãos na Judeia. Como poderia descartar exemplos como esses? Não era fácil. Meus adversários estavam agora atirando balas que meu escudo dos apóstolos não conseguia deter. Eu precisava de um colete à prova de balas para sobreviver ao ataque.

Descobri que, se procurasse com bastante atenção, sempre poderia encontrar um colete à prova de balas em algum tipo de princípio teológico ou de necessidade histórica que me ajudariam a argumentar que esses exemplos também eram especiais. No caso da fome que Ágabo previu, eu disse que a revelação era necessária para fortalecer a relação entre os cristãos de Antioquia e da Judeia. Em outras palavras, essa profecia não se tratava da fome ou de salvar as vidas do povo de Deus. Tratava-se, na verdade, da unidade do corpo de Cristo. Somente parecia ser uma revelação local e sem efeitos morais. Deus falou profeticamente nesse caso para trazer a unidade no corpo de Cristo, e esta é uma questão moral.

Mesmo assim, isso não foi uma explicação suficiente para alguns dos "místicos" obstinados da minha igreja. Um deles até chamou minha explicação da profecia de Ágabo de "totalmente diferente". Ele até teve a coragem de sugerir que minha explicação era irrelevante. "Mesmo que a profecia da fome de Ágabo realmente fosse sobre unidade, por que Deus não daria atualmente profecias para trazer unidade nas igrejas locais?", perguntou o místico. Então agora eles estavam usando artilharia pesada, canhões de 406 milímetros. Eu odiava aquela maneira simplista de ler a Bíblia, aquela mentalidade de "se-Deus-fez-antigamente-porque-não-faz-mais-hoje?". Se, ao menos, os meus adversários místicos tivessem tido um pouco de instrução teológica, saberiam que não se pode ler a Bíblia dessa forma. Eu também estava começando a me irritar com Ágabo.

Meu colete à prova de balas da necessidade histórica não podia me proteger contra projéteis de canhão. Como poderia argumentar que a igreja moderna já não enfrentava "necessidades históricas" que exigissem respostas da voz de Deus? Afinal, será que a natureza do homem mudou tão radicalmente depois de os apóstolos saírem de cena que os homens não precisavam mais de profecias sobre a fome mundial? Será que a história tinha mudado tanto ao ponto de não existir mais fome? Ou será que Deus tinha mudado tanto depois da partida dos apóstolos, de modo que não estava mais interessado em nos alertar sobre os desastres futuros? Eu precisava de uma fortaleza ou então sucumbiria diante desse tipo de exemplos bíblicos. Nesse ponto, descobri a fortaleza de que precisava. E ela era impenetrável!

SOMENTE DURANTE O PERÍODO EM QUE O CÂNON ESTAVA ABERTO

"Você tem que entender que esses tipos de revelações foram dadas antes de a Bíblia ser concluída. Nem Ágabo, nem os outros tinham toda a Bíblia completa, o que nos mostra como é realmente importante a unidade", respondi. Esse foi o argumento decisivo. Nessas discussões, a frase que mais gostava era: "Isso aconteceu durante o período em que o cânon ainda estava aberto". A palavra "cânon" significa a lista de livros que pertencem à Bíblia. O cânon estava "aberto" enquanto os escritos do Novo Testamento não tinham sido acrescentados à Bíblia. De alguma forma, tudo era diferente nesse período. Foi sobrenatural, talvez sobrenatural demais. Também era muito subjetivo. Mas isso aconteceu apenas porque era "o período em que o cânon estava aberto". Que ótima frase! Eu poderia demolir qualquer argumento com ela. Qualquer exemplo poderia ser explicado por essa frase profunda. Deixe Deus falar quantas vezes quiser durante o período em que o cânon estava aberto. Deixe o Senhor falar com quem não era apóstolo, até mesmo com ignorantes, ou melhor ainda, até mesmo por meio de animais irracionais. Nenhum desses exemplos era relevante porque todos vinham do período do cânon aberto. Agora, porém, estávamos no período da Bíblia. E a Bíblia tinha substituído todas as outras formas de comunicação de Deus. Não havia dois estilos de revelação – apenas um, a Bíblia. Então deixe meu oponente usar qualquer exemplo bíblico de Gênesis a Apocalipse. Não importava se o exemplo tivesse a força de uma bomba atômica, eu tinha encontrado uma fortaleza teológica que resistiria à explosão. "Desculpe", eu diria, "seu exemplo antecede a conclusão da Bíblia. Você não pode usá-lo agora que estamos no período da Bíblia completa".

Deixe-me resumir meu método para refutar a evidência dos exemplos bíblicos da comunicação pessoal e da orientação direta de Deus. Primeiro, eu diria que o exemplo normalmente não era o modo como Deus falava ou guiava. Em segundo lugar, quando os meus adversários encontraram exemplos normais da revelação divina, eu diria que ele só falava dessa forma a pessoas especiais e que eles não eram esse tipo de pessoas. Terceiro, se encontrassem um exemplo de Deus falando com alguém que não era tão especial ou único, afirmava que a situação histórica era singular. Por fim, independentemente do exemplo que usassem, eu poderia sempre afirmar que eles tinham tirado seu exemplo do período do cânon aberto, e isso tornava seu exemplo inválido.

Talvez agora você já esteja admirando o caráter brilhante da minha metodologia. Qualquer que fosse o exemplo da Bíblia que você me trouxesse, eu poderia desconsiderar sua relevância contemporânea. Nunca me ocorreu que esses quatro argumentos realmente eliminassem o uso de todos os exemplos bíblicos na discussão teológica. Todos os exemplos bíblicos devem ser retirados do período do cânon aberto. Essa forma de argumentar na verdade significava: "Já tomei uma decisão sobre esse assunto e não permitirei que nenhum versículo da Bíblia desafie ou corrija minha posição."

Aplique esses argumentos numa área diferente da sobrenatural e você verá como eles são inadequados. Por exemplo, e se você quisesse exortar os membros da sua igreja a seguirem o exemplo de Paulo de fazer todas as coisas por causa do evangelho (1Co 9:23)? Desculpe, você não pode usar esse exemplo. Paulo era um apóstolo. Somente os apóstolos fazem todas as coisas por causa do evangelho. Além disso, o seu exemplo vem do período do cânon aberto. Agora temos a Bíblia. Estudamos todas as coisas por causa do evangelho. O tipo de piedade de que Paulo falava em 1Coríntios 9:23 era apenas para os apóstolos e para o período do cânon aberto.

Na realidade, o argumento do período do cânon aberto é simplesmente um absurdo teológico moderno. Foi inventado para explicar de outro jeito os exemplos bíblicos que contradizem a escassez contemporânea de experiências bíblicas. Não existe nenhum texto bíblico ou argumento legitimamente bíblico que diga que, uma vez que temos uma Bíblia completa, não precisamos mais ouvir a voz de Deus além da Bíblia. Pense na grande tolice desse argumento. Na verdade, ele nos afasta da Bíblia! Se não posso usar exemplos bíblicos que mostram Deus falando conosco, quais exemplos devo usar? Devo recorrer à igreja moderna para conseguir meus exemplos? Ou talvez nas salas de aula dos seminários atuais? Será que devo deixar ser meu exemplo de como ouvir a voz de

Deus um teólogo ou um pregador que jamais ouviu a voz dele, a não ser em seus estudos bíblicos? O pregador dos dias de hoje seria um modelo melhor do que Jesus, os apóstolos, Ágabo, Ananias ou algumas das outras personagens do Novo Testamento? Eu realmente quero ir além da Bíblia em busca de meus principais exemplos de como ouvir a Deus? Devo deixar alguém que nunca testemunhou um milagre ou foi usado em cura ser meu guia no quesito sobrenatural? Será que devemos ter aulas de natação com alguém que nunca soube nadar?

Há outro argumento teológico que ainda temos que considerar e que torna difícil para alguns ouvirem a voz de Deus. Na realidade é um medo poderoso disfarçado de argumento teológico.

O MEDO DO COLAPSO DA AUTORIDADE DIVINA

Alguns argumentam que toda revelação de Deus tem a mesma autoridade, quer a revelação esteja na Bíblia ou não. Defendi ao longo deste livro que a revelação na Bíblia é única em autoridade. Durante o período em que a Bíblia estava sendo escrita, houve uma quantidade significativa de revelações que nunca foram registradas. Temos apenas uma pequena porcentagem das palavras ditas por Jesus, mesmo que tudo o que tenha falado tenha sido revelador (Jo 12:49-50; cf. 5:19). Sem dúvida, os apóstolos deram muitas revelações que nunca foram incluídas na Bíblia, e até mesmo algumas de suas cartas às igrejas não foram preservadas.[1] A profecia através de crentes comuns também estava florescendo entre as igrejas do Novo Testamento, mas pouco delas foram registradas na Bíblia. Por que algumas revelações foram incluídas no cânon, enquanto a grande maioria das revelações não foram?

A resposta é que Deus escolheu as palavras da Bíblia para terem autoridade única sobre toda a igreja (2Tm 3:16-17). É óbvio que as revelações perdidas não têm autoridade alguma. Elas estão perdidas para a igreja. Mas a revelação na Bíblia expressa a regra de Deus para todas as pessoas, em todos os lugares, em todos os momentos. Mesmo enquanto a Bíblia estava sendo escrita, ela tinha autoridade sobre as revelações não canônicas atuais.

Por exemplo, Paulo escreveu: "Se alguém pensa que é profeta ou espiritual, reconheça que o que lhes estou escrevendo é mandamento do Senhor. Se ignorar isso, ele mesmo será ignorado" (1Co 14:37-38). Paulo sabia que estava escrevendo a Escritura que tinham autoridade sobre muitas revelações não canônicas.

Ele também sabia que algumas pessoas confundiriam seus próprios pensamentos e palavras com a verdadeira revelação, talvez até mesmo entrando em contradição com a revelação bíblica. O mais seguro a fazer nesses casos seria proibir toda revelação não canônica, simplesmente negando que Deus poderia falar ou que falaria fora da Bíblia. Em vez disso, Paulo optou pela solução oposta. Logo após sua advertência sobre a revelação extrabíblica, ele escreveu: "Portanto, meus irmãos, busquem com dedicação o profetizar e não proíbam o falar em línguas" (1Co 14:39).

Na verdade, ele encorajou os cristãos a usarem os dois dons mais polêmicos, mal usados e "perigosos". Os mesmos dons que poderiam comprometer a autoridade singular da Bíblia, segundo alguns autores modernos.

Embora Paulo estivesse preocupado com o abuso da revelação extrabíblica, ele não a proibiu. Por quê? Porque era necessária para a saúde da igreja e porque havia normas para evitar o abuso. A revelação particular teve que primeiro passar pelo crivo da autoridade singular da Bíblia. Nada que entre em contradição com as Escrituras pode ser reconhecido como uma revelação válida. Então, quando alguns "profetas" vieram até a igreja de Tessalônica com uma falsa profecia alegando ser dos apóstolos, dizendo que o dia do Senhor já havia chegado, Paulo disse para a igreja não se alarmar com a profecia porque ela entrava em contradição com os ensinos apostólicos anteriores, que posteriormente se tornariam a Bíblia (2Ts 2:1-12). A profecia também contradizia o ensino de Jesus (Mt 24:1-35). Os cristãos do Novo Testamento simplesmente julgavam todas as palavras que afirmavam ser revelações pelo padrão da Palavra escrita.

Isso não quer dizer, porém, que a revelação particular que não contradiz a Bíblia seja automaticamente verdadeira. O Espírito da Verdade foi dado para nos conduzir em toda a verdade, se tivermos ouvidos para ouvir (Jo 16:13). Quando Ágabo profetizou a prisão de Paulo, os amigos do apóstolo acreditaram na profecia, suplicando-lhe que não fosse para Jerusalém (At 21:10-12). A profecia e a aplicação desta não contradiziam as Escrituras, mas Paulo ignorou os apelos dos seus amigos e foi para Jerusalém. Por quê? Porque o Espírito Santo já tinha lhe mostrado que ele deveria ir (At 20:22-23).

Alguns ainda contestam dizendo que não podemos usar esses tipos de exemplos da vida de Paulo porque a revelação dada ao apóstolo tinha a mesma autoridade que as Escrituras e, portanto, ele não tinha como desobedecê-la. Eles afirmam que é igual às Escrituras, "as próprias palavras de Deus". Vamos analisar Atos 16:6-10 como um estudo de caso para tal afirmação.

UM ESTUDO DE CASO

Paulo e seus companheiros partiram para a Ásia Menor para pregar o evangelho naquela região, mas foram impedidos pelo Espírito Santo. Uma visão levou Paulo à Macedônia para pregar o evangelho. De acordo com Fowler White, uma direção prática como essa não tem relevância com o tipo de orientação dada aos cristãos de hoje pelo Espírito Santo, porque as instruções dadas a Paulo eram "as próprias palavras de Deus, sempre expressando com exatidão o que ele queria comunicar e sempre cheias de autoridade absoluta".[2] Ou seja, se você ou eu afirmamos ouvir Deus falar hoje em dia através de uma visão ou de um sonho, de acordo com White, estamos afirmando que nossa revelação está no mesmo nível das Escrituras. É claro, ninguém realmente faz tal afirmação, pelo menos ninguém que eu conheça. Mas White acha que, se a revelação vem de Deus, ela deve ter a mesma autoridade que a Bíblia. Será que é verdade mesmo?

A visão dada a Paulo que o levou à Macedônia certamente veio de Deus. Depois que Paulo e seus companheiros concluíram que a visão significava que deveriam pregar o evangelho na Macedônia, eles tiveram que obedecer à visão. Essa também foi uma revelação fora das Escrituras. Foi uma orientação pessoal para Paulo e para sua equipe ministerial. Deus permitiu que essas orientações pessoais se tornassem parte da revelação bíblica. Por quê? É óbvio, não são instruções com autoridade para todos os crentes irem à Macedônia pregar o evangelho. Então, por que o Espírito Santo orientou Lucas a incluir essa história no livro de Atos? De acordo com Paulo, quando essa história passou a fazer parte da Bíblia, ela tinha que ser "útil para o ensino, para a repreensão, para a correção e para a instrução na justiça" (2Tm 3:16).

Se assumirmos a posição de que Deus não fala fora das Escrituras, não há objetivo para essa história. Se Deus não guia mais através das visões (At 16:9), se ele não fala mais pelo Espírito Santo (At 16:6,7), que relevância essa história poderia ter hoje? Nenhuma, a menos que a espiritualizemos e tentemos extrair dela alguns axiomas teológicos gerais sobre a orientação providencial de Deus. Mas a história não é sobre a providência da orientação invisível. Trata-se de orientações específicas do Espírito Santo para os propósitos ministeriais. Se interpretarmos a história da mesma forma que faríamos com outra literatura narrativa – como a história da viúva que colocou duas moedas na caixa de ofertas (Lc 21:1-4), por exemplo –, então ela se tornará um exemplo que nos ensina como Deus nos orienta em situações ministeriais e nos treina na justiça ao observarmos como Paulo desistiu de seus próprios planos ministeriais para seguir os planos do Espírito Santo. Isso também serve como uma resposta e uma correção para quem acredita que Deus não fala fora das Escrituras.

ENTENDENDO MAL A REVELAÇÃO GENUÍNA

Outro problema que White e aqueles em seu campo teológico têm ao fato de Deus falar através dos mesmos meios que ele usou nas Escrituras é a falta de garantia de que entenderemos a orientação dada através desses meios. White questiona: "Como essas palavras 'que acabaram de sair do céu' podem ser tão necessárias e estratégicas para os propósitos mais elevados de Deus na vida deles, quando o Pai não faz nada para garantir que eles ouçam essas palavras".[3] Como um sonho ou uma visão podem ter seu valor quando Deus "não faz nada para garantir" a compreensão[4] de tal revelação?

Mas onde encontramos uma certeza de que Deus "garantirá" automaticamente que entendamos a Bíblia ou qualquer uma de suas revelações? Pedro disse que alguns dos escritos de Paulo eram difíceis de entender (2Pe 3:16). E Pedro era um apóstolo! Lembre-se, houve alguns que só ouviram o som de um trovão quando a voz audível falou com Jesus, embora a voz tenha vindo por causa do povo (Jo 12:27-30). A voz audível ainda era uma revelação, embora Deus não tenha garantido que todos a entenderiam. E o que dizer dos cristãos de Corinto, que tinham dificuldade de entender um texto tão simples como a saudação da carta de Paulo: "Paulo, apóstolo de Cristo Jesus pela vontade de Deus (...)" (2Co 1:1)? Paulo teve que dedicar boa parte daquela carta defendendo seu apostolado diante de uma igreja que aceitava falsos apóstolos em seu lugar (2Co 10:1–12:21). E Paulo era o pai espiritual deles (1Co 4:15)! Deus nos fala as palavras verdadeiras nas Escrituras, mas é preciso mais do que a habilidade de ler para entender essas palavras. A chave para compreender qualquer revelação de Deus está, em primeiro lugar, em sua vontade soberana e, em segundo lugar, na condição do nosso coração.

White acusa Wayne Grudem e a mim de acreditarmos numa orientação prática e falível.[5] Se ele quer dizer que acreditamos que é possível interpretar mal a revelação verdadeira ou aplicá-la mal, resultando numa orientação errada, então ele declarou o nosso posicionamento com precisão. Se ele quer dizer que acreditamos que Deus pode dar uma revelação falível, então ele nos entendeu mal. É impossível que Deus minta (Hb 6:18). Ele jamais poderia dar uma revelação falível. Porém, é possível que entendamos mal uma revelação infalível. E, através de tal compreensão errônea, podemos extrair orientações falíveis da Bíblia, de um sonho ou de qualquer outra forma de revelação verdadeira.

A AUTORIDADE DA ORIENTAÇÃO DIVINA PESSOAL

White e o seu círculo teológico têm a Bíblia em alta consideração e querem proteger sua autoridade. Por essa atitude, eu os elogio. Mas a posição que eles assumiram não protege a autoridade da Bíblia nem resolve o problema da autoridade na direção particular de Deus.

White acredita que:

> Deus guia e dirige o seu povo pelo seu Espírito na aplicação da sua palavra escrita através de sugestões, impressões, discernimento etc., no entanto, todas essas experiências são cuidadosamente diferenciadas da obra reveladora do Espírito. Portanto, embora a iluminação e orientação do Espírito às vezes possam se concentrar em fenômenos como estímulos ou impressões, esses fenômenos não são especificamente interpretados como os dons ministeriais bíblicos de revelação, tais como as profecias e as línguas ou correlatos (p. ex., visões, sonhos, vozes audíveis).[6]

Em outras palavras, a direção prática de Deus é "cuidadosamente diferenciada" da obra de revelação de Deus em profecias, línguas, visões, sonhos e vozes audíveis.

Há dois aspectos surpreendentes nas declarações de White. Primeiro, ele não oferece um único texto das Escrituras para apoiar a sua afirmação de que a orientação prática de Deus é cuidadosamente diferenciada da obra de revelação do Espírito. Em vez das Escrituras, ele cita um trecho de John Murray, que por si só não contém uma única citação da Bíblia. White está simplesmente afirmando uma distinção que, não só pode não ser apoiada pelas Escrituras, mas, de fato, contradiz a Bíblia. Com relação à sua visita a Jerusalém, Paulo afirmou: "Fui para lá por causa de uma revelação e expus diante deles o evangelho que prego entre os gentios (...)" (Gl 2:2).

Isso não é uma orientação específica, prática e geográfica? Não veio de uma revelação do Espírito Santo? Aparentemente, Paulo não via a diferença entre a orientação do Espírito Santo e a revelação que alguns cristãos modernos fazem.

O segundo aspecto surpreendente é a afirmação de White de "que Deus guia e dirige o seu povo pelo seu Espírito na aplicação da sua palavra escrita através de sugestões, impressões, discernimento, etc.". Como White sabe que Deus guia por meio de sugestões, impressões, discernimentos e assim por diante? Ele não pode usar a Bíblia para provar essa afirmação. Ele já disse que os exemplos de orientação na Bíblia são "as próprias palavras de Deus", isto é, iguais à autoridade da mesma. E White não acredita que este tipo de orientação esteja disponível para você e para mim. Ela cessou com a conclusão do cânon. White apresenta um único texto das Escrituras para ensinar que Deus vai "estimular" um cristão como meio de orientação? Não, não apresenta. Na verdade, a palavra "estimular" nunca aparece nas Escrituras tendo Deus como sujeito da frase. White está pedindo para acreditarmos em uma forma de orientação que nem mesmo pode ser encontrada na Bíblia!

Portanto, voltemos à nossa pergunta original: como White sabe que Deus nos guia por meio de sugestões? Será que White quer se tornar nosso modelo de orientação divina? Será que suas afirmações têm mais autoridade do que os exemplos bíblicos? Lembre-se, ele nos proibiu de usar exemplos bíblicos para demonstrar como Deus nos orienta hoje. Lembre-se também de que eu disse que os tipos de argumentos usados por White na verdade nos afastam da Bíblia. E é exatamente isso que White está fazendo quando não oferece um único texto das Escrituras para apoiar a vaga forma experimental de orientação que apresenta. E não para por aí.

Ele não diz nada sobre a natureza da orientação. Quanta autoridade tem uma inspiração de Deus? Somos livres para desobedecer essa inspiração se Deus estiver nos guiando por meio dela? Que tipo de autoridade uma inspiração divina tem em relação à Bíblia? Alguém pode perguntar: "Se é realmente uma inspiração divina, como pode ter menos autoridade do que a Bíblia?". White não responde a nenhuma dessas perguntas e, portanto, se torna vulnerável à suas próprias acusações – como a direção do Espírito "através de sugestões, impressões, discernimentos, etc." pode ter algum valor para os cristãos "quando o Pai não faz nada para garantir que eles realmente ouvirão esses estímulos"?

Depois de admitir que existe uma forma de orientação divina fora da Bíblia, você terá que enfrentar a questão da autoridade. E não faz nenhuma diferença como você se refere à orientação divina. Chame isso de direção interior de Deus, inspiração espiritual ou qualquer outra coisa. Se é de Deus para você, não é um dever obedecer? Tem a mesma autoridade que as Escrituras? Não, porque as

Escrituras têm autoridade absoluta sobre todos os crentes, em todos os lugares, em todos os momentos. A orientação pessoal divina tem autoridade apenas sobre a quem é dada. E nunca para controlar os outros.

Ao negar que Deus fala hoje, exceto pela Bíblia, White apenas evitou, e não resolveu, o problema da autoridade nas comunicações particulares de Deus para nós. Ele admite que

> (...) se a Bíblia, de fato, ensina a igreja a ouvir a voz de Deus tanto através de suas páginas da Bíblia quanto fora delas, em palavras "vindas diretas do céu", então os colaboradores deste presente volume e aqueles que concordam com eles são pelo menos culpados de apagar o Espírito, se não de recusar totalmente de ouvir a própria voz de Deus. Nós, dentre todas as pessoas, precisamos principalmente acender a chama daqueles dons do Espírito através dos quais Deus falaria à sua igreja hoje (cf. 2Tm 1:6).7

Essa é a parte do seu artigo com a qual eu mais condordo.[8]

A VALIDADE DA EXPERIÊNCIA DO NOVO TESTAMENTO

Se os exemplos bíblicos dos milagres e do ouvir a voz de Deus não são válidos para os dias de hoje, então isso precisa ser provado por declarações bíblicas claras, e não por axiomas teológicos vagos e sem suporte bíblico. Que eu saiba, isso ainda não foi feito. E como poderia ser feito? Onde encontraríamos um texto do Novo Testamento que ensina que a experiência do Novo Testamento não é mais válida?

Como uma Bíblia completa tornaria obsoletas as variadas formas de ouvir o Deus dos cristãos do Novo Testamento? Eles podiam ouvir a Deus em sonhos e visões sem comprometer a autoridade da Bíblia. Por que nós não podemos? Na verdade, não estamos em melhor posição para avaliar os sonhos e as visões, já que temos a Bíblia completa? Além disso, grande parte da revelação dada no

Novo Testamento muitas vezes não é o tipo de informação que poderia ser deduzida pela Bíblia completa. Por exemplo, Deus deu orientações para ministérios específicos (At 8:26ss.; 9:10-19; 10:1-23; 13:2), advertências (20:22,23; 21:10-11) e encorajamento em situações específicas (18:9-10; 27:23-26). Certamente o Novo Testamento fornece princípios, e Deus pode usar certas passagens para nos dar orientações para a nossa vida, mas o Novo Testamento não nos diz especificamente onde pregar o evangelho, onde não pregar e assim por diante. Em vez disso, o Espírito Santo teve que dizer a Paulo onde pregar ou não o evangelho (16:6-10). E ele teve que me dizer também, ou eu não teria ido aonde ele queria que eu pregasse. Eu certamente nunca teria deduzido tudo isso apenas lendo o Novo Testamento.

A CASA "DO SONHO"

Quero contar como Deus recentemente orientou Leesa e eu para pastorearmos uma igreja em Whitefish, Montana, e comprarmos uma casa. Enquanto fazíamos parte da equipe da Vineyard Christian Fellowship em Anaheim, Califórnia, Leesa começou a ter uma série de sonhos. Quando voltamos para o Texas, os sonhos continuaram. No primeiro conjunto de sonhos, ela e eu estávamos ministrando com presbiterianos. Ela teve quatro ou cinco sonhos como esse entre 1989 e 1993. Não achamos que fossem literais. Não os entendemos, mas os anotamos. Durante o mesmo período, ela também teve três ou quatro sonhos em que morávamos em Whitefish, Montana. Tínhamos passado férias lá uma vez, no verão de 1980, e conhecíamos dois amigos que moravam lá, mas certamente não tínhamos a intenção de nos mudar para uma pequena cidade de Montana, a 90 quilômetros da fronteira com o Canadá. Então também não conseguimos entender essa série de sonhos, mas os anotamos mesmo assim.

O último sonho de Leesa sobre Whitefish foi em agosto de 1993. Dois meses depois, a Primeira Igreja Presbiteriana de Whitefish ligou-me para saber se eu estaria interessado em pastorear sua igreja. Eles estavam sem pastor há dezoito meses. Alguns membros do comitê pastoral tinham lido meu livro *Surpreendido pelo poder do Espírito* (Sankto, 2022) e queriam avançar nessa direção do ministério. Agradeci pelo interesse e recusei a oferta. Então me lembrei dos sonhos de Leesa – Whitefish e presbiterianos! Talvez os sonhos devessem ser interpretados literalmente. Desconsiderei minha decisão e disse que oraríamos a respeito. Os sonhos levaram às orações. As orações levaram aos desejos. Os desejos levaram-nos aos novelos de lã. Os novelos de lã se tornaram realidade. Estávamos a caminho de Whitefish e dos presbiterianos.

Sabíamos que Whitefish era a cidade onde deveríamos morar, mas em qual parte da cidade? E devíamos alugar ou comprar uma casa? Ser proprietário de uma casa pode ser uma grande bênção ou um desastre total. Nós sabemos. Nós já vivemos ambas as situações. Também descobrimos que ter posses pode aprisionar um indivíduo. Então, há alguns anos, paramos de considerar que sempre seríamos os proprietários da casa onde moraríamos. Na verdade, tínhamos vivido de aluguel nos últimos seis anos.

Mas e agora, alugar ou comprar? Nós oramos. Não tivemos resposta. Oramos mais. Então Leesa sonhou que estávamos sentados numa casa recém-construída. Caminhamos da cozinha até a sala. O azulejo do chão da cozinha tinha um tom rosado. Ao conversarmos com o construtor, ele pareceu ter interesse genuíno em nós e em nosso ministério. Tudo na casa era perfeito, exceto um cantinho do telhado que ainda não estava concluído. Demos três interpretações ao sonho. Deus estava nos direcionando a comprar uma casa. O canto inacabado do telhado significava que não seria perfeita para as nossas necessidades imediatas, mas poderia ajustar-nos. E o interesse pessoal do construtor por nós serviria como um sinal de confirmação de qual casa deveríamos comprar.

Encorajados pelo sonho, fomos para Whitefish esperando encontrar sem demora a casa dos nossos sonhos. Não conseguimos encontrar nada. Cada casa que atendia às nossas necessidades não era compatível com nosso orçamento. Você talvez saiba como é frustrante essa experiência. Voltamos ao Texas perguntando-nos se havíamos interpretado corretamente o sonho de Leesa.

Cerca de um mês depois, perguntei a Paul Cain se o Senhor tinha lhe mostrado alguma coisa sobre nossa casa em Montana. "Sim, ele mostrou", respondeu Paul. "Eu sonhei que você estava morando em uma casa na mesma rua ou do outro lado da rua de uma senhora chamada Laura. Ela é solteira ou, se for casada, não mora mais com o marido."

Algumas semanas depois, nossa corretora de imóveis, Phyllis, ligou: "Acho que encontrei a casa perfeita para você. Acho que pode até conseguir pagar". Além de ser uma ótima corretora de imóveis, Phyllis também era realista. Ela nos enviou um vídeo da casa. O vídeo parecia bom, mas quem quer comprar uma casa baseado num vídeo? Mas sabíamos que tínhamos mais do que um vídeo. Também tivemos um sonho que nos foi dado pelo Senhor através de Paul Cain, bem como o sonho de Leesa. Liguei de volta para Phyllis: "Envie-me um mapa do empreendimento e os nomes de todos os proprietários do outro lado da rua ou mais adiante".

Tenho certeza de que esse foi o pedido mais estranho que ela já recebeu, mas Phyllis foi compreensiva. Ela sabia o quanto os pregadores podiam ser estranhos. E adivinha só? Bem na rua da futura casa, vivia uma senhora sem marido. O nome dela era Laura.

Dissemos a Phyllis que ficaríamos com a casa. Quando ela protestou dizendo que ainda não a tínhamos visto, eu lhe disse que isso não importava. A casa era para ser nossa. Fizemos uma oferta. Acabou sendo a única casa que compramos sem realmente entrarmos nela primeiro.

A casa não apenas refletia os sonhos de Leesa e Paul Cain, mas o sonho de Leesa sobre os detalhes da casa e de seu construtor, Dave, tornaram-se literalmente realidade. O azulejo da cozinha era exatamente da cor que ela tinha visto no sonho, e a preocupação de Dave conosco fez com que toda a transação fosse muito mais fácil. Graças à orientação do Senhor, realmente temos uma *casa dos sonhos*, se é que você me entende.

Posso até ouvir alguém dizendo: "Então você acha que Deus está mais interessado em levá-lo para a casa dos seus sonhos do que torná-lo semelhante a Cristo?". Não, tenho certeza de que ele está muito mais interessado em formar

Cristo em mim (Gl 4:19) do que me dar um bom lar. Eu também estou mais interessado em me tornar como Jesus do que ter uma casa. Na verdade, estou mais interessado, muito mais interessado, que meus filhos se tornem como Jesus do que lhes proporcionar casas ou educação universitária. É possível que você se sinta do mesmo jeito em relação aos seus filhos.

Mesmo assim, você não ajudaria seus filhos a comprar uma casa se isso estivesse ao seu alcance? Por que acharia estranho que Deus ajudasse seus filhos a comprar uma casa? Você não alertaria seus filhos sobre as armadilhas se as soubesse de antemão? Como você se sente em relação às provações de seus filhos? Às suas profissões? Ao serviço deles a Deus? Se você tivesse informações que pudessem ajudá-los em tais experiências, não as compartilharia com eles? Por que deveríamos esperar menos de nosso Pai celestial do que esperamos do nosso pai terrestre?

Quando colocada nesses termos, a orientação detalhada de Deus parece ser razoável. Muitos de vocês podem ter histórias maravilhosas da orientação amorosa de Deus. Mas através de um profeta e de sonhos proféticos? Isso parece ser assustador. Pode ser até arriscado. Ou desastroso. Também pode ser maravilhoso. Mas, seja o que for, só sei que é bíblico.

A INCREDULIDADE ATRAVÉS *do* RITUALISMO MÁGICO *e do* MEDO

Mudar para Whitefish reforçou minha crença de que as duas maiores fontes de alegria na vida são seus amigos e Deus. Quando olho para meu passado, os momentos em que fui mais feliz foram aqueles em que estive mais perto de Deus e dos meus amigos íntimos que eu tanto amava. Toda vez que eu tentava encontrar a maior felicidade em outras coisas – carreira, bens, passatempos –, ficava decepcionado. Deus fez meu coração desse modo, e o seu também. A verdadeira felicidade somente se dá por meio de um relacionamento íntimo com Deus e com os amigos. E nessa ordem. Primeiro Deus, depois os amigos. Se a ordem for alterada, então os amigos se tornam ídolos – algo que usamos no lugar do amor – e perdemos a alegria.

Jesus resumiu tudo de forma bem simples:

> "Ame o Senhor, o seu Deus de todo o seu coração, de toda a sua alma e de todo o seu entendimento". Este é o primeiro e maior mandamento. E o segundo é semelhante a ele: "Ame o seu próximo como a si mesmo". Desses dois mandamentos dependem toda a Lei e os Profetas (Mt 22:37-40).

A orientação específica de Deus para nossa família se mudar para Whitefish foi um refrigério de seu amor por nós e um estímulo para que o amássemos ainda mais. Também fizemos novos amigos que eram fáceis de amar e que também nos amavam.

Mas também vivenciamos algumas dores nessa mudança. E a dor é o maior problema no resumo de Jesus sobre toda a lei nos dois mandamentos de amar a Deus e ao próximo. O amor dói. Dói mais do que qualquer outra coisa. Qualquer letra de música sertaneja lhe dirá isso. Na verdade, a dor do amor é o maior tema de todas as músicas, poesias, literatura e arte. Também é o maior tema da Bíblia. Apenas veja o que o amor fez com Jesus: ele se humilhou, morreu numa cruz e bradou: "Meu Deus! Meu Deus! Por que me abandonaste?". Ao longo da nossa jornada, alguns de nós tomamos a decisão de que a alegria do amor não vale a pena pela dor que ele causa. Geralmente não tomamos essa decisão conscientemente. Em vez disso, adotamos uma forma de religião que substitui o risco da intimidade pela segurança de algo impessoal. É uma rejeição de amor inconsciente e uma forma de incredulidade disfarçada de ortodoxia. Às vezes a incredulidade infiltra-se pelo ritualismo mágico.

A INCREDULIDADE PELO RITUALISMO MÁGICO

O ritualismo mágico consiste no uso de rituais, feitiços, encantamentos e coisas do gênero para controlar as pessoas ou os acontecimentos. É manipulador, impessoal e amoral, se não imoral. A suposição é que, com as técnicas certas, você pode manipular as "forças" da criação em nosso benefício. Às vezes, quando pensamos que estamos buscando a voz de Deus, na verdade podemos estar tentando usar o ritualismo mágico para conseguir algo que queremos.

Imagine que eu peça a você para parar a leitura deste livro e pensar em Deus por um momento. Qual é a primeira palavra que lhe vem à mente? É a sua própria igreja? Ou um ministro em particular ou uma noção de obrigação surge em sua consciência? Ou você começa a pensar na Bíblia ou numa série de verdades absolutas? Você se sente culpado por algo que tenha feito ou por algo que deveria ter feito? Imagino quantos de vocês teriam pensado primeiro na figura de um homem. Se eu tivesse pedido para um dos doze discípulos descrever

Deus, um homem teria sido a primeira imagem na mente deles. Imediatamente, eles teriam visto "o homem Cristo Jesus" (1Tm 2:5).

É tão fácil esquecer que Deus é uma pessoa e começar a pensar nele como uma força ou poder, uma obrigação ou princípio, algo abstrato e impessoal – algo que preenche um ambiente, até o universo, mas que não possui uma face. Mas Deus tem uma face. É a face de Jesus Cristo. E Deus é um ser real que se relaciona conosco como uma pessoa, não como uma força ou uma série de princípios morais.

Os professores bem-intencionados dizem: "Aqui, siga esses princípios bíblicos e sua vida será plena e feliz". Diga isso ao profeta Jeremias. Sua vida não pode ser descrita nem como plena, nem como feliz. Deus não permitiu que ele se casasse ou tivesse filhos (Jr 16:1-4) e exigiu que ele enfrentasse a vida com poucos amigos (Jr 15:17). Por fim, Deus permitiu que Jeremias "fracassasse" em seu ministério. Jeremias foi fiel a Deus e ao seu chamado; ainda assim, ele se lamentava diante do Senhor: "Por que é permanente a minha dor, e a minha ferida é grave e incurável?" (Jr 15:18). A vontade pessoal de Deus para a vida de Jeremias contradiz muitas das nossas fórmulas da vida cristã.

Fomos salvos para que amássemos com paixão uma pessoa. Fomos redimidos para servir uma pessoa, e não uma série de princípios. Somos chamados primeiro para agradar uma pessoa real, e não para termos um ministério. É muito fácil se apaixonar por princípios e pelo ministério e deixar de amar uma pessoa.

É aqui que entra o ritualismo mágico. Quando deixamos de amar a Deus, mas continuamos a usar os princípios bíblicos para fazer nossa vida ser bem-sucedida, entramos na esfera do ritualismo. Quando lemos a Bíblia todas as manhãs, mas não permitimos que Deus sonde nosso coração com sua palavra, estamos praticando o ritualismo mágico. É tão fácil adquirir o hábito de ler a Bíblia pela manhã para nos livrarmos das "coisas de Deus", para que possamos continuar com nossa vida real. Às vezes, eu lia a Bíblia pela manhã sem absolutamente nenhuma noção da presença de Deus, totalmente entediado com toda a experiência, com os olhos no relógio esperando que as horas passassem depressa, e então me sentia realmente bem quando cumpria meu dever. Não quero dizer que sentia alívio porque o tédio tinha acabado – sentia-me satisfeito comigo mesmo, com minha disciplina e perseverança, e sentia que Deus também estava satisfeito comigo. Achava que meu dia seria melhor porque tinha lido a Bíblia. Esse tipo de experiência está mais próximo do ritualismo religioso do que do cristianismo neotestamentário.

Se você passasse uma hora com alguém que realmente amasse e ficasse totalmente entediado naquele momento, você se sentiria satisfeito com a experiência? Já se sentiu bem quando alguém que nós amamos não fala com a gente? O silêncio de Deus tem sido um problema para todos os justos. Não estou dizendo que jamais experimentaremos o silêncio dele em nosso "momento a sós com o Senhor". Afinal de contas, Deus não é obrigado a responder todas as perguntas que lhe fazemos. Ele não falará conosco automaticamente só porque abrimos a Bíblia e começamos a lê-la por um determinado período. Não estou punindo ninguém por experimentar o silêncio de Deus. Estou dizendo que há algo muito errado em nosso relacionamento com Deus quando não vemos, ouvimos e sentimos nada da parte dele, e ainda assim encerramos nosso "momento a sós com ele" sentindo-nos satisfeitos. Isso simplesmente não é característico de qualquer outro relacionamento importante em nossa vida. É, no entanto, uma característica do ritualismo mágico. O ritualismo mágico não exige um comportamento moral ou uma intimidade pessoal.

Quando persistimos constantemente na atividade religiosa sem qualquer consciência da presença de Deus, estamos saindo da esfera do relacionamento pessoal e entrando na esfera do ritualismo mágico. Nunca devemos nos contentar com qualquer atividade religiosa onde raramente sentimos a presença de Deus. Ele é uma pessoa cuja presença pode ser sentida. Se constantemente nos relacionarmos com ele como uma série de princípios ou como uma obrigação, então deixamos a esfera da experiência espiritual pessoal e entramos na esfera mecânica do ritualismo mágico.

O que deveríamos fazer se nossa experiência eclesiástica ou nossa leitura bíblica ficasse assim? Prolongaríamos nossos devocionais em meia hora, uma hora? Por quanto tempo deveríamos buscar sua presença? Oseias responde de forma muito simples: "(...) é hora de buscar o Senhor, até que ele venha" (Os 10:12). Nunca se contente com atividades religiosas sem a presença de Deus. Elas vão levá-lo a lugares que você não quer ir.

Foi o que aconteceu com os fariseus que estudavam diligentemente a Bíblia, mas "nunca ouviram a sua voz [do Pai], nem viram a sua forma" (Jo 5:37). Evidentemente, Jesus pensava que a voz de Deus e a Bíblia não eram a mesma coisa, que é possível ler a Bíblia e nunca ouvir a voz de Deus. Estudar a Bíblia sem ouvir a voz de Deus levou os fariseus a uma esfera de conhecimento desprovido de piedade. Foi o tipo de conhecimento que reforçou o preconceito e aumentou o orgulho religioso deles. Esse tipo de conhecimento era como o ritualismo mágico, porque lhes dava controle sobre seus seguidores sem exigir que realmente ouvissem a voz de Deus. Se nos permitirmos ficar satisfeitos com uma atividade religiosa sem a presença de Deus, nosso orgulho também aumentará e nossos preconceitos serão reforçados.

Não me entenda mal, precisamos de disciplina para orar e meditar na Bíblia. Ouvir Deus falar através da Bíblia e falar com ele em oração fazem parte dos elementos básicos da nossa comunhão com Deus. Mas nunca devemos nos contentar com um ritualismo vazio. O mesmo se aplica à nossa experiência eclesiástica.

A rotina de algumas pessoas ao frequentar a igreja tem mais em comum com os rituais mágicos do que com a adoração neotestamentária. Para eles, o que importa são os elementos do culto que praticamente nada têm a ver com a adoração. Conheço uma senhora que se desligou de sua igreja porque o novo pastor não usava a beca no culto de domingo. Já vi pessoas se levantarem e saírem de um culto porque um instrumento musical extra foi adicionado ao piano e ao órgão tradicional. O que é triste nessa experiência em particular é que a presença de Deus estava no culto, mas o ritualismo das pessoas que saíram não lhes permitia sentir sua presença, nem ouvir sua voz. Outro dia ouvi falar de um pastor que teve que abandonar sua igreja por causa de uma polêmica que ele começou ao colocar o piano, que ficava na lateral do altar, no centro do altar. Quando ele saiu, o piano foi colocado de volta ao lado do altar. Vários anos depois, ele voltou à igreja e ficou chocado ao ver o piano mais uma vez no centro do altar, mas desta vez sem nenhuma polêmica. "Como você conseguiu colocar o piano no centro do altar?", ele perguntou ao novo pastor. "Centímetro por centímetro", foi a resposta. Os irmãos que abandonam uma igreja por falta de uma beca, pelo acréscimo de um instrumento musical ou pela posição de um piano foram involuntariamente ensinados pelos seus líderes a encontrar segurança em rituais e não na presença de Deus.

Sou pastor há tempo o suficiente para saber que existe uma maneira sábia e uma tola de fazer mudanças. Também sei que não importa o quanto você seja sábio, a mudança será dolorosa para muitas pessoas. Essa dor poderia ser grandemente minimizada se os líderes estabelecessem como um dos seus principais objetivos levar as pessoas a valorizarem a presença de Deus mais do que qualquer outra coisa no culto de adoração, principalmente mais do que os aspectos materiais.

Os líderes também precisam ensinar às pessoas que a mudança é parte inevitável da vida. As coisas mortas não mudam. As coisas vivas mudam porque crescem. E crescimento significa dor. As coisas mortas não têm dores de crescimento. Nem as igrejas mortas. Parte do preço do crescimento é dor e insegurança. Lembra quando você ainda estava se desenvolvendo fisicamente durante a infância e a adolescência? Não apenas seu corpo, mas suas emoções estavam mudando. Você estava trilhando um caminho que nunca tinha percorrido antes. Lembra como você se sentiu inseguro? Mas você aceitou a dor e a insegurança porque queria crescer. Você não queria continuar sendo criança. O mesmo acontece com uma igreja em crescimento. Ela está trilhando um caminho que nunca percorreu antes. Ser líder significa aprender a administrar o conflito que surge da dor e da insegurança de crescer. É claro que poderíamos evitar a dor simplesmente recusando a mudança, mas a maioria de nós prefere ir à igreja do que ir ao cemitério.

Há outra forma de ritualismo mágico que devo mencionar que está na direção oposta ao estudo bíblico mecânico e a frequência ritualística à igreja. Alguns já se referiram a ela como ritualismo da renovação ou mesmo feitiçaria da renovação. Nossa cultura está tão cheia de alimentos instantâneos, crédito instantâneo e prazeres instantâneos que podemos ser induzidos a querer uma espiritualidade instantânea. Às vezes podemos ser levados a concentrar nossa atenção em novelos de lã, sonhos, visões e impressões, ao passo que esquecemos dos elementos básicos da nossa comunhão com Deus. Não existe uma solução rápida para nossa incapacidade de ouvir Deus. Quando ignoro a Bíblia e a oração, digamos, pedindo sonhos e profecias para hoje, estou pedindo a Deus que me dê um conhecimento que vai me beneficiar de certa forma, sem exigir de mim as mesmas disciplinas que ele exige de todos os seus outros amigos. Estou pedindo mágica. Pode tornar-se feitiçaria quando uso os sonhos e as profecias contra os outros cristãos dos quais eu discordo.

É muito simples explicar como isso tudo acontece. Quando alguém despreza a Bíblia, abre brecha para o engano. Eles perdem a capacidade de discernir a natureza das experiências espirituais. O sonho que poderia levá-los a amaldiçoar seus adversários não veio de Deus, porque ele já ensinou como devemos tratar nossos inimigos. Devemos abençoar os que nos amaldiçoam (Lc 6:28). Mas, como estão desprezando a Bíblia, eles não conseguem lavar a raiva de seus corações pela água da Palavra. O diabo se aproveita da raiva (Ef 4:26-27) e os leva a profetizar contra aqueles a quem Deus ama. A rebeldia é como o pecado de feitiçaria (1Sm 15:23), porque pode literalmente levar o rebelde à feitiçaria e à magia. A rebeldia levou o rei Saul até uma mulher que invocava espíritos em En-Dor (1Sm 28:6-25).

Portanto, há duas maneiras pelas quais podemos ser conduzidos à esfera do ritualismo mágico. Uma maneira é fazer o básico – orar, ler a Bíblia, ir à igreja – sem a presença de Deus. A outra maneira é esquecer o básico e buscar o instantâneo e o extraordinário. De qualquer forma, a comunhão com Deus fica para trás e entramos na esfera do ritualismo mágico.

A INCREDULIDADE POR MEDO DE PARECER TOLO

Antes de Robert entrar em meu gabinete e eu ver a palavra PORNOGRAFIA na frente dele, eu tinha uma crença teórica de que Deus fala conosco fora da Bíblia. Cheguei a essa crença lendo a Bíblia, e não por ter qualquer tipo de visão ou sonho sobrenatural. Mas depois da experiência com Robert, fiquei diferente. Além da crença teórica, eu agora tinha uma confiança prática de que Deus falaria comigo. Eu tinha certeza de que isso era algo que ele queria para todos os cristãos. Então, logo após a experiência com Robert, fui à reunião do meu grupo de oração numa noite e fiz uma revisão geral do livro de Atos para cerca de quarenta irmãos. Ao longo do estudo, enfatizei as inúmeras vezes em que Deus falou de maneiras sobrenaturais aos seus servos. Então, no final da reunião, fiz algo que nunca tinha feito antes. Eu disse que Deus iria falar conosco daquela maneira ali mesmo. "Tudo o que precisamos fazer", eu disse, "é orar e esperar no Senhor. Ele nos dará impressões ou visões que irão nos mostrar como devemos orar pelos irmãos do nosso grupo nesta noite". Encorajei a todos a não terem medo de errar e parecer tolos. Enfatizei que nenhum de nós sabia realmente ouvir tão bem a voz de Deus. Éramos todos apenas aprendizes. A única maneira de descobrir a diferença entre uma impressão do Senhor e uma que vem das nossas próprias emoções seria testar nossa impressão ou visão diante de todo o grupo e correr o risco de parecermos tolos caso estivéssemos errados.

Eu nunca tinha tentado algo parecido em público antes e, pelo que sei, ninguém mais na sala também tinha tentado. Apesar da minha inexperiência, eu estava agindo com muita confiança. Orei a Deus, pedindo-lhe que demonstrasse o ministério revelador do Espírito Santo entre nós. Todos abaixamos a cabeça e esperamos em silêncio que Deus falasse. Comecei a me preocupar com o fato de se eu não tinha sido presunçoso ao dizer a todos que Deus falaria conosco. Naquele exato momento, tive a impressão de que alguém na sala estava com uma dor no cotovelo esquerdo. Isso foi uma impressão de Deus? Eu pensei que fosse. Eu não estava pensando em partes do corpo ou doenças. A impressão da dor no cotovelo esquerdo de alguém interrompeu meus pensamentos. Surgiu como uma pequena invasão. Achei que talvez fosse assim que as "palavras de conhecimento" surgiam, como interrupções ou invasões na mente.

Depois de esperar cerca de cinco ou seis minutos, perguntei se alguém do grupo achava ter ouvido algo de Deus. Uma jovem disse que teve uma visão do prédio da administração da escola pública e, embaixo do prédio, viu escrito o trecho de Provérbios 3:5-6. Esse texto bíblico trata sobre orientação. Deve ter significado que alguém na sala naquela noite era professor da rede pública de ensino municipal e tinha uma decisão importante a tomar. O único problema era que eu conhecia quase todos os presentes e nenhum deles era professor de escola pública. Então, uma das duas ou três pessoas que eu não conhecia na sala levantou a mão e disse: "Sou professor aqui na cidade e tenho que tomar uma decisão importante". Sabíamos que tínhamos que orar por ele e Deus lhe daria a sabedoria necessária para tomar essa decisão. Mais três pessoas relataram visões ou palavras específicas semelhantes, todas exatas.

Eu não tinha dito nada sobre a "palavra" que recebi. Não parecia tão específica ou importante quanto as outras. Mesmo assim, senti que devia falar acerca da minha impressão sobre o cotovelo esquerdo. Então pensei: "E se eu estiver errado?". O que poderia ter sido mais tolo do que eu dizer a todo o grupo que Deus ainda fala conosco hoje e depois anunciar uma impressão incorreta? Eu ia parecer um tolo por completo. Eu tinha dito a todos que precisavam correr o risco de parecer tolos se quisessem descobrir como era ouvir a voz de Deus, e agora estava procurando uma maneira de me convencer de que eu era a exceção da regra. Afinal, raciocinei, se eu, o professor, falasse uma impressão errada, isso acabaria com a confiança do resto do grupo de ouvir a voz de Deus. Se aquele que ensina que Deus fala atualmente não consegue ouvir sua voz, então todos os outros vão desistir de tentar ouvi-la. Essa linha de raciocínio funcionou muito bem. Isso me fez não transmitir minha impressão e sentir apenas uma pequena culpa por não a transmitir.

Mais tarde naquela noite, quando chegamos em casa, confessei a Leesa que tinha certeza de que Deus tinha falado comigo sobre alguém do grupo naquela noite. Eu lhe disse que sabia que alguém estava com dor no cotovelo esquerdo, mas tive medo de contar. Ela começou a rir e me disse que teve exatamente a mesma impressão. Fui para a cama naquela noite confessando meu medo de parecer tolo e pedindo ao Senhor que me desse mais uma chance. Também pedi que ele me mostrasse quem estava com dor no cotovelo esquerdo.

No dia seguinte, uma senhora chamada Glenda entrou em meu gabinete. Ela estava na reunião na noite anterior. Imediatamente, soube que era ela quem estava com dor no cotovelo esquerdo.

— Glenda, você estava sentindo dor no cotovelo ontem à noite? — perguntei.

— Sim, eu estava, e era uma dor intensa. Mas aconteceu algo muito estranho. Antes de sair da reunião, a dor simplesmente sumiu. Qual o motivo da pergunta? Você me viu segurando meu cotovelo ontem à noite?

O Senhor tinha me dado uma impressão sobre a dor de alguém, mas meu medo de parecer tolo impediu-me de dizer qualquer coisa. O medo de parecer tolo não é só meu. É um vírus global na igreja hoje que nos impede de crescer em nossa habilidade de ouvir a voz do Senhor.

Para alguns de nós, acho que o medo é mais profundo do que somente parecer tolo. No fundo do coração, alguns de nós temos ser realmente tolos. Não sentimos que temos muita contribuição a dar e, se tentássemos, as pessoas veriam que, afinal, não passamos de gente tola. Por isso colocamos muita energia tentando esconder o que realmente somos. Por que correr o risco de se expor?

Vou contar como meu amigo John Wimber começou a superar esse medo. Alguns anos antes de sua conversão, John foi a uma área no centro de Los Angeles para pedir dinheiro emprestado a um amigo traficante de drogas. Enquanto esperava pelo amigo, viu um homem passar com um daqueles cartazes promocionais que se pendura no pescoço dos dois lados. Na frente estavam escritas as palavras: "Sou um tolo por Cristo". John achou que aquilo era a coisa mais idiota que já tinha visto. Ele concordou totalmente com o homem, que ele realmente era um tolo. Quando o homem passou por ele, John pôde ver o cartaz que estava nas costas dele, onde estava escrito: "Por quem você é um tolo?". O cartaz deixou John atordoado.

Anos mais tarde, ele estava num pequeno estudo bíblico, vendo sua esposa nascer de novo. Ela começou a chorar na frente de todos. Ela caiu de joelhos e pediu a Deus que a perdoasse por todos os seus pecados. O primeiro pensamento de John foi: "Quais pecados? Carol é uma mulher bondosa". Sua próxima reação foi sentir nojo pelo estado emocional de sua esposa. Ele disse a si mesmo: "Esta é a coisa mais tola que já vi. Jamais agiria assim". Então a imagem do homem com cartaz de anos atrás voltou à sua mente: "Sou um tolo por Cristo. Por quem você é um tolo?". O orgulho de John foi quebrado. Ele percebeu que tinha sido um tolo por todos esses anos – um tolo por si mesmo e pelo diabo. Agora ele seria um tolo por Cristo. Antes mesmo que percebesse, ele estava ajoelhado e soluçando, pedindo a Deus que o perdoasse seus pecados.

No final das contas, na verdade não somos todos tolos? O que éramos antes de Cristo nos redimir, senão tolos? Será que fomos sábios por rejeitar a Cristo todos esses anos? Se não somos tolos agora, é por causa dele, não de nós. Os mais sábios são aqueles que admitem que são tolos sem a sabedoria de Deus. Quando Deus permitiu ao homem mais sábio da terra, Salomão, pedir qualquer coisa, ele pediu sabedoria. O motivo do pedido: "(...) eu não passo de um jovem e não sei o que fazer" (1Rs 3:7).

Deus realmente não se incomoda que você e eu sejamos tolos, pois ele "escolheu as coisas loucas do mundo para envergonhar os sábios" (1Co 1:27). Ele não se importa que sejamos tolos, porque ele tem uma sabedoria para nos dar que não é deste mundo. Todo servo que já ouviu a voz de Deus de maneira notável pareceu um tolo diante do mundo. Noé construiu uma arca inútil. Jeremias profetizou um cativeiro babilônico para Judá quando parecia certo que o Egito resgataria a nação. Isaías ficou nu durante três anos e Oseias se casou com uma prostituta. É de se espantar que Oseias pudesse escrever "o profeta é considerado um tolo" (Os 9:7)? Até os apóstolos pareceram "loucos por causa de Cristo" aos olhos do mundo (1Co 4:10). Se todos os grandes servos de Deus eram tolos sem ele, e parecem tolos depois de começarem a servi-lo, por que seria diferente conosco? Não seria melhor admitirmos que somos tolos e que vamos parecer tolos segundo os padrões do mundo? Lembre-se da advertência de Paulo: "Se algum de vocês pensa que é sábio segundo os padrões desta era, deve tornar-se 'louco' para que se torne sábio" (1Co 3:18).

Tentar ouvir a voz de Deus provavelmente fará você parecer e se sentir um tolo. Como pai, observei meus filhos tentando fazer coisas novas e não conseguirem. Às vezes, tenho mais orgulho de suas falhas tolas do que de seus maiores sucessos. Eu me pergunto: será que Deus não se sentiria assim acerca das nossas falhas humilhantes?

A INCREDULIDADE PELO MEDO DA INTIMIDADE

Existe um medo pior do que o medo de parecer tolo e mais eficaz para nos impedir de ouvir a voz de Deus. Mencionei isso no início deste capítulo: é o medo da dor do amor. Nada, nada dói mais do que o amor. Amamos mais quem temos intimidade, e são os mesmos que mais nos magoam. De todos os nossos amigos, ninguém magoa mais do que Deus. Não importa que nos magoe para o nosso próprio bem (Hb 12:10). Não importa o fato de que a maior parte da dor que atribuímos a Deus ser causada pelo nosso próprio pecado. Ainda dói. Deus é soberano. Ele pode impedir a dor se ele quiser. Ele pode manter-nos longe de casamentos abusivos, manter os nossos filhos longe das drogas, salvar os nossos entes queridos de mortes prematuras. Porém, ele permite que alguns de nós suportemos a tortura dessas e de outros acontecimentos dolorosos.

A soberania de Deus também é assustadora em outro aspecto. Se nos aproximarmos muito dele, ele pode nos mandar para algum lugar onde não queremos ir, ou nos obrigar a fazer algo que não queremos fazer, ou ordenar ser algo que não queremos ser – até mesmo ao último lugar aonde iríamos, ou a última coisa que faríamos ou seríamos. Todos nós já ouvimos aquela voz sombria sussurrar: "Se você chegar muito perto de Deus, seus piores medos se tornarão realidade. Ele vai magoá-lo mais do que você pode suportar". Quando acreditamos nessa voz, perdemos um pouco da nossa confiança em Deus e procuramos um substituto em quem possamos confiar. O substituto pode ser a Bíblia, a Teologia, a liturgia, o ativismo eclesiástico ou qualquer outra coisa boa. Podemos usar todas essas coisas para impedir que Deus e outros se aproximem de nós e nos magoem. Ninguém faz isso conscientemente. Nossa teologia o proíbe. Ninguém poderia escapar impune dizendo: "Decidi confiar mais na Teologia do que em Deus".

Eu não disse nada disso, não sabia nada a respeito disso, mas eu tinha feito isso. Os sinais estavam ao meu redor. Tinha ficado mais confortável com os princípios do que com as pessoas, mais com as ideias do que com a intimidade. Os princípios e as ideias não magoam você igual a Deus e as pessoas. E são bem mais fáceis de manipular. O fato de eu ser um acadêmico tornou ainda mais fácil para mim desenvolver uma personalidade avessa aos relacionamentos no confortável mundo das ideias. Se eu não fosse um acadêmico, poderia facilmente ter me escondido na obra ou no ministério da igreja. O medo da intimidade sempre encontrará um substituto adequado à sua personalidade. Você nunca saberá que escolheu o substituto, a menos que a misericórdia de Deus lhe alcance. E essa misericórdia pode vir em meio à dor...

COCO E BENNY

Quando nos mudamos para Whitefish, nos tornamos melhores amigos de Coco e Benny Bee. Ela fazia parte do conselho municipal e ele era dono e diretor de algumas estações de rádio. Benny era cristão há cerca de quatro anos e Coco buscava diligentemente o Senhor há dez anos ou mais. Não eram como os outros amigos íntimos que tínhamos antes. A maioria dos nossos amigos íntimos são pessoas com quem servimos no ministério, sejam professores de seminário ou pregadores – gente com formação e teologia semelhantes. Gente segura. Mas houve uma afinidade instantânea entre os Bees e os Deeres, apesar das nossas origens bem diferentes.

Ficamos tão amigos que nos víamos quase todos os dias. Benny e eu nos tornamos colegas de treino na academia. Coco ajudou Leesa a decorar nossa nova casa. Leesa e eu poderíamos passar na casa deles a qualquer hora, sem ligar. Quando eu estava na casa deles, se quisesse alguma coisa, simplesmente abria a geladeira e pegava. Eu não precisava pedir. Nem eles. Nem tivemos que perguntar onde passaríamos a véspera de Ano Novo. Ficava subentendido que passaríamos juntos.

Antes de virmos para Whitefish, Coco tinha vencido o câncer – duas vezes. Agora ela estava livre do câncer há vários anos. Então, em outubro de 1994, a doença voltou. Não havia motivos para preocupações. Agora estávamos aqui. Sabíamos tudo sobre cura. Tínhamos visto milagres. Eu até escrevi sobre eles. Eu acreditava que Deus tinha me enviado à igreja em Whitefish para conduzi-la a uma experiência maior do poder do Espírito Santo. Agora eu acreditava que ele tinha me enviado para curar Coco.

Começamos a reunir as tropas. A igreja não poderia ter reagido da melhor forma. Tínhamos listas de pessoas para orar 24 horas por dia, e até para jejuar. A cada hora do dia, alguém orava pela cura de Coco e por qualquer outra pessoa que estivesse sofrendo naquele momento. Todos os dias alguém jejuava pela cura. Certamente Deus responderia àquele tipo de declaração sincera. Ele não deixaria que uma esposa de 43 anos e mãe de uma filha adolescente morresse prematuramente, sobretudo uma mulher tão amada e respeitada entre os irmãos e os não crentes na nossa comunidade. Será?

Foi um momento maravilhoso na nossa igreja. Muito amor, união e fé. As pessoas até me procuraram em particular dizendo: "Agora sabemos porque Deus enviou você aqui". Senti que Deus iria curar Coco para dar à comunidade um testemunho maravilhoso do poder e da compaixão de Cristo. Além disso, ele não deixaria nossa melhor amiga morrer. Ele nunca me disse que ela não morreria, e eu nunca disse a ninguém, nem mesmo a Coco, que ela não ia morrer. Mas, mesmo assim, meu coração me disse que ela não morreria.

A nova forma de quimioterapia usada pelos médicos quase matou Coco. Após o primeiro tratamento, ela se recusou a fazer mais sessões de quimioterapia. Tudo bem. Tínhamos ao nosso lado um poder maior do que a quimioterapia. O prognóstico original era de seis meses a um ano. Seis meses depois, ela ainda estava conosco. Sentia-se péssima – parecia estar gripada o tempo todo – mas ainda estava conosco. Desenvolvi uma nova teoria sobre sua cura. Talvez Deus a deixasse ir até a beira da morte e, então, iria curá-la. Isso aumentaria a glória de Cristo.

Nesse meio-tempo, falei sobre Coco em todas as conferências em que fui palestrante. No verão de 1995, as pessoas de todo o país oravam por ela, e até mesmo os crentes de outros países intercediam por ela. Em julho ela ficou acamada. Paul Cain veio a Whitefish pela segunda vez para orar por ela. Quando ele saiu, ela já estava de pé novamente. Parecia que a cura tinha começado. Mas a melhora não durou muito tempo.

Ela não conseguia comer. Perdeu peso. Sua pele ficou amarela. Ela ficou fraca demais para entoar os louvores, uma de suas atividades favoritas. Então fomos até o quarto dela e cantamos louvores para ela. Embora não conseguisse cantar, ela tentava levantar as mãos em louvor a Deus enquanto cantávamos.

Então Deus fez algo muito especial para Coco. Em agosto, ele enviou Don e Christine Potter e sua amiga Sheri McCoyHaynes de Nashville, Tennessee, para fazer uma serenata para Coco com os louvores. Don é o coprodutor da música de Wynonna Judd* e o líder de sua banda. Ele também é um dos melhores violonistas da América. Você talvez o tenha visto no programa da Oprah Winfrey no outono de 1994. Depois que Oprah o entrevistou, Naomi Judd subiu ao palco para surpreendê-lo. Ela disse que Don foi a cola espiritual que manteve a família unida durante os momentos mais difíceis. Don e Christine tinham conhecido Coco e Benny numa conferência e passaram a orar por eles desde então. Quando souberam que o câncer de Coco estava em estágio avançado, decidiram vir para Whitefish para nos ajudar nos momentos mais difíceis.

Durante quatro dias eles fizeram serenatas para Coco e oraram por ela. Certa tarde, Don começou a tocar uma linda melodia em seu violão. A sala estava cheia da presença de Deus. Então ele cantou um refrão simples: "Seu amor está me curando". Ele repetiu essa frase várias vezes. Enquanto cantava,

---

* Wynonna Judd é uma cantora de música country dos Estados Unidos, que iniciou sua carreira no início dos anos 1990 e fez muito sucesso, vencendo o Grammy por cinco vezes e mais de sessenta outros prêmios. É considerada uma das maiores cantoras de música country do país.

o amor de Deus aumentava no quarto de Coco. Benny estava deitado na cama ao lado dela. E sua filha de dezessete anos, Cassie, também. Eu estava ajoelhado aos pés de Coco. Leesa e nossos três filhos estavam sentados em volta da cama. Estávamos todos orando, adorando e chorando. Pela primeira vez, pensei que Coco podia morrer. E, pela primeira vez, pensei que não era problema se ela morresse. De qualquer maneira, Deus venceria. Não consigo explicar como ou por que senti aquilo. Havia algo em estar cercado por seu amor que fazia tudo parecer bem, até mesmo a morte de Coco.

Na noite de 15 de setembro de 1995, todos os familiares e melhores amigos de Coco estavam reunidos ao seu redor. Oramos por ela e cantamos para ela. Leesa e eu nos despedimos dela com um beijo às 23h30. Ela estava em coma. Às 2h30, enquanto sua família fazia uma vigília, ela parou de respirar. Eles me ligaram. Cheguei lá em cinco minutos, pedindo a Deus que a trouxesse de volta, mas ele não a trouxe.

Sepultamos Coco Bee na segunda-feira seguinte.

Todo mundo chorou. Eu chorei. Eu não conseguia me lembrar de ter chorado tanto como nesse episódio. Chorei dias a fio. Meu primeiro instinto foi culpar alguém pela dor. Mas quem? Deus, é claro. Ele poderia ter curado Coco ou a ressuscitado dos mortos. Ele tinha feito isso por outros. Mas minha teologia não me permitiria colocar a culpa em Deus. Eu também li o livro de Jó. Ninguém venceu culpando a Deus. Então eu deveria me culpar? Eu poderia ter orado mais, jejuado mais, sido mais santo. Mas será que a cura de Coco realmente dependia da minha santidade? Se esse fosse o caso, ninguém por quem eu tivesse orado teria a cura. Alguns foram curados, mas Coco não. Meus oponentes foram os próximos candidatos a serem os culpados. Mas quem entre os meus oponentes desejava a morte de Coco? Eles queriam também que ela fosse curada. O único que sobrou para levar a culpa foi o diabo, mas será que ele era mais forte do que Deus? E lá estava eu, exatamente onde tinha começado, olhando para a face do meu Deus soberano e onipotente, perguntando-lhe: "Por quê?". E ele não estava respondendo. Eu sabia que ele tinha as respostas para todos nós.

Eu sabia que as respostas eram diferentes para cada um de nós, para Benny, para Cassie, para Leesa, para mim, para a igreja...

Eu sabia que a minha resposta, ou pelo menos parte dela, estava na experiência do amor de Deus que senti quando Don Potter cantou no quarto de Coco. Eu tinha certeza disso. Mas, não importava quantas vezes eu perguntasse a Deus sobre isso, não obtinha nenhuma resposta. Finalmente parei de perguntar, decidindo que ele me responderia quando fosse oportuno.

Em 15 de abril de 1995, quase sete meses depois da morte de Coco, ele me respondeu. Eu estava em um avião descendo pelas nuvens em direção a Amarillo, Texas. Meu olhar capturou a palavra Nashville em um livro que eu estava lendo. Nashville me fez pensar em Don Potter, e então minha mente foi levada de volta para Coco e a cena de Don fazendo uma serenata para nós. Por um breve instante, fiquei naquele estado revivendo toda a experiência...

Coco estava morrendo. E parte de mim estava morrendo com ela. Don começou a cantar um refrão: "Seu amor está me curando". Nós a estávamos perdendo. Seu amor não estava curando ninguém. Então me dei conta: o amor dele estava me curando. Era a mim que seu amor estava curando. Eu tinha ficado tão magoado ao longo dos anos que construí uma fortaleza ao redor do meu coração para manter afastados todos, exceto alguns de confiança que não me magoariam. De alguma forma, Coco e Benny atravessaram aquela fortaleza. Pela misericórdia de Deus, eu acho. Não percebi na época, mas mesmo assim foi a misericórdia de Deus. E agora Coco estava me magoando. Muito mais do que eu tinha sido magoado em muito tempo. E ela estava me curando. A fortaleza se rompeu. E a parte de mim que morreu com Coco precisava morrer. Talvez seja por isso que fui enviado para Whitefish – para ser curado pela morte da minha amiga.

QUEM OUVE
sua VOZ?

QUEM OUVE *a* VOZ *de* DEUS

Eu estava no último ano da faculdade e a jovem sentada ao meu lado no avião estava no penúltimo ano. Eu tinha acabado de conhecê-la quando iniciamos o voo de Denver para Dallas em um dia de dezembro que fazia frio e nevava. Ela havia se formado em Psicologia e eu em Filosofia. Eu era um filósofo que amava a apologética, isto é, a parte da teologia cristã especializada em argumentos intelectuais em favor da fé. Não demorei muito para descobrir que ela era inteligente e que não era cristã. Ela também estava morando com o namorado.

Bem, ela tinha vindo ao lugar certo. Devo confessar que, com toda a humildade, pensei que se alguém pudesse derrubar os argumentos superficiais que ela usava para resistir ao evangelho de Jesus Cristo, esse era eu. Ela mencionou seu psicólogo favorito e seu último livro. Eu tinha acabado de lê-lo e criticá-lo em uma de minhas aulas na universidade. Seria mais fácil do que eu pensava.

Uma hora e meia depois estávamos nos aproximando de Love Field, em Dallas, e eu queria estrangulá-la. De uma forma ou de outra, ela conseguiu rejeitar todos os argumentos que eu a tinha apresentado. Ela não conseguia ver a lógica em nenhuma das minhas ideias brilhantes. Ainda teve a audácia de dizer várias vezes que não conseguia entender minhas explicações do evangelho claras como cristal. Fiquei totalmente irritado e precisava urgentemente de um psicólogo ou de um calmante, ou ambos.

Rapidamente eu estava sendo tentado a deixar minha abordagem intelectual de lado e tentar algo no nível de uma velha técnica de Humphrey Bogart:

"Ainda não conheci uma mulher que não entendesse um tapa na cara". No entanto, um tapa na cara não era muito consistente com o evangelho de amor que eu estava apresentando tão humildemente àquela jovem. Na verdade, não fiquei tentado a dar um tapa nela, mas minha frustração estava se transformando em raiva e eu estava começando a não gostar daquela jovem. Eu estava pensando nela como uma adversária a ser derrotada, e não como uma alma perdida a ser salva. Minha raiva era um sinal certo de que eu não estava testemunhando por amor, mas por desejo de vencer pelo argumento com a verdade. Foi também uma revelação da minha insegurança e imaturidade. Seriam necessários muitos anos antes que eu me abrisse a esse tipo de revelação. Mais tarde aprenderia que é a compaixão que procura compreender, enquanto o orgulho procura vencer.

Era hora de o avião pousar, e minha tentativa frustrada de testemunhar estava chegando ao fim. A experiência estava prestes a ser considerada um fracasso real. Então o piloto anunciou que não poderíamos pousar devido ao grande tráfego aéreo. Começamos a circular Love Field em meio a uma tempestade de neve. Ainda teria mais uma chance. Tive a vaga sensação de que tinha feito algo errado em minha primeira tentativa de testemunhar para ela. Eu não sabia, mas estava falando como se ela fosse nada mais do que um troféu espiritual para colocar em minha vitrine evangelística. Desta vez optei por uma nova tática. Eu a encorajaria a falar e a ouviria. Durante os trinta minutos seguintes, ouvi atentamente enquanto ela me contava sobre seus sonhos, suas lutas e sua atual infelicidade. Ela me contou que tinha ouvido muitos testemunhos de alunos, membros de igrejas e de organizações paraeclesiásticas. Mas nada disso a "atraiu". Continuei ouvindo. Cerca de 45 minutos depois, o avião começou a pousar em Love Field. De repente, ela parou de falar e perguntou: "O que você acha?".

O que eu achava? Passei uma hora e meia dizendo-lhe o que eu achava e não adiantou nada. O que mais poderia acrescentar? Antes que eu percebesse, quase que involuntariamente, uma oração silenciosa pedindo por sabedoria escapou do meu coração. Senti a compaixão de Jesus por aquela jovem. Com a compaixão veio uma clareza divina tão simples que quase parece tolice. Eu lhe disse: "Seu problema é o mesmo que o meu: você é uma pecadora e precisa de um salvador". Ela começou a chorar: "Eu sei", ela soluçou. "É verdade, é verdade. Você tem razão."

Comecei a entender algo naquele encontro. Uma hora e meia de argumentos apologéticos não chegou nem perto de se igualar à força de uma simples afirmação: "Você é uma pecadora e precisa de um salvador". Havia um poder por trás daquela simples afirmação que estava ausente em todos os meus argumentos cuidadosamente fundamentados. O poder fluiu porque Deus evocou essas simples palavras em meu espírito. Na época, eu não tinha sabedoria ou maturidade para perguntar por que o poder fluiu. Eu simplesmente sabia que estava lá. Essa experiência do poder do Espírito começou a ensinar a mim, um estudante de Filosofia, a impotência relativa dos argumentos intelectuais. Embora possam remover obstáculos genuínos à fé, eles são, em última análise, infrutíferos, a menos que o Espírito Santo convença o coração sobre o pecado.

O que aquela experiência *não* me ensinou foi como sentir esse poder regularmente. Eu ainda estava confiante demais em minhas próprias habilidades para desfrutar do privilégio de ouvir a voz de Deus com frequência. Deus pode falar e fala com todos os tipos de pessoas – tanto cristãos como pagãos – sempre que lhe agrada. Mas o que a maioria de nós deseja não é apenas um encontro esporádico com a sua presença, mas uma experiência consistente e significativa com sua voz.

"Como posso fazer com que Deus fale *comigo*?" É uma pergunta que recebo o tempo todo. Todos os ingredientes para responder a essa pergunta podem ser encontrados em minha experiência com a jovem no avião para Dallas, mas eu não estava fazendo a pergunta naquele exato momento. Muitos anos depois, quando decidi estudar essa questão, meditei sobre a vida de todas as personagens bíblicas que eram famosas por ouvirem a Deus. Conversei com pessoas contemporâneas que tinham reputação de discernir a voz de Deus. E, finalmente, tentei prestar muita atenção aos meus próprios sucessos e fracassos em ouvir a voz de Deus. Neste ponto do meu estudo, parece que existem três características essenciais para ouvir a voz de Deus: disponibilidade, disposição e humildade.

DISPONIBILIDADE

Se você estudar a vida de Jesus, que ouviu a voz do Pai melhor do que ninguém, uma das primeiras características que irá impressioná-lo é a sua "disponibilidade sem reservas para Deus".[1] Notei pela primeira vez essa característica da vida de Jesus após um ano da minha conversão. Eu estava lendo o primeiro capítulo de Marcos, onde Jesus ficou acordado até tarde da noite curando os enfermos e os endemoninhados (v. 32-34). Depois de ficar acordado metade da noite ministrando às pessoas, Marcos nos conta que "de madrugada, quando ainda estava escuro, Jesus levantou-se, saiu de casa e foi para um lugar deserto, onde ficou orando" (v. 35). Se alguém já teve uma desculpa para dormir até tarde, Jesus certamente teve uma naquela manhã. Mas, em vez disso, ele seguiu seu hábito diário de buscar seu momento a sós com Deus (ver também Lc 4:42; 5:16).

No início da minha vida cristã, eu costumava usar esse versículo para dizer que Jesus sempre encontrava tempo para Deus. Mas agora não penso assim. Quando olho para a vida de Jesus, nunca o vejo "encontrando tempo para Deus". Pelo contrário, vejo um Filho cujo tempo pertence inteiramente ao Pai. Jesus nunca estava com pressa. Ele nunca precisou ter mais tempo. Isso porque ele considerava seu tempo como o tempo do seu Pai. Além disso, ele estava totalmente disponível para os desejos de seu Pai. Ele só fez o que viu o Pai fazer (Jo 5:19). E ele estava sempre no lugar certo na hora certa para cumprir os desejos de seu Pai celestial.

Fico sempre impressionado com a espontaneidade e informalidade do ministério do Senhor. Quer estivesse falando para uma multidão inesperada de mais de 5 mil pessoas, como no sermão da montanha, ou para apenas uma mulher perdida num poço em Samaria, ele estava sempre preparado e fazia a coisa certa. Ele nunca ficou nervoso, como o pastor moderno que sempre se preocupa do quanto está ocupado e depois tem que ficar acordado até tarde da noite de sábado preparando uma "pregação" para a manhã de domingo. É cômico imaginar Jesus ficando acordado na noite anterior ao sermão da montanha imaginando o que iria dizer a todas aquelas pessoas. Sim, é cômico imaginar Jesus sofrendo para pregar um sermão. Sua vida é o sermão, e ele ministrava a partir da comunicação diária com o Pai celestial. Ele foi capaz de ministrar porque estava completamente disponível para Deus.

Por favor, não pense que estou falando sobre ter um "momento a sós com Deus" regular. Estou falando de algo muito além. Conheço pessoas que nunca perdiam seu momento a sós com Deus e o estudo bíblico às 5h30 da manhã, e ainda assim eram mais cruéis do que um pitbull furioso. É possível passar um tempo a sós com Deus todas as manhãs e nunca estar disponível para o Senhor. Ao contrário das pessoas que "encontram tempo" para Deus, que tiram o seu tempo a sós com Deus logo pela manhã para se verem livres disso e prosseguir com a vida real, esquecendo-se de Deus pelo resto do dia, as verdadeiramente disponíveis para Deus entendem que seu dia pertence ao Senhor. Elas são livres para reordená-lo a qualquer momento que desejarem. Não se contentam simplesmente em ter um momento a sós e se livrarem das "coisas de Deus" logo pela manhã. A satisfação delas resulta da experiência da presença de Deus o dia todo e de saber que o agradaram.

Anos atrás, eu estava desenvolvendo uma amizade íntima com uma pessoa que acabou se tornando um dos meus amigos mais íntimos. Eu estava passando por um momento difícil e precisava da ajuda dele. Certo dia, ao me despedir depois do almoço, perguntei-lhe até que horas poderia ligar para ele naquela noite. Ele disse que poderia ligar na hora que eu quisesse. Disse que não queria acordá-lo, então precisava saber a que horas ele ia dormir. Então ele me disse: "Não faz nenhuma diferença a que horas vou dormir hoje à noite. Para você, sou um amigo 24 horas por dia, sete dias por semana. Ligue para mim sempre que quiser. Estarei lá". Veja, a disponibilidade é uma das principais características da amizade. Os amigos estão disponíveis para seus amigos.

Diferentes níveis de amizade exigem diferentes graus de disponibilidade. Há algumas pessoas a quem não daremos nosso número de telefone, mas sorriremos e falaremos com elas se as encontrarmos num local público. Há outras que têm apenas o número do nosso trabalho. Depois, há pessoas que têm nosso número de WhatsApp. Dos que têm nosso WhatsApp, apenas alguns se sentiriam à vontade para enviar mensagens a qualquer hora do dia ou da noite. São os nossos amigos mais próximos que podem aparecer em casa sem avisar e ser verdadeiramente bem-vindos por nós. Nossos amigos íntimos são aqueles que podem interromper nossos planos sem nos causar irritação. Quanto mais profunda é a amizade, maior será a disponibilidade.

É isso que Deus realmente quer de nós: uma amizade (Jo 15:15). Muitos de nós tentamos agradar a Deus cumprindo deveres e obrigações religiosas, mas em nossas amizades íntimas, vamos além do dever. Estamos disponíveis para nossos amigos íntimos porque os amamos e queremos estar com eles. Na verdadeira amizade, a disponibilidade não é um fardo, nem uma obrigação. Em vez disso, é uma alegria e um privilégio. Numa amizade verdadeira, a disponibilidade é recíproca. Quem tem acesso irrestrito a mim também me dá acesso irrestrito a si. Funciona da mesma maneira com nosso Pai celestial. Ele está mais disponível a quem está mais disponível para ele. Para muitos cristãos, isso não parece justo. Pode até soar como uma versão do cristianismo baseado nas "boas obras". Eles gostam de retratar Deus igualmente disponível para todos os cristãos a qualquer momento. É quase como se encarassem Deus como um mordomo cósmico que existe para suprir suas necessidades e pode ser dispensado a qualquer momento em que não há a necessidade consciente dele. Mas isso é, ao mesmo tempo, um mal-entendido sobre a graça e sobre a natureza dos relacionamentos. Deus não joga pérolas aos porcos. Aqueles que o encontram são aqueles que o buscam de todo o coração (Dt 4:29).

Se quisermos uma amizade profunda com Deus, é importante cultivar um estado de espírito no qual vemos que todo nosso tempo é de Deus, um estado de espírito onde estamos totalmente disponíveis para ele. É necessário ter essa atitude porque Deus fala conosco nos momentos mais inconvenientes. Às vezes, ele até permite que seus servos favoritos gastem tempo, energia e dinheiro organizando uma viagem missionária. Então espera até que eles cheguem no meio da viagem e os proíbe de se envolverem no ministério. Paulo e seus amigos fizeram planos para ministrar na Ásia, mas Deus os queria na Europa (At 16:6-10). Ele deixou os discípulos "desperdiçarem" tempo, dinheiro e energia antes de redirecioná-los para lá.

Parece que Deus meio que se alegra em falar conosco nos momentos mais inconvenientes para testar nossa disponibilidade. Uma das minhas orações mais frequentes é para que Deus me dê um alerta antes que eu faça uma crítica que ele não ordenou sair dos meus lábios ou antes que eu diga uma palavra de autoexaltação. Tenho grande confiança em fazer essa oração porque uma das tarefas do Espírito Santo é convencer-nos do pecado (Jo 16:8). Deus frequentemente me convence em relação à minha boca. Ele me deixa chegar ao ponto de não retorno em minhas histórias fantásticas e me alerta de que estou prestes a usar minha boca para que eu pareça ser melhor do que realmente sou. Quando ele faz isso fico preso entre duas alternativas: encontrar um final novo e estranho para a história para não me exaltar ou desobedecer a Deus e terminar a história mirabolante.

O hábito de Deus de acordá-lo às 3h00 da manhã é apenas um pouco menos inconveniente. Às vezes ele faz isso com um sonho. Você sabe que é importante e sabe que se não anotar, não vai se lembrar do sonho, mas você está sonolento. Lembre-se, se estiver disponível para ele, ele estará disponível para você. Ou pode não ser um sonho que o perturbe à noite. Pode ser o Espírito dele em você com uma espécie de insônia que torna o sono impossível. Ele vai falar com você, caso busque sua presença em vez de ficar nas redes sociais.

Quando Jesus chamou pela primeira vez seus discípulos, deixou claro que a primeira tarefa não era o ministério em si, mas sim a disponibilidade para o Senhor. Antes de Jesus escolher seus doze discípulos, ele subiu a uma montanha e passou a noite em oração (Lc 6:12). Na Bíblia, as montanhas eram consideradas o lugar da revelação. Moisés subiu uma montanha para receber os Dez Mandamentos de Deus. Jesus foi a um lugar de revelação e passou a noite em oração para ouvir do Pai os nomes dos doze discípulos. Aqui está o relato de Marcos sobre o chamado dos doze discípulos:

> Jesus subiu a um monte e chamou a si aqueles que ele quis, os quais vieram para junto dele. Escolheu doze, designando-os apóstolos, para que estivessem com ele, os enviasse a pregar e tivessem autoridade para expulsar demônios (Mc 3:13-15).

Deus escolheu os apóstolos para três propósitos. Primeiro, "para que estivessem com ele". Segundo, "para serem enviados a pregar". E terceiro, para que "tivessem autoridade para expulsar demônios". Antes de terem o privilégio ou o poder de pregar e ministrar em nome de Jesus, eles deveriam estar com o Senhor. A disponibilidade para Deus e a intimidade com Jesus é o fundamento prático para todo o ministério. A pregação e o testemunho só têm poder quando transbordam da nossa intimidade com Deus. A disponibilidade para Deus é a prioridade no ministério e o primeiro requisito para ouvir sua voz.

Existem aspectos passivos e ativos na disponibilidade. Há momentos em que devemos simplesmente esperar no Senhor (Jr 42:1-7; Is 40:31). Por outro lado, as pessoas que estão disponíveis a Deus o buscam ativamente (Mt 6:33). Por quanto tempo alguém deve buscar ao Senhor? Trinta minutos todas as manhãs, uma hora depois do almoço, duas horas à noite? Lembre-se do que eu disse antes: devemos buscá-lo até que ele venha (Os 10:12). Muitas pessoas se contentam em passar trinta minutos ou uma hora, manhã após manhã, lendo a Bíblia e orando, embora não experimentem a presença real de Deus. Essas mesmas pessoas nunca se contentariam em falar com um de seus amigos por uma hora sem o menor sinal de que estão sendo ouvidas. Mas os anos de prática ensinaram essas pessoas a ficarem satisfeitas com o desempenho dos deveres religiosos, independentemente de se ter ou não uma experiência com a presença de Deus.

A disponibilidade para Deus traz consigo a expectativa de que ele falará conosco. Habacuque 2:1 diz: "Ficarei no meu posto de sentinela e tomarei posição sobre a muralha; aguardarei para ver o que ele [o Senhor] me dirá e que resposta terei à minha queixa". A atitude de quem está disponível ao Senhor é:

"Fala, pois o teu servo está ouvindo" (1Sm 3:10). Se nos colocarmos à disposição de Deus, ele se colocará à nossa disposição (Tg 4:8).

DISPOSIÇÃO PARA FAZER A VONTADE DE DEUS

O ensino de Jesus sempre surpreendia o povo. Ele até surpreendeu seus inimigos. Em certa ocasião, seus inimigos tentavam discernir a origem de seu ensino. Eles sabiam que ele não tivera nenhuma educação ou treinamento formal, mas falava com um entendimento que superava tudo o que já tinham ouvido. De onde isso surgiu? Jesus lhes disse: "O meu ensino não é de mim mesmo. Vem daquele que me enviou. Se alguém decidir fazer a vontade de Deus, descobrirá se o meu ensino vem de Deus ou se falo por mim mesmo" (Jo 7:16-17).

Ao dizer isso, Jesus deu o segundo pré-requisito para ouvir a voz de Deus. Na verdade, ele estava dizendo que o discernimento espiritual se baseia na nossa disposição de fazer a vontade de Deus. Aqueles que estão dispostos a fazer a vontade de Deus reconhecerão a fonte dos ensinos de Jesus. Em outras palavras, Deus fala com quem está disposto a fazer tudo o que ele diz.

Uma das razões pelas quais Jesus ouviu a voz do Pai melhor do que qualquer um foi sua total obediência a esse princípio. Ele disse: "Por mim mesmo, nada posso fazer; eu julgo apenas conforme ouço, e o meu julgamento é justo, pois não procuro agradar a mim mesmo, mas àquele que me enviou" (Jo 5:30). Quando Deus perceber que no fundo do nosso coração estamos realmente dispostos a fazer tudo o que ele diz, ele falará conosco. Por que ele falaria conosco se sabe que não faremos o que ele pede? Acho que Deus muitas vezes se abstém de falar conosco em sua misericórdia porque sabe que desobedeceríamos à sua voz e atrairíamos o juízo sobre nós.

Você já resolveu a questão de a quem você vai agradar em sua curta vida terrena? E o objetivo que reina em sua vida é o mesmo objetivo de Jesus? Ele disse: "(...) vim para fazer a tua vontade, ó Deus" (Hb 10:7). Porque esse era o propósito de sua vida, Jesus podia ouvir seu Pai quando ele falava. Como agradar a Deus era seu objetivo supremo, ele pôde suportar a traição dos amigos e a rejeição da sua nação sem deixar qualquer amargura entrar em seu coração. Ele amava seus amigos e sua nação, mas a vontade do seu Pai era a sua prioridade. O sucesso no ministério de Jesus não foi determinado por números ou pela fidelidade dos seus seguidores, mas pela sua fidelidade em seguir a vontade daquele que poderia levá-lo à dor e à rejeição. Sua recompensa foi ouvir a voz da pessoa que ele mais amava e que mais queria agradar.

Você e eu temos um destino no reino de Deus. Nossos destinos são diferentes, mas ambos são igualmente maravilhosos. E ninguém pode nos impedir de cumprir nosso destino. Nenhuma fofoca, calúnia, traição, tragédia, nem mesmo o próprio diabo pode roubá-lo. Eu sou o único que pode jogar fora minha coroa. Você é o único que pode entregar sua coroa a outra pessoa. Mas isso nunca acontecerá, contanto que o nosso objetivo maior de vida esteja firmado no fundo do nosso coração. Deus falará conosco porque sabe que obedeceremos e porque ele sabe que precisamos de sua voz para obedecê-lo, mesmo que à princípio a voz não faça sentido.

Filipe estava no meio de um avivamento em Samaria, um avivamento cheio de sinais e maravilhas. No meio desse avivamento, um anjo do Senhor falou com ele dizendo: "Vá para o sul, para a estrada deserta que desce de Jerusalém a Gaza" (At 8:26). Você pode imaginar o quanto essa ordem fez nenhum sentido para Filipe? Por que Deus chamaria o líder de um grande avivamento para sair no meio dele e seguir por uma estrada deserta? Foi incrível o fato de um anjo ter falado com Filipe, mas igualmente surpreendente foi a resposta de Filipe à ordem de "levantar-se e partir". O versículo seguinte diz: "Ele se levantou e partiu" (At 8:27). No final, tudo fez sentido para Filipe – depois que ele obedeceu à voz do Senhor. Contudo, ele nunca teria ouvido a voz do Senhor, nunca teria recebido a visita de um anjo, a menos que estivesse disposto a fazer o que Deus tinha lhe falado.

Anos atrás comecei a ter a sensação de que Deus ia me pedir para desistir de um dos meus hobbies. Não havia nada de errado com esse hobby específico. Eu disse ao Senhor que estava disposto a desistir, mas ele teria que me perguntar primeiro. Não sou asceta. Nunca achei espiritualmente proveitoso apenas começar a me negar coisas que são lícitas apenas para chamar a atenção de Deus. Quando desisti de coisas sem a orientação do Senhor, geralmente acabei no legalismo e na presunção, e por fim na amargura. Dessa vez eu disse ao Senhor: "Gosto muito desse hobby, mas, se tu me pedires, eu abro mão dele".

Cerca de seis meses depois, numa manhã de domingo, ainda sonolento, lembrei-me de um sonho que tive durante a noite. Nesse sonho eu estava conversando com meu amigo Paul Cain. Na última parte do sonho, Paul me disse: "O Senhor quer que você desista do seu hobby". (No sonho, ele realmente citou meu hobby.) Quando abri os olhos, mal me lembrava do sonho. Estava tão fraco que a princípio pensei que devia ser coisa da minha cabeça. Então pensei: "Não, estou me lembrando de um sonho real, mas como posso saber se ele veio do Senhor? Talvez tenha surgido da minha consciência legalista. Ou talvez o diabo tenha me dado para me levar ao legalismo". Eu estava descobrindo que, afinal, não seria tão fácil desistir do meu hobby. Então eu disse ao Senhor: "Se esse sonho realmente veio de ti, eu vou abrir mão do meu hobby. Apenas me dê um sinal. Que Paul Cain fale comigo hoje sobre esse sonho".

Acontece que Paul estava na cidade naquele fim de semana. Preguei na igreja naquela manhã de domingo e depois Paul e eu fomos almoçar com um grupo de irmãos. Depois do almoço, ele e eu estávamos sozinhos no carro a caminho do aeroporto. Ele disse:

— Tive a clareza mais incrível em meus sonhos na noite passada. Tive três sonhos e me lembro de cada um deles.

Eu não pude acreditar! Olhei para frente e disse:

— Também tive um sonho ontem à noite. E eu também me lembro dele.

— Na verdade, você estava em um dos meus sonhos e eu estava falando com você — disse ele.

— Ah, isso se parece com o sonho que tive. Você estava falando comigo no meu sonho também.

Então Paul disse:

— Suponho que você quer que eu conte primeiro?

— Isso seria útil.

Então Paul me contou algumas coisas muito encorajadoras que o Senhor tinha lhe dito sobre mim no sonho. Quando ele terminou, ele não disse nada sobre meu hobby. Olhei para o outro lado do carro e perguntei:

— Paul, era só isso que tinha no sonho? Isso é importante para mim. Preciso saber se havia mais alguma coisa.

— Bem, eu sei o quanto você gosta desse hobby, então eu não ia falar nada para você por enquanto, mas já que você pediu, o Senhor quer que você pare de _____." — E ele citou meu hobby.

No começo não consegui acreditar. Eu não tinha desculpa – agora tinha que abrir mão do meu hobby. Mas meu sentimento de perda deu lugar à alegria quando percebi a bondade do Senhor e a maneira sobrenatural como ele tinha falado comigo. Eu sabia que ele substituiria meu hobby por mais de sua presença e que seria eu quem ganharia com tudo isso. Também me senti um pouco orgulhoso de mim mesmo, pela rapidez com que me dispus a fazer a vontade do Senhor.

Com um pouco mais de presunção do que gostaria de lembrar, disse a Paul:

— Assim seja. Vou desistir do meu hobby. Há mais alguma coisa de que o Senhor quer que eu desista?

Em vez de me responder diretamente, Paul perguntou:

— Você se lembra da história do jovem rico?

— É claro que me lembro.

— Como se deu essa história?

— O jovem rico perguntou a Jesus o que ele poderia fazer para herdar a vida eterna, e Jesus disse-lhe para guardar os mandamentos. O jovem rico disse que guardava cuidadosamente os mandamentos desde a juventude. Ele perguntou a Jesus o que mais precisava fazer para obter a vida eterna. Foi então que Jesus lhe disse para vender tudo o que possuía, distribuir aos pobres e segui-lo, e ele teria riquezas no céu.

Então Paul me disse:

— O jovem rico não estaria em melhor situação se tivesse parado na primeira pergunta?

Demorou um minuto para que eu entendesse o ponto de vista de Paul. No futuro, o Senhor me pediria para desistir de outras coisas, mas eu não tinha maturidade ou caráter para aceitar tudo agora. Ele estava apenas falando comigo o que ele sabia que eu estava disposto a abrir mão. Não que eu fosse rebelde, eu era apenas imaturo. Há coisas que você pode pedir a uma criança de seis anos e que não pode pedir a uma criança de três. E há coisas que você pode pedir a um garoto de dezoito anos que você nunca sonharia em pedir a um filho de seis.

Às vezes o Senhor não fala conosco porque estamos nos rebelando contra ele. Muitas vezes, porém, não é a nossa rebelião que impede a voz de Deus, é nossa imaturidade. À medida que crescemos nele, ficamos mais dispostos a fazer a sua vontade, e ele nos falará sobre áreas maiores da nossa vida.

HUMILDADE – A VIRTUDE DIVINA

Depois de Jesus, quem foi a maior pessoa com o dom de revelação na Bíblia? A Bíblia diz que foi Moisés. Miriã, a irmã de Moisés, cometeu o erro tolo de se considerar igual a seu irmão mais novo, Moisés. O Senhor a repreendeu:

> Quando entre vocês há um profeta do Senhor, a ele me revelo em visões, em sonhos falo com ele. Não é assim, porém, com meu servo Moisés, que é fiel em toda a minha casa. Com ele falo face a face, claramente, e não por enigmas; e ele vê a forma do Senhor. Por que não temeram criticar meu servo Moisés?" (Nm 12:6-8).

O Senhor estava dizendo a Miriã que não havia ninguém como Moisés quando se tratava de ouvir a voz do Senhor. Na verdade, o Senhor estava dizendo: "Miriã, Moisés não é mais seu irmãozinho caçula. Ele é o único homem em toda a terra com quem eu falo face a face regularmente". No mesmo capítulo que proclama que Moisés é a maior pessoa com o dom de revelação na Bíblia, também diz que ele foi o homem mais humilde da face da terra (Nm 12:3). A humildade e a capacidade de ouvir a voz de Deus andam de mãos dadas. Cada pessoa na Bíblia que tinha uma grande capacidade de ouvir a voz de Deus também era muito humilde.

Daniel foi outro servo que ouviu a voz de Deus de maneiras notáveis. Um anjo veio a Daniel com a seguinte mensagem: "Não tenha medo, Daniel. Desde o primeiro dia em que você decidiu buscar entendimento e humilhar-se diante do seu Deus, suas palavras foram ouvidas, e eu vim em resposta a elas" (Dn 10:12). E até mesmo Manassés, um dos reis mais iníquos da história de Judá, conseguiu chamar a atenção do Senhor ao se humilhar:

> Em sua angústia, ele buscou o favor do Senhor, o seu Deus, e humilhou-se muito diante do Deus dos seus antepassados. Quando ele orou, o Senhor o ouviu e atendeu o seu pedido; de forma que o trouxe de volta a Jerusalém e a seu reino. E assim Manassés reconheceu que o Senhor é Deus (2Cr 33:12-13).

O que é humildade? Minha definição favorita é encontrada na resposta de Samuel para Saul. E Samuel disse: "Embora pequeno aos seus próprios olhos (...)" (1Sm 15:17). Ser pequeno aos nossos próprios olhos não significa que pensamos que somos inúteis ou que não temos habilidades ou qualidades. No entanto, significa que temos uma profunda desconfiança em nossas próprias habilidades ou bondade.

Quando o Senhor veio a Moisés e lhe ordenou que conduzisse os israelitas para a Terra Prometida, Moisés respondeu a Deus dizendo: "Quem sou eu para apresentar-me ao faraó e tirar os israelitas do Egito?" (Êx 3:11). Moisés estava expressando uma profunda desconfiança em sua capacidade de realizar tal tarefa. Gideão respondeu de modo semelhante ao Senhor quando Deus o chamou para ser juiz e libertador de Israel (Jz 6:15). Não é que eles pensassem que não tinham habilidades ou que eram maus. Quando se viram diante do caráter de Deus e dos seus chamados, sabiam no fundo que não tinham nem a capacidade nem o caráter para realizar a missão.

Gente humilde de verdade sabe que nem a força física (Pv 21:31), nem a inteligência (Pv 16:9), nem a sorte (Pv 16:23) são decisivas – pelo contrário, é o Senhor quem determina o resultado. A humildade é uma profunda confiança na misericórdia de Deus, e não nas intenções ou esforços humanos (Rm 9:15-16). Gente humilde de verdade sabe que não importa o tamanho das suas habilidades ou de seu caráter, eles não podem fazer nada sem Cristo (Jo 15:6). Assim, os humildes depositam sua confiança na capacidade do Espírito Santo de falar, não em sua capacidade de ouvir, e na capacidade de Cristo para liderar, não em sua capacidade de segui-lo.

Outra característica dos humildes é que eles estão dispostos a se unir e a servir gente de posição inferior à deles (Rm 12:10; Gl 5:13; e Fp 2:3-4). Ninguém era melhor nesse quesito do que Cristo (Fp 2:5-11). Deus, o Pai, é intrinsecamente humilde. Ele gosta de se unir aos humildes (Is 57:15; 66:2).

Um dos versículos mais assustadores da Bíblia é Salmos 138:6: "Embora esteja nas alturas, o Senhor olha para os humildes, e de longe reconhece os arrogantes". Ou seja, Deus é íntimo dos humildes, mas distante de quem é arrogante. A humildade é o caminho para a intimidade com Deus, enquanto a arrogância leva ao deserto espiritual. O orgulho religioso é a pior forma de arrogância. As repreensões mais severas que Jesus já proferiu não foram dadas aos sexualmente impuros, mas aos espiritualmente arrogantes. De todos os pecados mais aceitáveis na igreja hoje, a arrogância religiosa está no topo da lista. Recompensamos os líderes arrogantes, rimos do humor arrogante e desprezamos quem não faz parte da nossa "panelinha" religiosa. Os arrogantes não precisam da revelação sobrenatural de Deus. Talvez seja por isso que há tão pouco sobrenatural em alguns setores da igreja nos dias de hoje.

Tanto o Senhor como os apóstolos enfatizaram várias vezes o tema de que Deus exalta os humildes, mas se opõe aos arrogantes (Mt 23:12; Lc 14:11; 18:14; Tg 4:6; e 1Pe 5:5). Se quisermos ouvir sua voz, devemos adotar a humildade como um estilo de vida. Jesus era humilde de coração (Mt 11:29) e todos os seus amigos íntimos também são. Os arrogantes podem ser líderes nas nossas igrejas, mas são excluídos do círculo de amigos íntimos de Jesus.

A forma mais elevada de exaltação que Deus pode proporcionar é a intimidade e a amizade com ele. Ele fará de todos nós profetas incríveis? Dará a todos nós um magnífico ministério de palavra de conhecimento? Não, mas dará a cada um de nós exatamente o que precisamos para sermos filhos e filhas sábios que alegram o coração do Pai. Ele nos dará a porção certa da sua voz para inundar nosso coração com seu carinho. Ele nos dará sua amizade.

Se nos colocarmos à disposição de Deus, estivermos dispostos a fazer tudo o que ele mandar e buscarmos de todo o coração a humildade, ele falará conosco. Quando ele falou comigo sobre a jovem no avião para Dallas, todos esses três elementos se encaixaram para mim. Eu me coloquei à disposição para ser sua testemunha. Quando a voz falou comigo, eu estava disposto a dizer aquelas palavras e ponto-final. E minha tentativa fracassada de testemunhar fez com que eu perdesse a confiança em minhas habilidades de persuasão, então me humilhei e pedi ajuda. Então a voz falou comigo.

Mas minha perda de confiança foi apenas momentânea. Logo recuperei o controle e, portanto, tive que esperar muito tempo antes de ouvir a voz novamente.

RECONHECENDO *a* VOZ

"Você é uma pecadora e precisa de um salvador." Tentei usar essa mesma frase muitas vezes desde aquele mês de dezembro dentro do avião, mas nunca tive o mesmo resultado. Por fim, parei de usá-la. Sem o poder por detrás daquelas palavras, elas eram vazias.

De vez em quando, a maioria de nós provavelmente já caiu no golpe do "Ganhe dinheiro sem sair de casa", tanto no mundo das finanças quanto no mundo espiritual. É da natureza humana querer ter algo de valor sem ter de pagar o que o resto do mundo faz para obtê-lo. É por isso que aquelas fórmulas cativantes que prometem muito, mas cumprem pouco, têm um apelo tão forte. Na verdade, por detrás das muitas dúvidas sobre Deus e seus caminhos, está a esperança de que a resposta de algo tão profundo esteja numa fórmula simples e mecânica – um assunto que poderíamos dominar e até mesmo controlar em benefício próprio.

Ouço essa falsa esperança ser dita em quase todas as conferências que participo onde a voz de Deus surpreende e impressiona muitos de uma vez só. Isso aconteceu com cerca de 1.200 pessoas em Houston, Texas, em março de 1993, numa conferência patrocinada pela Calvary Baptist Church.

Tim Johnson estava naquela reunião em que Rick Joyner, Paul Cain e eu estávamos falando. Naquela época, Tim era jogador profissional de futebol americano no time Washington Redskins. Ao final da temporada de 1992, Tim pensava que Deus estava lhe mandando sair dos Redskins e ir para outro time. Mas se perguntou se era realmente Deus quem estava falando come ele ou se apenas estava reagindo a algumas mudanças em sua vida. Na primavera de 1993, ele estava quase certo de que Deus estava abrindo uma porta para ir para outro time, que seria recompensador profissional e espiritualmente. Entretanto, Tim começara a sentir uma dor insuportável nas costas que o impediam de andar, quanto mais correr. A dor aumentou a tal ponto que ameaçava sua carreira profissional.

Paul foi apresentado a Tim, mas ninguém lhe contou sobre sua dor ou seu plano de sair dos Redskins. Numa noite, depois que Paul terminou de falar, ele começou a profetizar para as pessoas. Ele perguntou: "Onde está Tim, do Washington Rednecks?" (Paul não é o maior conhecedor dos esportes). Tim se levantou. Paul disse: "Tim, você está no lugar certo, onde a sua promoção vem do Senhor. O Senhor me mostrou claramente que você está numa fase de transição e pensando em sair do time. O Senhor me mostra que você não vai sair do time agora, porque ele ainda tem algo maravilhoso para você aqui. O Senhor está tocando em seu pescoço e em suas costas. Você não aparenta estar com essa dor. Parece que você está vendendo saúde. Mas o Senhor vai curar essa dor. Vamos agradecer ao Senhor por sua intervenção".

Naquele domingo de Páscoa, Tim acordou e foi ao parque perto de sua casa. Ele começou a caminhar. Então começou a correr. Sem dor. Estava completamente curado de seus problemas nas costas e no pescoço. Lembra que Paul tinha dito que o Senhor faria algo maravilhoso por Tim em Washington, D.C.? Ele permaneceu nos Redskins na temporada de 1993 e teve seu melhor ano no futebol americano profissional. No final da temporada ele recebeu vários prêmios incríveis. Entre eles, ele foi eleito o jogador Redskin mais valioso pelo Quarterback Club de Washington, D.C., uma homenagem notável para um atacante. Se Tim tivesse deixado os Redskins, ele teria perdido uma série de coisas muito gratificantes que lhe aconteceram.

Após a reunião, todos queriam saber como Paul sabia que Tim tinha problemas nas costas e como ele sabia que Deus iria curá-lo. Paul disse que tinha visto tudo numa visão. Mas como ele sabia que a visão era do Senhor? Essa é a pergunta que ouço em todas as conferências onde as pessoas são surpreendidas pela voz de Deus. Por trás dos olhos atônitos de quem pergunta, há sempre um relance de esperança por alguma fórmula simples, uma solução rápida e fácil para reconhecer a voz de Deus. O brilho nos olhos desaparece quando a resposta começa negando que exista uma fórmula fácil. Quando a resposta se volta para os temas de correr o risco e passar por humilhação, os olhos surpresos tornam-se temerosos: "Talvez seja melhor eu deixar essa coisa de ouvir a voz de Deus para os profetas". Mas não desista. Deixe-me dar algumas instruções.

RECONHECENDO A VOZ DE DEUS

Como podemos saber que é Deus falando conosco e não nossas próprias emoções, ou o diabo, ou a pressão que sentimos dos outros? Quando Deus não nos dá uma confirmação sobrenatural evidente de sua voz por meio do ministério profético, ou pela visita de um anjo, ou pela prova do novelo de lã, como podemos reconhecer sua voz? Quais outras pistas Deus nos dá?

A VOZ DE DEUS SEMPRE CONCORDA COM AS ESCRITURAS

Todas as revelações particulares, em qualquer forma, devem ser conferidas pelas Escrituras. Não creio que Deus irá contra a sua Palavra. Ele pode contradizer a interpretação da Bíblia, assim como fez com a interpretação que Pedro tinha sobre os alimentos da lei levítica (At 10), mas ele nunca vai contradizer o ensino verdadeiro da Bíblia. Todas as profecias, impressões, sonhos, visões e experiências sobrenaturais de qualquer tipo devem ser testadas à luz do ensino da Bíblia.[1]

Deus nunca levaria ou tentaria qualquer um de nós a violar sua Palavra (Tg 1:13). E aquelas áreas onde as Escrituras nos dão liberdade, coisas que podem ser permitidas no geral, mas não necessariamente benéficas em particular? Todos temos a liberdade de nos casar em Cristo Jesus, mudar de emprego, comprar casas, encorajar nossos filhos a seguir uma carreira, adentrar em vários ministérios, etc. Nesses casos, como testamos a voz ou a impressão que parece que nos leva numa certa direção?

A VOZ DE DEUS PODE CONTRARIAR AS OPINIÕES DOS AMIGOS

Costuma-se dizer que o conselho de amigos e de figuras de autoridade confiáveis é muito importante para discernir a orientação do Senhor. E há alguns textos que apoiam essa visão (cf. Pv 11:14). Mas geralmente o conselho dos outros tem um valor limitado quando tentamos discernir se uma impressão ou sonho que tivemos vem de Deus.

Às vezes Deus leva as pessoas a fazerem coisas que não fazem sentido para seus amigos. Os amigos de Paulo insistiram para que ele não fosse para Jerusalém, sabendo, através de uma profecia de Ágabo, que lá a prisão aguardava Paulo (At 21:10-12). No entanto, Paulo recusou o conselho porque sentiu que o Espírito estava conduzindo-o a Jerusalém (At 20:22-23). As ações de Paulo não faziam sentido para seus amigos. No entanto, foi ele, e não seus amigos, que ouviu a voz do Senhor.

Na década de 1960, uma jovem britânica, Jackie Pullinger, chocou a família e os amigos ao anunciar que Deus a estava chamando para partir. Quando lhe perguntaram aonde ela ia, ela respondeu que não sabia, que deveria apenas partir. Isso não fazia sentido para ninguém, mas Jackie tinha certeza de que estava sendo guiada por Deus para deixar sua família e amigos. Ela entrou em um navio e foi para o leste. Quando ela chegou a Hong Kong, ela sentiu que o Senhor enfatizava que ela deveria ficar lá. Ela não tinha ideia do que deveria fazer em Hong Kong ou de como iria se sustentar. Mas, trinta anos depois, a história de Jackie Pullinger tornou-se uma das histórias missionárias mais bem-sucedidas e milagrosas do nosso tempo. Ela conduziu os membros da máfia chinesa a Cristo e orou para que fossem libertos de várias drogas. Milhares de pessoas foram levadas a Cristo, libertas das drogas e da pobreza através do seu ministério.[2] Jackie foi contra o conselho dos amigos e conselheiros, e ela estava certa em agir assim.

Quando tentamos discernir se a voz que fala conosco é ou não do Senhor, não estamos buscando conselhos na esfera natural. Não queremos simplesmente as opiniões dos outros. Estamos tentando julgar não pelos nossos olhos ou ouvidos, mas pelo Espírito do Senhor (Is 11:2-4). Se quisermos receber ajuda, o que precisamos dos outros é o verdadeiro discernimento espiritual, e não um conselho racional. Deus espera que aprendamos a reconhecer sua voz (Jo 10:3-4), portanto, é de nossa responsabilidade, e não dos nossos conselheiros, ouvirmos suas palavras (cf. 1Rs 13:1-32).

A VOZ DE DEUS TEM UM CARÁTER COERENTE

Outra faceta importante da voz que nos fala é o seu caráter. Estude os diálogos de Jesus no Novo Testamento. Observe como ele fala com a mulher do poço (Jo 4:7ss), com o jovem rico (Mt 19:16ss) ou com seus discípulos em inúmeras ocasiões. A voz de Jesus não incomoda, nem reclama, nem discute. Ela é calma, tranquila e confiante. Não é maldosa ou condenatória. Por que você acha que ele falaria conosco de modo diferente?

Anos atrás, uma mulher veio até mim. Ela tinha sido repreendida por um "profeta" itinerante que não era membro de nenhuma igreja local nem estava debaixo de qualquer autoridade. Ele simplesmente viajava de um lugar para outro contando histórias megalomaníacas sobre si mesmo e recebendo ofertas para seu "ministério". Durante sua repreensão, ele mencionou com exatidão alguns dos pecados da mulher. Ele também gritou e berrou com ela durante sua "ministração". Quando ela o confrontou sobre sua raiva, ele respondeu que não estava com raiva; estava apenas transmitindo a mensagem da maneira que Deus lhe disse para falar. Era Deus quem realmente estava irado com ela, afirmou o "profeta". Depois que tudo acabou, a mulher ficou arrasada.

Ela estava propensa a pensar que a profecia vinha de Deus porque o homem tinha citado com exatidão alguns dos pecados dela. Ela me perguntou se eu achava que aquela era realmente a Palavra de Deus para ela. Eu lhe disse que tinha certeza de que não era. Lembrei-lhe que o Senhor não gritava nem berrava com seus filhos. O caráter da voz que falava através do profeta demonstrou que realmente não era o Senhor Jesus falando. Muitas pessoas confundem a condenação e acusação do diabo (Ap 12:10) com a convicção do Espírito

Santo. Quando o diabo fala sobre nossos pecados, ele nos faz sentir inúteis e condenados. Ele incomoda e reclama. Suas impressões nos fazem sentir que sempre fomos assim e que nunca conseguiremos mudar. Quando confessamos nossos pecados, ele nos diz que não estamos sendo sinceros, que já fizemos isso anteriormente e que vamos pecar novamente. Quando o Espírito Santo nos convence, ele nos confronta com a realidade do nosso pecado, mas traz esperança através do sangue de Jesus.

A VOZ DE DEUS DÁ BONS FRUTOS

Os irmãos dizem sempre que o maior teste de um profeta é se as suas profecias se cumprem ou não. Não creio que esse seja necessariamente o melhor teste, porque muitas profecias, se não a maioria delas, contêm um elemento incerto. Jeremias ensina:

> Se em algum momento eu decretar que uma nação ou um reino seja arrancado, despedaçado e arruinado, e se essa nação que eu adverti converter-se da sua perversidade, então eu me arrependerei e não trarei sobre ela a desgraça que eu tinha planejado. E, se noutra ocasião eu decretar que uma nação ou um reino seja edificado e plantado, e se ele fizer o que eu reprovo e não me obedecer, então me arrependerei do bem que eu pretendia fazer em favor dele (Jr 18:7-10).

Foi o que aconteceu com a profecia de Jonas a respeito de Nínive. Ele tinha profetizado: "Daqui a quarenta dias Nínive será destruída" (Jn 3:4). Nínive se arrependeu e a profecia de Jonas não se cumpriu.

Quando uma profecia não se cumpre, existem pelo menos três possibilidades. Primeiro, a profecia pode não ter vindo do Senhor. Em segundo lugar, o Senhor pode ter falado, mas o profeta pode ter confundido o momento do evento ou mal interpretado a voz de Deus de alguma outra forma, tal como geralmente entendemos mal a Bíblia. E terceiro, é possível que Deus tenha falado e que o profeta tenha entendido sua voz, mas a reação de terceiros a impediu de se cumprir.

Além da natureza incerta das profecias, há outra razão pela qual o cumprimento de uma profecia particular não é necessariamente o melhor teste para saber se o Senhor falou ou não. É possível que uma predição, ou até mesmo um sinal ou prodígio, torne-se realidade e não tenha sido dita pelo Senhor (Dt 13:1-5). A palavra pode ter se cumprido devido ao poder demoníaco por trás dela, devido a algum tipo de manipulação enganosa por parte do profeta, ou simplesmente devido à coincidência.

Finalmente, no caso das profecias às quais não há um limite de tempo, é difícil que o teste seja aplicado de forma prática. O povo teve que esperar cerca de setecentos anos para ver se as profecias de Isaías sobre um servo sofredor se tornariam realidade (por exemplo, Is 52:13–53:12). E algumas de suas profecias ainda não se cumpriram (por exemplo, Is 2:1ss; 63:1-6).

Não estou dizendo que o cumprimento não seja um teste para as profecias. Estou simplesmente dizendo que não é necessariamente o melhor teste para saber se o Senhor falou ou não tais palavras.

Jesus não enfatizou o cumprimento como um teste para discernir os falsos dos verdadeiros profetas. Jesus disse: "Vocês os reconhecerão por seus frutos. (...) A árvore boa não pode dar frutos ruins, nem a árvore ruim pode dar frutos bons" (Mt 7:16,18). Certamente, a verdade ou o cumprimento fazem parte do bom fruto, mas ao usar a palavra "fruto", o Senhor está nos orientando a observar os efeitos da voz que fala através do profeta. Se essa voz vier do Senhor, vai gerar um impacto positivo na comunidade cristã – o fruto do Espírito Santo: amor, alegria, paz, paciência... (Gl 5:22-23). É óbvio, esse não é um teste que possa ser aplicado imediatamente, mas, digo novamente, o teste do cumprimento também não pode ser aplicado em muitos casos. O teste do cumprimento só se torna prático quando uma data específica é atribuída às palavras.

Ao encorajar-nos a olhar para o fruto da voz, Jesus nos dá um teste geral para a vida ou ministério de um profeta. Se realmente estivermos ouvindo a voz do Senhor, nossa vida será marcada pelo fruto do Espírito onde quer que formos. Se, no entanto, afirmamos ouvir o Senhor, e ainda assim, por onde passamos ainda há contendas, dissensão e inveja entre os crentes, então isso coloca em questão se estamos realmente ouvindo a voz divina.[3]

A VOZ DE DEUS É DIFERENTE DA NOSSA VOZ

Já mencionei a importância de Isaías 55:8-9. Leia esta magnífica passagem novamente:

> "Pois os meus pensamentos não são os pensamentos de vocês, nem os seus caminhos são os meus caminhos", declara o Senhor. "Assim como os céus são mais altos do que a terra, também os meus caminhos são mais altos do que os seus caminhos e os meus pensamentos mais altos do que os seus pensamentos".

De acordo com esse texto, os pensamentos de Deus são radicalmente diferentes dos nossos pensamentos. Na prática, isso significa que ele terá uma perspectiva diferente da nossa sobre qualquer situação específica. Seus caminhos também são radicalmente diferentes dos nossos. Isso significa que ele terá uma maneira muito diferente da nossa ao lidar com uma situação específica. Ou seja, frequentemente nos encontraremos em conflito com a perspectiva e os métodos de Deus.

Alguns poderão se opor dizendo que isso já não é verdade, porque agora temos a Bíblia para nos mostrar os pensamentos e os caminhos de Deus. Mas, lembre-se, ter a Bíblia e compreendê-la são duas coisas diferentes. Os fariseus e rabinos tinham a Bíblia. Eles até memorizaram as profecias sobre a primeira vinda de Jesus – mas, quando ele veio, não conseguiram reconhecê-lo como o Messias. Isaías tinha a Bíblia – pelo menos a Torá – quando Deus lhe falou esses versículos. Além disso, você não acredita que o entendimento que Deus tem da Bíblia pode ser bem diferente do nosso entendimento? Não acredita que a maneira como ele aplicava a Bíblia poderia ser bem diferente da nossa maneira de aplicá-la? E também devemos lembrar que nem todos os pensamentos de Deus estão na Bíblia. E se ele quisesse compartilhar com você um de seus pensamentos que ele não escrevera anteriormente?

Uma das consequências práticas de Isaías 55:8-9 é que, geralmente, quando Deus fala conosco, o conteúdo da sua mensagem será diferente, talvez até o oposto dos nossos pensamentos ou da nossa maneira de lidar com a situação em questão. Um dos testes que utilizo para determinar se é ou não a voz do Senhor falando comigo é se esses pensamentos são ou não diferentes dos meus. Deixe-me dar um exemplo.

Um amigo meu foi a uma série de cultos de adoração em uma igreja conhecida pelo ministério profético porque ele queria aprender a ouvir melhor a voz do Senhor, e havia vários palestrantes que falariam sobre o assunto. Um dos funcionários anunciou que aceitaria uma oferta para quitar o restante da dívida da hipoteca de seu prédio, cerca de 130 mil dólares. Ele pediu a todos os presentes que orassem para ver o que Deus gostaria que ofertassem. Meu amigo tinha certeza de que não deveria ofertar nada por três motivos. Primeiro, ele já tinha dado mais do que o dízimo naquele mês. Em segundo lugar, ele não tinha mais dinheiro. Tudo o que lhe sobrou para o resto do mês foram cerca de mil dólares, que já estavam designados para o pagamento da sua hipoteca. Terceiro, ele sabia que havia tal apreço pelo ministério desta igreja em particular e que eles aceitariam mais do que os 130 mil dólares que precisavam para pagar a hipoteca sem o seu dinheiro. No entanto, quando quem recolhia a oferta convidou todos a orarem para ver o que Deus diria, meu amigo achou que seria uma boa ideia perguntar ao Senhor, embora já soubesse a resposta dele. Ele inclinou a cabeça e simplesmente disse: "Senhor, tu gostarias que eu ofertasse alguma quantia?".

Imediatamente a cifra de mil dólares lhe veio à mente. Ele disse: "Não, é sério, Senhor, tu gostarias que eu ofertasse?". Novamente a cifra de mil dólares lhe veio à mente. Sua primeira reação ao pensamento de mil dólares foi de que isso era coisa da sua imaginação. Mas, quando começou a refletir, essa solução não fez sentido para ele. Se a resposta fosse coisa da sua cabeça, ele teria visualizado a figura do número zero. Então ele orou pela terceira vez e a cifra de mil dólares veio à sua mente novamente.

Com a cabeça ainda abaixada, ele tentou descobrir por que o Senhor lhe pediria para fazer um sacrifício que não fazia sentido financeiro para ele. Imediatamente Isaías 55:8-9 veio à sua mente: "(...) meus pensamentos não são os pensamentos de vocês, nem os seus caminhos são os meus caminhos". A passagem o convenceu de que provavelmente era o Senhor que estava falando com ele. Ele pegou seu talão e preencheu um cheque de mil dólares. (Eu sei que essa é uma história verdadeira – eu vi o cheque cancelado.) Então ele orou algo do tipo: "Senhor, vou doar essa quantia porque eu realmente acho que tu estás falando comigo. Se, por outro lado, eu estiver fazendo isso por um desejo de parecer ser superespiritual, ou estou sendo enganado de alguma forma, oro para que me protejas da minha tolice. Até onde sei, em meu coração, estou fazendo isso agora porque acho que isso vai te agradar".

A salva foi passada e ele depositou nela o cheque de mil dólares. Após o culto, anunciaram que o valor da oferta tinha sido de 170 mil – 40 mil a mais do que a igreja realmente precisava para pagar a hipoteca. Meu amigo estava certo; não precisavam do dinheiro dele.

Ele tinha certeza de que o Senhor lhe devolveria esses mil dólares de alguma forma sobrenatural para que ele pudesse pagar sua hipoteca em dia, mas isso não aconteceu. Ele levou cerca de três meses para colocar em dia o pagamento da hipoteca. (Ele não estava violando a lei ou os termos do seu contrato nessa situação. Ele simplesmente teve que pagar as multas previstas no contrato da hipoteca todos os meses até que tudo fosse pago.) Durante meses, meu amigo ficou intrigado com a situação de todo esse incidente. Ele continuou perguntando ao Senhor por que tinha pedido que contribuísse e por que as coisas não deram certo do jeito que deveriam. Levaria vários meses até ele receber uma resposta.

Agora, você deve saber que antes de meu amigo ir para aquela conferência ele estava orando para que o Senhor falasse com ele. Ele tinha visto vários ministros proferirem palavras de conhecimento surpreendentemente exatas sobre as pessoas e ele queria ser usado nesse tipo de ministério. Mas, toda vez que tentou, ele não conseguiu. Pouco tempo depois de ter ofertado os mil dólares, ele começou a receber palavras de revelação específicas em seu próprio ministério. Elas surgiam com regularidade e exatidão crescentes. Um dia, enquanto ele estava orando, o Senhor falou com ele sobre todo o incidente na conferência. O Senhor lhe disse que, na verdade, "você estava me pedindo a habilidade de ouvir minha voz em palavras de conhecimento. Eu só queria saber *o quanto* você queria me ouvir". Meu amigo estava convencido de que toda a experiência tinha sido um teste do Senhor, um teste pelo qual ele tinha sido aprovado. Antes de dar revelações para outras pessoas, o Senhor queria que meu amigo provasse para Deus que realmente queria ouvir a voz do Senhor, mesmo que isso lhe custasse financeiramente. O Senhor estava lhe testando para ver se sua motivação em ouvir a voz divina era agradar ao Senhor ou ter destaque no ministério.

Esse exemplo pode parecer estranho para você, mas certamente não é mais estranho do que Deus enviar seu Filho para nascer numa manjedoura e morrer numa cruz. Não importa quanto conhecimento bíblico tenhamos ou o quanto nos tornemos maduros espiritualmente, os pensamentos e caminhos de Deus ainda estarão muito acima dos nossos. E ele compartilha seus pensamentos principalmente com os humildes, à medida que precisam saber. Os arrogantes, por mais conhecedores que sejam, geralmente não penetram nos pensamentos e caminhos de Deus porque estão convencidos de que já os conhecem.

É FÁCIL REJEITAR A VOZ DE DEUS

A voz de Deus não só é diferente da nossa voz, mas ele próprio geralmente vem até nós de maneiras que facilitam sua rejeição. Veio até nós ainda bebê numa manjedoura, quando procurávamos um príncipe montado num cavalo branco. Ele vem até nós em um sonho obscuro, quando procurávamos um texto confiável das Escrituras. Só nos permite profetizar em parte e conhecer em parte (1Co 13:9), quando desejamos ter o entendimento completo.

"Por que você não fala de modo mais claro?", perguntamo-nos. Seria realmente bom se ele falasse mais claro? Ele já disse muito mais do que a maioria de nós gostaria de ouvir. Ele nos ordena claramente que amemos nossos inimigos, façamos o bem àqueles que nos odeiam, abençoemos aqueles que nos amaldiçoam e oremos por aqueles que nos maltratam (Lc 6:27-28). Quem quer ouvir tudo isso e ainda mais obedecer? A igreja não consegue nem parar de amaldiçoar aqueles que nos amaldiçoam, mal consegue abençoá-los. Por que Deus deveria falar mais claro com quem ignora seus mandamentos mais claros? Por que ele deveria revelar os segredos do seu reino a uma igreja que parece empenhada na destruição mútua?

Com demasiada frequência, nosso desejo de que Deus fale mais claro nada mais é do que o nosso desejo de que ele nos faça ter mais destaque e conforto. É tão fácil querer ignorar o que é mais importante para Deus para obtermos o que consideramos mais benéfico para nós – coisas que mais contribuiriam para nossa felicidade e sucesso materiais. Queremos definir as prioridades. E o mais surpreendente é que Deus realmente vem até nós de uma forma que nos permite definir as prioridades e, ao mesmo tempo, viver sob a ilusão religiosa de que, afinal de contas, ele é verdadeiramente nosso Mestre. Por que ele age assim?

AMIZADE – O SEGREDO PARA RECONHER A VOZ DE DEUS

Deus vem até nós desse modo porque ele quer um relacionamento. Mas, às vezes, nós só queremos os resultados. Ele quer conversar. Mas nós só queremos que ele conserte as coisas. Não é que ele seja contra os resultados ou se importe em consertar as coisas. Ele realmente gosta de servir. Mas ele quer ser mais do que servo. Ele quer ser amigo, embora eu receia que queremos apenas ter um servo à nossa disposição.

As amizades verdadeiras não podem ser forçadas. Elas devem ser escolhidas e depois trabalhadas e limpas de segundas intenções. Os amigos compartilham segredos e cresce o entendimento mútuo – assim como a confiança e a gratidão.

Se a amizade se aprofundar, um dia você vai acordar e perceber que ama seu amigo pelo que ele é, e não pelo que ele pode fazer por você. Na verdade, ele não precisa fazer nada por você; apenas estar ao lado do seu amigo é a maior alegria. No entanto, a verdade é que não há nada que você não faça pelo seu amigo e nada que seu amigo não faça por você.

Você tem alguma amizade assim? Se sim, se lembra de como tudo começou? Seu amigo não apareceu a princípio de uma forma que era fácil rejeitá-lo? No início, você pode ter visto seu amigo como um rival e se sentido ameaçado por ele. Ou talvez você estivesse simplesmente entediado com seu amigo. Mas, por fim, viu algo nele que o atraiu. Você não foi forçado ou manipulado. Você escolheu seu amigo. Se a amizade for forçada ou manipulada, ela deixa de ser uma amizade – a alegria desaparece e torna-se um fardo. A verdadeira amizade é amor, e o amor deve ser dado gratuitamente ou isso não é amor (Ct 8:6-7).

Enquanto estivermos interessados em primeiro lugar em nosso amigo pelo que ele pode fazer por nós, nunca teremos uma amizade verdadeira. Os relacionamentos podem começar desse modo e depois evoluir para uma amizade verdadeira, mas até que o relacionamento seja limpo do nosso desejo de usarmos uns aos outros, jamais teremos uma amizade verdadeira. E, no entanto, são os nossos amigos mais verdadeiros que farão de tudo por nós. O paradoxo é que a nossa amizade nunca chegará a esse ponto, a menos que sempre sejamos livres para rejeitar uns aos outros. No momento em que nos sentimos coagidos a entrar no relacionamento por causa de algo que precisamos de nosso amigo ou de algo que nosso amigo possa fazer conosco se pisarmos na bola com ele, é nesse momento que a amizade começa a morrer.

Um dos grandes erros da igreja é oferecer Jesus às pessoas do mesmo modo que um vendedor oferece um produto aos consumidores. Venha para Jesus – ele vai salvá-lo do inferno, restaurar seu casamento, tirar seu filho das drogas, curar suas doenças, acabar com sua depressão, irá fortalecê-lo em palavra e em espírito, vai lhe dar um bom emprego e uma bela casa. Jesus certamente salva as pessoas do inferno e pode fazer todas as outras coisas também.

Não é errado vir a Jesus inicialmente pelo que ele pode fazer por nós. O problema é que muitos de nós nunca avançamos além desse estágio. E se ele não restaurar nosso casamento ou não tirar nossos filhos das drogas? E se ele nos deixar ir à falência? Se o nosso interesse principal em Jesus gira em torno do que ele pode fazer por nós, então, quando ele "não" atender às nossas necessidades, nós o deixamos ou ficamos amargurados. Muitos de nós na igreja parece que não conseguimos ultrapassar a fase de querer Jesus pelo que ele pode fazer por nós. Estamos tão deslumbrados com a capacidade de provisão de Jesus por nós que não conseguimos ver a beleza de sua pessoa. Ele é infinitamente maravilhoso em si mesmo, digno de ser amado e adorado, mesmo que nunca faça nada por nós.

Deus nos dá a oportunidade de demonstrar nosso real desejo por Jesus pela nossa atenção à sua voz quando ela vem até nós nos momentos mais inconvenientes, ou nas formas fugazes e vagas dos sonhos e impressões, ou nas formas "enganosas" que não podem ser percebidas pelos olhos e ouvidos naturais – um profeta rejeitado, um bebê numa manjedoura e um Filho na cruz são todas revelações de Deus. "Sim, é claro que são de Deus", você pode argumentar. Todos os cristãos acreditam nisso. Está na Bíblia.

Durante anos eu também sabia dessas coisas. Até ensinei sobre elas. No entanto, consegui ignorar um dos pontos principais das "coisas estranhas" – elas são características da maneira de Deus lidar com o seu povo. É por isso que algumas das palavras de Deus, como observa Ken Gire, ainda "vêm nas formas mais incomuns contra as quais reagiremos se não estivermos acostumados com elas".[4] Seus propósitos mais elevados ainda nascem em manjedouras e, de vez em quando, ele ainda pede sacrifícios que não fazem sentido para os seres humanos e está além da nossa capacidade de entrega.

Deus faz com que seja fácil o rejeitarmos porque ele quer que o escolhamos somente pelo que ele é. Talvez seja um dos maiores mistérios do universo o Filho de Deus querer ter uma amizade conosco. Ele não vai nos forçar. Devemos escolhê-lo como nosso amigo e depois segui-lo pelo resto de nossas vidas se quisermos que essa amizade cresça.

MARTA OU MARIA?

Jesus tem uma amiga que é tão importante para ele que a destacou pelo menos três vezes em seu álbum de fotos de família. Chamamos o álbum de Evangelhos, mas na verdade é uma série de fotos de família escolhidas pelo próprio Jesus. Ele até incluiu fotos dos inimigos de sua família.

Maria, a irmã mais nova de Marta, ganha três páginas de destaque no álbum de família. Ela não é parente de sangue, mas é uma amiga mais próxima de Jesus do que seus próprios irmãos ou irmãs. E cada vez que vemos a foto dela, está sempre em contraste com uma outra foto, a foto de um comportamento que Jesus está nos dizendo para evitar. A foto instantânea que quero que veja agora é a mais comum das três – o registro de uma visita à casa de Marta, de improviso e sem avisar.

> Caminhando Jesus e os seus discípulos, chegaram a um povoado, onde certa mulher chamada Marta o recebeu em sua casa. Maria, sua irmã, ficou sentada aos pés do Senhor, ouvindo-lhe a palavra. Marta, porém, estava ocupada com muito serviço. E, aproximando-se dele, perguntou: "Senhor, não te importas que minha irmã tenha me deixado sozinha com o serviço? Dize-lhe que me ajude!". Respondeu o Senhor: "Marta! Marta! Você está preocupada e inquieta com muitas coisas; todavia apenas uma é necessária. Maria escolheu a boa parte, e esta não lhe será tirada" (Lc 10:38-42).

O contraste nessa foto não é entre dois tipos necessários de crentes. A primeira vez que preguei esse texto foi numa aula de pregação, quando eu era estudante no seminário. Contei aos meus colegas que a história significava que deveríamos estudar a Bíblia. Já ouvi outros dizerem que a história é sobre o crente orientado para o serviço versus o crente contemplativo, e que nós precisamos de ambos os tipos no corpo de Cristo. Jesus não nos deu essa imagem para nos dizer para estudarmos a Bíblia ou para dizer que existem dois tipos necessários de justos na igreja. Ele está contrastando os dois tipos de crentes, dizendo para evitarmos um e seguirmos o outro.

Primeiro, há Marta. Marta não era simplesmente uma "crente de domingo", cuja religião era algo pessoal, como a religião de tantos igrejeiros de hoje. Ela estava comprometida com a hospitalidade e com o serviço a Deus. Abriu sua casa para Jesus e todos os discípulos sem que lhe avisassem com antecedência. Ela poderia ter servido uma refeição simples, mas começou a preparar um banquete.[5] Marta era o tipo de pessoa que "assume o controle" e era exagerada em seu serviço a Deus. Agora, você pode estar pensando: com certeza precisaríamos de mais Martas na igreja hoje! Certo? Errado. O Senhor rejeitou o serviço de Marta. Isso não o agradou. Não há nada de errado com o serviço exagerado, mas havia algo de errado com Marta que fazia com que seu trabalho árduo não valesse nada. O que havia de errado?

O versículo 40 diz que ela estava distraída. O que há de tão ruim nisso? Distraída de quem? Da própria pessoa a quem ela estava servindo. Marta permitiu que seu serviço a Jesus a distraísse dele. Às vezes, nosso trabalho árduo pode fazer com que percamos o objetivo pelo qual trabalhamos. Assim como a mãe que trabalha o dia inteiro na véspera de Natal e metade da noite para preparar um banquete para a família e parentes, mas no dia seguinte está tão cansada que não consegue aproveitar a refeição nem a família. Quantas vezes você já ouviu alguém dizer: "Estou muito feliz porque o Natal acabou"? A distração pode transformar algo maravilhoso em um fardo. Mas isso não é tudo. Ouça como Jesus explicou a Marta.

Você pode pensar que ele estava irritado ou até zangado com ela. Ele não estava. Ele estava cheio de amor por ela. Ele disse: "Marta, Marta...". Quando o Senhor repete o seu nome duas vezes, significa que ele ama muito.[6] Também significa que ele está prestes a repreendê-la de modo muito sério. Segundo Jesus, a distração de Marta teve resultados muito negativos. Isso a levou a se preocupar e a ficar chateada com muitas coisas. Pense no absurdo da situação. Deus estava sentado na sala de Marta, e ela estava preocupada e chateada com muitas coisas! Sua presença divina era uma pressão em vez de um prazer. Jesus estava em sua casa, mas Marta ficou incomodada e não foi abençoada. É isso que a distração faz. Ela nos deixa insensíveis à presença de Deus e nos leva a uma esfera de transtornos desnecessários. Mas esses resultados são insignificantes em comparação com o outro lugar aonde Marta foi levada.

Marta perguntou a Jesus: "Senhor, não te importas que minha irmã tenha me deixado sozinha com o serviço? Dize-lhe que me ajude!". Marta não estava realmente fazendo uma pergunta ao Senhor. Ela estava usando uma pergunta para expressar sua raiva do Senhor. Como naquela vez em que seu irmão mais novo lhe perguntou: "Por que você é tão estúpido?". Ele não estava esperando uma explicação sobre genética e hereditariedade; estava apenas expressando sua raiva por você. A distração nos torna alheios à presença do Senhor. E, quando tentamos servir a Deus sem a sua presença, ficamos irritados e amargos com ele e com os seus servos. Também tentamos usar o Senhor para controlar os outros: "Dize-lhe que me ajude!". A distração pode até mesmo levar-nos à arrogância de querer dar ordens a Deus.

A raiva de Marta não só a afastou da presença de Deus, como também ergueu um muro entre ela e a irmã. Ela estava julgando Maria, aquela com quem o Senhor se agradou. Ficarmos distraídos do Senhor faz com que nos concentremos em nosso serviço, que então se torna o padrão pelo qual julgamos os servos de Deus. Não, não precisamos de mais Martas na igreja. Não precisamos de *nenhuma* Marta. Precisamos de Marias.

Maria não estava na cozinha servindo ao Senhor. Ela estava na sala, desfrutando de sua presença. Ela também estava violando as convenções sociais de sua época. De acordo com o costume, ela não deveria estar sentada na sala com todos aqueles homens. O lugar dela era na cozinha preparando o jantar. Depois dos homens serem servidos, as mulheres podiam comer. Todos os discípulos sabiam que Maria estava deslocada. Se ela estivesse sentada ao lado de Pedro, poderíamos ter certeza de que ele a teria lembrado de que ela deveria estar com as outras mulheres. Mas ela não estava sentada ao lado de Pedro ou de qualquer outro discípulo; estava sentada aos pés de Jesus. E se ele estava feliz em deixá-la ficar ali, nenhum dos outros se aproximaria e pediria que ela fosse embora. Então Marta apareceu.

Maria não conseguia entender a raiva de Marta. Se fosse ela quem respondesse a Marta, talvez tivesse dito algo como: "Marta, como você pode estar na cozinha quando ele está sentado em nossa sala? Não sabemos quando ele virá aqui novamente. Não quero perder uma palavra do que ele prega. Não quero depender dos outros para me dizerem o que fazer. Como você poderia sair da presença dele a não ser que ele pedisse isso para você?". Não era que Maria fosse preguiçosa ou que não quisesse servir a Jesus. Ela estaria na cozinha num segundo se fosse isso que ele quisesse dela. Mas ele não lhe disse nada, então não havia chances de Maria deixar seu assento aos pés do Filho de Deus.

Você não consegue ver Maria olhando nos olhos de Jesus e prestando atenção em cada palavra? Não consegue ouvir o coração dela expressando palavras de amor não ditas para seu amigo: "Jesus, significa muito para mim que tu me deixes sentar ao teu lado para te ouvir. Significa mais para mim do que qualquer coisa no mundo".

Mas isso é apenas metade da fotografia. A outra metade é Jesus olhando nos olhos de Maria e seu coração dizendo ao dela: "Maria, somente estar com você significa muito para mim. E significa ainda mais para mim que você queira estar aqui mais do que em qualquer outro lugar". Quantos cristãos você conhece que preferem não fazer nada na vida do que se sentarem aos pés de Jesus e ouvi-lo? Quando Jesus encontra alguém como Maria, pode ter certeza de que ele compartilhará os detalhes íntimos do seu coração com tal pessoa.

Então Jesus explicou a Marta e a todos nós o significado da fotografia: "(...) só é necessária uma coisa. Maria escolheu o que é melhor e isso não lhe será tirado". A frase "o que é melhor" é literalmente "a boa parte". O que Jesus quis dizer com a boa parte? Parte do quê? Parte do banquete que estava sendo oferecido. Marta estava oferecendo um banquete a Jesus. Ela realmente não entendia que ele era o anfitrião, o ofertante e a oferta. Ele era o prato que Marta deveria ter escolhido no banquete.

A vida chega até nós como um grande banquete. Há tantos pratos maravilhosos para escolher – maridos, esposas, famílias, carreiras, férias, bens, amigos – a lista é infinita. Maria olhou para o banquete e escolheu o prato bom, o único prato necessário. De todos os pratos, apenas um é necessário. Apenas um é o segredo da vida. Somente um abre os ouvidos à voz de Deus. E Maria escolheu isso.

O caminho que ela escolheu foi a amizade com Jesus. Chame isso de devoção ou amor a Deus. Chame de paixão por Cristo. É tudo a mesma coisa, seja qual for o nome. E Maria escolheu esse caminho. E você e eu também temos que escolher. A amizade com Deus é o resultado de uma escolha consciente. Deixar de escolher é igual a rejeitá-lo. E é o único prato necessário porque uma vez escolhido, a amizade dele determinará os outros pratos que escolhermos.

Mais uma coisa. A amizade com Jesus é o único prato do banquete da vida que não pode ser tirado de nós. Podemos perder nossos cônjuges, nossas famílias, nossos entes queridos, nossos bens, nossa saúde e até mesmo nossa sanidade nesta vida. Mas Jesus nunca retirará sua amizade daqueles que o escolhem acima de tudo.

Ir à igreja, ter comunhão com outros cristãos, servir a Deus na obra, tudo pode ser feito fora da presença de Deus por pessoas boas que não são realmente amigas de Jesus. Basta perguntar a Marta.

OS AMIGOS SE CONHECEM

O que a amizade tem a ver com o reconhecimento da voz de Deus? Veja o início da história. O que Maria estava fazendo? Sentada aos pés do Senhor, a postura da humildade, e ouvindo o que ele dizia.

Maria é o tipo de amiga que Jesus procura. Ela preferia sentar-se aos pés dele e ouvi-lo do que fazer qualquer outra coisa no mundo. Ela não quer nada dele além de sua presença. Algumas pessoas querem ouvir a voz de Deus para serem prósperas. Alguns querem ouvir para que possam ter sucesso no ministério. E alguns têm um motivo muito mais puro: querem ouvir para conhecer a vontade de Deus e cumpri-la. Eles querem "o que é agradável ao Senhor" (Ef 5:10). Mas Maria foi além dessas motivações e alcançou a motivação mais pura de todas. Ela tinha se tornado como a amada do Cântico dos Cânticos que chamava seu Amado: "Minha pomba que está nas fendas da rocha, nos esconderijos, nas encostas dos montes, mostre-me o seu rosto, deixe-me ouvir a sua voz; pois a sua voz é suave, e o seu rosto é lindo" (2:14).

Maria queria ouvir a voz de Jesus porque, para ela, era a voz mais doce do mundo. Ela queria ver o rosto dele porque era o mais lindo de todos os rostos. Ela simplesmente queria Jesus, e Jesus lhe bastava. Estar com ele satisfazia todas as necessidades e todos os desejos que ela já tinha experimentado. Ela era amiga dele. Ele era amigo dela. E Jesus compartilha seus segredos com seus amigos.

A amizade com Deus sempre foi o segredo para reconhecer a sua voz. Abraão era amigo de Deus.[7] Portanto, quando Deus estava prestes a destruir Sodoma, onde morava o sobrinho de Abraão, Ló, ele perguntou: "Esconderei de Abraão o que estou para fazer?" (Gn 18:17). Deus contou ao seu amigo Abraão sobre a destruição de Sodoma para que ele pudesse implorar pelo resgate de Ló. Moisés era amigo de Deus, e o Senhor revelou coisas a Moisés que ele mantinha escondidas dos outros (Êx 33:11ss).

Reconhecemos as vozes dos nossos amigos. Não tenho um conjunto de regras complicadas para reconhecer a voz da minha esposa. Por que deveríamos pensar que Deus permitiria que a nossa amizade com ele fosse menos pessoal do que as nossas amizades mais íntimas? Ele não permitirá que suas amizades sejam reduzidas a um conjunto de fórmulas ou regras mecânicas para discernir sua voz.

"Já não os chamo servos, porque o servo não sabe o que o seu senhor faz. Em vez disso, eu os tenho chamado amigos, porque tudo o que ouvi de meu Pai eu lhes tornei conhecido" (Jo 15:15). A recompensa da amizade com Jesus é conhecer "o que faz" o Pai. Os amigos podem confiar uns aos outros seus segredos e planos. É claro que ninguém se torna amigo de Jesus sem antes se tornar seu servo. Mas Jesus quer mais do que nosso serviço, ele quer nossa amizade.

A maioria dos cristãos diz que também quer ser amigo de Jesus. Eles querem ouvir e reconhecer sua voz. Mas o que realmente descobri é que a maioria de nós está dividida. Não queremos apenas Jesus. Queremos Jesus e algo a mais. Queremos Jesus e um bom casamento. Jesus e filhos obedientes. Jesus e uma carreira de sucesso. Jesus e uma bela casa. Jesus e bons amigos. Não está errado ter esses desejos. Acontece que é muito fácil ver Jesus como o meio para obter tais coisas. É muito fácil desejar Jesus como meio para outro fim, quando ele em si mesmo é o fim de todas as coisas. Isso é o que impede a amizade com Deus, e isso dificulta a nossa capacidade de ouvir e reconhecer a voz dele.

Quem faz investimentos amaria saber como será a Bolsa de Valores para o próximo ano. Aqueles que vivem em uma zona de terremoto amariam saber quando ocorrerá o próximo grande abalo em sua região. E, às vezes, Deus revela essas coisas. Mas a maior revelação que Deus tem para dar é a revelação de seu Filho.

Jesus disse: "Quem tem os meus mandamentos e lhes obedece, esse é o que me ama. Aquele que me ama será amado por meu Pai, e eu também o amarei e me revelarei a ele" (Jo 14:21). Você entendeu a última parte dessa promessa – e me revelarei a ele? Jesus promete aos seus amigos não apenas uma revelação da verdade, ou uma revelação das verdades bíblicas, ou mesmo uma revelação da verdade sobre si mesmo. O que ele promete é uma revelação de si mesmo – o tipo de revelação compartilhada entre os amigos mais íntimos ou entre os que se amam profundamente. Quem não gostaria de ouvir as palavras que Maria ouviu aos pés do Salvador? Quem não gostaria de ouvir Jesus dizer que havíamos escolhido o melhor prato do banquete da vida, o prato que nunca pode ser tirado de nós? Quem não gostaria de ter um relacionamento assim? E uma revelação como essa?

A PALAVRA *e o* ESPÍRITO

O PODER *da* PALAVRA *e do* ESPÍRITO

Em 1965, Jean Raborg estava vivendo o sonho americano. Ela tinha feito tudo certo. Foi criada em um lar cristão. Sua mãe era organista da Igreja Presbiteriana Morningside em Phoenix, Arizona. Ela se casou com seu namorado da faculdade, John, que tinha conhecido na Arizona State University. Agora eles moravam em San Diego, Califórnia. Eles tiveram dois filhos maravilhosos, uma filha chamada Jeanelle, de nove anos, e um filho chamado John, de seis anos.

Ela era uma professora famosa de economia doméstica na Kearny Mesa High School. Ela amava ser professora e também seus alunos. Os alunos conseguiam sentir o amor e a aceitação de Jean por eles e muitas vezes até a procuravam para contar seus problemas. Era comum Jean orar pelos seus alunos e até mesmo orar com eles. Em 1965, uma professora da escola pública ainda podia orar com seus alunos sem medo de perder o emprego.

O marido de Jean tinha uma carreira promissora como vendedor de seguros. Ele já tinha ganhado alguns prêmios e eles começaram a prosperar financeiramente. Com a renda somada, conseguiram comprar uma casa linda em uma colina, num subúrbio ao norte de San Diego. Eles compraram móveis novos e, com as habilidades decorativas de Jean, a casa deles parecia um daqueles locais de exibição da *Home and Garden*. O que mais um jovem casal poderia querer – uma bela casa, empregos gratificantes, um casamento maravilhoso, filhos amorosos e tudo isso em meio à segurança financeira?

Além de tudo isso, havia uma dimensão vital e espiritual na vida de Jean. Ela era mais do que apenas uma cristã nominal. Ela amava Jesus de todo o coração desde os quatorze anos de idade. Aos dezenove anos, teve um encontro com Deus que a levou a acreditar nos dons do Espírito Santo. Ela acreditava em um Deus que poderia fazer milagres. Ela e John tinham se filiado à uma igreja que acreditava no ministério sobrenatural. Apesar de seus horários de trabalho, eles estavam muito envolvidos na obra da igreja. Jean realmente tinha tudo. Ela era casada com o único homem que amou. Deus lhe tinha dado uma família maravilhosa. Ela nunca tinha conhecido a angústia e a depressão. Ela tinha prosperidade e intimidade com Deus. Ela tinha uma vida perfeita.

Havia apenas um probleminha em sua vida perfeita. Jean era perfeccionista. Ela não sabia o quanto era nocivo seu perfeccionismo e, antes de 1965, isso não tinha lhe causado muitos problemas. Mas agora ela tinha mais responsabilidades do que jamais tivera antes. Ela lecionava para 150 alunos todos os dias. Quanto mais amava aqueles alunos, mais assumia seus problemas e estresses. Ela colocava toda sua energia no ensino. Além disso, a nova casa não estava sendo a bênção que ela imaginou que seria. Era maior e exigia mais esforço para mantê-la limpa do que a casa menor que tiveram antes. Havia uma preocupação extra com a mobília nova – uma preocupação que uma menina de nove anos e um menino de seis não poderiam dar conta.

Jean começou a voltar para casa à tarde, física e emocionalmente esgotada. Parecia que seus próprios filhos estavam começando a exigir mais do que ela poderia dar. Para atender às necessidades emocionais dos próprios filhos, ela sempre precisava abrir mão dos serviços domésticos, o que a incomodava. Parecia que tudo o que conseguia fazer era cozinhar para John e seus filhos e depois limpar a bagunça. O próprio John estava sobrecarregado com o trabalho que trazia para casa à noite. Pela primeira vez na vida, Jean começou a ter dificuldade para dormir. Isso não fazia sentido porque ela estava muito cansada quando finalmente ia para a cama à noite. Mas agora ela demorava mais para dormir e seu sono era agitado. Quando ela acordava de manhã, parecia estar tão cansada quanto na noite anterior.

Jean começou a sentir saudades dos fins de semana, não porque pudesse descansar, mas porque isso lhe dava tempo para deixar a casa em perfeita ordem.

E ainda havia a igreja. Jean e John eram comprometidos com a igreja. Era difícil dizer não às necessidades ali. Então, em vez de se permitir recarregar as energias nos fins de semana, ela geralmente começava a segunda-feira ainda mais cansada do que no final de semana.

À medida que Jean se aproximava da exaustão, ela começou a perceber que não conseguiria lidar com todas as responsabilidades: 150 alunos por dia, uma nova casa, dois filhos e o trabalho na igreja a estavam esgotando. Era assim que ela se sentia: ficando esgotada lentamente. Sentia que não poderia abrir mão de nenhum compromisso da sua agenda. Ela e John precisavam da renda dela para poderem morar na nova casa. E era impossível para ela simplesmente ir trabalhar e não se envolver na vida pessoal dos seus alunos. Ela simplesmente não era esse tipo de pessoa. E é claro que nenhuma mãe poderia negligenciar os próprios filhos. Isso estava fora de questão. E como ela poderia negligenciar a obra de Deus na igreja? Não, ela pensou, isso não fazia parte dos seus planos. Havia algo errado com ela.

Ela começou a conversar com John sobre a pressão que sentia, mas então pensou: como eu poderia preocupar John se ele já está tão sobrecarregado? Ela pensou em contar para alguém na igreja, mas uma voz surgiu em sua mente dizendo que ninguém deveria saber que ela não conseguia lidar com as coisas – que deveria simplesmente seguir em frente e que tudo ficaria bem. Ela não sabia de onde veio essa última impressão, mas decidiu obedecê-la. Ela não falava com ninguém sobre sua exaustão e o estresse crescente que estava lhe esgotando. Decidiu simplesmente seguir em frente.

Mas Jean desistiu de algo. Ela sempre amou a Palavra de Deus e tinha o hábito diário de meditar nela. Mas não tinha mais energia nem capacidade para se concentrar. Pela primeira vez em sua vida cristã, ela deixou de ter o que chamava de "tempo a sós com Jesus".

RUMO À LOUCURA

Em fevereiro de 1965, Jean ficou desesperada. Ela foi ao clínico geral e a enfermeira a conduziu até uma das salas de exame. Em poucos minutos, o dr. Bowers entrou.

— Oi, Jean. O que traz você aqui hoje? — perguntou o gentil médico.

— Dr. Bowers, estou tão exausta que mal consigo colocar um pé na frente do outro. Parece que toda segunda-feira de manhã eu subo em um enorme carrossel: vou para a escola, cuido dos alunos, volto para casa para cuidar dos meus dois filhos pequenos e toda sexta à noite eu desço desse carrossel. Mas, quando desço, procuro fazer no final de semana tudo o que não consegui fazer durante a semana. Então é como estar em um outro carrossel. E então chega a segunda-feira de manhã e eu de novo subo no enorme carrossel. Eu simplesmente não posso mais continuar assim. — Ela soluçou em meio às lágrimas.

— Jean, você está cansada e exausta. Terá que fazer algumas mudanças em sua agenda. Assim que sair da escola, você tem que descansar. Você não está usando a sabedoria que Deus lhe deu. Terá que aprender a organizar suas prioridades e abrir mão de algumas coisas.

O dr. Bowers deu a Jean um remédio que ajudaria a proteger seu sistema imunológico e daria um pouco mais de energia. Ela começou a se sentir melhor, mas ignorou o conselho do médico sobre reorganizar suas prioridades porque ela realmente não tinha entendido o que ele quis dizer.

Chegou o verão de 1965 e Jean encerrou as atividades letivas do departamento de economia doméstica. John ganhou de seu emprego uma viagem com todas as despesas pagas para São Francisco. Seriam férias maravilhosas e tranquilas para ambos. Na noite em que Jean estava fazendo as malas para as férias, ela sentiu uma dor aguda debaixo do braço. Colocando a mão sob o braço esquerdo, ela sentiu um caroço grande e duro. Desabou numa cadeira. Um desespero sombrio a envolveu. Ela pensou em sua melhor amiga, Ann, que tinha morrido de câncer quando ela tinha 28 anos e deixou duas lindas crianças para trás. Tudo começou quando Ann encontrou um caroço como esse.

Da escuridão que envolvia Jean, uma voz sussurrou: "Você perdeu peso, está cansada, tem um caroço debaixo do braço e tem todos os outros sintomas que Ann teve. Você tem o que Ann teve, e é apenas uma questão de tempo antes de você juntar a ela". Jean jamais havia experimentado o tipo de medo que sentia agora. Foi paralisante. Ela sentiu as pernas ficarem dormentes. Não conseguia andar. A mão gélida do medo agarrou seu coração e apertou-o de modo que a esperança do Espírito Santo saiu de seu coração e foi retirada toda a esperança que ele estava tentando lhe dar, mas ela não conseguia tomá-la de volta.

A voz disse a Jean que ela não podia contar para ninguém. Como ela poderia contar para John e arruinar os poucos meses que teriam juntos? Que bem faria conversar com Deus sobre o assunto? Afinal, não era ele que permitira tudo isso? Talvez isso tenha sido um castigo para ela, já que estava fracassando miseravelmente em sua responsabilidade como esposa, mãe, professora e cristã. E não, não acabou. Não tinha mais nada, a não ser definhar como Ann.

As férias foram um desastre. Tudo o que Jean conseguia pensar era: eu estou morrendo. Estou deixando esses dois filhos lindos e meu marido precioso. Estou deixando minha linda casa na colina e não estarei aqui para dar as aulas no próximo semestre. Ela continuou apalpando o caroço que parecia crescer a cada dia. À medida que crescia, Jean emagrecia cada vez mais. Quando voltou de São Francisco, ela não estava mais dando conta das coisas.

Em algum momento daquele verão, Jean começou a chorar e não conseguia parar. John não conseguia entender e ela não podia contar nada para ele. Jean estava tendo um colapso nervoso, mas como nunca conheceu ninguém que tivesse passado por isso, ela não percebeu o que estava acontecendo.

De alguma forma, ela conseguiu sobreviver até o fim do verão. O diretor da escola em que trabalhava disse que ela tinha sido promovida a coordenadora do departamento de economia doméstica. Em vez de comemorar, a notícia a levou à beira da histeria.

Jean começou a lecionar novamente, mas estava fragilizada emocionalmente. Cada vez que os alunos saíam da sala, ela começava a chorar. Depois de algumas semanas tentando lecionar, ela voltou para se consultar com o dr. Bowers. Quando ele entrou na sala de exames, ela tentou contar-lhe o que havia de errado, mas tudo o que ela conseguia fazer era chorar. Finalmente ela ergueu o braço e apontou para o caroço.

— O que é isso? — ela perguntou.

Depois de examiná-la, o dr. Bowers disse:

— Jean, por que você não veio aqui logo que encontrou esse caroço?

— Eu estava com tanto medo.

— Bem, você deveria ter vindo, porque eu poderia ter aliviado todos os seus medos. Isso não é o que você está pensando ser. Quero fazer uma bateria de exames em você, mas tenho quase certeza de que esse caroço não é maligno.

Mais tarde, após os exames, o dr. Bowers chamou Jean e John ao seu consultório para lhes dar o diagnóstico. Ele disse que Jean não tinha câncer. O que ela pensava ser um tumor maligno nada mais era do que uma glândula linfática inchada por uso indevido de antiperspirante. Porém, ela estava doente e exausta. Parte de sua perda de peso era devido a um problema nos órgãos genitais. Dr. Bowers disse que isso poderia ser corrigido com uma pequena cirurgia.

Essa notícia deveria ter sido um grande alívio para Jean, mas, quando ela ouviu falar da pequena cirurgia, pensou que tanto o médico quanto o marido estavam escondendo os fatos dela. A voz disse a Jean que John e o dr. Bowers conspiraram para não lhe contar sobre seu câncer porque ela estava muito deprimida e chorava muito. Apesar das declarações do médico, ela estava mais convencida do que nunca de que tinha câncer e de que o médico estava mentindo para mantê-la calma até a cirurgia.

Jean era sempre tão confiante e competente que jamais tivera de pedir ajuda dos outros. Ela estava desmoronando aos poucos, mas não conseguia pedir ajuda a Deus ou ao marido. Naquela noite ela começou a bater na parede do quarto e a chorar histericamente. John nunca tinha visto Jean agir assim. Como não conseguia fazê-la parar, saiu de casa batendo a porta com raiva e foi para seu escritório.

O modo de Jean agir naquela noite era um grito mudo pedindo ajuda. John levou-a de volta ao dr. Bowers, que recomendou que ela tirasse duas semanas de folga da escola. Nem John, nem o médico entendiam a mentira maligna que tinha se espalhado na alma de Jean e a total desesperança que a acompanhava. Ela tirou duas semanas de folga para descansar, mas continuava perdendo peso.

Quando ela voltou a lecionar, um dos alunos de sua turma perguntou onde estava certo material. Ela arregalou os olhos, olhou o aluno por um instante e depois uma expressão vazia apoderou-se de seu rosto. Lentamente, as palavras "eu não sei, eu não sei" saíram de sua boca. Era como se algo tivesse sido desligado dentro dela. Tudo o que sabia como adulta pareceu abandoná-la e ela se tornou igual a uma criança. Ouviu-se dizendo:

— Estou saindo desta sala e acho que nunca mais voltarei.

Sem qualquer aviso, ela começou a gritar histericamente e correu até a porta.

Uma das professoras do outro lado do corredor a viu saindo da sala e correu para detê-la. Ela envolveu Jean com seus braços. Ela gritava aos prantos:

— Acabou. Acabou.

Sua colega Jane a acalmou e a colocou dentro do carro. Ela a levou ao dr. Bowers, que imediatamente ligou para um psiquiatra e agendou uma consulta. Quando John chegou ao consultório do psiquiatra, duas horas depois, Jean ainda não tinha conseguido falar uma palavra sequer com o psiquiatra. Ela só conseguia sentar-se no consultório e chorar histericamente. O psiquiatra percebeu que apenas medicada Jean ficaria calma. Deu-lhe calmantes.

Jean não conseguia acreditar que ela, uma cristã nascida de novo, tivesse de tomar calmantes. Caiu num abismo de desesperança. Nunca mais voltou para a sala de aula. Sua vida consistia em calmantes e visitas regulares ao consultório do psiquiatra. Ela não conseguia limpar a casa. Não conseguia cozinhar. Não trabalhava mais. Sua casa nada significava para ela. Tudo o que ela sempre quis nada significava para ela. Ela passava os dias sentada na sala olhando para o vazio. Não conseguia nem pentear o cabelo. John a acordava de manhã, a vestia e depois penteava seus cabelos. Ele então arrumava as crianças para irem à escola e ia trabalhar.

Jean pensava que estaria melhor se estivesse morta. Achava que sua família ficaria melhor sem ela. Esses pensamentos suicidas aumentaram e ela começou a tentar tirar a própria vida. Uma vez tentou pular do carro de John em movimento numa rodovia de San Diego. Ele quase não conseguiu impedi-la. O médico receitou-lhe um antipsicótico. John a levava para seu trabalho de manhã, para que ela não se machucasse. Mas Jean não conseguia sentir o amor de John, e a medicação não aliviava seu sofrimento. Ela se sentia envolvida por uma escuridão sufocante. Sentia-se mental, emocional e fisicamente morta. Os pensamentos de suicídio constantemente a atormentavam.

Os pais de Jean, Carl e Jesse Williams, estavam angustiados com a loucura da filha. Carl e Jesse tinham uma fé vibrante em Cristo e acreditavam em seu poder de cura. Carl foi o tesoureiro internacional da Associação dos Homens de Negócios do Evangelho Pleno (ADHONEP). Ele viajou bastante com Demas Shekarian, seu presidente, e teve a oportunidade de conhecer vários evangelistas cristãos bem conhecidos. Ele e Jesse começaram a levar Jean a todos os tipos de cruzadas e reuniões cristãs para que pastores e evangelistas orassem por sua cura. Muitos dos mais famosos evangelistas com o dom de cura das décadas de 1950 e 1960 oraram para que Jean fosse curada durante esse período, mas nada aconteceu. Ela piorou.

O sonho americano desfez-se rapidamente para John e Jean Raborg. John teve que contratar uma governanta para cuidar dos filhos e da esposa. As contas médicas e psiquiátricas de Jean acabaram com suas economias. Ela acumulou milhares de dólares em contas telefônicas, ligando para seus pais sem o conhecimento de John. Eles não tinham mais a renda de Jean como professora para ajudar a pagar as despesas. Estavam caminhando para a falência. Em fevereiro de 1966, Jean simplesmente não conseguia se comportar como adulta. John tinha de fazer tudo por ela. Sua filha, Jeanelle, agora com onze anos, tornou-se a mãe da casa. John planejara uma festa de aniversário para Jean na noite de 22 de fevereiro, depois da consulta dela com o psiquiatra. Quando John voltou do trabalho para levá-la ao psiquiatra, Jean anunciou que nunca mais iria ao médico e que nunca mais tomaria outro comprimido de antipsicótico. John estava desesperado. Ele implorou que ela fosse ao psiquiatra:

— Jean — disse ele, — todos os nossos amigos nos abandonaram. Nosso pastor nunca vem nos visitar. Não temos mais ninguém a quem recorrer. Todos oraram por você, mas nada deu certo. O médico é nossa única esperança.

Finalmente, ele a convenceu a comparecer à consulta. O dr. Dickson, seu psiquiatra, perguntou a Jean se ela estava tomando os remédios. Ela cometeu o erro de dizer que não estava tomando o remédio, mas que nunca mais tomaria. O psiquiatra respondeu prontamente:

— Então colocaremos você num lugar onde será obrigada a tomá-los.

Apesar dos seus protestos, Jean viu-se, no seu aniversário de 36 anos, diante do Hospital Psiquiátrico de Mesa Vista.

O local não era nada do que ela tinha imaginado. Ela achou esteticamente bonito. Pensou: "Talvez eu consiga descansar um pouco aqui, afinal de contas". O saguão tinha uma mobília luxuosa e todos os funcionários pareciam ser bondosos e amáveis. Ela e John assinaram todos os formulários para a internação. Uma enfermeira conduziu-os por uma porta e eles começaram a caminhar por um longo corredor. A cordialidade que ela sentiu no saguão desapareceu. Eles chegaram a uma porta de metal rígida que tinha uma pequena janela. Passaram pela porta e, quando ela se fechou, trancou-se automaticamente. Jean estava ao lado de uma enfermeira e viu John do outro lado pela janelinha. Ela tinha ido para a Unidade de Terapia Intensiva.

Alguns pacientes estavam sentados num canto assistindo à televisão. Outros andavam de um lado para o outro, alheios a tudo o que lhes cercava. Alguns simplesmente ficavam imóveis, olhando para o vazio. Então ela ouviu gritos. Jean viu um paciente amarrado a uma maca sendo levado para terapia de choque. Ela chamou John, mas ele não estava lá. Ela clamou a Deus, mas ele também não parecia estar lá. Os atendentes deram a Jean um uniforme e levaram todos os seus pertences pessoais, exceto a Bíblia. Eles a levaram para seu novo quarto. Ela ficou lá, atordoada. As janelas estavam gradeadas. Ela estava completamente sozinha. Ela ficou parada e chorou por duas horas inteiras sem se mover. Ela recebeu mais antipsicóticos e caiu numa apatia mental.

Não importava qual tipo de terapia eles tentassem com Jean, ela não reagia. Ela passava as horas do dia atordoada. Começou a querer dormir o tempo todo. Às quatro da tarde, ela ia para a cama e se encolhia numa posição fetal. De manhã, uma enfermeira tinha que fazê-la sair da cama.

Às vezes ela parecia sair da escuridão e fingir que estava se sentindo melhor. Nessas ocasiões, eles a deixavam ir para casa. Mas quando chegava lá, ela vagava pela casa de uma cama para outra, tentando dormir, mas não conseguia. Seu médico não lhe dera medicação para insônia em casa por causa de suas tendências suicidas. Logo sua visita em casa terminaria e ela estaria de volta à instituição psiquiátrica. Pelo menos ela poderia conseguir lá as medicações que lhe faziam dormir.

John continuava esperando que Jean recuperasse a sanidade, mas todos sabiam que ela não voltaria para casa. Seus filhos tinham perdido a esperança. Seus pais tinham perdido a esperança. E a própria Jean já tinha perdido a esperança há muito tempo.

Jean sabia que nunca mais sairia daquela prisão. A voz que viera de sua escuridão lhe fez uma simples pergunta: "Como poderia uma cristã que ama a Deus e acredita em seu poder sobrenatural acabar tão longe dele em um manicômio?". Então a voz sombria sugeriu a resposta: "Você cometeu o pecado imperdoável. Você blasfemou contra o Espírito Santo. Jamais poderá ser perdoada. Este é o seu juízo". Jean acreditou na voz.

O PODER DO ESPÍRITO

Em outubro de 1968, Carl e Jesse Williams viajaram para San Bernardino para ouvir um evangelista com o dom de cura chamado Paul Cain. Na última noite da reunião, Jesse levantou-se e perguntou a Paul se ele poderia orar pela filha, que estava internada em um manicômio. Paul concordou e orou por Jean. Após a reunião, Paul perguntou aos Williams onde sua filha tinha sido internada. Disseram a Paul que o hospital ficava em algum lugar na região de San Diego, mas que não sabiam nem o nome, nem a localização exata. John tinha se recusado a contar aos pais de Jean onde ela estava internada. Embora o relacionamento com os pais de Jean já estivesse extremamente abalado, ele não tomou essa atitude por maldade, mas por desespero. Quase todas as tentativas dos cristãos de ministrar a Jean não só não ajudaram, mas pioraram sua condição. Cada oração pela sua cura trouxe alguma esperança e depois uma decepção amarga. No final, tanto o hospital como John concordaram que Jean estaria melhor se ficasse totalmente isolada. John cortou todo contato entre Jean e o mundo exterior, exceto com ele. Paul disse aos Williams que continuaria orando pela filha deles.

Paul saiu da reunião à meia-noite e foi para o carro. Depois de duas semanas de reuniões, ele estava muito cansado. Além disso, ele teve uma sinusite grave. Paul achou irônico o Senhor usá-lo para curar várias pessoas nas últimas duas semanas, enquanto ele próprio permanecia doente. Ele colocou a chave na ignição, mas antes de girá-la, orou mais uma vez por Jean Raborg. Ao orar, ele começou a sentir a compaixão de Jesus por Jean. O que começou como uma simples oração tornou-se uma torrente de palavras e emoções enquanto ele pedia ao Senhor que libertasse Jean da loucura. Ele chorou ao sentir o coração de Cristo por ela. Enquanto chorava, ele olhou para o céu noturno e ele se transformou em uma tela gigante de televisão. Naquela tela, Paul viu Jean no hospital psiquiátrico e viu fatos sobre a vida dela antes de ela ser internada. Então Deus falou. Não era audível, mas não poderia ter sido mais claro se fosse audível. Estas frases se formaram na mente de Paul: *Se você for a San Diego e orar por aquela mulher, ela será curada instantaneamente para a minha glória. E usarei esse testemunho até o fim de sua vida para dar esperança às mulheres.*

Na manhã seguinte, Paul dirigiu até San Diego. Ele se sentiu inspirado a sair da rodovia em uma determinada saída em San Diego. Foi até um telefone público sem saber que Jean Raborg estava apenas a dois quarteirões de distância, no Hospital Psiquiátrico Mesa Vista. Os Williams forneceram os números de telefone residencial e do escritório de Paul John Raborg. Primeiro Paul ligou para o escritório, mas ninguém conseguiu encontrar John. Então ele ligou para a casa dele. A filha de Jean, Jeanelle, agora com doze anos, atendeu o telefone. Paul pediu a Jeanelle que lhe desse o nome do hospital onde Jean tinha sido internada. Jeanelle respondeu:

— Sinto muito, senhor, mas não posso lhe dar o nome do hospital. Ninguém tem permissão para ver minha mãe, exceto meu pai.

— Jeanelle — disse Paul — Não quero que você desobedeça seu pai, mas gostaria que ficasse ao telefone só mais um minuto. Veja, o Senhor me enviou aqui para ajudar sua mãe. Vou orar agora. Por favor, fique na linha. Acredito que o Senhor vai me ajudar a encontrar sua mãe.

Paul orou e, em poucos segundos, viu novamente a tela gigante de televisão. Dessa vez ele viu um jornal de San Diego com a manchete "Mesa Vista".

— Jeanelle, acredito que o Senhor me mostrou que sua mãe está em Mesa Vista. Só preciso que você confirme isso para mim. Esse nome significa alguma algo para você?

— Isso mesmo, senhor. Isso mesmo. Hospital Psiquiátrico de Mesa Vista.

— Obrigado, Jeanelle. Querida, sei que tem sido um caminho longo e cansativo para você e sua família. Você teve que ser muito forte enquanto sua mãe estava doente. Quero que saiba que Deus vai curar sua mãe e que ela estará em casa em três dias. E, quando ela voltar para casa, estará bem e cheia de alegria. Tchau.

Jeanelle desligou o telefone. Quantas vezes ela ouviu os irmãos prometerem que sua mãe seria curada e todas as vezes essas promessas não se cumpriram? Mas dessa vez foi diferente. Havia algo diferente na voz daquele homem. E como ele conseguira o nome de Mesa Vista?

Paul atravessou o saguão aconchegante do Hospital Psiquiátrico Mesa Vista e viu a recepcionista.

— Olá, meu nome é Paul Cain. Sou um ministro religioso e estou aqui para ver Jean Raborg.

A recepcionista virou-se para procurar o número do quarto de Jean. Ao lado do nome de Jean, estavam as ordens: "Proibidas as visitas, com exceção do esposo". Mas, em vez de proibir Paul de ver Jean, ela inexplicavelmente levou-o por aquele longo corredor e destrancou a porta para ele. Paul foi direto para o posto de enfermagem e perguntou por Jean Raborg. Ela estava na ala de terapia ocupacional. Para Jean, "terapia ocupacional" significava que ela dobrava correspondências e as colocava dentro dos envelopes. Foi a única atividade que descobriram que ela conseguia fazer. Durante o resto do dia, ela simplesmente vagava por aí, atordoada pelo antipsicótico. Jean ouviu seu nome ser chamado no alto-falante e foi em direção à sala das enfermeiras. Ao virar o corredor, viu Paul parado a cerca de quinze metros de distância, no posto de enfermagem. "Meu Deus", ela pensou, "quem é esse homem? Ele parece um anjo. Eu vejo a glória do Senhor fluindo dele. Ah, como eu gostaria que alguém assim viesse me visitar".

— Jean, este homem está aqui para ver você — disse a enfermeira. Os dois foram até o quarto dela e se sentaram.

— Jean, meu nome é Paul Cain. Você não me conhece, mas eu conheço você. O que vou dizer agora será difícil para você entender. Jesus me enviou aqui porque a ama e vai curá-la. Vou orar por você hoje, e ele irá curá-la, e você estará em casa em três dias.

Antes de Paul entrar no hospital, ele viu a condição de Jean sob os efeitos da medicação e pediu ao Senhor que lhe concedesse uma mente sã enquanto eles conversavam. Agora, quando Paul disse a Jean que ela seria curada, ela sentiu que havia nessa promessa algo diferente de todas as outras.

— Antes de orar por você, quero lhe contar algumas coisas que irão ajudá-la a entender que Deus realmente me enviou aqui. Só posso ficar alguns minutos e depois tenho que ir para Dallas. A primeira coisa que Jesus me disse é que você nunca cometeu o pecado imperdoável e ele sabe que você o ama de todo o coração.

Jean pensou que fosse explodir.

— Oh, eu o amo, eu o amo – eu amo Jesus de todo o coração! — ela exclamou.

— O Senhor me disse para lembrá-la de algo que aconteceu quando você tinha quatorze anos de idade, Jean. Você estava em um acampamento de verão no Oregon e, certa noite, depois de um culto, jogou uma pinha na fogueira e pediu ao Senhor Jesus que entrasse em seu coração e que você se tornasse missionária.

— Sim, senhor! Sim, senhor! Mas como você sabia de tudo isso?

— Eu não sabia, Jean. O Senhor me mostrou tudo e disse que ele está prestes a fazer de você uma missionária, mas não da maneira que você pensava.

Paul parou de falar abruptamente. Ele fechou os olhos por um momento e depois disse:

— Jean, estou tendo uma visão neste exato momento. Vejo um homem vestido com uniforme de uma companhia aérea e ele é piloto. Ele é seu amigo, seu vizinho. O nome da esposa dele é Pat. Qual o nome dele?

— O nome dele é Allan Lindemann. Ele é capitão da empresa aérea PSA de San Diego. Ele mora do outro lado da nossa rua, na Cidade Universitária.

Paul disse:

— Você também tem uma vizinha chamada Marion?

— Sim.

— No futuro, você contará a Pat e Marion o que o Senhor fez por você, e isso mudará a vida deles. Estou tendo uma visão de Allan vestido com seu uniforme de piloto, e você está dando seu testemunho para ele. Ele vai crer em Cristo através do seu testemunho. Agora deixe-me orar por você.

Quando Paul orou por Jean, ela sentiu como se uma bolsa de água quente gigante tivesse sido colocada em seu abdômen. Então teve a sensação de um óleo quente sendo derramado sobre ela e entrando em cada fibra de seu corpo. Ao mesmo tempo, ela sentiu uma nuvem de opressão ser tirada de cima dela. Era como se o Senhor tivesse aberto uma torneira de alegria dentro dela.

— Estou curada! — ela exclamou.

— Não, ainda não, ainda não — disse Paul. — Quando eu sair daqui, a loucura vai tentar voltar. Deus vai colocar um trecho das Escrituras em seu coração quando eu sair por esta porta. Essa Palavra vai selar sua cura. Quando a voz maligna voltar, não dê ouvidos a ela. Em vez disso, diga: "Está escrito" e depois cite qualquer versículo que o Senhor colocar em seu coração quando eu for embora. Cite a Palavra. O Espírito e a Palavra irão curá-la e mantê-la curada, Jean. Você estará em casa em três dias e ficará cheia de alegria. Tchau. Estarei orando por você.

O PODER DA PALAVRA

Quando Paul saiu pela porta, Jean pegou sua Bíblia. Ela tentou se concentrar nas páginas, mas ainda não conseguia lê-las – ainda havia uma alta dose de antipsicótico em seu organismo. Sua mente começou a ficar atormentada novamente. Ela podia sentir uma dormência descendo de sua cabeça. Ela colocou de lado a Bíblia e saiu para um grande pátio onde os pacientes podiam caminhar. Enquanto caminhava, um trecho do Antigo Testamento veio à sua mente, Is 41:10 (ARC): "Não temas, porque eu sou contigo; não te assombres, porque eu sou teu Deus: eu te esforço, e te ajudo, e te sustento com a destra da minha justiça". Naquele momento, ela sentiu uma mão gélida sair das trevas e agarrar seu coração. Ela ouviu aquela voz maligna começar a sussurrar, mas dessa vez ela não deu ouvidos e gritou:

— ESTÁ ESCRITO: NÃO TEMAS, PORQUE EU SOU CONTIGO; NÃO TE ASSOMBRES, PORQUE EU SOU TEU DEUS: EU TE ESFORÇO, E TE AJUDO, E TE SUSTENTO COM A DESTRA DA MINHA JUSTIÇA.

A mão gélida desapareceu. A voz maligna emudeceu. Ela citava a Palavra inúmeras vezes. E cada vez ela sentia a força de Deus sendo derramada em seu corpo.

Na manhã seguinte, quando seu psiquiatra, dr. Appleford, veio vê-la, ele perguntou:

— Jean, o que aconteceu com você? Por que não está chorando? De onde vem esse sorriso? Eu nunca vi, em toda minha carreira médica, ninguém vencer a depressão da noite para o dia. — Jean contou-lhe a história do que aconteceu quando Paul tinha vindo visitá-la no dia anterior. Quando Jean terminou, seu psiquiatra disse: — Embora eu seja membro de uma igreja, nunca acreditei em milagres, mas o que vejo diante dos meus olhos está me fazendo mudar de ideia. Vou deixá-la em observação por alguns dias e depois farei outra avaliação.

No terceiro dia, numa manhã ensolarada de outubro de 1968, Jean Raborg saiu daquela instituição de doentes mentais e nunca mais voltou.

John a levou para seu novo lar, um pequeno apartamento. Eles tinham perdido a bela casa na colina. Tinham gastado todas as suas economias. Mas isso não importava. Nenhuma de suas "posses" foi capaz de lhes dar alegria ou protegê-los do maligno. Agora eles haviam encontrado a misericórdia de Deus. Ou melhor, a misericórdia de Deus os havia encontrado. Sua Palavra e Seu Espírito os libertaram e lhes devolveram a vida com mais profundidade e poder do que poderiam ter imaginado antes de Jean enlouquecer. Como agora moravam numa parte mais humilde da cidade, não viam mais os antigos vizinhos. Mas, alguns meses depois, ela voltou a frequentar um grupo de estudo bíblico em seu antigo bairro para dar testemunho da libertação que recebera de Deus. Pat e Marion ficaram profundamente impactados, assim como Paul Cain tinha profetizado.

Mas Jean nunca conseguiu falar com Allan Lindemann.

Logo após a cura de Jean, a família Raborg mudou-se de San Diego para Phoenix. Treze anos depois da cura de Jean, ela foi convidada a ir para Salt Lake City para dar seu testemunho para um grupo de mulheres. Jean voou de Phoenix para San Diego para encontrar sua filha Jeanelle, que iria acompanhá-la até Salt Lake City. Em San Diego, eles embarcaram em um voo da PSA para Salt Lake City.

— Mãe — disse Jeanelle —, será que Allan Lindemann poderia estar pilotando este avião?

— Ah, querida, tenho certeza de que ele já está aposentado.

Mas para satisfazer a curiosidade da filha, Jean perguntou à aeromoça quem era o capitão do avião naquele dia. A aeromoça respondeu:

— O capitão Allan Lindemann.

Jean mal podia acreditar. Ela enviou para Allan uma mensagem informando que ela e Jeanelle estavam no avião. A aeromoça trouxe um bilhete de Allan, perguntando se elas tomariam um café com ele em Salt Lake City.

Geralmente Allan não voava para Salt Lake City. Sua rota habitual era de San Diego para São Francisco. Ele estava substituindo outro piloto naquele dia. Pelo menos esta foi a explicação humana pela qual ele se encontrou em

Salt Lake City em dezembro de 1981. A verdadeira razão pela qual ele estava em Salt Lake City fora decretada por Deus e dita anos atrás em uma instituição de doentes mentais. Deus estava prestes a cumprir a visão que Paul Cain teve quando Jean foi curada.

No restaurante do aeroporto, Allan perguntou a Jean o que ela estava fazendo em Salt Lake City.

— Estou aqui para testemunhar minha cura — disse Jean.

— Ah, sim, eu me lembro que aquele profeta teve uma visão sobre Pat quando você foi curada.

— Isso mesmo, Allan, mas ele não viu apenas Pat na visão, ele viu você também.

— Sério?

— Sim, ele me viu conversando com você e você estava usando um uniforme. Foi assim que ele soube que você era piloto.

— Isso é incrível.

— Sim, é incrível. Isso mostra o quanto Deus o ama, Allan, e o quanto ele o conhece bem.

A partir daí, Jean começou a compartilhar o evangelho com ele. Os olhos de Allan se encheram de lágrimas. Pela primeira vez, ele entendeu que Jesus tomou o seu lugar na cruz e pagou por todos os seus pecados. Naquele dia, Allan Lindemann creu no Senhor Jesus Cristo para salvá-lo dos seus pecados. Ele nasceu de novo bem diante dos olhos de Jean.

— Allan, isto é exatamente como Paul disse que aconteceria na visão que ele teve sobre você — disse Jean. — Você estava vestindo seu uniforme. Você ouviu meu testemunho e o evangelho do Senhor Jesus e nasceu de novo.

Allan continuava chorando. Finalmente, ele disse:

— O que você não sabe, Jean, é que este é o último dia em que usarei este uniforme. Estou me aposentando hoje. Daqui a pouco estarei voltando para casa em San Diego e tirarei esse uniforme do meu corpo para sempre.

O poder da Palavra e do Espírito salvou Allan Lindemann e libertou Jean Raborg do manicômio.

UM DIVÓRCIO CARO

Ninguém na igreja do Novo Testamento teria levado em conta a história acima como um evento único e isolado. Eles estavam acostumados a ver o poder da Palavra e do Espírito operando juntos. Em algum momento ao longo do caminho, porém, a igreja incentivou um divórcio silencioso entre a Palavra e o Espírito. Os divórcios são dolorosos, tanto para os filhos como para os pais. Um dos pais geralmente fica com a guarda dos filhos e o outro só pode visitá-los ocasionalmente. Isso parte o coração dos pais, e os filhos geralmente ficam numa situação pior por causa do acordo com as visitas. Muitos na igreja hoje em dia se contentam em viver com apenas um dos pais. Eles vivem com a Palavra, e o Espírito só tem direito a visitas limitadas. Ele só consegue ver e ter contato com as crianças de vez em quando. Alguns de seus filhos nem o reconhecem mais. Alguns ficaram com medo dele. Outros na igreja vivem com o Espírito e só permitem visitas esporádicas da Palavra. O Espírito não quer criar as crianças sem a Palavra de Deus. Ele pode ver como eles estão se tornando indisciplinados, mas não vai forçá-los a fazer o que devem escolher em seus corações.

Assim, a igreja tornou-se uma família dividida que cresceu com pais separados. Um grupo de crianças está orgulhoso de sua educação e o outro grupo está orgulhoso pela sua liberdade. Cada um se acha melhor que o outro.

Os pais estão com o coração partido. Porque, diferentemente da maioria dos divórcios, eles não escolheram esse caminho. Seus filhos escolheram. E a Palavra e o Espírito tiveram que honrar e suportar tal escolha.

Entretanto, quantas Jean Raborgs definham em manicômios, aguardando que os filhos unam seus pais novamente?

NOTAS

CAPÍTULO 1: SURPREENDIDO PELA VOZ DE DEUS

1. Cf. "Que o Deus da esperança os encha de toda alegria e paz, por sua confiança nele, para que vocês transbordem de esperança, pelo poder do Espírito Santo."

CAPÍTULO 2: O PROBLEMA DA BÍBLIA FICTÍCIA

1. Observe que, embora Tiago tenha começado dizendo que os presbíteros deveriam orar pelos enfermos, ele concluiu com uma advertência a toda a igreja: "Portanto, confessem os seus pecados uns aos outros e orem uns pelos outros para serem curados" (Tg 5:16a). Toda a igreja deve estar envolvida em orar pelos enfermos, não apenas os presbíteros.

2. WILLARD, Dallas. In: *Search of Guidance*. São Francisco: Harper, 1984, rev. ed. 1993, p. 27.

CAPÍTULO 3: JESUS E A VOZ DE DEUS

1. Você pode ler mais sobre a vida e o ministério de James Robison em seu emocionante livro *Thank God, I'm Free*. Thomas Nelson: Nashville, TN, 1988.

2. Deus deu profecias antes do nascimento dos seguintes filhos: Ismael (Gn 16:7-15), Isaque (Gn 17:15ss), Jacó e Esaú (Gn 25:21-26), Sansão (Jz 13:2ss), Josias (1Rs 13:2), João Batista (Lc 1:11-20) e, claro, Jesus (Mt 1; Lc 1). Geralmente, o

próprio nome das crianças no Antigo Testamento era visto como uma profecia. O nome da criança sempre significava um ato de Deus ou o papel que a criança desempenharia no reino de Deus. Por exemplo, o nome "Saul" significa "aquele que foi solicitado". Saul foi o primeiro rei de Israel, aquele que o povo pediu quando rejeitou o reino de Deus.

3. Todas essas histórias são encontradas em Mateus 1–2 e Lucas 1–2.

4. As referências para o nascimento virginal (Mt 1:22; Is 7:14); o nascimento em Belém (Mt 2:4-6; Mq 5:2); a perseguição do Messias (Sl 22; Is 52:13–53:12) e a estadia no Egito (Mt 2:15; Oseias 11:1).

5. Devo esta visão a Frederick Buechner, que escreve que Deus "vem de tal maneira que sempre podemos rejeitá-lo". *The Hungering Dark*. São Francisco: Baker, 1969, p. 14.

6. Quando os habitantes da cidade natal de Jesus se referiram a ele como "filho de Maria" (Mc 6:3), provavelmente estavam insinuando que ele era bastardo. O costume normal seria referir-se a ele como "filho de José". Veja LANE, W. L. *The Gospel According to Mark*. Grand Rapids: Eerdmans, 1974, p. 202-03. Os líderes religiosos de Jerusalém também o acusam explicitamente de ser bastardo em João 8:41.

7. Alguns teólogos usam a teoria da *"kenosis"* para explicar a relação entre a humanidade e a divindade de Jesus. *Kenosis* vem do verbo grego *kenoo* – que significa "esvaziar" ou "despir-se". Paulo usou para descrever a encarnação de Jesus em Filipenses 2:7: "mas esvaziou-se a si mesmo, vindo a ser servo, tornando-se semelhante aos homens". O professor Gerald Hawthorne descreve a *kenosis* assim:

> (...) ao tornar-se humano, o Filho de Deus quis renunciar seus poderes, atributos e prerrogativas divinos para poder viver plenamente dentro das limitações inerentes ao ser verdadeiramente humano. Os atributos divinos, incluindo a onisciência, onipotência e onipresença, não devem ser deixados de lado quando o Filho eterno se tornou humano, mas antes se tornam potenciais ou latentes nesse ser encarnado – presente em

> Jesus em toda a sua plenitude, mas não está mais em exercício. O conhecimento de quem ele era e de qual seria sua missão na vida lhe foi dado à medida que ele se desenvolveu pela revelação e intuição, principalmente em momentos de crise em sua vida e durante momentos de oração e comunhão com o Pai Celestial (*The Presence and the Power*. Word: Dallas, 1991, p. 208-209.

Veja também HELLAND, Roger. *The Hypostatic Union: How Did Jesus Function?* The Evangelical Quarterly 65 (1993): p. 311-327, para uma explicação semelhante.

Alguns dos primeiros expoentes da teoria da *kenosis* afirmaram, na verdade, que Jesus renunciou seus atributos divinos. Isso significava que ele deixou de ser divino. Esta versão da teoria contradiz o ensino bíblico: "Pois em Cristo habita corporalmente toda a plenitude da divindade" (Cl 2:9). Nem Hawthorne, nem Helland estão dizendo que ele abriu mão de seus atributos divinos, mas que renunciou voluntariamente ao uso deles.

O professor Wayne Grudem rejeita todas as formas da teoria da *kenosis*. Ele levanta uma questão importante. Como Jesus poderia ter desistido do uso de sua onipotência e ainda assim ter levado todas as coisas adiante pela palavra de seu poder (Hebreus 1:3) ou mantido o universo unido por seu próprio poder (Cl 1:17)? Para Grudem, a resposta reside na definição calcedoniana da relação entre a divindade de Cristo e a humanidade. O conselho de líderes da igreja que se reuniu em Calcedônia em 451 d.C. emitiu uma declaração de que Jesus era totalmente Deus e totalmente homem – duas naturezas distintas em uma pessoa. Grudem argumenta que, mesmo quando bebê, Jesus foi capaz de manter o mundo unido e levar consigo todas as coisas pela palavra de seu poder, porque sua divindade não era limitada por sua humanidade. Ou seja, tornar-se humano não exigia necessariamente que o Filho de Deus renunciasse ao uso de qualquer um dos seus atributos divinos. Para uma explicação mais completa veja GRUDEM, Wayne. *Teologia sistemática*. São Paulo: Vida Nova, 2022, p. 549-563.

Seria bom fazermos uma pausa aqui e nos lembrarmos de que estamos caminhando no terreno mais sagrado das Escrituras, a encarnação do Filho de Deus. É um dos mistérios mais surpreendentes do universo. É um mistério que Deus se contentou em descrever com metáforas como "coberto" (Lc 1:35) e "esvaziado" (Fp 2:7). Portanto, nenhum de nós deveria estar muito confiante em nossas habilidades para explicar todos os detalhes deste grande evento.

Uma coisa é certa. Ao tornar-se humano, Jesus permitiu que a sua glória fosse velada enquanto estava na terra e sujeitou-se a limitações que não experimentou em seu estado celestial. Tanto Grudem como Hawthorne concordam que Jesus, em sua humanidade, é o modelo para nosso ministério, bem como para a nossa vida moral. Ambos concordam que na sua humanidade ele dependia do poder do Espírito Santo para ouvir Deus e fazer milagres.

8. É possível argumentar que alguns dos milagres de Jesus foram realizados por sua própria divindade. Por exemplo, quando ele transformou a água em vinho, João escreveu: "Revelou assim a sua glória" (Jo 2:11). Mas mesmo que assim fosse, a grande maioria dos milagres de Jesus são atribuídos ao poder do Espírito Santo ou do Pai operando através da humanidade de Jesus. Este é o testemunho de Jesus (Jo 5:19) e dos apóstolos (At 10:38).

9. O professor Hawthorne salienta que mesmo nos milagres de Jesus, onde o Espírito Santo não é mencionado explicitamente, as referências à autoridade e ao poder de Jesus revelam a convicção dos autores do Novo Testamento de que Jesus é um profeta que é o portador do Espírito e, consequentemente, vive "no ambiente do Espírito" (Hawthorne. *The Presence and the Power*, p. 114).

10. Hawthorne. *The Presence and the Power*, p. 238.

CAPÍTULO 4: A IGREJA DO NOVO TESTAMENTO E A VOZ DE DEUS

1. Ezequiel 37:9,14; João 3:8.

2. A palavra grega traduzida como "endereçado" em 2:14, *apofeggomai*, é usada no grego secular para indicar um discurso que foi inspirado por um deus. Veja BAGD, p. 102.

3. Veja HAWTHORNE, Gerald F. *Philippians, Word Biblical Commentary*, Volume 43. Waco, Texas: Word, 1983, p. 156-157 para uma discussão desta passagem. Além disso, veja O'BRIEN, Peter T. *The Epistle to the Philippians, A Commentary on the Greek Text*. Grand Rapids: Eerdmans, 1991, p. 438-40 para uma discussão sobre o significado do verbo "revelar".

4. Existem três expressões diferentes em Lucas e Atos para o encher do Espírito. A construção usada em Atos 4:8, pimplemi pneumatos agiou, ocorre oito vezes nos dois livros. Sempre se refere ao poder dado pelo Espírito Santo aos indivíduos para darem testemunho profético de Jesus. Geralmente, esse testemunho profético é apresentado a um público hostil. As referências são Lucas 1:15 com 1:41-44; 1:67ss; Atos 2:4ss; 4:8; 4:31; 9:17ss; e 13:9.

5. Por exemplo, no livro de Atos, Lucas nunca diz explicitamente aos seus leitores que a oração é importante. No entanto, enfatiza repetidamente a importância da oração, contando histórias nas quais a oração é a chave para a liberação do poder de Deus. A oração é mencionada explícita ou implicitamente em dezoito dos 28 capítulos. No capítulo 10 é mencionado seis vezes se contarmos a referência no versículo 3 à "hora nona", que era a hora da oração. A repetição de todas estas histórias relativas à oração pretende mostrar o poder da oração em todas as experiências da vida.

6. Veja João 14:26; 15:26; 16:13.

7. Atos 2:14-21.

8. Atos 11:16.

9. Atos 4:8-12.

10. Atos 5:1-11.

11. Estêvão (6:8–7:60), Filipe (8:5-13,26-40), Ágabo (11:27-30; 21:11), Ananias (9:10-19) e anônimos (4:29-31; 13:2; 19:6).

12. Alguns argumentam que os Evangelhos e Atos são simplesmente descrições do que aconteceu, e não conselhos sobre como devemos viver. De acordo com essa visão, os livros históricos do Novo Testamento têm mais em comum com os relatos da mídia moderna do que com obras teológicas inspiradas. A fraqueza desse argumento torna-se aparente quando nos perguntamos por que o

Espírito Santo levou os autores do Novo Testamento a descrever certos eventos e ignorar outros por completo. Os autores do Novo Testamento contaram-nos histórias para satisfazer a nossa curiosidade ou para mudar o nosso comportamento? Nenhuma Escritura é meramente descritiva. Todos os exemplos da Bíblia têm como objetivo nos instruir sobre uma vida piedosa (1Co 10:6; 2Tm 3:16-17). Tratei dessa objeção mais detalhadamente em *Surpreendido pelo poder do Espírito* (São Paulo: Editora Sankto, 2023).

13. Se a palavra "anormal" parecer muito forte, substitua por "incomum". Meu ponto de vista ainda é o mesmo: estamos fazendo uma comparação entre as Escrituras inspiradas e a nossa experiência.

14. Ambas as histórias são contadas em Atos 12.

CAPÍTULO 5: PROFETAS PRESBITERIANOS?

1. Alguém poderia argumentar que seus "erros" não produziriam bons frutos. No entanto, ao contrário dos falsos profetas do Antigo Testamento, o meu amigo profeta admite publicamente os seus erros e dá uma indenização por quaisquer erros que tenha causado. Bons frutos geralmente seguem nosso arrependimento sincero.

2. Deuteronômio 18:15-22 é frequentemente entendido como uma sucessão de profetas, desde Moisés em diante, que nunca cometeriam erros em suas profecias. Vários fatores contextuais militam contra esta interpretação. Primeiro, Moisés não disse que Deus levantaria uma linhagem de profetas, mas sim *um profeta* (v. 15). Segundo, Moisés afirmou que este futuro profeta seria *como eu* (v. 15). Moisés não foi simplesmente um profeta que predisse o futuro. Ele foi o fundador teocrático da religião de Israel e o mediador da Antiga Aliança. A frase qualificativa "como eu" nos leva a esperar alguém que também seja um mediador da aliança. Terceiro, o epílogo de Deuteronômio, capítulo 34, que foi escrito na época de Josué ou mais tarde, declara especificamente:

> Em Israel nunca mais se levantou profeta como Moisés, a quem o Senhor conheceu face a face, e que fez todos aqueles sinais e maravilhas que o Senhor o tinha enviado para fazer no Egito, contra o faraó, contra todos os seus servos e contra toda a sua terra. Pois ninguém jamais mostrou tamanho poder como Moisés nem executou os feitos temíveis que Moisés realizou aos olhos de todo o Israel (Dt 34:10-12).

Isso significa que nem mesmo Josué estava no mesmo nível de Moisés, embora Deus tenha prometido estar com ele como esteve com Moisés (Js 1:5). O significado de Deuteronômio 34:10-12, de acordo com Patrick Miller, é que "dificilmente se pode ver 18:15-22 em termos de uma linha contínua de profetas ao longo da história de Israel. A única maneira de resolver a tensão entre os capítulos 18 e 34 é *projetar no futuro* o anúncio de que Deus levantará um profeta (...)" (*Deuteronomy*. Louisville: John Knox Press, 1990, p. 156-57; ênfase do autor). Quarto, foi assim que a passagem foi interpretada no judaísmo (ver CRAIGIE, Peter C. *Deuteronômio*. São Paulo: Cultura Cristã, 2013, p. 263, nº 20). Quinto, no Novo Testamento, tanto os judeus como os apóstolos entenderam que essa passagem se referia não a uma linhagem de profetas, mas ao Messias (Jo 1:21,25; 6:14; 7:40; At 3:22-26). Assim, o contexto e a interpretação bíblica posterior favorecem a interpretação messiânica de Deuteronômio 18:15.

Se for esse o caso, então os falsos profetas mencionados em 18:20-22 podem não ser profetas que simplesmente cometem um erro, mas sim pretendentes ao lugar de Moisés ou ao papel messiânico. De qualquer forma, Craigie nos adverte contra uma aplicação inflexível de 18:20-22. Ele escreve:

> Provavelmente seria errado considerar esses critérios como regras a serem aplicadas de forma rígida cada vez que um profeta abria a boca. Quando um profeta anunciava o julgamento vindouro de Deus e clamava ao arrependimento, seria claramente inútil esperar primeiro para ver se o julgamento realmente aconteceria e depois se arrepender (tarde demais!). Em vez disso, os critérios representam os meios pelos quais um

profeta ganhou a reputação de verdadeiro profeta e porta-voz do Senhor. Ao longo do ministério de um profeta, em assuntos importantes e menos significativos, o caráter de um profeta como verdadeiro porta-voz de Deus começaria a emergir claramente. E igualmente, os falsos profetas seriam desacreditados e depois tratados de acordo com a Lei (*Deuteronômio*, p. 263).

Além disso, não há nenhuma evidência na história de Israel de que eles alguma vez tenham condenado à morte um profeta por um simples erro numa declaração profética. Por exemplo, quando Davi deu a entender a Natã que queria construir um templo para o Senhor, Natã lhe disse: "Faze o que tiveres em mente, pois o Senhor está contigo" (2Sm 7:3). Mas Natã estava errado e mais tarde naquela noite teve que ser corrigido pelo Senhor (2Sm 7:4ff). Se alguém se opuser meticulosamente que Natã não prefaciou sua primeira profecia com "Assim diz o Senhor...", deve-se notar que Natã falou em nome do Senhor, pois ele disse: "(...) o Senhor é contigo". Além disso, teria Davi falado com o profeta simplesmente para obter a opinião humana dele? Por que as pessoas consultavam os profetas no Antigo Testamento se não para receber uma palavra de Deus? Natã deu uma palavra errada, mas não foi condenado à morte. Uma palavra errada não era automaticamente classificada como uma palavra presunçosa ou como uma palavra em nome de falsos deuses (Dt 18:20-22).

3. Para exemplos de profetas e aqueles que operam milagres em todos os séculos, veja THIGPEN, Paul. "Did the Power of the Spirit Ever Leave the Church?". *Charisma*, setembro de 1992, p. 20-29.

4. KNOX, John. *History of the Reformation*, vol. 1, DICKINSON, William Croft (org.). Nova York: Philosophical Library, 1950, p. 60.

5. CAMERON, Nigel M. de S. (org.). *Dictionary of Scottish Church History and Theology*. Edimburgo: T. & T. Clark, 1993.

6. *Scots Worthies*. HOWIE, John; MCGAVIN, William (org.) Glasgow: W.R. McPhun, 1846; ed. orig. 1775, contém uma breve biografia de Wishart (p. 27-38), bem como a História de Knox (p. 60ss), da qual o relato acima foi extraído.

Em diversas citações ao longo desse capítulo, tomei a liberdade de remover os maneirismos da língua escocesa, bem como de modernizar a ortografia e a gramática.

7. *Scots Worthies*, p. 28.

8. RIDLEY, Jasper. *John Knox*. Oxford: Clarendon Press, 1968, p. 504. Ridley escreveu: "As histórias sobre os poderes proféticos de Knox, mostrando como suas profecias se tornaram realidade, também circularam poucos anos após sua morte por Smeton, e foram posteriormente repetidos e elaborados por James Melville e muitos outros escritores protestantes escoceses" (*ibid.*, p. 526).

9. *Scots Worthies*, p. 63; também RIDLEY, Jasper. *John Knox*. Oxford: Clarendon Press, 1968, p. 517, 519.

10. RIDLEY, *John Knox*, p. 519.

11. FLEMING, Robert. *The Fulfilling of the Scripture*. Roterdão: não publicado, 1671; edição original 1669, p. 424.

12. HOWIE, John. *The Scots Worthies*. CARSLAW, W. H. (org.) Edimburgo: Oliphant, Anderson and Ferrier, 1902; edição original 1775, p. 120.

13. *Ibid.*, p. 122.

14. *Ibid.*, p. 121.

15. *Ibid.*, p. 123, 131.

16. *Ibid.*, p. 130.

17. *Ibid.*, p. 124-25.

18. *Ibid.*, p. 131.

19. *Ibid.*, p. 132-133.

20. O termo aliancistas refere-se àqueles que assinaram ou apoiaram o Pacto Nacional (1638) e a Liga e Pacto Solene (1643). Esses documentos escoceses promoveram a teologia reformada e a independência espiritual da igreja sob a liderança exclusiva de Jesus Cristo. Geralmente os aliancistas podem ser identificados com a teologia presbiteriana e a política da igreja. Além dos trabalhos já citados por Knox, Howie e Fleming, veja também WALKER, Patrick. *Six Saints of the Covenant*. FLEMING, D. Hay (org.), 2 vols. Londres: Hodder &

Stoughton, 1901; edição original p. 1724-1732), e SMELLIE, Alexander. *Men of the Covenant*. Londres: Banner of Truth Trust, 1960; edição original 1903.

21. *Dictionary of Scottish Church History and Theology*, p. 104.

22. Fleming, p. 430.

23. *Ibid.*, 431.

24. *Ibid.*, p. 416, 418, 419, 432, 437-440.

25. CAMERON, Thomas. *Peden the Prophet*. Edimburgo: James A. Dickson, 1981, reimpressão, p. 5. Sua história também é contada por Alexander Smellie em seu famoso livro, *Men of the Covenant*. Londres: Andrew Melrose, 1905; orig. 1903, p. 377-89; veja também em p. 331-335 a profecia de Peden sobre John Brown. *Scots Worthies*, p. 502-515, também contém um breve relato de sua vida. O relato mais completo é dado por WALKER, Patrick. *Six Saints of the Covenant*, 2 vols. Londres: Hodder & Stoughton, 1901; orig. 1724–1732), 1:45-178; 2:119-55.

26. *The Scots Worthies*, p. 507.

27. *Men of the Covenant*, edição de 1905, p. 332.

28. *The Scots Worthies*, p. 443-446.

29. *Men of the Covenant*, edição de 1905, p. 334-335.

CAPÍTULO 6: UMA CONSPIRAÇÃO CONTRA O SOBRENATURAL

1. HOWIE, John. *The Scots Worthies*. MCGAVIN, William (org.). Glasgow: W. R. McPhun, 1846, p. 27.

2. *Ibid.*, p. 27, nota de rodapé.

3. *Ibid.*

4. Patrick Walker (c. 1666–1745) era ele próprio um aliancista que foi preso e torturado por sua fé. Em 1724, Walker publicou a *Life of Alexander Peden*. Finalmente, esse trabalho foi combinado com as biografias de cinco outros aliancistas escoceses e publicado sob o título *Six Saints of the Covenant*. A edição que possuo foi editada por D. H. Fleming e publicada por Hodder e Stoughton de Londres em 1901. Antes de Walker escrever a biografia de Peden, ele viajou

mais de 16 quilômetros na Escócia e na Irlanda entre os anos de 1722-1723, coletando fatos sobre a vida de Peden. Walker não era um homem erudito, e foi traído por sua gramática e estilo. Ele foi fortemente criticado por um historiador contemporâneo, Robert Wodrow (1679-1734). Os ataques contra a exatidão de Walker foram provavelmente motivados pelo seu estilo pobre e pelas suas críticas por vezes bombásticas à igreja estabelecida, e não por erros históricos reais em seu trabalho. A precisão histórica de Walker resistiu ao teste do tempo. D. H. Fleming, que escreveu a introdução à edição de 1901 da obra de Walker, afirmou "que uma série de suas histórias maravilhosas podem ser corroboradas por outras obras, algumas das quais ele nunca viu. Suas citações são bastante precisas e suas datas são, em geral, surpreendentemente corretas" (*ibid.*, p. XXIX). Veja também a avaliação positiva de LACHMAN, D. C. *Dictionary of Scottish Church History and Theology*. CAMERON, Nigel M. de S. (org.) Edimburgo: T. & T. Clark, 1993, p. 851-852.

5. LEWIS, C. S. *Milagres*. São Paulo: Thomas Nelson Brasil, 2021, p. 3.

6. FLEMING, Robert. *The Fulfilling of the Scripture*. Roterdão: não publicado, 1671; edição original 1669, p. 422-3.

7. *Ibid.*, p. 430, 473-474.

8. *Ibid.*, 422-423, 452, 472-473.

9. *Ibid.*, p. 474.

10. *Ibid.*

11. *Ibid.*, p. 430.

12. *Ibid.*, p. 423.

13. *Ibid.*, p. 473-74.

14. *Ibid.*, p. 474.

15. *Dictionary of Scottish Church History and Theology*, p. 325.

16. RUTHERFORD, Samuel. *A Survey of the Spirituall Antichrist. Opening the Secrets of Familisme and Antinomianisme in the Antichristian Doctrine of John Saltmarsh...* Londres: não publicado, 1648, p. 42. A referência a M. Ioh. Davidson é para John Davidson de Prestonpans (também chamado de Salt-Prestoun em documentos antigos). Ele foi o pregador no dia em que o Espírito Santo desceu

sobre os ministros em St. Giles, em março de 1596, e iniciou um avivamento. Ele esteve em St. Andrews como regente ou mestre de sua faculdade nos últimos dias de John Knox. Ele era conhecido por suas palavras proféticas. Veja GILLON, R. Moffat. *John Davidson of Prestonpans*. Londres: James Clarke & Co., 1936.

17. *Ibid.*, 43ss.

18. Para exemplos dos tipos de coisas que estão acontecendo na igreja na China, veja LAWRENCE, Carl. *A Igreja na China*. São Paulo: Editora Vida, 1987.

19. BOOM, Corrie ten. *O refúgio secreto*. Colombo: Publicações Pão Diário, 2021; e *Tramp for the Lord*. Fort Washington, PA: Christian Literature Crusade, 1974.

20. BOOM, Corrie ten. *O refúgio secreto*, p. 202.

21. *Ibid.*, 203.

22. WHISTON, Charles. *Pray: A Study of Distinctive Christian Praying*. Grand Rapids: Eerdmans, 1972, p. 9-16.

23. SPURGEON, Susannah; HARRALD, Joseph (org.). *The Full Harvest*, vol. 25: *C. H. Spurgeon: Autobiography*. Carlisle, PA: Banner of Truth Trust, 1973; edição original 1960.

24. FULLERTON, F. Y. *Charles H. Spurgeon*. Chicago: Bloomsbury, 1966, p. 206

25. SPURGEON, Charles H. *The Autobiography of Charles Spurgeon*. Curts & Jennings, 1899, Vol. II: p. 226-227.

26. *Ibid*.

27. Os Guinness. *The Dust of Death*. Downers Grove, Ill.: InterVarsity Press, 1973, p. 299.

CAPÍTULO 7: DEUS FALA PELA BÍBLIA

1. A história do sonho de Mônica e sua conversa com o bispo se encontra em *Confissões de Santo Agostinho* III: p. 11-12. A experiência de Agostinho no jardim e a morte de Mônica está registrada em *Confissões de Santo Agostinho* no Livro IX: p. 11.

2. Para os detalhes da vida de Cowper (e referências), consulte WHITE, John. *Máscaras da melancolia*. São Paulo: ABU Editora, 2018, p. 142-146; e também *The Oxford Dictionary of the Christian Church*, 2ª edição, p. 355.

3. Compare as analogias entre a vida espiritual e os alimentos em 1Coríntios 3:1-4; Hebreus 5:11-14; e 1Pedro 2:1-2.

4. GOLEMAN, Daniel. *Inteligência emocional*. São Paulo: Objetiva, 1996, p. 87-88.

5. LEWIS, C. S. *Reflexões sobre Salmos*. São Paulo: Thomas Nelson Brasil, 2023, p. 114.

6. A Bíblia pode ser usada de forma destrutiva de acordo com 2Pedro 3:16.

7. Existem exceções legítimas a essa declaração. Houve momentos na história, por diversas razões, em que foi impossível para o cristão comum ler a Bíblia regularmente. Onde os governos modernos proibiram a Bíblia, Deus parece falar ainda mais com os seus filhos em sonhos, visões, impressões e outras formas.

CAPÍTULO 8: DEUS FALA POR MEIO DA EXPERIÊNCIA

1. LEWIS, C. S. *O problema da dor*. São Paulo: Thomas Nelson Brasil, 2021, p. 81.

2. Zondervan, 1996.

3. *Ibid.*, 17.

4. Em meu livro, *Surpreendido pelo poder do Espírito* (São Paulo: Sankto, 2023), argumento os vários propósitos dos milagres.

5. Ilustro esse dilema em *Surpreendido pelo poder do Espírito*.

6. Por favor, não tome essa observação como uma crítica aos psiquiatras ou aos antidepressivos. Conheço cristãos maravilhosos que, em diversas ocasiões, se beneficiaram dos conselheiros e dos antidepressivos. Estou criticando a promessa hipócrita de algo que os que prometem não estão vivenciando nem levando seus seguidores a vivenciar.

7. Salmos 119:26,27,33,34,36,66,108,124,135.

8. Zondervan, 1989.
9. *Windows of the Soul*, p. 172-173.
10. *Ibid.*, p. 175.

CAPÍTULO 9: DEUS FALA POR MEIOS SOBRENATURAIS

1. Edith Schaeffer conta essa história em *The Tapestry*. Waco: Bantam Books, 1981, p. 384-385. Peter Marshall, o famoso pastor presbiteriano e capelão do Senado, também ouviu a voz audível de Deus quando era jovem. A voz de Deus salvou sua vida. Veja MARSHALL, Catherine. *A Man Called Peter*. Nova York: Macmillan, 1971; edição original 1951, p. 24.

2. Mais tarde, Edith Schaeffer disse: "Agora, a resposta de Francis à oração e a experiência muito especial de ouvir o Senhor dizer para se voltar para essa casa não poderiam ser despedaçadas por eu ter passado o ano reclamando da dificuldade de viver lá! Nem, muito mais importante, eu poderia reclamar do Senhor por deixar de ser grato pelo que ele havia dado naquele abrigo específico". *Ibid.*, p. 385.

3. Essa história está em 1Samuel 3:1-18.

4. Embora as palavras ditas à nossa mente tenham autoridade divina, elas não têm a mesma autoridade que as Escrituras. Veja o capítulo 18, p. 278ss.

5. Os teólogos podem discutir interminavelmente sobre o que significa a palavra "sobrenatural". Não tenho intenção de entrar nesse debate. A maioria não tem dificuldade de usar o termo sobrenatural em referência a uma voz audível ou a visita de um anjo. Alguns podem argumentar que a "voz interna audível" descrita nesse capítulo não é realmente sobrenatural. No entanto, se essa voz provém de Deus, então ela transcende as nossas percepções naturais e deve ser descrita como sobrenatural. A verdadeira questão aqui é como distinguir a "voz interna audível" da voz dos nossos próprios pensamentos.

6. Da perspectiva cristã, veja o artigo de JONES, Timothy. "Rumors of Angels." *Christianity Today*. Cinco de abril de 1993, p. 18-22; SPANGLER, Ann.

Encontros com anjos. São Paulo: Editora Vida, 1996; e CALVIN, Larry. *No Fear! The Calling of Angels*. Fort Worth: Sweet Publishing, 1995. Do lado secular, veja o artigo de GIBBS, Nancy. "Angels Among Us". *Time*, 27 de dezembro, 1993, p. 56-65; e COLT, George. "In Search of Angels". *Life*, dezembro de 1995, p. 62-79.

7. Para o nascimento de Jesus, veja Mateus 1:20,24; 2:13,19; Lucas 1:11ss, 26ss; 2:9-15. Para sua tentação, veja Mateus 4:11 e Marcos 1:13. Para sua ressurreição, veja Mateus 28:2,5; Lucas 24:23; João 20:12. Para sua ascensão, veja Atos 1:10-11.

CAPÍTULO 10: DEUS FALA POR MEIOS NATURAIS

1. Alguém pode pensar que as visões deveriam ser classificadas como meios sobrenaturais, e não naturais, de comunicação divina. Coloquei-os nesse capítulo com sonhos, êxtases, impressões, fragmentos de frases e palavras isoladas porque todos nós geralmente experimentamos essas coisas em formas naturais. Os sonhos, muitas vezes, surgem do nosso subconsciente e as visões (ou imagens mentais), da nossa imaginação. Novamente, a verdadeira questão é como determinar a origem dessas experiências quando elas acontecem conosco.

Todas as formas de comunicação divina, seja a partir da Bíblia ou da experiência, têm de ser iluminadas pelo Espírito Santo para que possamos tirar proveito da revelação. Ler a Bíblia sem receber a iluminação é tão inútil quanto piscar para seu esposo/esposa no escuro. Mesmo a voz audível de Deus não pode ser compreendida sem a iluminação do Espírito Santo (Jo 12:27-33). De certo modo, estaríamos justificados em chamar qualquer comunicação de Deus de "sobrenatural" quando é iluminada por Deus, seja um sonho ou uma conversa com um amigo. Sempre que a voz de Deus penetra no coração, é algo sobrenatural.

2. Às vezes a Bíblia usa ambos os termos de forma alternadamente, p. ex., Daniel 7:1-2.

3. Cf. A experiência de Pedro em Atos 10:9-16.

4. GIRE, Ken. *Janelas da alma*. São Paulo: Editora Vida, 2003, p. 151-155.

5. A palavra grega é *eidon* e pode ser usada tanto para visão natural quanto para percepções espirituais.

CAPÍTULO 11: APRENDENDO A LINGUAGEM DO ESPÍRITO SANTO

1. Esta igreja agora está prosperando. Entendo que algumas das declarações neste capítulo podem ser ofensivas para alguns membros que estavam lá quando eu estava frequentando a igreja. A última coisa que quero fazer é ofender qualquer um deles. Acreditei naquele tempo, e acredito agora, que o núcleo desta igreja é composto de cristãos bons, morais, sinceros e que creem na Bíblia. O segundo ponto que quero ressaltar é que entre os líderes eu era o mais inflexível ao acreditar que o ministério mais importante do reino era o ensino bíblico. Eu pessoalmente não estava fazendo nenhum trabalho significativo no evangelismo, aconselhamento ou na administração. Os outros pastores basicamente cuidavam do aconselhamento e da administração. Tudo o que realmente me preocupava era ensinar. Fui eu quem teve o papel principal na engenharia do código genético da igreja, e agora percebo que foi simplesmente uma clonagem da minha própria personalidade e da minha teologia pessoal.

2. LEWIS, C. S. *Cartas de um diabo ao seu aprendiz*. São Paulo: Thomas Nelson Brasil, 2017, p. 39.

CAPÍTULO 12: FACILITANDO O MINISTÉRIO PROFÉTICO

1. Se você é um cético radical, pode estar pensando que Paul Cain poderia ter pesquisado os registros do condado no Texas e no Mississippi, onde minha mãe e meu pai nasceram, e obtido seus nomes de nascimento nessas fontes. Antes de decidir sobre tal explicação, talvez você queira esperar até ler o último capítulo deste livro.

2. GAFFIN, Richard B. Jr. *Perspectivas sobre o Pentecostes*. São Paulo: Os Puritanos, 2015, p. 59, escreve: "Aparentemente, a designação da palavra profeta é aplicada àqueles que exercem o dom com frequência ou com alguma regularidade (p. ex., At 21:10; 1Co 12:28), enquanto o dom pode agir temporariamente em outras pessoas em ocasiões específicas (ver At 19:6 – também At 21:9; 1Co 11:4ss)".

3. Alguém poderia opor que Ananias e Safira foram julgados por não terem dado o valor total da venda de sua propriedade, mas Pedro deixou claro que eles foram julgados por mentirem para Deus (At 5:4).

4. Êxodo 14:31; 19:9; Josué 3:7; 4:14; 1Crônicas 29:25.

CAPÍTULO 13: "DEUS ME MANDA DIZER..."

1. Estas possibilidades são avaliadas por GRUDEM, Wayne. *O dom de profecia: do Novo Testamento aos dias atuais*. São Paulo: Editora Vida, 2004, p. 72-74, que conclui que "os outros" são todos os que ouvem os profetas.

2. Estes três elementos – amor, testemunho, glória – ocorrem nos três contextos onde o Espírito da Verdade é mencionado no último discurso de Jesus com os apóstolos antes da cruz (Jo 14:17; 15:26; 16:13).

CAPÍTULO 14: ARMADILHAS PROFÉTICAS

1. Pode parecer estranho para alguns Deus usar um espírito maligno para cumprir seus propósitos. No entanto, todo poder pertence a Deus, seja humano, político ou espiritual. Ele usou nações malignas como a Assíria e a Babilônia para disciplinar seu povo. Por que não usaria espíritos malignos para os mesmos propósitos? Isso aconteceu com Saul diversas vezes (1Sm 16:14,15,23; 18:10; 19:9). Aconteceu com Davi (2Sm 24:1; 1Cr 21:1) e com outros (Jz 9:23; 1Rs 22:19-23).

2. TEYKL, Terry. *Your Pastor: Preyed On Or Prayed For?* Anderson, IN: Bristol Books, 1993.

3. *Windows of the Soul*, p. 216.

CAPÍTULO 15: SONHOS E VISÕES

1. Cf. um artigo de MOSS, Robert. "What Your Dreams Can Tell You". *Parade*, 30 de janeiro de 1994: p. 13-14.

2. Alguns podem se opor à minha linha de raciocínio aqui, dizendo que Joseph provavelmente não entendeu o significado de nenhum desses textos. Ou que mesmo que entendesse o significado, não saberia que se tratava de seu filho e de sua esposa. Mas nenhuma dessas objeções tem força. O Espírito Santo é perfeitamente capaz de trazer à mente as passagens mais obscuras e fazer serem aplicadas corretamente.

Deixe-me dar um exemplo do que quero dizer. Salmos 69:25 diz: "Fique deserto o lugar deles; não haja ninguém que habite nas suas tendas". Salmos 109:8 diz: "Seja a sua vida curta, e outro ocupe o seu lugar". Quem poderia imaginar que, em última análise, ambas as passagens se referiam a Judas, o apóstolo que traiu o Senhor? Mas Pedro, levantando-se no meio dos 120 discípulos, declarou que ambas as passagens se referiam a Judas e, portanto, eles deveriam agora escolher outro apóstolo para ocupar o lugar dele (At 1:20-26). Quando Deus deseja, ele não tem nenhuma dificuldade em pegar qualquer passagem, não importa o quanto seja obscura, e usá-la para guiar seu povo em certas ações. Em ambas as passagens que citei sobre os sonhos que Deus deu a José, Mateus observa em cada caso que os sonhos levaram à ação que cumpriu as profecias do Antigo Testamento sobre Jesus, ou seja, Isaías 7:14 e Oseias 11:1.

3. Cf. Oseias 12:10: "Eu mesmo falava aos profetas, dava-lhes muitas visões, e por meio deles falava em parábolas". Veja também Ezequiel 7:26: "Virá uma desgraça após a outra, e um alarme após o outro. Tentarão conseguir uma visão da parte do profeta; o ensino da lei pelo sacerdote se perderá, como também o conselho das autoridades". A ausência de sonhos e visões era, muitas vezes, um sinal do juízo de Deus sobre o povo, principalmente seu desgosto com a liderança corrupta (1Sm 3:1; Lm 2:9; Mq 3:6,7).

4. Outros sonhos que ocorreram em duas formas diferentes e representaram eventos decretados são encontrados em Gênesis 37:5ss. Os dois sonhos

em Daniel 2 e Daniel 7 representaram o progresso dos impérios mundiais, começando com o reino babilônico.

5. MOSS, Robert. "What Your Dreams Can Tell You". *Parade*, 30 de janeiro de 1994: p. 13-14. O que considero instrutivo em seu artigo é que ele apareceu na revista *Parade*, uma revista semanal distribuída por todo o país nos jornais dominicais. Isso indica que os editores sentiram que havia interesse generalizado suficiente nos sonhos para justificar um artigo especial sobre o assunto.

6. Gênesis 40:8; 41:16,25,28,39; Daniel 1:17; 2:28; 4:18.

7. Daniel 7:28; 8:27; 10:8-17.

8. Gênesis 41:11-13,37-40; Daniel 5:12.

CAPÍTULO 16: O SENHOR RECONHECE DE LONGE OS ARROGANTES

1. EDWARDS, Jonathan. "The Distinguishing Marks of a Work of the Spirit of God". In: *Jonathan Edwards on Revival*. Carlisle, Penn.: The Banner of Truth Trust, 1984, p. 137.

2. LEWIS, C. S. *Cristianismo puro e simples*. São Paulo: Thomas Nelson Brasil, 2007, p. 109.

3. *Ibid.*, p. 111.

4. FEE, Gordon. *Comentário exegético – 1Coríntios*. São Paulo: Editora Vida Nova, 2019, p. 146ss, argumenta que tanto o contexto quanto a gramática dessa passagem exigem tal interpretação comum.

5. BAGD, p. 857.

6. Salmos 13:1; 28:1; 39:12; 83:1; 89:46; 109:1.

7. Citado por C. S. Lewis em *Milagres*. São Paulo: Thomas Nelson Brasil, 2021, p. 81.

CAPÍTULO 17: CONFISSÕES DE UM DEÍSTA BÍBLICO

1. A palavra grega é *diermeneuo*. Veja Atos 9:36; 1Coríntios 12:30; 14:5,13,27; e BAGD, p. 194.

2. Pouco depois disso, Jesus apareceu aos seus onze discípulos e disse: "Foi isso que eu lhes falei enquanto ainda estava com vocês: Era necessário que se cumprisse tudo o que a meu respeito está escrito na Lei de Moisés, nos Profetas e nos Salmos" (Lc 24:44). No entanto, Jesus sabia que a Bíblia nunca se tornaria a espada do Espírito nas mãos deles sem o seu toque sobrenatural. Portanto, "(...) lhes abriu o entendimento, para que pudessem compreender as Escrituras" (v. 45). Se tal entendimento era universal e automático para todos os crentes, por que tantos de nós ainda não entendemos sua Palavra? Por que existem tantas divisões no corpo de Cristo? Por que existem tantos debates doutrinários cheios de rancor entre os cristãos?

Quem escreveu a Bíblia acreditava que as Escrituras não poderiam ser compreendidas sem a iluminação do Espírito Santo. Eles sabiam que, se Deus não iluminasse seus corações e sua Palavra, nunca entenderiam sua voz nas Escrituras de maneira significativa. O salmo 119 é provavelmente a maior meditação da Bíblia sobre o valor da Palavra escrita de Deus. O autor do salmo 119 orou sob a inspiração do Espírito Santo: "Abre os meus olhos para que eu veja as maravilhas da tua lei" (v. 18). Este era um homem através de quem a inspiração do Espírito Santo fluía para que ele pudesse realmente escrever a Palavra de Deus. Mas mesmo esse homem não presumiu entender a Palavra de Deus a menos que o Espírito de Deus lhe abrisse os olhos. Várias vezes ele apela a Deus neste salmo para "ensinar" e dar-lhe compreensão das Escrituras (Sl 119:12,26, 33,64,66,108,124,135). O entendimento que ele tem das Escrituras é atribuído à obra de Deus porque o Senhor lhe ensinou as Escrituras (Salmos 119:102,171).

No meio da sua segunda carta a Timóteo, Paulo para, aparentemente percebendo que Timóteo pode não ter uma compreensão eficaz do que ele lhe está escrevendo. Portanto, Paulo lhe diz: "Reflita no que estou dizendo, pois o Senhor lhe dará entendimento em tudo" (2:7). A função de Timóteo é considerar; a função do Senhor é dar entendimento. A propósito, não creio que esta seja uma promessa geral para todos os cristãos. Penso que é possível que muitos de nós "consideremos" as passagens individuais das Escrituras e não as compreendemos nem apliquemos bem. Paulo conhecia o coração de Timóteo. Ele era o tipo de pessoa com quem o Senhor falaria se ele dedicasse tempo para meditar nas Escrituras.

3. LAW, William. *The Power of the Spirit*. Fort Washington, PA: Christian Literature Crusade, 1971, p. 61, citado por WILLARD, Dallas. In: *Search of Guidance*. Ventura, CA: Regal Books, 1984, p. 198.

4. *Reflexões sobre Salmos*. São Paulo: Thomas Nelson Brasil, 2023, p. 57-58.

5. FLETCHER, John. *A Guide to Young Disciples*. Cheltenham: Richard Edwards, 1848, p. 1.

CAPÍTULO 18: A INCREDULIDADE ATRAVÉS DA TEOLOGIA

1. GUTHRIE, Donald. *Teologia do Novo Testamento*. São Paulo: Cultura Cristã, 2011, p. 437,558-559.

2. WHITE, Fowler. "Does God Speak Today Apart From the Bible?". In: ARMSTRONG, John H. (org.). *The Coming Evangelical Crisis*. Chicago: Moody Press, 1996, p. 81.

3. *Ibid.*, p. 87.

4. Na citação tirada da página 87, White usou a frase "ouvir essas palavras", mas ele quis dizer "compreender essas palavras". A questão não é se alguém ouve uma voz audível, tem uma visão, tem um sonho ou uma impressão, mas se reconhece se a comunicação vem de Deus e não de sua própria imaginação e se a compreende.

5. *Ibid.*, p. 83.

6. *Ibid.*, p. 79.

7. *Ibid.*, p. 78.

8. Há uma série de erros no artigo de White aos quais não fiz referência acima. Ele me atribui um apêndice que nunca escrevi (p. 88, nota 17), a saber, "Apêndice 7: The Sufficiency of Scripture and Distortion of What Scripture Teaches About Itself", em GREIG, Gary S.; SPRINGER, Kevin N. (org.). *The Kingdom and the Power: Are Healing and the Spiritual Gifts Used by Jesus and the Early Church Meant for the Church Today?* Ventura, Califórnia: Regal, 1993, p. 440. Na realidade, Gary Greig escreveu este apêndice.

White também deturpa meus pontos de vista quando escreve: "Ele [Deere] insiste que esses meios [isto é, as várias maneiras pelas quais Deus falou na Bíblia] estão sempre conectados com 'palavras de direção' divinas, sem definir essas palavras de outra forma que não sejam termos pessoais e ministeriais" (p. 80-81).

Não insisto que os vários fenômenos de revelação da Bíblia "estão sempre conectados com 'palavras de direção'". Às vezes, quando Deus fala conosco, é para ter comunhão conosco, em vez de nos dar uma direção (ver capítulo 15, p. 222-223).

White também acusa aqueles de nós que acreditam que Deus fala fora da Bíblia de desviar a atenção das Escrituras e apagar o Espírito. Biblicamente, eu me pergunto como ele pode fazer isso, já que o ato de apagar o Espírito está ligado ao desprezo pela revelação não canônica. Paulo escreveu: "Não apaguem o Espírito. Não tratem com desprezo as profecias" (1Ts 5.19-20).

White até admite que este texto "corrige a reação exagerada dos tessalonicenses" às falsas profecias anteriormente dadas a eles (p. 85). A reação exagerada é desprezar ou negar a validade da profecia não canônica. Mas como posso ser acusado disso? Sou eu quem acredita em profecias extrabíblicas; aqueles que apagam o Espírito são aqueles que não acreditam na sua validade.

E, para o lado pessoal, pergunto-me como White sabe que estou "desviando a atenção das Escrituras". Estou dando menos atenção à Bíblia do que White?

Na minha opinião, White comete outro erro quando apela ao argumento do cânone aberto (p. 86). Para uma crítica deste argumento, ver acima, p. 276-278.

Finalmente, é surpreendente que White se refira a Deus falando fora da Bíblia como uma "nova afirmação" e uma "nova visão (p. 77-78)". Novo para quem, eu me pergunto? Certamente não era novidade para os escritores bíblicos. Nem era novidade para os reformadores e para os aliancistas escoceses. Nem é novidade para os milhões de crentes que hoje ouvem Deus falar regularmente em suas vidas. Pode ser novo para White, mas isso não justificaria o seu uso irrestrito da palavra "novo" em seu artigo, dando aos leitores historicamente ingênuos a impressão de que a igreja permaneceu fechada à revelação extrabíblica recentemente. A história, penso eu, ensina o oposto.

Na conclusão do meu último livro, eu disse que pretendia incluir uma discussão sobre Efésios 2:20 neste livro. Omiti esta discussão porque Sam Storms já fez isso em GRUDEM, Wayne (org.). *Are Miraculaous Gifts for Today?* Grand Rapids: Zondervan, 1996. Veja sua resposta a Richard Gaffin, p. 78-81.

CAPÍTULO 20: QUEM OUVE A VOZ DE DEUS

1. Devo esta frase a BOCKMEUHL, Klaus. *Listening to the God Who Speaks.* Colorado Springs: Helmers and Howard, 1990, p. 53.

CAPÍTULO 21: RECONHECENDO A VOZ

1. Alguns podem objetar que Deus ordenou a Abraão que sacrificasse Isaque (Gn 22). Embora nenhuma ordem específica contra o sacrifício de crianças tivesse sido escrita, a ordem para matar Isaque certamente ia contra o caráter de Deus revelado até então em Gênesis. Mas a ordem foi um teste, e o próprio Deus impediu Abraão de cumpri-la. Teríamos dificuldade em encontrar um exemplo verdadeiro de Deus realmente ordenando que alguém violasse o real significado da revelação bíblica. Jesus disse que ninguém deveria violar o "menor" dos mandamentos (Mt 5:19) e "a Escritura não pode ser anulada" (Jo 10:35).

2. Você pode ler sobre sua emocionante história em seu livro *Chasing The Dragon*. Ann Arbor, MI: Servant Books, 1980. Veja também o livro *Crack In The Wall*. Londres: Hodder & Stoughton, 1989.

3. Observe que estou dizendo que devemos esperar que o verdadeiro ministério profético produza frutos entre aqueles que creem. Quando os profetas falam aos incrédulos ou às pessoas religiosas que estão em rebelião, como Jeremias fez, pode haver pouco ou nenhum fruto do seu ministério a essas pessoas. Aqui eles podem ter a função de demonstrar a dureza do coração e anunciar o juízo de Deus.

4. GIRE, Ken. *Janelas da alma*. São Paulo: Editora Vida, 2003, p. 218.

5. A frase "todos os preparativos" (v. 40) é literalmente "muito serviço" ou "muito ministério".

6. Veja Lucas 22:31; Atos 9:4; e Mateus 23:37.

7. 2Crônicas 20:7; Isaías 41:8; Tiago 2:23.

BIBLIOGRAFIA

BOCKMEUHL, Klaus. *Listening to the God Who Speaks*. Colorado Springs: Helmers and Howard, 1990.

BUECHNER, Frederick. *The Hungering Dark*. São Francisco: Harper, 1969.

CALVIN, Larry. *No Fear!: The Calling of Angels*. Fort Worth: Sweet Publishing, 1995.

CAMERON, Thomas. *Peden the Prophet*. Edimburgo: James A. Dickson. Reimpressão, 1981.

COLT, George. "In Search of Angels." *Life*, dezembro de 1995.

DEERE, Jack. *Surpreendido pelo poder do Espírito*. São Paulo: Sankto, 2023.

DE S. CAMERON, M. Nigel (org.). *Dictionary of Scottish Church History and Theology*. Edimburgo: T. & T. Clark, 1993.

FEE, Gordon. *Comentário exegético: 1Coríntios*. São Paulo: Edições Vida Nova, 2019.

FLETCHER, John. *A Guide to Young Disciples*. Cheltenham: Richard Edwards, 1848.

FULLERTON, F. Y. *Charles H. Spurgeon*. Chicago: Moody Press, 1966.

GAFFIN, Richard B. Jr. *Perspectivas sobre o Pentecostes*. São Paulo: Os Puritanos, 2015.

GIBBS, Nancy. "Angels Among Us." *Time*, 27 de dezembro de 1993.

GILLON, R. Moffat. *John Davidson of Prestonpans*. Londres: James Clarke & Co., 1936.

GIRE, Ken. *Janelas da alma*. São Paulo: Editora Vida, 2003.

GOLEMAN, Daniel. *Inteligência emocional*. São Paulo: Objetiva, 1996.

GRUDEM, Wayne. *Teologia Sistemática*. São Paulo: Edições Vida Nova, 2022.

GUINNESS, Os. *The Dust of Death*. Downers Grove, Ill.: InterVarsity Press, 1973.

HAWTHORNE, Gerald F. *Philippians*. Volume 43, *Word Biblical Commentary*. Waco: Word, 1983.

_____. *The Presence and the Power*. WORD: DALLAS, 1991.

HELLAND, Roger. "The Hypostatic Union: How Did Jesus Function?". *The Evangelical Quarterly* 65, 1993.

HOWIE, John. *Scots Worthies*. Edição revisada Glasgow: W. R. McPhun, 1846. (Edição original 1775.)

_____. *The Scots Worthies*. In: CARSLAW, W. H. (org. e rev.). Edimburgo: Oliphant, Anderson and Ferrier, 1902.

_____. *Scots Worthies*. MCGAVIN, William (org.). Glasgow: W.R. McPhun, 1846.

JONES, Timothy. "Rumors of Angels." *Christianity Today*. Cinco de abril de 1993.

KNOX, John. *History of the Reformation*, Vol. 1. In: DICKINSON, William Croft (org.). Nova York: Philosophical Library, 1950.

LANE, W. L. *The Gospel According to Mark*. Grand Rapids: Eerdmans, 1974.

LAW, William. *The Power of the Spirit*. Fort Washington, Penn.: Christian Literature Crusade, 1971.

LAWRENCE, Carl. *A Igreja na China*. São Paulo: Editora Vida, 1987.

LEWIS, C. S. *Cristianismo puro e simples*. São Paulo: Thomas Nelson Brasil, 2007.

_____. *Milagres*. São Paulo: Thomas Nelson Brasil, 2021.

_____. *O problema da dor*. São Paulo: Thomas Nelson Brasil, 2021.

_____. *Reflexões sobre Salmos*. São Paulo: Thomas Nelson Brasil, 2023.

MOSS, Robert. "What Your Dreams Can Tell You." *Parade*, 30 de janeiro de 1994.

O'BRIEN, Peter T. *The Epistle to the Philippians: A Commentary on the Greek Text*. Grand Rapids: Eerdmans, 1991.

PULLINGER, Jackie. *Chasing the Dragon*. Ann Arbor, MI: Servant Books, 1980..

_____. *Crack in the Wall*. Londres: Hodder & Stoughton, 1989.

RIDLEY, Jasper. *John Knox*. Oxford: Clarendon Press, 1968.

ROBISON, James. *Thank God, I'm Free*. Nashville, TN: Thomas Nelson, 1988.

RUTHERFORD, Samuel. *A Survey of the Spirituall Antichrist. Opening the Secrets of Familisme and Antinomianisme in the Antichristian Doctrine of John Saltmarsh (et. al.)*, Londres, 1648.

SCHAEFFER, Edith. *The Tapestry*. Waco: Word, 1981.

SMELLIE, Alexander. *Men of the Covenant*. Londres: Andrew Melrose, 1905. (Edição original 1903.)

SPANGLER, Ann. *Encontros com anjos*. São Paulo: Editora Vida, 1996.

SPURGEON, Charles H. *The Autobiography of Charles Spurgeon*. Vol. 2. Curts & Jennings, 1899.

SPURGEON, Susannah; HARRALD, Joseph (org.). *The Full Harvest*. Vol. 25, *C. H. Spurgeon: Autobiography*. Carlisle, Penn: Banner of Truth, 1973.

TEN BOOM, Corrie. *O refúgio secreto*. Colombo: Publicações Pão Diário, 2021.

_____. *Tramp for the Lord*. Fort Washington, PA: Christian Literature Crusade, 1974.

TEYKL, Terry. *Your Pastor: Preyed On Or Prayed For?* Anderson, In.: Bristol Books, 1993.

WALKER, Patrick. *Six Saints of the Covenant*, 2 vols. Londres: Hodder & Stoughton, 1901. (Edição original 1724.)

WHISTON, Charles. *Pray: A Study of Distinctive Christian Praying*. Grand Rapids: Eerdmans, 1972.

WHITE, Fowler. "Does God Speak Today Apart From the Bible?" In: ARMSTRONG, John H., (org.) *The Coming Evangelical Crisis*. Chicago: Moody Press, 1996.

WHITE, John. *Máscaras da melancolia*. São Paulo: ABU Editora, 2018.

WILLARD, Dallas. *In Search of Guidance*. Ventura, Calif.: Regal Books, 1984.

_____. *In Search of Guidance*. Edição revisada. São Francisco: Harper, 1993.

ÍNDICE REMISSIVO

aliancistas, 75-76, 81, 364-65
Andrews, Ron, 93-93
Agostinho, 97-98
anjos, 54-56, 60, 119, 136-40, 368
Armadilhas proféticas, 204-16
Beaton, David, 70-72, 85
Bee, Benny e Coco, 299-303
Bíblia
    benefícios da, 100-104
    como cardápio, 174-75
    deísmo bíblico, 251-69
    entesourando-a, 112-13
    explicando, 274-85
    poder da, 99
    quando não funciona, 104-12
    suficiência da Escritura ou da interpretação de alguém, 252-54
Brown, John e Isabel, 76-78
Bruce, Robert, 75-76
Buechner, Frederick, 360
Cain, Paul, 152, 176, 186, 207-8, 227, 286-87, 316-17, 322, 351-57
China, igreja na, 87, 366
como Deus fala
    através da Bíblia, 97-13
    através da experiência, 114-29

através de meios naturais, 142-56
   através de meios sobrenaturais, 130-41
Cowper, William, 104
cura, 44-45, 91-93, 343-57
Davidson, John, 366
Edwards, Jonathan, 82, 236
Erskine, Thomas, 250
Espírito Santo
   aprendendo a sua linguagem, 167-75
   batismo, 51
   correção, 118-23
Espírito da Verdade, 124-27
   fonte do poder de Jesus, 46-47
   interpretando a Escritura, 371-72
   preenchimento, 58, 361-62
evangelismo, 152-53, 307-9
experiência, falta de, 53
fariseus, 28, 124-25, 239-40, 243, 247-48, 261, 292
Fleming, Robert, 83-86
Fletcher, John, 269
Gire, Ken, 117, 127-28, 145-50, 214- 215
Greer, Carl e Kristy, 152-53
Grudem, Wayne, 360-61, 370
Guinness, Os, 91
Hall, Dudley, 248
Hawthorne, Gerald, 47-48, 360-61
Hubbard, Clement, 23-24
Howie, John, 79
humildade, 317-20
Jesus
   chave para a vida, 123-24

    fonte de seu poder, 43
      limites de sua humanidade, 43
      mestre do coração, 262-64
      resiliência no Espírito Santo, 44, 46

Johnson, Tim, 321-22

Joyner, Rick, 170, 188

Knox, John, 70-73, 85

Lane, W. L., 360

Law, William, 264

Lewis, C. S., 82, 107, 115, 175, 236, 238, 268

Lindemann, Allan e Pat, 354-57

Lord, Peter, 155

mágica, incredulidade através da, 289-94

Marshall, Peter, 367-68

McGavin, William, 79-81

medo da experiência, 120-21
    de intimidade com Deus, 298-99
    de parecer tolo, 295-98
    do Senhor, 86

ministério sobrenatural, 368-69
    conspiração contra, 79-93

Munzing, Dan & Robin, 91-93 Orgulho, 235-50

ouvindo a voz de Deus, 17, 91-93, 262
    argumentos contrários, 274-84
    através da Bíblia, 97
    através da experiência, 115
    através de eventos comuns, 116-17
    através de mensageiros humanos, 155-56
    através de milagres, 118
    através de provações, 115-16
    características para ouvir, 309-20

    fragmentos de sentenças e palavras soltas, 150-151
    impressões, 130-31, 151-55
    ocultando a voz, 140-41
    reconhecendo a voz de Deus, 323-39, 374
    voz audível, 131-36
Palavras proféticas, 65, 69-77, 176-77, 184, 359
    como dar, 191-96
    e oração, 194-95
    em pequenos grupos, 199-200
Peden, Alexander, 76-78
por que Deus não fala, 235-88
Potter, Don and Christine, 301-2
profecia
    discernindo a mensagem, 180-81, 196-99
    em locais públicos, 186-89
    facilitando o ministério profético, 176-89
    todo mundo pode profetizar?, 179-80
profetas, 68-69, 362-64, 369
    autoridade dos, 181-89
    discernindo o presente e o futuro, 178
    profetas reformados, 69-78
Pullinger, Jackie, 324
Raborg, Jean, John, e Jeanelle, 343-57
Robison, James, 36
Rutherford, Samuel, 84-86
Schaeffer, Francis e Edith, 130-31, 133, 368
sonhos, visões e transes, 53-56, 144-50, 217-32
    exemplos no livro de Atos, 53-63
    interpretação, 224-29
    propósito de, 220-24
Spurgeon, Charles, 89-91

Stallings, Gene, 139
  ten Boom, Corrie, 87-88
teologia
  desejo moral de Deus e, 271-74
  incredulidade através da, 270-88
teoria *kenosis*, 360-61
Walker, Patrick, 81, 365
Wattinger, Myra, 33-36
White, Fowler, 280-83, 372-74
Whitefield, George, 82
Willard, Dallas, 27
Williams, Carl e Jesse, 349
Wimber, John, 21, 202, 213, 297-98
Wishart, George, 70-72, 85

Esta obra foi composta por Maquinaria Sankto Editora na família tipográfica FreightText Pro. Capa em cartão triplex 250 g/m2 – Miolo em Pólen Bold 70 g/m2. Impresso pela gráfica Plena Print em julho de 2024.